JN120893

公式 TOEIC® Listening & Reading

プラクティス リスニング編

一般財団法人 国際ビジネスコミュニケーション協会

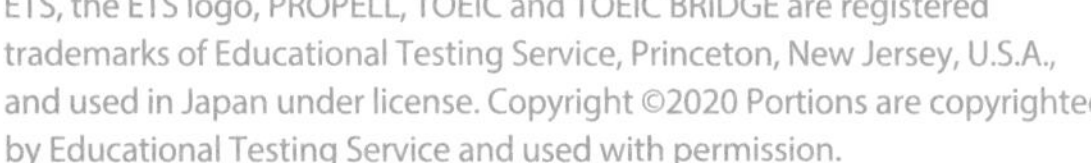

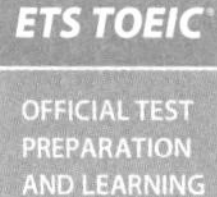

はじめに

『公式 *TOEIC*® Listening & Reading プラクティス　リスニング編』へようこそ。本書は、*TOEIC*® Listening & Reading Test（以下、*TOEIC*® L&R）のリスニングセクションの学習を通してリスニングの基礎力を養いながらテストの受験準備をしたいという方に、お勧めの教材です*。姉妹版の『公式 *TOEIC*® Listening & Reading プラクティス　リーディング編』と併せてご利用いただくと、総合的に *TOEIC*® L&R の受験準備ができるように設計されています。

本書の特長

- 3 ステップの段階別学習を通して、無理なく着実に、1 リスニングの基礎力、2 制限時間内に問題を解く時間感覚、3 100 問を約 45 分間で一気に解く実践力を養うことができます。

- Step 1 のユニット学習では、リスニングセクションのパートごとに必要なスキルを身に付ける 20 の学習テーマを設定。英語を聞く力の基礎固めをじっくりと行います。

- Educational Testing Service（ETS）が実際のテストと同じプロセスで作成した問題を使用しています。各ステップに掲載されている問題数は以下の通りです。また、Step 1 にはこれ以外に独自の練習問題も掲載しています。

学習ステップ	学習ステップ名称	*TOEIC*® L&R 掲載問題数
Step 1	ユニット学習	109 問
Step 2	ミニテスト	124 問
Step 3	ファイナルテスト	100 問
	合計	333 問

- Step 3 のファイナルテストでは「参考スコア範囲の換算表」でスコア範囲を算出できます。

- 本誌の Step 1 の内容に連動した別冊付録『単語集』が付いています。ユニット学習の予習や復習に活用できます。Step 1 のユニット学習の前に語句を頭に入れてから音声を聞くと、より問題に取り組みやすくなります。また、学習を終えた後に見出し語を見て、語義が分からなかったものをチェックし、本誌に戻って用例などを再確認しましょう。

本書が、*TOEIC*® L&R の問題形式の把握と受験準備、そして皆さまの英語学習のお役に立つことを願っております。

*本書は、2011 年発行の『TOEIC® テスト 公式プラクティス リスニング編』を新出題形式に対応した形で全面改訂したものです。

収録音声について

本書には、問題の音声を収録したCD-ROMが1枚付いています。CD-ROMは通常のCDプレーヤーでは再生できませんので、パソコンなどをご利用になるか、音声を専用サイトからダウンロードしてご利用ください。

※ 付属CD-ROMの使い方は、p.11をご参照ください。

※ 株式会社Globeeが提供するサービスabceedへの会員登録（無料）が必要です。

音声ダウンロードの手順

1. パソコンまたはスマートフォンで音声ダウンロード用のサイトにアクセスします。
   右のQRコードまたはブラウザから下記にアクセスしてください。
   https://app.abceed.com/audio/iibc-officialprep

2. 表示されたページから、abceedの新規会員登録を行います。
   既に会員の場合は、ログイン情報を入力して上記1. のサイトへアクセスします。

3. 上記1. のサイトにアクセス後、本書の表紙画像をクリックします。
   クリックすると、教材詳細画面へ移動します。

4. スマートフォンの場合は、アプリ「abceed」の案内が出ますので、アプリからご利用ください。
   パソコンの場合は、教材詳細画面の「音声」からご利用ください。
   ※ 音声は何度でもダウンロード・再生ができます。

ダウンロードについてのお問い合わせは下記にご連絡ください。

Eメール：support@globeejphelp.zendesk.com

（お問い合わせ窓口の営業日：祝日を除く、月～金曜日）

STEP
1 ユニット学習

PART 1 写真描写問題

PART 2 応答問題

PART 3 会話問題

PART 4 説明文問題

Contents

STEP 2 ミニテスト

STEP 3 ファイナルテスト

本書の使い方

本書は、3ステップの段階別学習で、じっくりとリスニングの基礎力を養いながら、テストの受験準備ができるようになっています。各ステップの目的を理解してから学習を進めましょう。

STEP 1 ユニット学習

リスニングの基礎力を養う

Step 1では、*TOEIC*® L&Rのリスニングセクションのパート順に学習テーマが設定されたユニットの学習を通して、リスニングの基礎力を養います。ユニットの流れに従って学習を進めましょう。

テーマ解説

各パートの聞き取りのポイントを中心に、必要なスキルを20の学習テーマで学びます。解説をよく読んで、各ユニットのポイントを確認しましょう。

ウォームアップ

ユニットの学習テーマのポイントを確認するための独自の練習問題です。テーマ解説を読んだ後に、取り組みましょう。音声を聞いて答える問題には音声アイコンが付いています。

1 2などの数字は「ウォームアップ」「プラクティス」のタスクを表します。指示に従って解答しましょう。

PART 1

Unit 1　人物の動作を描写する

テーマ解説

Part 1「写真描写問題」では、写真と、音声による4つの説明文（選択肢）から得られる情報を基に正解を選びます。それぞれの写真の特徴を捉えた上で、選択肢を聞いて正解を見極める、という流れを限られた時間で素早く行えるようになりましょう。

Unit 1では、人物が中心に写っている写真の描写について学びます。写真の説明文には、服装や持ち物、動作に着目した表現が出てきます。現在進行形の文が多く用いられますが、現在形も使われます。写真を見て自分なりに幾つかの説明文をすぐに思い付けるようになることがポイントなので、まずはその練習をしていきましょう。

特徴を捉える　まず、写真の特徴的な内容を捉えましょう。1つの写真には多くの情報が含まれますが、その全てが選択肢に反映されるわけではありません。人物の写真では、「誰が」「何をしている」に注目し、それらを描写する際に使えそうな英語表現（主語と述語動詞）を考えます。

「誰が」　例えば、男女2人が向かい合って座っている写真があるとしましょう。「誰が」はthe man、the woman、they、peopleなどが一般的ですが、レストランなどであれば、guestsやcustomersもあるでしょう。会議室のような場所であればstaff membersやworkers、interviewerやintervieweeなども考えられます。店内なら、client、customer、sales representativeなどが浮かぶかもしれません。なお、写っている人物全員が描写されるとは限らないので注意しましょう。

「何をしている」　次は人物の動作です。会議室なら、写真の人物の姿勢や様子から、Some staff members are having a meeting.「何人かの従業員が会議をしている」やThey're giving out the handouts.「彼らは資料を配っている」といった表現が浮かんでくるかもしれません。一方、レストランであれば、Guests are having dinner.「客は夕食を食べている」といった感じかもしれません。

音声を聞いて判断する　以上のように自分なりに素早く表現を思い浮かべたら、次は音声に集中して、各選択肢が写真に当てはまるかどうかを判断していきます。ただし、音声を聞く前に思い浮かべたものと同じ表現が選択肢にあるとは限りません。例えば、写真を見て、He is reading ... という主語と動詞が浮かんだとして、音声では、The man is looking through some documents.と聞こえてくるかもしれません。さまざまな表現の可能性を意識し、音声を聞いて瞬時に正誤を判断できるようになることを目指しましょう。正解の選択肢は写真全体を表現しているとは限りませんが、写真に写っている物を正しく表現しています。あいまいな表現や写真に写っていない物を描写した文を選んだり、安易な推測による思い込みで選んだりしないように気を付けましょう。誤答の中には写っている物と似た音の語などを含む引っ掛けもあるので、多くの問題に触れて練習を重ねることが大事です。

14

ウォームアップ

→解答(例)、スクリプトと訳はページ下

PART 1 Unit 1

1 上の写真の人物について、服装や持ち物、動作、周りにある物などをよく観察し、それらを描写する英語表現（単語・フレーズ）を書きましょう。

［服装・持ち物］ ____________________

____

［動作］ ____________________

［周りの物］ ____________________

2 1で書き出した表現を使って、1つの文を完成させましょう。

A woman is ____________________.

002

3 2の解答例が2文収録されています。音声を確認した後、ポーズ（間）でそれぞれの文をリピートしましょう。

［解答(例)、スクリプトと訳］

1 ［服装・持ち物］T-shirt、pants、sneakers/shoes、glasses、watch、digital reader、paper cup、bottle of water
［動作］read、sit、cross (her) legs、hold、look at/down、rest
［周りの物］table、chair、umbrella/parasol、trees、park

2 A woman is reading outside.　女性が屋外で読書をしている。／A woman is crossing her legs.　女性が足を組んでいる。

15

音声アイコンは、CD-ROM内の音声ファイルの番号を示します。同じ番号のファイルを聞いて答えましょう。音声は何度聞いても構いません。

「ウォームアップ」の問題の解答（例）、スクリプト、訳は、同ページの下部、もしくは各パートの最後のページにあります。

プラクティス

TOEIC® L&Rの問題英文を使った練習問題です。「チャレンジ」で本番形式の問題に挑戦する前に、どこに注目すべきか、解き方のコツを押さえます。これによりユニットの学習テーマの理解が深まります。

チャレンジ

実際の *TOEIC*® L&Rと同じ形式の問題に挑戦します。「プラクティス」をヒントに無理なく取り組めるようになっています。ここに掲載されている問題は全て、*TOEIC*® Programを開発するETSが制作したものです。

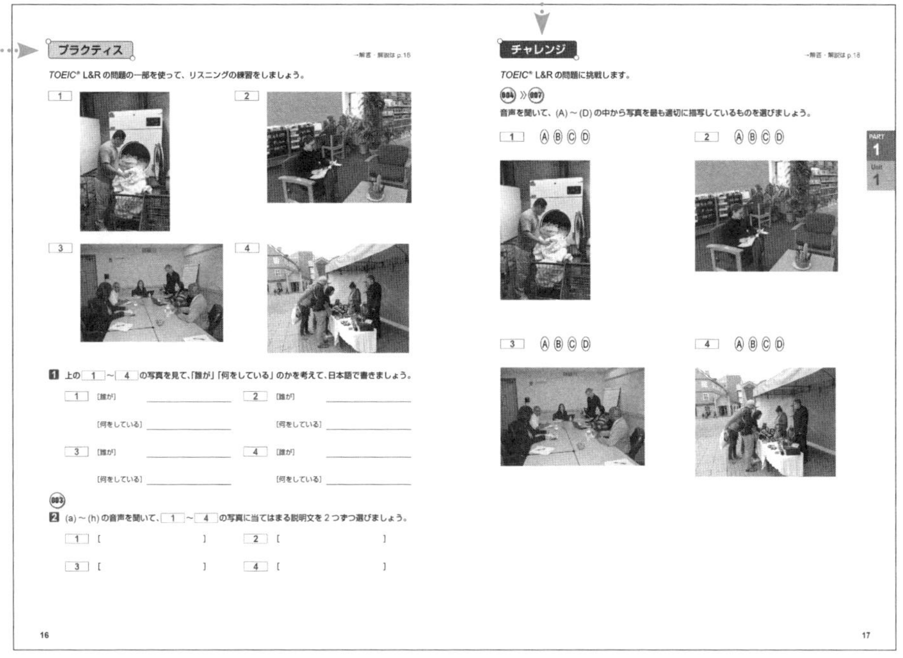

「プラクティス」と「チャレンジ」の解答・解説

「プラクティス」と「チャレンジ」の問題文の訳、解答(例)、解説が掲載されています。答え合わせをしたら解説をよく読み、正解への道筋を理解しましょう。

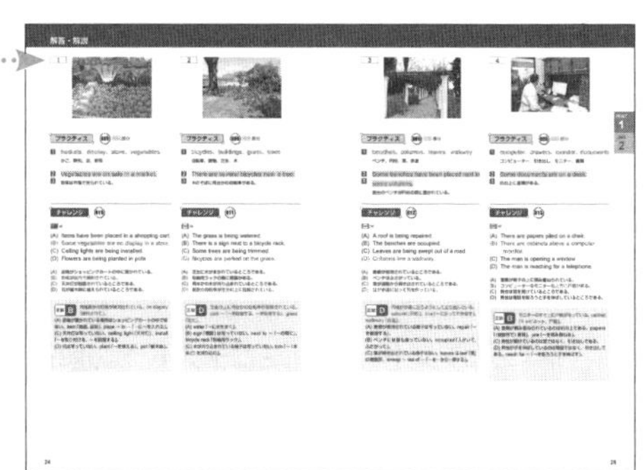

コラム

Unit 2～8の最後には、コラムが設けられています。ユニットのテーマに関連した発展学習や、リスニング力アップに効果的な学習法などを紹介しています。英語力全般の向上のためにお役立てください。

STEP 2

ミニテスト

テスト受験の時間感覚を磨く

Step 2 では、*TOEIC*® L&R のリスニングセクションの約 3 分の 1 の量（31 問）のミニテストを解いて、テスト受験の時間感覚を磨きます。全部で 4 セットあります。

TOEIC® Listening & Reading Test について

TOEIC® L&R の概要や受験申込方法を紹介しています。実際のテストの分量や内容を知っておきましょう。

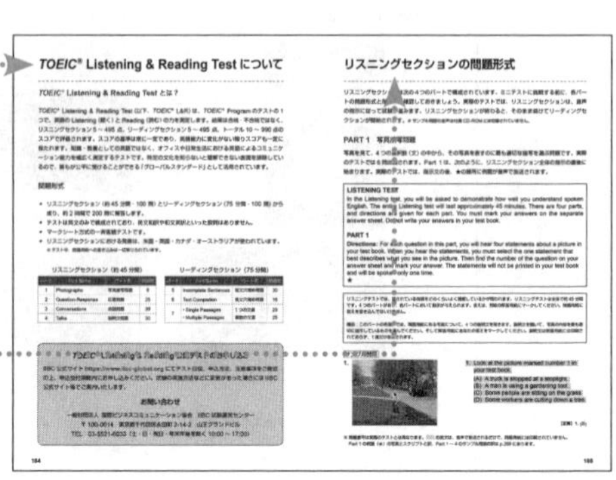

リスニングセクションの問題形式

TOEIC® L&R のリスニングセクションの問題形式を、パート別にサンプル問題とともに紹介しています。ミニテストに挑戦する前に、問題形式を把握しておきましょう。

ミニテスト

ミニテスト（各 31 問、約 16 分間）の問題ページです。全部で 4 セットあります。リスニングのミニテストは、実際のテストの各パートの時間設定に合わせた音声でテストが進行します。受験時の時間感覚を養うため、途中で音声を止めずに、音声の指示に従って解答を進めてください。

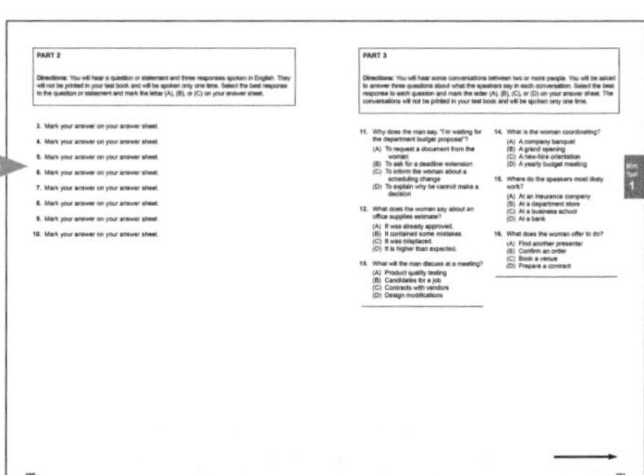

ミニテストの解答・解説

ミニテストの解答・解説ページです。冒頭の正解一覧で答え合わせをしたら、解説を確認しましょう。

※「ミニテスト 1」→「ミニテスト 1 の解答・解説」→「ミニテスト 2」→「ミニテスト 2 の解答・解説」のように、テストと解答・解説が交互に掲載されています。

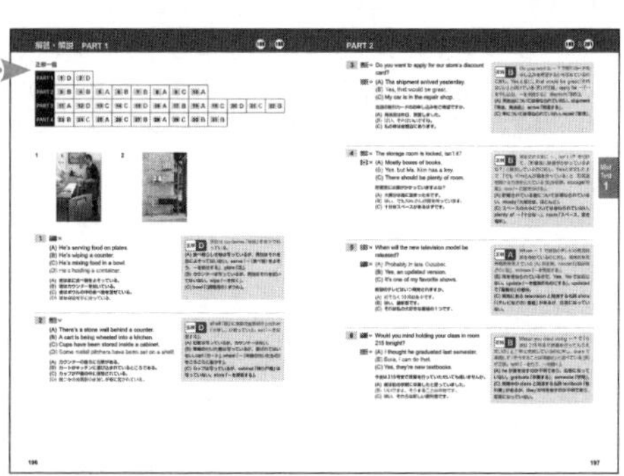

結果記入シート

ミニテストの結果を記入するシートです（p.268）。各ミニテストの正誤の記録を付け、英語力の伸びをチェックしましょう。また、各設問に関連する復習ユニットが記載されていますので、ユニット学習の該当ユニットに戻って再度学習しましょう。

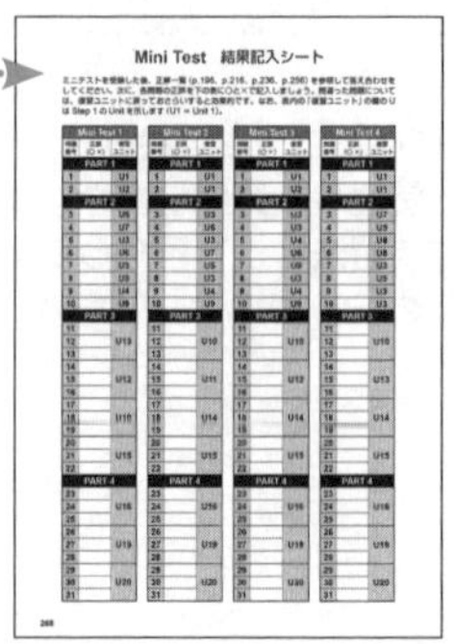

STEP 3

ファイナルテスト

TOEIC® L&R のリスニングセクション 1 回分に挑戦する

Step 3 では、*TOEIC®* L&R のリスニングセクション 1 回分（100 問、約 45 分間）に挑戦します。

ファイナルテスト

ファイナルテストの問題ページです。本番テストを受験しているつもりで、落ち着いた環境で取り組みましょう。途中で音声を止めずに、音声の指示に従って解答を進めてください。

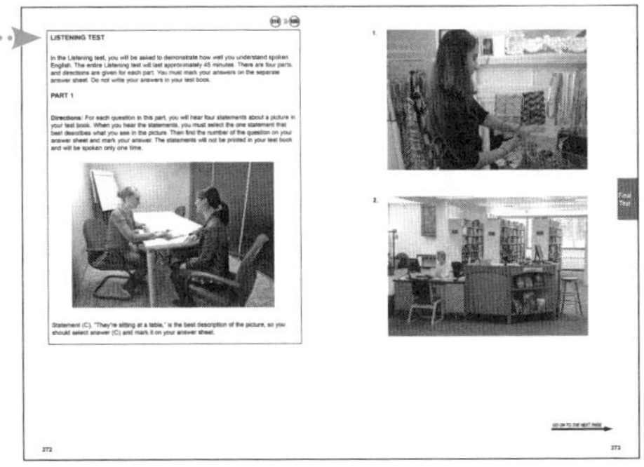

正解一覧

ファイナルテストの正解一覧です。

参考スコア範囲の換算表

ファイナルテストの正答数から、参考スコア範囲が分かります。ご自身のスコアレベルの目安にしてください。

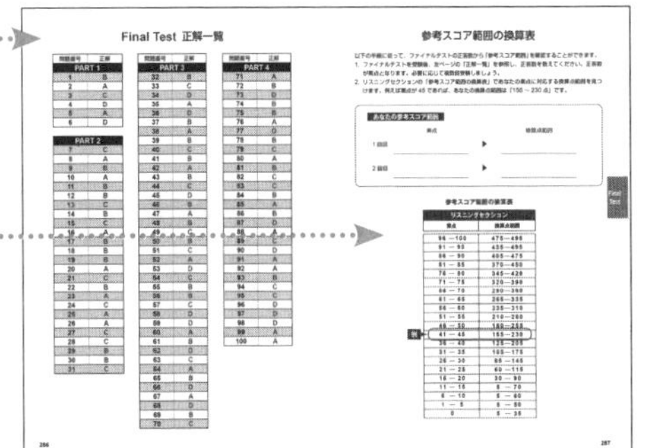

ファイナルテストの解答・解説

解説をよく読んで、間違った問題や解答に自信がなかった問題を復習し、疑問点を解消しましょう。

一定の期間を置いて再度挑戦し、初回受験時と正答数を比較してみましょう。2 回続けて正解できなかった問題に着目すると、苦手分野の把握に役立ちます。

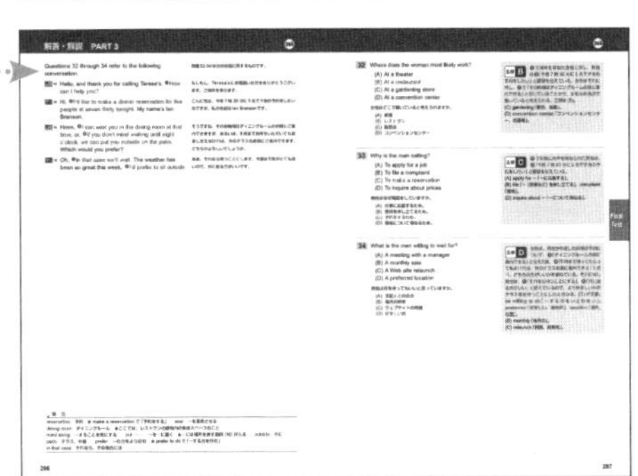

解答用紙（マークシート）

本誌の巻末には、Step 2 のミニテスト、Step 3 のファイナルテストで使用する解答用紙（マークシート）が付いています。

本誌から切り離して使い、テスト受験時と同じ臨場感を持って、解答を塗りつぶす練習をしましょう。

※ミニテストやファイナルテストを繰り返し受験したい場合は、このマークシートをコピーしてご利用ください。

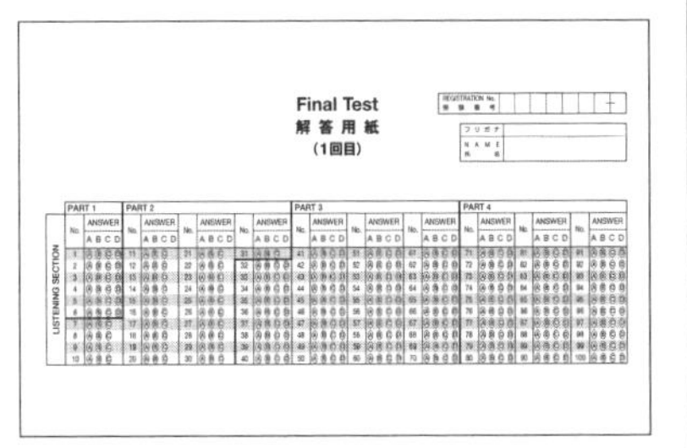

別冊付録『単語集』

ユニット学習に登場した語彙を予習・復習する

別冊付録として、「Step 1：ユニット学習」の「プラクティス」と「チャレンジ」の問題に登場した単語や語句の中から覚えておきたい440語を選んだ『単語集』を用意しました。持ち運びしやすいサイズなので、本誌から切り離して、さまざまな場面での語彙学習にご活用ください。

見出し語

本誌の Step 1 の問題に登場したものから選んだ単語・語句が、ユニットの番号順に並んでいます。*TOEIC*® L&R の受験対策に加え、実生活でも有用なものが多いので、自分の語彙にできるように繰り返し学んで覚えましょう。

本誌のユニット番号

見出し語が登場した本誌のユニットの番号です。

品詞・語義

本誌の該当ユニットにおける語義を中心に掲載されています。

Unit 1　人物の動作を描写する　➡本誌 p.18-19

No.	見出し語	品詞・語義	関連情報
001	load ～ with …	動 ～に…を積む	動 load「～を積み込む、～を乗せる」
002	laundry	名 洗濯物	★不可算名詞。可算名詞で「クリーニング店」の意味もある
003	fold	動 ～を畳む、～を折る	
004	put away ～	動 ～を片付ける、～を仕舞う	★ put ～ away の語順でも使われる
005	shake hands	握手をする	動 shake「～を振る」 名 handshake「握手」
006	distribute	動 ～を配布する、～を分配する	名 distribution「配布、分配」
007	exit	動 ～から立ち去る	名 exit「出口」 反 enter「～に入る」 名詞形は entrance「入り口」
008	vendor	名 露天商、販売業者、供給業者	動 vend「～を販売する」
009	merchandise	名 商品	動 merchandise「～を売買する、～を宣伝する」
010	clear off ～	動 ～から（食器などを）片付ける、～をきれいにする	★ clear ～ off の語順でも使われる 動 clear「～を取り除く、～を片付ける」

4

Unit 2　物の状態を描写する　➡本誌 p.24-25

No.	見出し語	品詞・語義	関連情報
011	on display	陳列されて	名 display「陳列、展示」 動 display「～を陳列する、～を展示する」
012	place ～ in …	動 …に～を入れる	動 place「～を置く」
013	ceiling light	名 天井灯	名 ceiling「天井」 名 light「光、明かり」
014	plant	動 ～を植える	名 plant「植物」
015	pot	名 植木鉢	「鍋、つぼ、ポット」の意味もある
016	park	動 ～を駐輪する、～を駐車する	「駐車場」は 米 parking lot 英 car park
017	grass	名 芝生、草	★この意味では通例 the を伴う 同 lawn
018	water	動 ～に水をまく	名 water「水」
019	next to ～	～の隣に	
020	bicycle rack	名 駐輪用ラック	名 bicycle「自転車」 名 rack「枠、台、棚」

5

通し番号

見出し語に通し番号が振られています。

関連情報

他の語義や派生語など、見出し語（句）の補足情報が記載されています。

付属CD-ROMの使い方

■収録内容

付属 CD-ROM には、本誌の学習に使用する音声の mp3 ファイルが収録されています。
音声ファイルは全部で 391 あります。
ファイルごとの収録内容は、p.342 の「MP3 音声ファイル 一覧表」をご参照ください。

■音声ファイル番号

音声ファイルの番号は、本誌では次のようなアイコンで示されています。

■ CD-ROM 取り扱いのご注意

- CD-ROM に収録されている音声ファイルは、CD/DVD ドライブ付きのパソコンで再生することができます。
  ※ 一般的な CD プレーヤーでは再生できませんので、ご注意ください。
- CD-ROM をパソコンの CD/DVD ドライブに入れ、iTunes などの音声再生ソフトで取り込んでご利用ください。詳しい取り込み手順その他は、ご利用になる音声再生ソフトのヘルプページなどでご確認ください。

■ダウンロード

付属 CD-ROM に収録された音声ファイルを専用サイトからダウンロードすることもできます。
ダウンロードの方法は、p.3 をご参照ください。

STEP 1

ユニット学習

PART 1

写真描写問題

Unit 1
Unit 2

Part 1は、1枚の写真を見て、その写真の内容を最も適切に表すものを選択肢から選ぶ問題です。これらのユニットでは、写真の主な特徴を捉え、それらを描写する表現を思い浮かべる練習をしましょう。まず「人物の動作」、次に「物の状態」の描写について学びます。よく使われる表現を身に付けて、写真を正しく説明している文を判別できるようになりましょう。

PART 1 Unit 1 人物の動作を描写する

テーマ解説

Part 1「写真描写問題」では、写真と、音声による4つの説明文（選択肢）から得られる情報を基に正解を選びます。それぞれの写真の特徴を捉えた上で、選択肢を聞いて正解を見極める、という流れを限られた時間で素早く行えるようになりましょう。

Unit 1では、人物が中心に写っている写真の描写について学びます。写真の説明文には、服装や持ち物、動作に着目した表現が出てきます。現在進行形の文が多く用いられますが、現在形も使われます。写真を見て自分なりに幾つかの説明文をすぐに思い付けるようになることがポイントなので、まずはその練習をしていきましょう。

特徴を捉える　まず、写真の特徴的な内容を捉えましょう。1つの写真には多くの情報が含まれますが、その全てが選択肢に反映されるわけではありません。人物の写真では、「誰が」「何をしている」に注目し、それらを描写する際に使えそうな英語表現（主語と述語動詞）を考えます。

「誰が」　例えば、男女2人が向かい合って座っている写真があるとしましょう。「誰が」はthe man、the woman、they、peopleなどが一般的ですが、レストランなどであれば、guestsやcustomersもあるでしょう。会議室のような場所であればstaff membersやworkers、interviewerやintervieweeなども考えられます。店内なら、client、customer、sales representativeなどが浮かぶかもしれません。なお、写っている人物全員が描写されるとは限らないので注意しましょう。

「何をしている」　次は人物の動作です。会議室なら、写真の人物の姿勢や様子から、Some staff members are having a meeting.「何人かの従業員が会議をしている」やThey're giving out the handouts.「彼らは資料を配っている」といった表現が浮かんでくるかもしれません。一方、レストランであれば、Guests are having dinner.「客は夕食を食べている」といった感じかもしれません。

音声を聞いて判断する　以上のように自分なりに素早く表現を思い浮かべたら、次は音声に集中して、各選択肢が写真に当てはまるかどうかを判断していきます。ただし、音声を聞く前に思い浮かべたものと同じ表現が選択肢にあるとは限りません。例えば、写真を見て、He is reading ... という主語と動詞が浮かんだとして、音声では、The man is looking through some documents.と聞こえてくるかもしれません。さまざまな表現の可能性を意識し、音声を聞いて瞬時に正誤を判断できるようになることを目指しましょう。正解の選択肢は写真全体を表現しているとは限りませんが、写真に写っている物を正しく表現しています。あいまいな表現や写真に写っていない物を描写した文を選んだり、安易な推測による思い込みで選んだりしないように気を付けましょう。誤答の中には写っている物と似た音の語などを含む引っ掛けもあるので、多くの問題に触れて練習を重ねることが大事です。

ウォームアップ

→解答(例)、スクリプトと訳はページ下

1 上の写真の人物について、服装や持ち物、動作、周りにある物などをよく観察し、それらを描写する英語表現(単語・フレーズ)を書きましょう。

[服装・持ち物] ______________________________

____

[動作] ______________________________

[周りの物] ______________________________

2 **1**で書き出した表現を使って、1 つの文を完成させましょう。

A woman is ______________________________.

002

3 **2**の解答例が 2 文収録されています。音声を確認した後、ポーズ(間)でそれぞれの文をリピートしましょう。

【解答(例)、スクリプトと訳】

1 [服装・持ち物] T-shirt、pants、sneakers/shoes、glasses、watch、digital reader、paper cup、bottle of water

[動作] read、sit、cross (her) legs、hold、look at/down、rest

[周りの物] table、chair、umbrella/parasol、trees、park

2 A woman is reading outside.　女性が屋外で読書をしている。／A woman is crossing her legs.　女性が足を組んでいる。

プラクティス

→解答・解説は p.18

TOEIC® L&R の問題の一部を使って、リスニングの練習をしましょう。

1

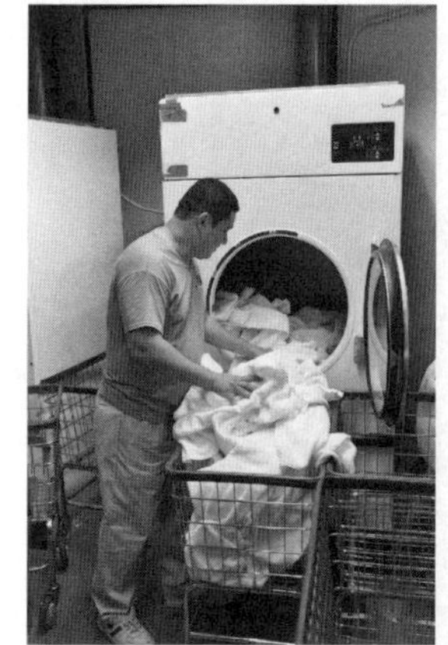

2

3

4

1 上の 1 ～ 4 の写真を見て、「誰が」「何をしている」のかを考えて、日本語で書きましょう。

1 [誰が] ______________________

[何をしている] ______________________

2 [誰が] ______________________

[何をしている] ______________________

3 [誰が] ______________________

[何をしている] ______________________

4 [誰が] ______________________

[何をしている] ______________________

003

2 (a) ～ (h) の音声を聞いて、1 ～ 4 の写真に当てはまる説明文を 2 つずつ選びましょう。

1 [ ]

2 [ ]

3 [ ]

4 [ ]

チャレンジ

→解答・解説は p.18

TOEIC® L&R の問題に挑戦します。

(004) 》(007)

音声を聞いて、(A) ~ (D) の中から写真を最も適切に描写しているものを選びましょう。

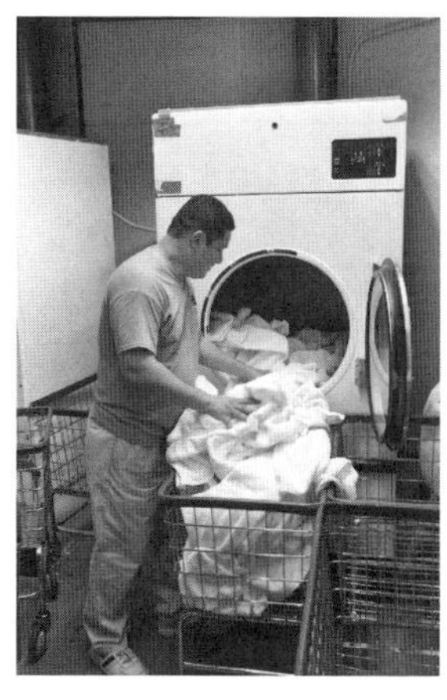

1

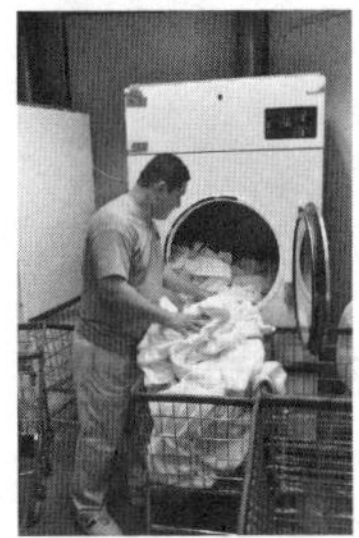

プラクティス  部分

1 [誰が] 男性が／彼は

[何をしている] 洗濯をしている／
洗濯物をカートに入れている

2 (a)、(f)

(a) A man is doing his laundry.
男性が洗濯をしている。

(f) He's standing in front of a machine.
彼は機械の前に立っている。

チャレンジ 

 W

(A) A man is loading a cart with laundry.
(B) A man is closing a machine door.
(C) A man is buying some towels.
(D) A man is folding some clothing.

(A) 男性がカートに洗濯物を積んでいる。
(B) 男性が機械の扉を閉じている。
(C) 男性が何枚かのタオルを買っている。
(D) 男性が衣類を畳んでいる。

正解 A 男性は洗濯機の前に立ち、中から洗濯物を取り出してカートに積んでいる様子である。load ～ with …「～に…を積む」、laundry「洗濯物」。
(B) 洗濯機の扉は開いたままになっており、男性が閉じている様子はない。
(C) 男性は布類を手にしてはいるが、それらを買っているところではない。
(D) 男性は目の前にある洗濯物を手にしているだけで、畳んではいない。fold「～を畳む」、clothing「衣類」。

2

プラクティス  部分

1 [誰が] 女性の 1 人は

[何をしている] 雑誌を読んでいる／
椅子に座っている

2 (e)、(h)

(e) She's reading in a chair.
彼女は椅子で読書をしている。

(h) One of the women is wearing glasses.
女性の 1 人は眼鏡をかけている。

チャレンジ 

M

(A) The women are talking to each other.
(B) A woman is holding a magazine in her lap.
(C) A woman is putting away some books.
(D) A woman is getting up from a chair.

(A) 女性たちは互いに話をしている。
(B) 女性が雑誌を膝に乗せて持っている。
(C) 女性が何冊かの本を片付けている。
(D) 女性が椅子から立ち上がろうとしている。

正解 B 女性の 1 人が膝の上に雑誌を乗せている。hold「～を持つ」、lap「膝」。
(A) 女性が 2 人写っているが、話し合っている様子はない。talk to each other「話し合う」。
(C) 本は書棚にたくさんあるが、どちらの女性もそれらを片付けてはいない。put away ～「～を片付ける」。
(D) どちらの女性も椅子に腰掛けているだけで、立ち上がろうとはしていない。get up from ～「～から腰を上げる」。

3

プラクティス  部分

1 [誰が] 人々が／彼らは

[何をしている] 集まっている／話し合っている

2 (b)、(d)

(b) People are sitting around a table.
人々がテーブルを囲んで座っている。

(d) Two of the women are using laptop computers.
女性のうちの2人はノートパソコンを使っている。

チャレンジ 

W

(A) They are gathered for a meeting.
(B) They are shaking hands.
(C) One of the men is distributing notebooks.
(D) One of the women is exiting the room.

(A) 彼らは会議のために集まっている。
(B) 彼らは握手をしている。
(C) 男性の1人はノートを配っている。
(D) 女性の1人は部屋を出ようとしている。

正解 A 人々が何らかの会合で部屋に集まっている様子である。gather「～を集める」。
(B) shake hands「握手をする」。
(C) 机の上にノートはあるが、これらが配られている様子はない。distribute「～を配布する」。
(D) 写真の左奥に出入り口のドアのようなものが見えるが、誰も部屋を立ち去ろうとはしていない。exit「～から立ち去る」。

4

プラクティス  部分

1 [誰が] 人々が／彼らは

[何をしている] 屋外で店を出している／買い物をしている

2 (c)、(g)

(c) Vendors are standing under a tent.
露天商たちがテントの下に立っている。

(g) Some people are shopping at an outdoor market.
何人かの人々が屋外の市場で買い物をしている。

チャレンジ 

W

(A) Some vendors are selling merchandise.
(B) Some people are putting up a tent.
(C) Two men are shaking hands.
(D) A woman is clearing off a table.

(A) 何人かの露天商が商品を販売している。
(B) 何人かの人々がテントを設置している。
(C) 2人の男性が握手をしている。
(D) 女性がテーブルを片付けている。

正解 A 屋外で、露天商が商品を販売しているところである。vendor「露天商、販売業者」、merchandise「商品」。
(B) テントは写っているが、すでに設置されている。put up ～「～を設置する」。
(C) 2人の男性は写っているが、握手をしているところではない。shake hands「握手をする」。
(D) テーブルは写っているが、商品が陳列されており、片付けられている様子はない。clear off ～「～から（食器などを）片付ける」。

PART 1

Unit 2　物の状態を描写する

テーマ解説

Unit 2 では、主に物や風景が写っている写真の描写について取り上げます。このような写真で注目すべきは、物の「位置と状態」です。写真に写っている主な物について、「何が」「どのような状態や位置にあるか」を瞬時に捉え、どのように表現できるかを考えます。

では、左の写真を例に見てみましょう。

「何が」　写真の中心に写っている物に注目します。上の写真では chairs や desks、monitors、computers がまず目に飛び込んできます。さらに奥にある windows や壁に貼られた notices、机の上の keyboards などの単語が思い浮かぶのではないでしょうか。

「どのような状態か」　主語を chairs にすると、椅子には誰も座っていないので unoccupied「空いて」、desks なら壁に沿って横並びになっているので lined up「並んで」、monitors ならモニターの画面には何も映っていないので turned off「電源が切れて」などの描写が考えられます。これらを踏まえ、形容詞や受動態の動詞などを用いて、例えば次のような説明文が考えられます。

例 The chairs are unoccupied.	椅子は空いている。
Some desks are lined up.	数台の机が並べられている。
Some monitors have been turned off.	幾つかのモニターは電源が切られている。

位置関係　写真は室内で、computers は机の上に置かれているので on desks、さらに壁際に並んでいるので along a wall で表せます。説明文として There is/are ～ や〈主語＋ be 動詞＋前置詞句〉などの形がよく使われます。

例 There are some computers in the room.	部屋には何台かのコンピューターがある。
Some computers have been placed on desks.	数台のコンピューターが机の上にある。
Some computers are set up along a wall.	数台のコンピューターが壁に沿って配置されている。

音声の聞き取りと正誤判断については、Unit 1 の「テーマ解説」(p.14) の最後の段落を参照してください。練習を重ね、自分ですぐに 2、3 文を思い付くことができるようになると、音声を聞いて正誤を判断する余裕も出てきます。

では、次ページからの練習問題を通して、説明文のパターンと、状態を表すときによく使われる表現（形容詞や受動態の動詞、前置詞 [句]）に慣れていきましょう。

ウォームアップ

→解答(例)、スクリプトと訳はページ下

1 上の写真に関連のある語に全て、丸を付けましょう。

benches	blinds	umbrellas	shop	roof	walkway
merchandise	people	display	shade	stairs	ladder

2 (a) ~ (d) の語を使って、上の写真の説明文を作ってみましょう。

(a) benches: ______________________

(b) shop: ______________________

(c) umbrellas: ______________________

(d) merchandise: ______________________

008

3 **2**の解答例が収録されています。音声を確認した後、ポーズ（間）でそれぞれの文をリピートしましょう。

【解答(例)、スクリプトと訳】

1 benches、umbrellas、shop、roof、walkway、merchandise、display、shade

2 (a) The benches are unoccupied.　ベンチは空いています。

(b) The shop is open.　店は開いています。

(c) There's shade under the umbrellas.　傘の下には影があります。

(d) There's some merchandise at the storefront.　店先に商品があります。

プラクティス

→解答・解説は p.24

TOEIC® L&R の問題の一部を使って、リスニングの練習をしましょう。

1 それぞれの写真に関連のある語を、[1] [2] は語群 A、[3] [4] は語群 B から選び、空所に書きましょう。

[1]

[2]

語群 A
baskets
bicycles
buildings
display
grass
store
trees
vegetables

[3]

[4]

語群 B
benches
columns
computer
drawers
leaves
monitor
documents
walkway

2 次の語を使って、[1] ～ [4] の写真の説明文を完成させましょう。

[1] vegetables: ____________________

[2] bicycles: ____________________

[3] benches: ____________________

[4] documents: ____________________

009

3 **2**の解答例が収録されています。音声を確認した後、ポーズ（間）でそれぞれの文をリピートしましょう。

チャレンジ

→解答・解説は p.24

TOEIC® L&R の問題に挑戦します。

010 ›› 013

音声を聞いて、(A) ~ (D) の中から写真を最も適切に描写しているものを選びましょう。

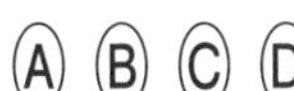

1

プラクティス 

部分

1 baskets、display、store、vegetables
かご、陳列、店、野菜

2 Vegetables are on sale in a market.
3 野菜は市場で売られている。

チャレンジ 

M

(A) Items have been placed in a shopping cart.
(B) Some vegetables are on display in a store.
(C) Ceiling lights are being installed.
(D) Flowers are being planted in pots.

(A) 品物がショッピングカートの中に置かれている。
(B) 野菜が店内で陳列されている。
(C) 天井灯が設置されているところである。
(D) 花が植木鉢に植えられているところである。

正解 B 何種類かの野菜が陳列されている。on display「陳列されて」。
(A) 品物が置かれている場所はショッピングカートの中ではない。item「商品、品物」、place ～ in …「…に～を入れる」。
(C) 天井灯は写っていない。ceiling light「天井灯」、install「～を取り付ける、～を設置する」。
(D) 花は写っていない。plant「～を植える」、pot「植木鉢」。

2

プラクティス 

部分

1 bicycles、buildings、grass、trees
自転車、建物、芝生、木

2 There are several bicycles near a tree.
3 木のそばに何台かの自転車がある。

チャレンジ 

M

(A) The grass is being watered.
(B) There is a sign next to a bicycle rack.
(C) Some trees are being trimmed.
(D) Bicycles are parked on the grass.

(A) 芝生に水がまかれているところである。
(B) 駐輪用ラックの隣に標識がある。
(C) 何本かの木が刈り込まれているところである。
(D) 複数の自転車が芝生の上に駐輪されている。

芝生の上に何台かの自転車が駐輪されている。park ～「～を駐輪する、～を駐車する」、grass「芝生」。
(A) water「～に水をまく」。
(B) sign「標識」は写っていない。next to ～「～の隣に」、bicycle rack「駐輪用ラック」。
(C) 木が刈り込まれている様子は写っていない。trim「～(木など)を刈り込む」。

3

プラクティス  009 部分

1 benches、columns、leaves、walkway
ベンチ、円柱、葉、歩道

2 3 Some benches have been placed next to some columns.
数台のベンチが円柱の隣に置かれている。

チャレンジ  012

M

(A) A roof is being repaired.
(B) The benches are occupied.
(C) Leaves are being swept out of a road.
(D) Columns line a walkway.

(A) 屋根が修理されているところである。
(B) ベンチはふさがっている。
(C) 葉が道路から掃き出されているところである。
(D) 柱が歩道に沿って列を作っている。

正解 D 円柱が歩道に沿うようにして立ち並んでいる。column「円柱」、line「～に沿って列を成す」、walkway「歩道」。
(A) 屋根が修理されている様子は写っていない。repair「～を修理する」。
(B) ベンチには誰も座っていない。occupied「人がいて、ふさがって」。
(C) 葉が掃き出されている様子はない。leaves は leaf「葉」の複数形、sweep ～ out of …「～を…から一掃する」。

4

プラクティス  009 部分

1 computer、drawers、monitor、documents
コンピューター、引き出し、モニター、書類

2 3 Some documents are on a desk.
机の上に書類がある。

チャレンジ  013

M

(A) There are papers piled on a chair.
(B) There are cabinets above a computer monitor.
(C) The man is opening a window.
(D) The man is reaching for a telephone.

(A) 書類が椅子の上に積み重ねられている。
(B) コンピューターのモニターの上方に戸棚がある。
(C) 男性は窓を開けているところである。
(D) 男性は電話を取ろうと手を伸ばしているところである。

正解 B モニターのすぐ上に戸棚が写っている。cabinet「キャビネット、戸棚」。
(A) 書類が積み重ねられているのは机の上である。papers「〈複数形で〉書類」、pile「～を積み重ねる」。
(C) 男性が開けているのは窓ではなく、引き出しである。
(D) 男性が手を伸ばしているのは電話ではなく、引き出しである。reach for ～「～を取ろうと手を伸ばす」。

Column

◀さまざまな描写表現▶

Unit 1、2 では、同じ写真がさまざまな表現で描写できることを見てきました。ここでは、Unit 1 の「プラクティス」「チャレンジ」に出てきた写真を使って、もう少し詳しく見てみましょう。

A man is loading a cart with laundry.

➡ 他にこんなふうにも言えます。

① A man is collecting his laundry from a machine.

② A man is taking some items out of a machine.

③ A man is finishing up his laundry.

▶ 男性の動作に着目すると、①「男性は機械から洗濯物を集めている」、②「男性は機械から幾つかの物を取り出している」、③「男性は洗濯を終えているところだ」などがあり得ます。

They are gathered for a meeting.

➡ 他にこんなふうにも言えます。

① Colleagues are in a meeting room.

② A meeting is being held.

③ One of the women is standing.

▶ 主語を変えるとさまざまな表現ができます。They を Colleagues で言い換えて ①「同僚たちが会議室にいる」、さらに、A meeting を主語にして ②「会議が行われている」、One of the women を主語にして ③「女性のうちの 1 人は立っている」などの文が考えられます。

このように、同じ写真の内容を幾つかの英文で表現することは、実践での瞬発力につながります。Unit 1、2 で出てきたその他の写真も題材にして、自分でも練習してみましょう。

位置関係を表す前置詞　物の状態の描写に役立ちます

in	～の中に	**in** a sink	流しの中に
on	～の上に	**on** a desk	机の上に
above	～の上方に	**above** a computer monitor	コンピューターのモニターの上方に
below	～の下方に	**below** a bulletin board	掲示板の下の方に
in front of ～	～の前に	**in front of** a window	窓の前に
behind	～の後ろに	**behind** a counter	カウンターの後ろに
against	～に対して	**against** a wall	壁に立て掛けられて
across	～の向こう側に	**across** a table	テーブルを挟んで
along	～に沿って	**along** a curb	縁石に沿って
around	～の周りに	**around** a fountain	噴水の周りに
next to ～	～の隣に	**next to** a cabinet	戸棚の隣に

PART 2

応答問題

Unit 3
Unit 4
Unit 5
Unit 6
Unit 7
Unit 8
Unit 9

Part 2は、音声による短文の質問や発言に対し、適切な応答を選ぶ問題です。これらのユニットの目標は、適切な答えを瞬時に判断する力を養うことです。ユニットが進むに従って、質問に対する直接的な返答だけでなく、質問や発言の意図をくみ取った間接的な応答についても学んでいきます。

PART 2

Unit 3 WH 疑問文（When、Where、Who、What）

テーマ解説

Part 2「応答問題」では、質問や発言の意図を正しく理解し適切な応答を選ぶ力が試されます。質問と選択肢は問題用紙には記載がなく、音声だけで正誤を判断しなくてはならないので、実生活での会話の応答に近い瞬発力が求められます。WH 疑問文では、冒頭の疑問詞を確実に聞き取ることが正しい返答の選択につながります。繰り返し練習し、即座に適切な応答を選べるようになりましょう。Unit 3 では、Part 2 によく登場する WH 疑問文のうち、When、Where、Who、What の用法を見ていきます。

When「いつ」　時間や時期などを尋ねる疑問詞です。返答には具体的な時期や日程を伝えたり、「～の前／後」「～の間」など、広い意味での時の概念で答えたりすることもあります。

例 **When** are you leaving?　**いつ**出発するのですか。
— In two hours. / Right after I see him.　— 2 時間後です。／彼に会った後すぐです。

Where「どこ」　場所を尋ねる疑問詞です。進行の度合いなどの地点を尋ねる使い方もあります。

例 **Where** can I find the application form?　申込用紙は**どこで**見つかりますか。
Where are we with the new project?　新しいプロジェクトは**どこまで**進んでいますか。

Who「誰」　人（主語、目的語）について尋ねる疑問詞です。「誰が？」という主語について尋ねる場合は、Who を主語とする肯定文の語順で三人称単数扱いになります。「誰を？」「誰に？」という目的語について尋ねる場合は、Who（Whom も可）の後に疑問文の語順で文末に前置詞を伴うこともあります。

例 **Who** comes to the weekly meeting?　**誰が**週 1 回の定例会に来ますか。
— John and Kate do.　— John と Kate が来ます。
Who is this advertising designed for?　この広告は**誰に**向けてデザインされていますか。

What「何」　人以外の物（主語、目的語）について尋ねる疑問詞です。〈What ＋名詞〉の形で使われるパターンもあります。Who と同じく、主語扱いなら肯定文、目的語扱いなら疑問文の語順となります。

例 **What**'s your new job like?　新しい仕事は**どんな**感じですか。
What else do you need?　他に**何が**必要ですか。

WH 疑問文に対する返答のパターンはさまざまで、質問内容に直接的に答えているものと間接的に答えているものがあります。例えば、「いつ？」と尋ねられて、具体的な日時や時期を答えているものもあれば、「前回と同じです」など聞いた人の推測が必要な答え方もあります。質問の趣旨を捉えて、応答として成り立ち得るかどうかを判断し、正答を導き出しましょう。

例 **Who** speaks German?　**誰が**ドイツ語を話しますか。
— Sheila does.　— Sheila が話します。（直接的）
— John spent some time there, I heard.　— John はあちら（ドイツ）にしばらくいたそうですよ。（間接的）

ウォームアップ

→解答(例)はページ下、スクリプトと訳は p.83

014

1 (a)～(h)の音声を聞いて、各文の冒頭部分を聞き取り、空所に書きましょう。

(a) (　　　　　　) does the fiscal year end?

(b) (　　　　　　) can you tell me about the new client?

(c) (　　　　　　) are you planning to get started on the new project?

(d) (　　　　　　) your new store going to be?

(e) (　　　　　　) in charge of ordering supplies?

(f) (　　　　　　) kind of software would you like to order?

(g) (　　　　　　) missed yesterday's meeting?

(h) (　　　　　　) did you learn Italian so well?

2 (a)～(h)の音声をもう一度聞いて、それぞれの質問が何を尋ねているか、[誰・何(の)・いつ・どこ]の中から選びましょう。

(a) [誰・何(の)・いつ・どこ]

(b) [誰・何(の)・いつ・どこ]

(c) [誰・何(の)・いつ・どこ]

(d) [誰・何(の)・いつ・どこ]

(e) [誰・何(の)・いつ・どこ]

(f) [誰・何(の)・いつ・どこ]

(g) [誰・何(の)・いつ・どこ]

(h) [誰・何(の)・いつ・どこ]

【解答(例)】

1 (a) When (b) What (c) When (d) Where's (e) Who's (f) What (g) Who (h) Where

▶ (d) Where'sと(e) Who'sは、Where isとWho isの略。会話ではこうした省略形で使われることが多い。

2 (a) いつ (b) 何(の) (c) いつ (d) どこ (e) 誰 (f) 何(の) (g) 誰 (h) どこ

プラクティス

→解答・解説は p.32

TOEIC® L&R の問題の一部を使って、リスニングの練習をしましょう。

015

1 (a) ～ (e) の音声を聞いて、冒頭の疑問詞から何を尋ねているかを考え、[誰・何・いつ・どこ] の中から選びましょう。

(a) [誰・何・いつ・どこ]

(b) [誰・何・いつ・どこ]

(c) [誰・何・いつ・どこ]

(d) [誰・何・いつ・どこ]

(e) [誰・何・いつ・どこ]

2 (a) ～ (e) の質問の音声をもう一度聞いて、応答として適切な方を選びましょう（応答の音声は収録されていません）。

(a) □ 応答 1 Right after she did the corridor.
□ 応答 2 The supply room on the second floor, I think.

(b) □ 応答 1 Yes, I was able to locate it.
□ 応答 2 The same building as before but a different floor.

(c) □ 応答 1 The new assignments are notably more difficult.
□ 応答 2 It was in the instructions we sent out yesterday.

(d) □ 応答 1 The Colbert account.
□ 応答 2 Our work for the month is almost completed.

(e) □ 応答 1 I'm sure you can, don't worry about it.
□ 応答 2 There's plenty left from last month.

チャレンジ

→解答・解説は p.32

TOEIC® L&R の問題に挑戦します。

016 ≫ 020

音声を聞いて、質問の応答として最も適切なものを選びましょう。

1. Ⓐ Ⓑ Ⓒ

2. Ⓐ Ⓑ Ⓒ

3. Ⓐ Ⓑ Ⓒ

4. Ⓐ Ⓑ Ⓒ

5. Ⓐ Ⓑ Ⓒ

Listen & Repeat

021 ≫ 025

「チャレンジ」の **1** ～ **5** の質問文と応答文が正しいペアで収録されています。音声を聞いて、1 文ずつポーズ（間）でリピートし、下の□にチェックを入れましょう。

▶余裕があればシャドーイング（p.43 参照）にもトライしてみましょう。

1. 質問 □　応答 □
2. 質問 □　応答 □
3. 質問 □　応答 □
4. 質問 □　応答 □
5. 質問 □　応答 □

1.

W When did Harriet clean out the supply room?

M (A) After we left.
(B) Some new supplies.
(C) She cleaned the floor.

いつHarrietは備品室をきれいに掃除したのですか。
(A) 私たちが帰った後です。
(B) 幾つかの新しい備品です。
(C) 彼女は床を掃除しました。

プラクティス  015 部分

1 (a) いつ
▶ **When** did Harriet clean out the supply room?

2 (a) 応答1
応答1 Right after she did the corridor.
彼女が廊下を掃除した直後です。

応答2 The supply room on the second floor, I think.
2階の備品室だと思います。

▶ 時を尋ねているのに対し、特定の日時ではないが、聞き手が判別できる時を答えている。corridor「廊下」。応答2は場所を尋ねる質問には適しているが、「いつ」を問う疑問文の答えにはなっていない。

チャレンジ 016 全体

正解 A When ～? でいつ掃除したのかと尋ねているのに対し、「私たちが帰った後」と答えている(A)が正解。clean out ～「～をきれいに片付ける」、supply room「備品室」。
(B) 時が尋ねられているので、応答になっていない。supplies「〈複数形で〉供給品、備品」。
(C) 掃除した箇所については尋ねられていない。

Listen & Repeat  021

When did Harriet clean out the supply room?
— After we left.

2.

W Where's your new office located?

M (A) A couple of hours from now.
(B) It's right around the corner.
(C) I don't think he's here today.

あなたの新しいオフィスはどこにありますか。
(A) 今から2～3時間後です。
(B) ちょうど角を曲がった所です。
(C) 彼は今日ここにいないと思います。

プラクティス 015 部分

1 (b) どこ
▶ **Where**'s your new office located?

2 (b) 応答2
応答1 Yes, I was able to locate it.
はい、その場所を見つけることができました。

応答2 The same building as before but a different floor.
以前と同じビルですが、違う階です。

▶「同じビルだが、違う階だ」と具体的な場所を答えている応答2が適切。応答1は、Where's ～?に対し、YesやNoで答えており不適切。質問にある動詞locate「～を見つける」が使われているので惑わされないように。

チャレンジ 017 全体

正解 B Where ～? と場所を尋ねているので、所在地を説明している(B)が正解。be located「位置する」。right around the corner「角を曲がったすぐの所に」。
(A) 所要時間については尋ねられていない。a couple of ～「2、3の～」。
(C) 人物については尋ねられていない。

Listen & Repeat  022

Where's your new office located?
— It's right around the corner.

3.

W Who notified the interns of assignment changes?

M (A) The program coordinator.
(B) Just a few minor changes.
(C) With the assigned interns.

誰が業務の変更について研修生に通知しましたか。
(A) プログラムコーディネーターです。
(B) 幾つかのささいな変更点だけです。
(C) 担当の研修生と一緒にです。

プラクティス  部分

1 (c) 誰

▶ **Who** notified the interns of assignment changes?

2 (c) 応答 2

応答 1 The new assignments are notably more difficult.
新しい業務は明らかにもっと難しいです。

応答 2 It was in the instructions we sent out yesterday.
昨夜送信した指示書の中にありました。

▶ 具体的な人物を答えてはいないが、その情報の参照先を示している応答 2 が適切。応答 1 は Who ～？に対する答えになっていない。notably「はっきり分かるほど」。

チャレンジ  全体

正解 A Who ～？で研修生に変更通知した人物を尋ねているのに対し、肩書で特定の人物を示している (A) が正解。notify ～ of …「～に…について知らせる」、intern「研修生、実習生」、assignment「業務、任務」。coordinator「コーディネーター、取りまとめ役」。
(B) 変更点については尋ねられていない。minor「ささいな、小さな」。
(C) 質問にある名詞 assignment の形容詞形 assigned が用いられているが、質問に正しく答えていない。assigned「(業務などを) 割り当てられた」。

Listen & Repeat 

Who notified the interns of assignment changes?
— The program coordinator.

4.

M What was Mr. Kim's group asked to work on this month?

M (A) Sure, I'll ask him to do it.
(B) The report on alternative energy.
(C) Earlier in the month.

Kimさんのグループが今月取り組むよう依頼されたことは何でしたか。
(A) はい、彼にそれをするよう依頼します。
(B) 代替エネルギーに関する報告書です。
(C) その月の初めごろです。

プラクティス  部分

1 (d) 何

▶ **What** was Mr. Kim's group asked to work on this month?

2 (d) 応答 1

応答 1 The Colbert account.
Colbert 氏との取引です。

応答 2 Our work for the month is almost completed.
私たちの今月の作業はほぼ完了しています。

▶ Kim さんのグループの業務として担当顧客を答えている応答 1 が適切。応答 2 は、自分たちの作業の進み具合を伝えており、質問の答えになっていない。complete「～を完了する」。

チャレンジ  全体

正解 B What ～？で Kim さんのグループが依頼された内容を尋ねているのに対し、「代替エネルギーに関する報告書」と答えている (B) が正解。work on ～「～に取り組む」。alternative energy「代替エネルギー」。
(A) Sure「はい」では応答になっていない。また、it が指すものも不明。
(C) 時期については尋ねられていない。

Listen & Repeat 

What was Mr. Kim's group asked to work on this month?
— The report on alternative energy.

5.

W Where can I buy some boxes for shipping?

M (A) Check the supply closet first.
(B) Yes, overnight service, please.
(C) It's a pretty large shipment.

発送用の箱はどこで買えますか。
(A) まず備品収納室を確認してください。
(B) はい、翌日配達サービスでお願いします。
(C) かなり大きな発送品です。

プラクティス  部分

1 (e) どこ

▶ **Where** can I buy some boxes for shipping?

2 (e) 応答 2

応答 1 I'm sure you can, don't worry about it.
必ず買えますよ、心配しないでください。

応答 2 There's plenty left from last month.
先月からの残りがたくさんありますよ。

▶ 応答 2 を選べば、箱の具体的な購入場所は答えていないが、在庫がたくさんあるので買う必要がない、と示唆することになり、会話が成り立つ。応答 1 は場所を問う疑問文への答えになっていない。

チャレンジ  全体

正解 A Where ～? で発送用の箱を購入できる場所を尋ねているのに対し、購入前に備品収納室の在庫の有無を確認するよう指示している (A) が正解。 shipping「発送、出荷」。supply closet「備品室」、first「先に」。
(B) 場所を尋ねているので Yes や No による応答は適切ではない。overnight「翌日配達の」。
(C) 荷物の大きさは尋ねられていない。pretty「かなり」、shipment「発送品、積み荷」。

Listen & Repeat 

Where can I buy some boxes for shipping?
— Check the supply closet first.

リスニングに効く練習　その1

すでにやり終えた本誌の練習問題や *TOEIC*® L&Rの問題集を使って、リスニング力に磨きをかける方法を3つご紹介します。リスニング力は語彙力と構文理解力に大きく依存します。知らない単語は聞こえてきても意味を成さないので、単語を知れば知るほど、聞いて分かる範囲が広がっていきます。さらに長い文の場合、音声から瞬時に構文や修飾関係をつかんで意味を理解するのは容易なことではありません。以下に一般的なリスニングの練習法をご説明しますので、繰り返し聞いて練習し、聞き取る力と同時に英語の構文力を身に付けましょう。

PART 2 Unit 3

1. スクリプトを見ながら聞く

問題文の音声を、スクリプトを見ながら聞きましょう。つづりと音を頭の中で関連付けることができ、聞き取りに自信がついてきます。この練習法では、特に音のつながりに注意して聞くことをお勧めします。簡単な英語表現でも、音がつながって話されると聞き取れないことがあります。この練習を続けると、英語特有の音変化のパターンに慣れ、聞き取りが楽になっていきます。

2. 音読する

音読は取り組みやすく効果的な練習法です。まず問題文のスクリプトと訳を見て、内容を理解します。その後、スクリプトを見ながら声に出して読みましょう。コツは単語の意味や構文を意識しながら読むことです。冠詞（a、the）、三人称単数現在形や複数形のsなどの細部も丁寧に発音します。慣れてきたら少しずつスピードを上げて読んでみましょう。

3. スクリプトを見ずに音読する

1つの文を読んだ後、テキストから目を離して（顔を上げて）、口頭でその文を再現する練習です。文構造を理解し、文の意味を思い浮かべながら行うのがポイントです。例えば、The sales team has gathered for the afternoon meeting.「営業チームは午後の会議のために集まっている」という文の場合、言いやすい意味のまとまりに分けて、The sales team / has gathered / for the afternoon meeting.のように区切って記憶するといいでしょう。このように意味のまとまりごとに覚えると、コロケーション（よく使われる語の組み合わせやつながり）も頭に入り、文を再現しやすくなります。この練習を繰り返すことにより、文構造を意識しながら長い英文を聞き取ることも楽になっていきます。

Unit 4 WH 疑問文（Why、Which、How）

テーマ解説

Unit 4 では、Why、Which、How の疑問詞で始まる WH 疑問文を見ていきます。Unit 3 で扱った When、Where、Who、What と同様に、冒頭の疑問詞から何の情報を尋ねられているかを正しく聞き取り、話の流れに合う自然な答えを選べるようになりましょう。

Why「なぜ」 理由を尋ねる疑問詞です。以下は、直接的に理由を答えている応答例です。

例 **Why** did you buy a new car? **なぜ**新しい車を買ったのですか。
— The old one was beyond repair. — 前の車は修理不可能だったんです。

また、理由を尋ねる意図からやや離れ、自分のいら立ちを伝えたり、相手の行動を非難したりすることもあります。それに対する応答は、質問の意図をくんだものになる場合が多いでしょう。

例 **Why** didn't you answer any of my e-mails? **なぜ**私のどのメールにも返信してくれなかったのですか。
— I'm really sorry, the new project is killing me. — 本当にごめんなさい、新企画に忙殺されているんです。

自分の行動に対するやや非難を込めた相手の問い掛けに謝罪し、できなかった事情を説明しています。

Which「どの」「どちらの」 複数の人や物の中から、どの 1 つかを尋ねる疑問詞です。〈Which + 名詞〉の形で使われることもあります。

例 **Which** version of the proposal do you like better? **どちらの**版の提案書がより良いと思いますか。
(a) To be honest, I prefer the old version. 正直なところ、旧版の方が良いと思います。
(b) Thanks for sending me the new proposal. 新しい提案書のご送付に感謝します。
(c) I think the client will like the proposal. 顧客はその提案を気に入ると思います。

「どちらの版？」という質問に対し、正解の選択肢 (a) は、like better を prefer で言い換えて、自分が良いと思う方を挙げて答えています。(b) と (c) は質問に正しく答えていません。

How「どのように」 How を単独で使う場合は、「どのように」「どうやって」と方法を尋ねる疑問詞ですが、他の形容詞や副詞と組み合わせて「どのくらい（の）～」と程度を尋ねることもできます。以下はいずれも How を用いた質問文ですが、How の使い方によって尋ねる情報が異なります。

例 **How** should we monitor his progress? **どうやって**、彼の進展を管理すればいいですか。
How long should we monitor his progress? **どのくらいの期間**、彼の進展を管理すればいいですか。
How often should we monitor his progress? **どのくらいの頻度で**彼の進展を管理すればいいですか。
How easy is it to monitor his progress? 彼の進展を管理することは**どのくらい簡単**ですか。

その他にも、How much ～？「幾ら～」「どのくらい（の量）」、How many ～？「幾つ～」、How far ～？「どのくらいの距離～」「どの程度まで」などの疑問文もあります。多くの問題を解いて、さまざまなバリエーションを覚えていきましょう。

ウォームアップ

→解答(例)はページ下、スクリプトと訳は p.83

026

1 (a)～(h) の音声を聞いて、冒頭の疑問詞を聞き取りましょう。正しいものに丸を付けてください。

(a) [Why Which How]

(b) [Why Which How]

(c) [Why Which How]

(d) [Why Which How]

(e) [Why Which How]

(f) [Why Which How]

(g) [Why Which How]

(h) [Why Which How]

2 (a)～(h) の音声をもう一度聞いて、それぞれの質問の要点として適切なものを下の (ア) ～ (ク) から選びましょう。

(a) [ ]　(e) [ ]

(b) [ ]　(f) [ ]

(c) [ ]　(g) [ ]

(d) [ ]　(h) [ ]

(ア) なぜ引っ越すことにした?	(オ) どちらを選んだ?
(イ) なぜ招待されなかった?	(カ) どのくらいすぐに訪ねて来られる?
(ウ) どの日が都合に合う?	(キ) どのくらい雪が降った?
(エ) どの箱を使ったらいい?	(ク) どうやって思い付いた?

【解答(例)】

1 (a) Which (b) How (c) Which (d) Why (e) How (f) Which (g) Why (h) How

2 (a) (エ) (b) (キ) (c) (オ) (d) (イ) (e) (カ) (f) (ウ) (g) (ア) (h) (ク)

プラクティス

→解答・解説は p.40

TOEIC® L&R の問題の一部を使って、リスニングの練習をしましょう。

027

1 (a) ～ (e) の音声を聞いて、空所を埋めましょう。

(a) ( ) are these instructions so ( )?

(b) ( ) will the construction ( ) ( ) ( ) the building?

(c) ( ) ( ) would you like to ( ) the conference room ( )?

(d) ( ) ( ) do you ( ) ( ) to Chicago to visit?

(e) ( ) ( ) Ms. Smith in her ( )?

2 (a) ～ (e) の音声をもう一度聞いて、それぞれの質問の要点として適切なものを下の（ア）～（オ）から選びましょう。

(a) [ ]

(b) [ ]

(c) [ ]

(d) [ ]

(e) [ ]

（ア）なぜ Smith さんはいない？
（イ）どのくらい頻繁に帰る？
（ウ）なぜこんなに分かりにくい？
（エ）どうやって作業員は入る？
（オ）どの日に予約したい？

チャレンジ

→解答・解説は p.40

TOEIC® L&R の問題に挑戦します。

028 ›› 032

音声を聞いて、質問の応答として最も適切なものを選びましょう。

1. Ⓐ Ⓑ Ⓒ

2. Ⓐ Ⓑ Ⓒ

3. Ⓐ Ⓑ Ⓒ

4. Ⓐ Ⓑ Ⓒ

5. Ⓐ Ⓑ Ⓒ

Listen & Repeat

033 ›› 037

「チャレンジ」の **1** ～ **5** の質問文と応答文が正しいペアで収録されています。音声を聞いて、1 文ずつポーズ（間）でリピートし、下の□にチェックを入れましょう。

▶余裕があればシャドーイング（p.43 参照）にもトライしてみましょう。

1. 質問 □　応答 □
2. 質問 □　応答 □
3. 質問 □　応答 □
4. 質問 □　応答 □
5. 質問 □　応答 □

1.

M　Why are these instructions so complicated?

W　(A) Thanks for coming in early today.
(B) I've asked Mark to simplify them.
(C) We have enough copies for everyone.

これらの説明書はなぜこんなに分かりにくいのですか。
(A) 今日は早く来てくれてありがとうございます。
(B) Markに分かりやすくするようお願いしました。
(C) 全員に十分な数のコピーがあります。

プラクティス  部分

1 (a) Why、complicated

2 (a) (ウ) なぜこんなに分かりにくい?

チャレンジ  全体

正解 B　Why ～?で説明書が分かりにくい理由を尋ねているのに対し、すでにMarkに分かりやすくするよう頼んだと答えている(B)が正解。これは発言が単純な質問でなく批判的な意味合いが込められていることをくみ取って問題への対応策を答えているもの。themは質問中のinstructionsを指す。instructions「〈複数形で〉説明書、指示」、complicated「複雑な」。simplify「～を簡素化する」。
(A) come in「到着する」。
(C) 説明書のコピーの部数は尋ねられていない。

2.

M　How will the construction workers get into the building?

W　(A) The security guard can let them in.
(B) They're renovating the fifth floor.
(C) The work will be done by Wednesday.

建設作業員はどうやって建物の中に入るのですか。
(A) 警備員が彼らを中に入れてくれます。
(B) 彼らは5階を改装しています。
(C) 作業は水曜日までに終わる予定です。

プラクティス  部分

1 (b) How、workers、get、into

2 (b) (エ) どうやって作業員は入る?

チャレンジ 029 全体

正解 A　How ～?で建設作業員が建物に入る方法を尋ねているのに対し、「警備員が彼らを中に入れてくれる」と具体的に説明している(A)が正解。construction worker「建設作業員」、get into ～「～に入る」。security guard「警備員」、let ～ in …「～を…の中に入れる」。
(B) 作業内容については尋ねられていない。renovate「～を改装する、～を改修する」。
(C) 工期については尋ねられていない。

Listen & Repeat 

Why are these instructions so complicated?
— I've asked Mark to simplify them.

Listen & Repeat 

How will the construction workers get into the building?
— The security guard can let them in.

3.

W Which dates would you like to book the conference room for?

M (A) I prefer non-fiction.
(B) From the seventh to the ninth, please.
(C) It's upstairs.

何日に会議室を予約したいですか。

(A) 私はノンフィクションの方が好きです。
(B) 7日から9日まで、お願いします。
(C) 上の階にあります。

プラクティス 027 部分

1 (c) Which、dates、book、for

2 (c) （オ）どの日に予約したい？

チャレンジ 030 全体

正解 B Which ～？で「何日に予約したいか」と尋ねているのに対し、具体的な日付を答えている(B)が正解。book ～ for …「～を…(日時)に予約する」。
(A) 質問にあるbookは動詞で「～を予約する」という意味なので「本」とは関係がない。prefer「～の方を好む」。
(C) 会議室の場所は尋ねられていない。upstairs「上階に、2階に」。

Listen & Repeat 035

Which dates would you like to book the conference room for?
— From the seventh to the ninth, please.

4.

M How often do you go back to Chicago to visit?

W (A) My family doesn't live there anymore.
(B) We usually fly.
(C) Yes, it's one of my favorite cities.

どれくらい頻繁にシカゴに帰省しますか。

(A) 私の家族はもうそこには住んでいません。
(B) 私たちはたいてい飛行機で行きます。
(C) はい、私の大好きな都市の1つです。

プラクティス 027 部分

1 (d) How、often、go、back

2 (d) （イ）どのくらい頻繁に帰る？

チャレンジ 031 全体

正解 A How often ～？とシカゴに帰省する頻度を尋ねているのに対し、「私の家族はもうそこには住んでいない」と答えて、シカゴにはもう帰省していないことを示唆している(A)が適切。thereは質問にあるChicagoを指す。go back to ～「～に帰る、～に戻る」。anymore〈否定文で〉「もう～ない」。
(B) 頻度を尋ねられているのに対して交通手段を答えており、応答になっていない。fly「飛行機で移動する」。
(C) シカゴが好きかどうかは尋ねられていない。

Listen & Repeat 

How often do you go back to Chicago to visit?
— My family doesn't live there anymore.

5.

W Why isn't Ms. Smith in her office?

W (A) Take the stairs to your left.
(B) I think it was changed to three o'clock.
(C) All the managers are at a staff meeting.

なぜSmithさんはオフィスに不在なのですか。
(A) 左手の階段を使ってください。
(B) 3時に変更になったと思います。
(C) 部長は全員、職員会議に出ています。

プラクティス  部分

1 (e) Why、isn't、office

2 (e) (ア) なぜ Smith さんはいない？

チャレンジ  全体

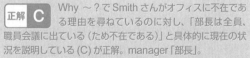

正解 C Why ～？で Smith さんがオフィスに不在である理由を尋ねているのに対し、「部長は全員、職員会議に出ている（ため不在である）」と具体的に現在の状況を説明している (C) が正解。manager「部長」。
(A) オフィスへの行き方は尋ねられていない。take「～（手段など）を利用する」、to *one's* left「～の左側に向かって」。
(B) 時間については尋ねられていない。

Listen & Repeat 

Why isn't Ms. Smith in her office?
— All the managers are at a staff meeting.

リスニングに効く練習　その２

問題を一度解き終えたら、そのままにしてしまっていませんか。解き終わった問題も、英語力を伸ばす貴重な練習の素材になります。ここでは特に、Part 1 や Part 2 に必要な瞬発力の鍛え方として、*TOEIC*® L&R 形式の問題を使ったリスニング力アップにつながる練習法を紹介します。

1. 写真問題の活用

Part 1 の写真を見ながら、写っているものについてどんなことが言えるかをさまざまな角度から考え、できるだけ多くの文を書き出してみましょう。日本語で思い浮かんでも英語で何と言えばよいか分からない場合は、辞書を引いて構いません。こうした練習の積み重ねが、英文を思い付く発想力と表現の幅を広げていきます。

2. 応答問題の活用

Part 2 の応答問題の質問に対して、考え得る返答を書き出してみましょう。最初は日本語でも構いません。質問内容そのものに答える直接的な返答、やや遠回しな返答、質問に質問で返すパターンなど、さまざまな可能性を思い浮かべられるようになると、聞き取りにも余裕が出てきます。英語での言い方が分からないときは辞書で調べる習慣を付け、表現のストックを増やす努力をしましょう。

3. 音声の活用「リピーティング」

音声を使って、聞こえてきた英文を口頭で再現しましょう。音声を適当な所で止め、聞こえた音をそっくりそのまま繰り返して言います（リピーティング）。最初は短い語句単位で、最終的には 1 文単位で繰り返します。コツは、発音やイントネーションなどを含め、音声を正確にまねて言うことです。意味を意識しながらリピーティングするようにしてみましょう。

4. 音声の活用「シャドーイング」

音声を使ったもう 1 つの練習法は、音声を流したままにして、少し遅れて英文をまねして言う方法です（シャドーイング）。聞こえた音声を口に出して言うと同時に、次の音声を耳で追っていく必要があります。Part 1 や Part 2 の短い音声から始めてみましょう。最初から完璧にできなくても問題ありません。回数を重ねるごとに上手になっていきます。この練習は話される英語のスピードに慣れるのに効果的です。

3 の「リピーティング」や 4 の「シャドーイング」に自信がない人は、最初はスクリプトを見ながら挑戦し、自信が付いてきたら、スクリプトを見ないでやってみましょう。

PART 2

Unit 5 Yes/No 疑問文

テーマ解説

Unit 5 では、Do you ～? や Are there ～? など、Yes あるいは No で答えられる、最も基本的な疑問文について学びます。Yes/No 疑問文に対する応答のパターンには、実生活でのやりとりと同様、直接的に Yes か No で答える場合と、Yes や No を使わずにやや遠回しに答える場合があります。

Yes/No で答える場合

Yes/No 疑問文は疑問詞を使わず、〈助動詞 + 主語 + 動詞の原形 ～〉もしくは〈be 動詞 + 主語 ～〉で構成されています。文頭に注目すれば主語の単数・複数や時制が分かります。通常、質問と応答は数と時制が一致します。簡単な例で見てみましょう。

例 **Does** the manager **know** about that?　それについて部長は知っていますか。
(a) Yes, he **does**.　(b) Yes, he is.　(c) Yes, he did.

全て Yes で答えていますが、主語の人称・数と時制が質問と一致している (a) が正解です。また、次のように複数の語から成る長い主語の場合は、主語の中の主要な名詞に注意して聞きましょう。

例 **Is** the regional managers' meeting **scheduled** for today?　地域部長会議は今日予定されていますか。
(a) Yes, they are.　(b) Yes, it **is**.　(c) Yes, it was.

主語は 4 語と長いですが、主要な名詞は meeting で単数、述語動詞 Is ～ scheduled は受動態の現在形なので、数と時制の一致の観点から (b) が正しいと判断できます。

Yes/No 以外での表現で答える場合

日常生活のやりとりでは、Yes/No 疑問文に対して必ずしも Yes か No で答えるとは限りません。質問の趣旨をくみ取った上で、Yes や No の意思を別の表現で伝えることもあります。例えば、Yes の意味で Right.「そうですね」、Certainly.「その通りです」、By all means.「ぜひとも」など、No の意味で I don't think so.「そうは思いません」、I'm not sure.「どうでしょうか」などの表現を用いることもあります。

また、Yes/No を省略して、質問者が本当に知りたいことを直接答える場合もあるでしょう。Part 2 でもそうしたパターンの応答がしばしば登場します。

例 Do you know where the stapler is?　ホチキスがどこにあるか知っていますか。
— It's in the third drawer.　— 3 番目の引き出しの中にあります。(知っている場合)
— Ask Judy.　— Judy に聞いてください。(知らない場合)

質問者の知りたい情報は「ホチキスのある場所」なので、上記のようにホチキスの保管場所や知っていそうな人を答えている応答は、どちらも極めて自然です。反対に、Yes, I do. とだけ言う応答は、実際の会話をイメージしてみれば分かるように、不自然です。疑問文の形にとらわれず、常に「実際は何を尋ねているのか」を考えながら聞くようにしましょう。

ウォームアップ

→解答(例)はページ下、スクリプトと訳は p.83

038

1 (a)～(h) の音声を聞いて、空所を埋めましょう。

(a) (　　　　) (　　　　) at home last night?

(b) (　　　　) (　　　　) know where the venue for the event is?

(c) (　　　　) (　　　　) seat free?

(d) (　　　　) (　　　　) finished your report yet?

(e) (　　　　) (　　　　) show up at the meeting this morning?

(f) (　　　　) (　　　　) (　　　　) (　　　　) available for today?

(g) (　　　　) (　　　　) (　　　　) cover the transportation expenses?

(h) (　　　　) (　　　　) (　　　　) (　　　　) for everyone?

2 (a)～(h) の音声をもう一度聞いて、それぞれの質問の要点として適切なものを下の（ア）～（ク）から選びましょう。

(a) [　　　　]　　(e) [　　　　]

(b) [　　　　]　　(f) [　　　　]

(c) [　　　　]　　(g) [　　　　]

(d) [　　　　]　　(h) [　　　　]

（ア）席は空いているか。	（オ）報告書を仕上げたか。
（イ）チケットはあるか。	（カ）彼らはどこか知っているか。
（ウ）食べ物はあるか。	（キ）彼女は現れたか。
（エ）彼は在宅していたか。	（ク）会社は負担してくれるか。

【解答(例)】

1 (a) Was、he　(b) Do、they　(c) Is、this　(d) Have、you　(e) Did、she　(f) Are、there、any、tickets
(g) Does、the、company　(h) Is、there、enough、food

2 (a)（エ）　(b)（カ）　(c)（ア）　(d)（オ）　(e)（キ）　(f)（イ）　(g)（ク）　(h)（ウ）

プラクティス

→解答・解説は p.48

TOEIC® L&R の問題の一部を使って、リスニングの練習をしましょう。

039

1 (a) ~ (e) の音声を聞いて、それぞれの質問の要点として適切なものを下の（ア）~（オ）から選びましょう。

(a) [　　　　]

(b) [　　　　]

(c) [　　　　]

(d) [　　　　]

(e) [　　　　]

（ア）ポスターに気付いた？	（エ）出発できる？　それともまだ？
（イ）部品は見つかった？	（オ）どの客か分かる？
（ウ）広告は撮影される？	

2 (a) ~ (e) の音声をもう一度聞いて、空所を埋めましょう。

(a) Is the (　　　　　　) (　　　　　　) being (　　　　　　) tomorrow?

(b) Did you (　　　　　　) the new (　　　　　　) on the bulletin board?

(c) Do you (　　　　　　) which (　　　　　　) (　　　　　　) the (　　　　　　) dish?

(d) Did you (　　　　　　) the (　　　　　　) (　　　　　　) for the printer?

(e) Are you (　　　　　　) to (　　　　　　), or are you still (　　　　　　)?

チャレンジ

→解答・解説は p.48

TOEIC® L&R の問題に挑戦します。

040 〉〉 044

音声を聞いて、質問の応答として最も適切なものを選びましょう。

1. Ⓐ Ⓑ Ⓒ

2. Ⓐ Ⓑ Ⓒ

3. Ⓐ Ⓑ Ⓒ

4. Ⓐ Ⓑ Ⓒ

5. Ⓐ Ⓑ Ⓒ

Listen & Repeat

045 〉〉 049

「チャレンジ」の **1** ～ **5** の質問文と応答文が正しいペアで収録されています。音声を聞いて、1 文ずつポーズ（間）でリピートし、下の□にチェックを入れましょう。

▶余裕があればシャドーイング（p.43 参照）にもトライしてみましょう。

1. 質問 □　応答 □

2. 質問 □　応答 □

3. 質問 □　応答 □

4. 質問 □　応答 □

5. 質問 □　応答 □

1.

M Is the television advertisement being filmed tomorrow?

W (A) Yes, in the early afternoon.
(B) No, she was watching television.
(C) He went to the cinema.

そのテレビ広告は明日撮影される予定ですか。
(A) はい、午後の早い時間に。
(B) いいえ、彼女はテレビを見ていました。
(C) 彼は映画を見に行きました。

プラクティス 039 部分

1 (a) (ウ) 広告は撮影される？

2 (a) television、advertisement、filmed

チャレンジ 040 全体

正解 A 「テレビ広告は明日撮影される予定か」という質問に対し、Yes と肯定し、「午後の早い時間に」と具体的な時を答えている (A) が正解。advertisement「広告」、film「～を撮影する」。
(B) 質問にある television が含まれているが、適切な応答になっていない。she が誰を指すのかも不明。
(C) He が誰を指すのか不明。

2.

M Did you notice the new posters on the bulletin board?

W (A) I'll print them out.
(B) No, what are they for?
(C) To the post office.

掲示板の新しいポスターに気付きましたか。
(A) 私がそれらを印刷します。
(B) いいえ、それらは何のためのものですか。
(C) 郵便局まで。

プラクティス 039 部分

1 (b) (ア) ポスターに気付いた？

2 (b) notice、posters

チャレンジ 041 全体

正解 B 「掲示板の新しいポスターに気付いたか」と尋ねているのに対し、No で否定し、「何のためのものか」と聞き返している (B) が正解。notice「～に気付く」、bulletin board「掲示板」。
(A) (C) いずれも質問に対する応答になっていない。
(A) print out ～「～を印字する、～を印刷する」。
(C) post office「郵便局」。

Listen & Repeat 045

Is the television advertisement being filmed tomorrow?
— Yes, in the early afternoon.

Listen & Repeat 

Did you notice the new posters on the bulletin board?
— No, what are they for?

3.

 W Do you know which customer ordered the pasta dish?

W (A) The woman at table three.
(B) I prefer grilled chicken.
(C) In the banquet hall.

どのお客さまがパスタ料理を注文したか分かりますか。
(A) 3番テーブルの女性です。
(B) 私はグリルチキンの方が好きです。
(C) 宴会場の中です。

 039 部分

1 (c) (オ)どの客か分かる？

2 (c) know、customer、ordered、pasta

チャレンジ 042 全体

正解 A 質問の趣旨は、分かるか否かより「どの客がパスタ料理を注文したのか」なので、「3番テーブルの女性」とテーブル番号と性別を述べることでどの客かを直接的に教えている(A)が適切。order「～を注文する」、dish「料理」。
(B) 料理の好みは尋ねられていない。 prefer「～の方を好む」。
(C) 場所は尋ねられていない。 banquet hall「宴会場」。

4.

 M Did you find the replacement parts for the printer?

M (A) Under fifty dollars.
(B) They're being installed now.
(C) Twenty-five pages a minute.

プリンターの交換部品は見つかりましたか。
(A) 50ドル以下です。
(B) 今取り付け中です。
(C) 1分間に25ページです。

 039 部分

1 (d) (イ)部品は見つかった？

2 (d) find、replacement、parts

チャレンジ 043 全体

正解 B 「プリンターの交換部品は見つかったか」と尋ねているのに対し、「今取り付け中だ」と現在の状況を説明して、すでに交換部品を見つけたことを示唆している(B)が適切。replacement part「交換部品」。install「～を取り付ける、～を設置する」。
(A) 値段については尋ねられていない。
(C) プリンターの印刷速度は尋ねられていない。

Listen & Repeat 

Do you know which customer ordered the pasta dish?
— The woman at table three.

Listen & Repeat 

Did you find the replacement parts for the printer?
— They're being installed now.

5.

M Are you ready to leave, or are you still packing?

W (A) The package arrived this morning.
(B) Our flight isn't until eight.
(C) Is Carlos leaving some for us?

出発の準備はできていますか、それともまだ荷造り中ですか。

(A) 荷物は今朝届きました。
(B) 私たちの便は8時まで出発しませんよ。
(C) Carlosは私たちに幾つか残していますか。

039 部分

1 (e) (エ) 出発できる? それともまだ?

2 (e) ready、leave、packing

044 全体

正解 B 「出発の準備はできているか、それともまだ荷造り中か」と尋ねているのに対し、「私たちの便は8時まで出発しない」と答えることで急ぐ必要はないことを示唆している(B)が正解。be ready to *do*「~する準備ができている」、pack「荷造りをする」。flight「(飛行機の)便」。
(A)や(C)にはそれぞれ質問に関連する語が含まれているが、応答になっていない。
(A) package「荷物、小包」。
(C) leave ~ for …「~を…に残す」。

Listen & Repeat 

Are you ready to leave, or are you still packing?
— Our flight isn't until eight.

選択疑問文

Part 2には、2つの選択肢を並べて、どちらを選ぶか尋ねる、「選択疑問文」と呼ばれる質問も出てきます。こうした疑問文は、2つの選択肢が何であるかをしっかりと聞き取ることが大事です。聞き取りのポイントはorです。orが聞こえてくるまでの内容を1つ目、orが聞こえた後に続く部分を2つ目というように情報を整理して聞き取りましょう。以下の例のように、選択肢の部分が長いものは聞き取りの難易度が上がります。選択疑問文の質問にはYesかNoかだけで答えることは通常ありません。

例 Are you coming hiking with us on Sunday, or would you rather stay at home?
日曜日に私たちと一緒にハイキングに行きますか、それとも家にいる方がいいですか。

(a) I'd definitely go for the hiking. もちろんハイキングに行きたいです。○
(b) Yes, I do. はい、そうです。×
(c) Sunday sounds perfect for me. 日曜日は私には最適に思えます。×

2つの行動のうちどちらを選ぶかを聞いているので、一方を選んでいる(a)が正解です。YesやNoだけで答えることはないので(b)は不正解。(c)は質問に答えていないので不正解です。

例 Did you talk to the manager or should I let her know?
部長と話しましたか、それとも私が彼女に知らせた方がいいですか。

(a) I'd appreciate it if you told her. 彼女に伝えてもらえると助かります。○
(b) Yes, we spoke on the phone yesterday. はい、昨日私たちは電話で話しました。○
(c) Don't worry. I already informed her. 心配ないです。すでに彼女に伝えました。○

いずれも2つのうちどちらかを選んで答えており、正解です。(a)は2つ目、(b)は1つ目、(c)は1つ目の選択肢を肯定し選択しています。(b)はまずYesで答えていますが、これは1つ目の選択肢のDid you talk to the manager?への肯定で、次の文はその補足説明になっています。

例 Should I make a reservation or do we already have one?
私が予約した方がいいですか、それともすでに予約してありますか。

(a) By all means, please reserve a table for three. ぜひとも、3人席の予約をお願いします。○
(b) I made one yesterday. 昨日予約しました。○
(c) No, the reservation is for three people. いいえ、予約は3名です。×

質問者が聞きたいのは、自分が予約をした方がいいか、それとも(すでにしてあるので)する必要はないか、ということです。(a)は1つ目、(b)は2つ目を肯定し選択しているので正解です。(c)の返答内容はNoがどちらの選択肢への返事か分からず、また質問者の質問にも答えていないので不適切です。

選択疑問文への応答は、どちらも選ばずに代案を出す場合もあります。質問の意図や状況をくみ取った、つじつまの合う答えかどうかが正誤の分かれ目なので、しっかり内容を聞き取りましょう。

PART 2

Unit 6 提案・依頼・許可の疑問文

テーマ解説

Unit 6では、提案や依頼をしたり、許可を求めたりするときに使う疑問文を学びます。応答は場所や人物といった特定の情報ではなく、All right.「いいですよ」(承諾) や、That would be great.「それはいいですね」(同意) など、質問の機能や目的に応じた返答になるので、話し手の意図や状況を捉えることが重要です。ここでは、機能別にさまざまな質問の形と応答例を見ていきましょう。

提案「～(するのは) どうですか」 相手に対して何かを申し出たり誘ったりするときに使います。

例 **Would you like** some more coffee?	コーヒーのお代わりはいかがですか。
— Yes, please.	— はい、お願いします。(承諾する)
Can I get you something to eat?	何か食べるものをお持ちしましょうか。
— That'd be great.	— それはいいですね。(承諾する)
Should/Shall I make you some tea?	紅茶をお入れしましょうか。
— Thanks, but I'm OK.	— ありがとう、でも大丈夫です。(断る)
Would you like to join us for dinner?	私たちと夕食をご一緒しませんか。
— I'd love to.	— 喜んで。(承諾する)
Should/Shall we take a walk around here?	この辺りを散歩しませんか。
— Sorry, I have to go straight home.	— すみません、すぐ帰宅する必要があるんです。(断る)

依頼「～してもらえますか」 相手に何かをしてくれるようにお願いするときに使います。

例 **Can/Could* you** help me with the design?	デザインのことで手伝ってもらえますか。
— Certainly.	— いいですよ。(承諾する) 〈* Could ～?の方が丁寧〉
Would you mind closing the door?	ドアを閉めていただけますか。
— No problem.	— 問題ありません。(承諾する)
Would you be able to put that in writing?	それを書面にしていただくことはできますか。
— I'm afraid I can't.	— 申し訳ありませんが、できかねます。(断る)

許可「～してもいいですか」 ある行為について、相手に許可を求めるときに使います。

例 **Can/Could* I** take a day off tomorrow?	明日、1日休みを取ってもいいですか。
— Please go ahead.	— どうぞ。(承諾する) 〈* Could ～?の方が丁寧〉
May I borrow your computer?	あなたのコンピューターをお借りしてもいいですか。
— That's not possible right now.	— 今すぐは無理です。(断る)
Do/Would you mind if I open the window?	窓を開けても構いませんか。
— I'm afraid I do.	— すみませんが、やめてください。(断る)

ウォームアップ

→解答(例)はページ下、スクリプトと訳は p.83

1 (a)～(h) の英文に目を通し、「状況」をヒントに、それぞれの質問の機能として適切なものを下の(ア)～(ウ)から選びましょう。

(a) Should we ask Jack for help? [ ]
状況 Jack ならできるのでは…

(b) Could you give me a hand with the luggage? [ ]
状況 荷物が多いので…

(c) Do you mind if I use your phone? [ ]
状況 携帯電話を忘れてしまって…

(d) Would you care to leave a message? [ ]
状況 電話を取り次ぐべき人が不在なので…

(e) Why don't you sit down? [ ]
状況 相手が立ったままなので…

(f) Would you be able to offer a better solution? [ ]
状況 良い解決策が見つからなくて…

(g) Would it be all right if I take a day off tomorrow? [ ]
状況 明日休暇を取りたいのだけれど…

(h) Would you be interested in getting drinks after work? [ ]
状況 一緒に飲みに行きたいな…

(ア) 提案「～するのはどうですか」
(イ) 依頼「～してもらえますか」
(ウ) 許可「～してもいいですか」

050

2 (a)～(h) の英文の音声を確認した後、ポーズ(間)でそれぞれの文をリピートしましょう。

【解答(例)】
1 (a)(ア) (b)(イ) (c)(ウ) (d)(ア) (e)(ア) (f)(イ) (g)(ウ) (h)(ア)

プラクティス

→解答・解説は p.56

TOEIC® L&R の問題の一部を使って、リスニングの練習をしましょう。

051

1 (a)～(e) の音声を聞いて、空所を埋めましょう。

(a) (　　　　　) (　　　　　) (　　　　　) (　　　　　) (　　　　　) in the front row?

(b) (　　　　　) (　　　　　) (　　　　　) (　　　　　) (　　　　　) at the most recent data?

(c) (　　　　　) (　　　　　) (　　　　　) (　　　　　) at the afternoon meeting, or just (　　　　　)?

(d) (　　　　　) (　　　　　) (　　　　　) (　　　　　) (　　　　　) something in your size?

(e) (　　　　　) (　　　　　) (　　　　　) my shift on Wednesday?

2 (a)～(e) の音声をもう一度聞いて、それぞれの質問の要点として適切なものを下の（ア）～（オ）から選びましょう。

(a) [　　　]

(b) [　　　]

(c) [　　　]

(d) [　　　]

(e) [　　　]

（ア）探す手助けをしようか。
（イ）最前列に座るのはどうか。
（ウ）見てもいいか。
（エ）代わってもらえないか。
（オ）食べ物を出すか、飲み物だけでいいか。

チャレンジ

→解答・解説は p.56

TOEIC® L&R の問題に挑戦します。

052 ›› 056

音声を聞いて、質問の応答として最も適切なものを選びましょう。

1. Ⓐ Ⓑ Ⓒ

2. Ⓐ Ⓑ Ⓒ

3. Ⓐ Ⓑ Ⓒ

4. Ⓐ Ⓑ Ⓒ

5. Ⓐ Ⓑ Ⓒ

Listen & Repeat

057 ›› 061

「チャレンジ」の **1** ～ **5** の質問文と応答文が正しいペアで収録されています。音声を聞いて、1 文ずつポーズ（間）でリピートし、下の□にチェックを入れましょう。

▶余裕があればシャドーイング（p.43 参照）にもトライしてみましょう。

1. 質問 □ 応答 □
2. 質問 □ 応答 □
3. 質問 □ 応答 □
4. 質問 □ 応答 □
5. 質問 □ 応答 □

1.

M Would you like to sit in the front row?

W (A) No, he didn't.
(B) The national concert hall.
(C) Yes, that'd be great.

最前列にお座りになりませんか。
(A) いいえ、彼はしませんでした。
(B) 国立音楽堂です。
(C) はい、それはいいですね。

プラクティス 051 部分

1 (a) Would、you、like、to、sit

2 (a) (イ) 最前列に座るのはどうか。

チャレンジ 052 全体

正解 C Would you like to ～ ? で「最前列に座るのはどうか」と提案しているのに対して、great「とてもいい」と同意している (C) が正解。front row「最前列」。
(A) he が誰を指すのか不明。
(B) 会場については尋ねられていない。

Listen & Repeat 057

Would you like to sit in the front row?
— Yes, that'd be great.

2.

M Could I have a look at the most recent data?

W (A) The accounting department.
(B) It looks like most dates are taken.
(C) Sure, I can send that to you.

最新のデータを見てもよろしいですか。
(A) 経理部です。
(B) ほとんどの日がふさがっているようです。
(C) はい、私からそれをあなたにお送りできます。

プラクティス 051 部分

1 (b) Could、I、have、a、look

2 (b) (ウ) 見てもいいか。

チャレンジ 053 全体

正解 C 「最新のデータを見てもいいか」と丁寧に許可を求める質問に対して「はい、私からそれをあなたに送ることができる」と応じている (C) が正解。have a look at ～「～を見る」、recent「最近の」。
(A) accounting department「経理部」。
(B) データを見てもいいかと許可を求める質問に対する応答になっていない。look like ～「～のように見える」。

Listen & Repeat 058

Could I have a look at the most recent data?
— Sure, I can send that to you.

3.

M Should we offer food at the afternoon meeting, or just drinks?

W (A) He offered to drive me there.
(B) It'd be nice to have some snacks.
(C) At 10:30 every day.

午後の会議では食べ物を提供すべきですか、それとも飲み物だけでいいですか。

(A) 彼は私をそこまで車で送ると申し出てくれました。
(B) 何か軽食があるといいでしょうね。
(C) 毎日10時30分です。

プラクティス 051 部分

1 (c) Should、we、offer、food、drinks

2 (c) (オ) 食べ物を出すか、飲み物だけでいいか。

チャレンジ  全体

正解 B 「会議で食べ物を提供すべきか、それとも飲み物だけでいいか」と2択で提案をしている質問に対し、「何か軽食があるといいだろう」とアドバイスしている (B) が正解。offer「～を提供する」。snack「軽食」。
(A) 提案に対する応答になっていない。offer to *do*「～しようと申し出る」、drive「～を（乗り物で）運ぶ」。
(C) 時間については尋ねられていない。

4.

M Can I help you find something in your size?

W (A) I didn't open it.
(B) No, I'm just looking, thank you.
(C) In a large database.

お客さまのサイズで何かお探しするのをお手伝いしましょうか。

(A) 私はそれを開けませんでした。
(B) いいえ、見ているだけですから、ありがとう。
(C) 大規模なデータベースの中です。

プラクティス 051 部分

1 (d) Can、I、help、you、find

2 (d) (ア) 探す手助けをしようか。

チャレンジ  全体

正解 B Can I ～？で「お客さまのサイズで何か探しましょうか」と手伝いを申し出ている質問に対し、「見ているだけだ」と言って遠回しに断っている (B) が正解。店内で店員の声掛けに断りで応じる場合の定番表現。
(A) 申し出に対する応答になっていない。
(C) size という語は出てくるが、データベースのサイズについては尋ねられていない。

Listen & Repeat 

Should we offer food at the afternoon meeting, or just drinks?
— It'd be nice to have some snacks.

Listen & Repeat 

Can I help you find something in your size?
— No, I'm just looking, thank you.

5.

W Can you cover my shift on Wednesday?

M (A) The shipping and receiving department.
(B) This cover's too small.
(C) I'm already working overtime.

私の水曜日のシフトを代わりを務めてもらえませんか。
(A) 入出荷部門です。
(B) このカバーは小さ過ぎます。
(C) 私はすでに超過勤務しているんです。

プラクティス  部分

1 (e) Can、you、cover

2 (e) （エ）代わってもらえないか。

チャレンジ  全体

正解 C 「水曜日のシフトを代わりを務めてもらえないか」という依頼に対し、「すでに超過勤務している」と言っている。これにより、自分がすでにたくさん働いているのでその依頼に応じられないことを遠回しに伝えている(C)が正解。cover「(代理で)～を引き受ける」、shift「シフト、交代勤務時間」。work overtime「超過勤務する、残業する」。
(A) 部署名については尋ねられていない。shipping and receiving「入出荷、受け渡し」。
(B) 質問に出てくるcoverが使われているが、名詞cover「カバー、覆い」については尋ねられていない。

Listen & Repeat 

Can you cover my shift on Wednesday?
— I'm already working overtime.

さまざまな提案・依頼・許可の表現

提案や依頼をしたり、許可を求めたりする疑問文には、主にUnit 6で学んだような表現が使われますが、それ以外にもさまざまな表現があります。例を見てみましょう。

◆ 提案

Why don't you ～? / Why don't we ～? / How about ～?

例 **Why don't you** move in here, if you like? もしよかったら、ここに引っ越してきませんか。
Why don't we wrap up for today? 今日は終わりにしませんか。
How about meeting up tomorrow? 明日会うのはどうですか。

Do you want to ～? / What do you say to ～? / Let's ～.

例 **Do you want to** try some cookies? クッキーを試食してみませんか。
What do you say to an Italian restaurant? イタリア料理店はどうですか。
Let's get together tonight. 今夜集まりましょう。

どれも日常会話で幅広く使われますが、Do you want to ～? や What do you say to ～? などは親しい間柄で使われることが多いフレーズです。

◆ 依頼

I was wondering if you could ～. / Is it possible for you to ～? / I would like you to ～.

例 **I was wondering if you could** help me out. 私を手伝っていただけませんでしょうか。
Is it possible for you to drive her home? 彼女を家まで車で送っていただくことはできますか。
I would like you to* come up with new ideas. あなたに新しい案を出していただきたいのですが。

いずれも丁寧な言い方ですが、3つ目の肯定文を使った表現（*）は、聞き手との関係性によってはやや威圧的に聞こえることもあるので気を付けましょう。カジュアルな依頼には、Can you ～? や Will you ～? を使うことが多いです。

◆ 許可

Is it all right to ～? / Is it OK for me to ～? / Are we allowed to ～?

例 **Is it all right to** go ahead with the project? そのプロジェクトを進めてもいいですか。
Is it OK for me to leave at three? 3時に失礼してもいいですか。
Are we allowed to use our own laptops? 自分たちのノートパソコンを使っても大丈夫ですか。

許可を求める表現には May I ～? や Can I ～? が思い浮かびますが、上記の表現はそれらよりもやや遠回しで、より丁寧な言い方になります。

PART 2

Unit 7　付加疑問文

テーマ解説

付加疑問文は日本語の「～ですよね？」に相当する表現で、相手に同意を求めたり確認をしたりするときに用います。肯定文の後には否定の付加疑問、否定文の後には肯定の付加疑問が付きます。**付加疑問**の助動詞または be 動詞の形・時制と主語の数・人称は、文の主語と動詞に一致します。

例 The road is busy today, **isn't it**?　今日は道が混んでいますよね？
The road wasn't busy this morning, **was it?**　今朝は道は混んでいなかったですよね？
You know Mr. Jackson, **don't you?**　Jackson さんをご存じですよね？
You don't know Sally, **do you?**　Sally をご存じでないですよね？
You've never met my cousin Joe, **have you?**　私のいとこの Joe に会ったことがありませんよね？

5 つ目の例文のような完了形の文では、付加疑問にも完了形の助動詞（have/has/had）を使います。さらにこの文には否定語の never があるので、付加疑問は肯定形の have you? を使います。同意を求める文では下がり調子に、確認を求める場合は上がり調子に話す傾向があることに注意しましょう。

Yes/No で答える

付加疑問文で尋ねられている内容に対して、肯定の場合は Yes、否定の場合は No を使って答えます。

例 You've never met my cousin Joe, have you?　私のいとこの Joe に会ったことがありませんよね？
➡ 会ったことがある　— **Yes**, I have. I met him when you moved to this apartment.
— 会ったことがあります。あなたがこのアパートに引っ越してきたとき、彼に会いました。
➡ 会ったことがない　— **No**, I don't think I have. / **No**, I've never met him.
— 会ったことがないと思います。／一度も彼に会ったことがありません。

Yes/No 以外の表現で答える

Yes/No での返答を省略して、じかに状況などを説明する場合もあります。以下の例を見てみましょう。どちらも暗に「おっしゃる通り、まだです」という意味合いが込められています。

例 Ms. Porter hasn't sent you the files, has she?　Porter さんはまだファイルを送ってきていないですよね？
➡ 送ってきていない　— I expect her to, though.
— 送ってくれるのを期待しているんですが。
— Unfortunately, that seems to be the case.
— 残念ながら、そのようですね。

他の応答の例も見てみましょう。

例 You're coming to the farewell party tomorrow, aren't you?　明日、送別会にいらっしゃいますよね？
➡ 行く　— Of course I am. / Why wouldn't I go?
— もちろん行きます。／行かないわけがありませんよ。
➡ 行かない　— Unfortunately, I can't. / Sorry, I have too much work to do.
— 残念ですが、行けません。／すみません、やるべき仕事があまりに多いんです。

ウォームアップ

→解答(例)はページ下、スクリプトと訳は p.84

1 (a)～(h) の英文を、「～ですよね？」を意味する付加疑問文の形にしましょう。主語と動詞（下線部）に注意しながら、空所に適切な語を入れてください。

(a) <u>You're</u> asking for my opinion, ( ) ( )?

(b) <u>She</u> <u>arrived</u> yesterday at noon, ( ) ( )?

(c) <u>This</u> <u>couldn't</u> be the last draft, ( ) ( )?

(d) <u>You</u> <u>haven't</u> been to our office, ( ) ( )?

(e) <u>He'll</u> be at the office this afternoon, ( ) ( )?

(f) <u>The job market</u> <u>has</u> become more competitive, ( ) ( )?

(g) <u>You</u> <u>don't</u> really agree with me, ( ) ( )?

(h) <u>Mr. Muller</u> <u>is</u> the best candidate for this position, ( ) ( )?

062

2 (a)～(h) の英文の音声を確認した後、ポーズ（間）でそれぞれの文をリピートしましょう。

【解答(例)】

1 (a) aren't、you (b) didn't、she (c) could、it (d) have、you (e) won't、he (f) hasn't、it (g) do、you (h) isn't、he

プラクティス

→解答・解説は p.64

TOEIC® L&R の問題の一部を使って、リスニングの練習をしましょう。

063

1 (a) ~ (e) の音声を聞いて、空所を埋めましょう。

(a) Takumi's (　　　　　) to the conference, (　　　　　) (　　　　　)?

(b) Eun-Hee already (　　　　　　　　) her interview with Human Resources, (　　　　　) (　　　　　)?

(c) The (　　　　　) (　　　　　　　　) (　　　　　) longer than ten minutes, (　　　　　) (　　　　　)?

(d) This (　　　　　) (　　　　　) with a beverage, (　　　　　) (　　　　　)?

(e) Salua (　　　　　) the program, (　　　　　) (　　　　　)?

2 (a) ~ (e) の音声をもう一度聞いて、各英文の付加疑問の内容を考え、どちらの意味を表すか適切な方を選びましょう。

(a) （ア）行くんだよね？　（イ）行かないんだよね？

(b) （ア）予定に入れていたよね？　（イ）予定に入れていなかったよね？

(c) （ア）長くなる方がいいんだよね？　（イ）長くならない方がいいんだよね？

(d) （ア）付いてくるよね？　（イ）付いてこないよね？

(e) （ア）検査したんだよね？　（イ）検査しなかったんだよね？

チャレンジ

→解答・解説は p.64

TOEIC® L&R の問題に挑戦します。

064 ›› 068

音声を聞いて、質問の応答として最も適切なものを選びましょう。

1. Ⓐ Ⓑ Ⓒ

2. Ⓐ Ⓑ Ⓒ

3. Ⓐ Ⓑ Ⓒ

4. Ⓐ Ⓑ Ⓒ

5. Ⓐ Ⓑ Ⓒ

Listen & Repeat

069 ›› 073

「チャレンジ」の **1** ～ **5** の質問文と応答文が正しいペアで収録されています。音声を聞いて、1 文ずつポーズ（間）でリピートし、下の□にチェックを入れましょう。

▶余裕があればシャドーイング（p.43 参照）にもトライしてみましょう。

1. 質問 □　応答 □
2. 質問 □　応答 □
3. 質問 □　応答 □
4. 質問 □　応答 □
5. 質問 □　応答 □

1.

W Takumi's going to the conference, isn't he?

W (A) How many were there?
(B) It was nice, thanks.
(C) Yes, he's leading a workshop.

Takumiはその会議に行くんですよね？
(A) 幾つありましたか。
(B) すてきでした、ありがとう。
(C) そうです、彼は研修会を1つ指導します。

プラクティス 063 部分

1 (a) going、isn't、he

2 (a) (ア) 行くんだよね？

チャレンジ 064 全体

正解 C 肯定文の文末に～, isn't he? を付けた付加疑問文で、「Takumi はその会議に行くんだよね？」と確認しているのに対し、Yes と肯定して「彼は（会議の中の）研修会を1つ指導する」と答えている(C)が適切。conference「会議、協議会」。lead「～を指導する、～を率いる」、workshop「研修会」。
(A) 応答になっていない。
(B) 質問は未来のことを尋ねているのに対し、過去形で答えているので不適切。

Listen & Repeat 069

Takumi's going to the conference, isn't he?
— Yes, he's leading a workshop.

2.

W Eun-Hee already scheduled her interview with Human Resources, didn't she?

M (A) How about noon?
(B) Yes, it'll be on the fifteenth.
(C) Isn't it longer than that?

Eun-Heeはすでに人事部との面接を予定に入れていましたよね？
(A) 正午はどうですか。
(B) そうです、15日の予定です。
(C) それはあちらよりも長くないですか。

プラクティス 063 部分

1 (b) scheduled、didn't、she

2 (b) (ア) 予定に入れていたよね？

チャレンジ 065 全体

正解 B 「Eun-Hee はすでに人事部との面接を予定に入れていたよね？」と確認しているのに対し、Yes と肯定して具体的な日付を述べている(B)が正解。it は質問の interview を指す。schedule「～の予定を決める」、Human Resources「人事部」。
(A) 質問に対して noon「正午」という具体的な時刻の都合を尋ね返しており、不適切。
(C) that が何を指すのか不明。

Listen & Repeat 

Eun-Hee already scheduled her interview with Human Resources, didn't she?
— Yes, it'll be on the fifteenth.

3.

W The speech shouldn't last longer than ten minutes, should it?

M (A) No, it should be fairly brief.
(B) Yes, it was quite informative.
(C) No, you can walk there.

スピーチは10分以上にならない方がいいんですよね？
(A) はい、ほどほどに短い方がいいです。
(B) いいえ、とても参考になりましたよ。
(C) はい、そこまで歩いて行けますよ。

プラクティス

063 部分

1 (c) speech、shouldn't、last、should、it

2 (c) (イ) 長くならない方がいいんだよね？

チャレンジ

066 全体

正解 A 否定文の文末に～, should it?を付けて、「スピーチは10分以上にならない方がいいんだよね？」と確認している。その通り「ならない方がいい」と考えて、Noと答え、さらにshould be fairly brief「ほどほどに短い方がいい」と念押ししている(A)が正解。このような否定形の疑問文に対するYes/Noの返答は、日本語の感覚とは異なるので注意。last「続く」。fairly「まあまあ、幾分」、brief「短い」。
(B) 感想については尋ねられていない。informative「有益な、ためになる」。
(C) 行き方については尋ねられていない。

4.

M This meal comes with a beverage, doesn't it?

W (A) I'd like to come with you.
(B) That's right.
(C) It was delicious.

この食事には飲み物が付いてきますよね？
(A) 私はあなたと一緒に行きたいです。
(B) その通りです。
(C) おいしかったです。

プラクティス

063 部分

1 (d) meal、comes、doesn't、it

2 (d) (ア) 付いてくるよね？

チャレンジ

067 全体

正解 B 「この食事には飲み物が付いてくるよね？」と確認しているのに対し、「その通りだ」と肯定している(B)が正解。come with ～「～が付いてくる」、beverage「飲み物」。
(A) 質問に含まれるcome withがあるが、主語がI「私」なので「～と一緒に行く」という意味になる。
(C) 味については尋ねられていない。

PART 2 Unit 7

Listen & Repeat  071

The speech shouldn't last longer than ten minutes, should it?
— No, it should be fairly brief.

Listen & Repeat  072

This meal comes with a beverage, doesn't it?
— That's right.

5.

W　Salua tested the program, didn't she?

W　(A) My new laptop.
(B) After the test.
(C) I'll ask her.

Salua はそのプログラムを検査したんですよね？
(A) 私の新しいノートパソコンです。
(B) 検査の後です。
(C) 彼女に聞いてみます。

プラクティス  部分

1 (e) tested、didn't、she

2 (e) （ア）検査したんだよね？

チャレンジ  全体

正解 C

「Salua はそのプログラムを検査したんだよね？」と事実を確認しているのに対し、「彼女に聞いてみる」と答えて、検査したかどうか知らないことを示している (C) が自然。test「～を検査する」。
(A) も (B) も応答として成り立っていない。
(A) laptop「ノートパソコン」。

Listen & Repeat 

Salua tested the program, didn't she?
— I'll ask her.

◀発話の特徴▶

英語の発話に意味を持たせる１つの要素として、プロソディー（韻律）があります。プロソディーとはリズム（緩急）、ストレス（強弱）、イントネーション（抑揚）などを指し、これらを使い分けることにより、意図を正しく伝えたり、ニュアンスを加えたりすることができます。リスニングの際も、こういった要素は話し手の正しい意図をつかむためのヒントになります。

◆ リズム

英語の発話では、強くゆっくり話される箇所と、弱く速く話される箇所が交互に現れて強弱のリズムが作られています。通常は、固有の意味を持つ「内容語」（名詞・動詞・形容詞・副詞など）が強くゆっくりと、文の構成を補助する「機能語」（冠詞・前置詞・代名詞・助動詞など）が弱く速く話される傾向があります。しかし日常会話では、次のように、機能語であっても話し手が強調したい箇所を強くゆっくりと発音して特別な意図を伝えることもよくあります。

例 I need to know how **you** feel about this.　**あなた自身が**どう思われるか、知りたいのです。
I need to know how you feel about **this**.　**これに関しては**どう思われるか、知りたいのです
I need to know how you feel about this.　これに関してどう思われるか、**私が**知りたいのです。

◆ イントネーション

文の種類によって、文尾の上がり調子（⤴）、下がり調子（⤵）の原則はある程度決まっています。

平叙文　例 I met him yesterday. ⤵　昨日彼に会いました。
WH 疑問文　例 Why did you meet him yesterday? ⤵　なぜ昨日彼に会ったのですか。
Yes/No 疑問文　例 Did you meet him yesterday? ⤴　昨日彼に会いましたか。
選択疑問文　例 Did you meet him, ⤴ or call him? ⤵　彼に会いましたか、それとも電話しましたか。

ただし、まったく同じ文でも、話し手の意図によってイントネーションが変わることもあります。

付加疑問文　例 The road is busy today, isn't it? ⤴　今日道路は混んでいるんですよね？（相手に確認している）
The road is busy today, isn't it? ⤵　今日道路は混んでいますよねえ。（相手に同意を求めている）

これらを意識しながら音声に耳を傾けるようにすると、今までつかめなかった英文の微妙なニュアンスが分かるようになってきます。ただ漠然と聞くのではなく、リズムやイントネーションにも注意を払って意味を把握するようにしてみましょう。

PART 2

Unit 8 否定疑問文

テーマ解説

Don't you ～? や Isn't it ～? のような否定形の疑問文は通常、相手に確認を求めたり意外な驚きを表したりする場合に使われます。このユニットで否定疑問文の例を幾つか見てみましょう。

相手に確認する　話し手がすでに知っていることや、そうだと思っていることを聞き手に確認する場合です。1つ目の例文では「あなたは部長と話しただろう」、2つ目の例文では「会議で座り続けるのは大変だろう」と話し手が思っているニュアンスが含まれています。

例 **Didn't you** talk to the manager about this on Wednesday?
この件で水曜日に部長と話しませんでしたか。

Isn't it difficult to sit through a long meeting?
長時間の会議の間中、座り続けるのは大変ではありませんか。

意外な気持ちを表す　当然と思っていたことが実際は違っていた場合など、話し手の驚きを表す際も否定疑問文が使われます。1つ目の例文では「聞き手は当然パーティーに行くだろう」、2つ目の例文では「聞き手は当然事前に上司に確認しただろう」と話し手が見込んでいたニュアンスが含まれています。

例 **Aren't you** going to the party tomorrow?
明日のパーティーに行かないのですか。

Didn't you check with your boss before the meeting?
会議の前に上司に確認をしなかったのですか。

また、否定疑問文に答えるときも注意が必要です。

Yes/No で答える　英語では、疑問文の形（肯定／否定）にかかわらず、応答が肯定文なら Yes、否定文なら No で答えます。否定疑問文の場合は、日本語の「はい／いいえ」と逆になるので注意しましょう。

例 **Didn't I** tell you about the meeting?
打ち合わせについてあなたに言いませんでしたか。

➡ 言われた　— **Yes**, you did. Sorry about that.
— **いいえ**、おっしゃっていました。それについては申し訳ありません。

➡ 言われなかった　— **No**, you didn't. This is the first I've heard.
— **はい**、おっしゃいませんでした。今初めて聞きました。

Yes/No 以外の表現で答える　Yes や No を使わずに、具体的な内容を答える場合もあります。

例 **Aren't you** attending the accounting seminar on Tuesday?
火曜日の会計セミナーに出席しないのですか。

➡ 行く　— Sure, I'll see you there. / I'm one of the organizers.
— もちろん行きます、現地でお会いしましょう。／私は主催者の1人です。

➡ 行かない　— I'm really busy on Tuesday. / I'm afraid I won't be able to make it.
— 火曜日はとても忙しいんです。／残念ですが、都合が付きそうにありません。

否定疑問文は形に惑わされそうですが、質問で問われている内容を正確に理解し、それに適した答えを選択できるようにしましょう。

ウォームアップ

→解答(例)はページ下、スクリプトと訳は p.84

074

1 (a)～(h)の音声を聞いて、空所を埋めましょう。

(a) (　　　　　) (　　　　　) coming tonight?

(b) (　　　　　) (　　　　　) call him?

(c) (　　　　　) (　　　　　) found a job?

(d) (　　　　　) (　　　　　) like the room?

(e) (　　　　　) (　　　　　) completed the project?

(f) (　　　　　) (　　　　　) any milk in the fridge?

(g) (　　　　　) (　　　　　) stop by his office?

(h) (　　　　　) Sarah read the e-mail?

2 (a)～(h)の音声をもう一度聞いて、下線部のように応答する場合、どちらの意味を表すか適切な方を選びましょう。

(a) No で応答　　(ア) 来る。　　(イ) 来ない。

(b) Yes で応答　　(ア) 電話すべきだ。　　(イ) 電話すべきではない。

(c) No で応答　　(ア) 見つかった。　　(イ) 見つかっていない。

(d) Yes で応答　　(ア) 好きだ。　　(イ) 好きではない。

(e) No で応答　　(ア) 終えた。　　(イ) 終えていない。

(f) Yes で応答　　(ア) ある。　　(イ) ない。

(g) No で応答　　(ア) 立ち寄れる。　　(イ) 立ち寄れない。

(h) No で応答　　(ア) 読んだ。　　(イ) 読まなかった。

【解答(例)】

1 (a) Aren't、you　(b) Shouldn't、you　(c) Hasn't、she　(d) Don't、you　(e) Haven't、they　(f) Isn't、there　(g) Couldn't、you　(h) Didn't

2 (a) (イ)　(b) (ア)　(c) (イ)　(d) (ア)　(e) (イ)　(f) (ア)　(g) (イ)　(h) (イ)

プラクティス

→解答・解説は p.72

TOEIC® L&R の問題の一部を使って、リスニングの練習をしましょう。

075

1 (a)～(e) の音声を聞いて、空所を埋めましょう。

(a) (　　　　) (　　　　) (　　　　) the same train?

(b) (　　　　) (　　　　) (　　　　) the conference until February?

(c) (　　　　) (　　　　) (　　　　) (　　　　) this afternoon?

(d) (　　　　) those sales figures (　　　　) (　　　　) yet?

(e) (　　　　) (　　　　) (　　　　) (　　　　) (　　　　) (　　　　)
(　　　　) the available space in that office building?

2 (a)～(e) の音声をもう一度聞いて、日本語訳を完成させましょう。

(a) ＿＿＿＿＿ は同じ列車に ＿＿＿＿＿＿＿＿＿＿＿＿＿＿＿＿＿＿＿。

(b) 2月まで会議を ＿＿＿＿＿＿＿＿＿＿＿＿＿＿＿＿＿＿＿＿＿＿。

(c) ＿＿＿＿＿＿＿＿＿＿＿＿ は今日の午後 ＿＿＿＿＿＿＿＿＿＿＿＿。

(d) その売り上げの数字はまだ ＿＿＿＿＿＿＿＿＿＿＿＿＿＿＿＿＿＿。

(e) あなたはそのオフィスビルの空きスペースを ＿＿＿＿＿＿＿＿＿＿＿＿＿。

チャレンジ

→解答・解説は p.72

TOEIC® L&R の問題に挑戦します。

076 》 080

音声を聞いて、質問の応答として最も適切なものを選びましょう。

1. Ⓐ Ⓑ Ⓒ

2. Ⓐ Ⓑ Ⓒ

3. Ⓐ Ⓑ Ⓒ

4. Ⓐ Ⓑ Ⓒ

5. Ⓐ Ⓑ Ⓒ

Listen & Repeat

081 》 085

「チャレンジ」の **1** ～ **5** の質問文と応答文が正しいペアで収録されています。音声を聞いて、1 文ずつポーズ（間）でリピートし、下の□にチェックを入れましょう。

▶余裕があればシャドーイング（p.43 参照）にもトライしてみましょう。

1. 質問 □ 応答 □

2. 質問 □ 応答 □

3. 質問 □ 応答 □

4. 質問 □ 応答 □

5. 質問 □ 応答 □

1.

W Aren't we taking the same train?

M (A) No, mine leaves later.
(B) The dining car is at the back.
(C) You can take some of these.

私たちは同じ列車に乗らないのですか。
(A) 乗りません、私の列車の方が後に出発します。
(B) 食堂車は後方です。
(C) これらを幾つかお持ちいただけます。

プラクティス 075 部分

1 (a) Aren't、we、taking

2 (a) 私たち、乗らないのですか

チャレンジ 076 全体

正解 A 否定疑問文で、「同じ列車に乗らないのか」と確認しているのに対し、No「乗らない」と言った上で「私の（乗る）列車の方が後に出発する」と説明している(A)が正解。mine とは my train「私が乗る列車」のこと。take「～（乗り物）を利用する」。
(B) 食堂車のことは聞かれていない。dining car「食堂車」、at the back「後方に」。
(C) these が何を指すのか不明で、応答になっていない。

Listen & Repeat 081

Aren't we taking the same train?
— No, mine leaves later.

2.

W Couldn't we postpone the conference until February?

M (A) The hotel charges cancellation fees.
(B) To the nearest post office.
(C) Yes, that was a great conference.

2月まで会議を延期できないものでしょうか。
(A) ホテルが解約料を請求するのです。
(B) 最寄りの郵便局までです。
(C) はい、それは素晴らしい会議でした。

プラクティス 075 部分

1 (b) Couldn't、we、postpone

2 (b) 延期できないのですか

チャレンジ 077 全体

正解 A 否定疑問文で、「2月まで会議を延期できないものだろうか」と確認しているのに対し、延期すると「ホテルが解約料を請求する」と延期できない理由を答えている(A)が適切。Couldn't we/you ～？で丁寧な提案を表す。postpone「～を延期する」、conference「会議、協議会」。charge「～（支払い・対価）を請求する」、cancellation fee「解約料、キャンセル料」。
(B) 応答になっていない。postponeと似た音のpostに注意。post office「郵便局」。
(C) Yes に続く内容が応答になっていない。

Listen & Repeat 

Couldn't we postpone the conference until February?
— The hotel charges cancellation fees.

3.

M Isn't your dental appointment this afternoon?

W (A) Oh, thanks for reminding me.
(B) She's an experienced dentist.
(C) It was much higher than that.

あなたの歯医者の予約は今日の午後ではないのですか。
(A) ああ、思い出させてくれてありがとう。
(B) 彼女は経験豊富な歯科医です。
(C) それはあれよりもずっと高かったです。

プラクティス  部分

1 (c) Isn't、your、dental、appointment

2 (c) あなたの歯医者の予約、ではないのですか

チャレンジ  全体

正解 A 「あなたの歯医者の予約は今日の午後ではないのか」と確認しているのに対し、「思い出させてくれてありがとう」とお礼を述べている (A) が適切。dental「歯科の」、appointment「予約」。remind「～に思い出させる、～に気付かせる」。
(B) 質問にある dental と関連のある dentist が含まれるが、応答になっていない。experienced「経験豊かな」、dentist「歯科医」。
(C) that が何を指すのか不明。much「〈比較級を修飾して〉ずっと、はるかに」。

4.

M Haven't those sales figures been updated yet?

W (A) I'll have some, thanks.
(B) They're actually half price.
(C) We finished doing that last week.

その売り上げの数字はまだ更新されていないのですか。
(A) 少し頂きます、ありがとう。
(B) それらは実のところ半額です。
(C) 私たちはそれを先週終わらせました。

プラクティス  部分

1 (d) Haven't、been、updated

2 (d) 更新されていないのですか

チャレンジ  全体

正解 C 否定疑問文で、「その売り上げの数字はまだ更新されていないのか」と確認しているのに対し、「先週終わらせた」と答えている (C) が正解。that は質問の内容を指し、「売り上げの数字を更新すること」を表す。sales figure「売上金額、販売数量」、update「～を更新する」。
(A) 応答になっていない。
(B) 価格については尋ねられていない。actually「実は」。

Listen & Repeat 

Isn't your dental appointment this afternoon?
— Oh, thanks for reminding me.

Listen & Repeat 

Haven't those sales figures been updated yet?
— We finished doing that last week.

5.

W Don't you want to look at the available space in that office building?

M (A) There's room on the top shelf.
(B) The rent is too high.
(C) Look in the file cabinet.

あなたはそのオフィスビルの空きスペースを見たくないのですか。

(A) 一番上の棚に使える場所があります。
(B) 賃借料が高過ぎます。
(C) 書類整理棚をのぞいてみてください。

プラクティス 075 部分

1 (e) Don't、you、want、to、look、at

2 (e) 見たくないのですか

チャレンジ 080 全体

正解 B 否定疑問文で、「そのオフィスビルの空きスペースを見たくないのか」と尋ねているのに対し、「賃借料が高過ぎる」と述べ、見るつもりはないことを示唆している(B)が正解。look at ～「～を見る、～を検討する」、available「利用可能な、空いている」。rent「賃借料、家賃」、high「高額な」。
(A) room「使える場所、余裕」、shelf「棚」。
(C) look in ～「～をのぞく、～を見てみる」、file cabinet「書類整理棚」。

Listen & Repeat 

Don't you want to look at the available space in that office building?
— The rent is too high.

「不満・非難」「助言・提案」を表す否定疑問文

否定疑問文は、テーマ解説 (p.68) で述べたような、確認したり意外な気持ちを伝えたりといった機能の他にも、話し手の不満や非難を伝えたり、提案や助言をしたりする場合にも使われます。

◆ 不満・非難

例 Can't you review your e-mails before sending them? 送信前に Eメールを見直すことはできないのですか。

— I'm sorry, I'll review them more carefully from now on. — 申し訳ありません、これからはもっと慎重に見直すようにします。

相手の行動に対する不満や非難を伝えています。おそらく聞き手の Eメールに間違いが多いという状況があり、「送信前に見直せるはずなのにそうしていないでしょう、注意してください」、といった気持ちが含まれています。従って、返答も謝罪を表すものになっています。

例 Shouldn't we discuss this matter first? まずこの件について話し合うべきではありませんか。

— Yes, you make a good point. — ええ、確かにおっしゃる通りです。

重要視している案件の対応ができていない状況に対する話し手の非難やいら立ちの気持ちが含まれています。返答には同意や謝罪を表すもの、または反論や弁解を表すものが考えられます。

◆ 助言・提案

例 Won't he need extra cash for the business trip? 彼は出張用に余分な現金が必要ではないですか。

— You're right. He may need some. — そうですね。幾らか必要かもしれませんね。

この問い掛けはある種の助言で、「私は必要だと思うけれど」という意味合いが含まれます。否定疑問文を使った提案や助言は遠回しな表現のため、やや丁寧で判断を相手に委ねているような雰囲気があります。状況によってさまざまな応答が考えられます。

例 Don't you need a visa to visit Brazil? ブラジルを訪れるのにビザは必要ではないのですか。

— You might be right. I'll check. — あなたが正しいかもしれません。確認してみます。

ビザ取得についての助言に対し、それに同意し、確かめる旨の応答をしています。

例 Wouldn't it be better if we shorten the meeting? その会議は短縮する方がいいのではないでしょうか。

— That's definitely the way to go. — ぜひともそうすべきですね。

会議時間の短縮を提案されたのに対し、それに強く賛成する返答をしています。

さまざまな例に触れることで、文脈や発話のトーンから、話し手の意図を敏感に感じ取れるようになります。リスニングの練習を積み重ねましょう。

Unit 9 平叙文

テーマ解説

Part 2は、ある発言を聞いて最も自然な応答を選ぶ形式ですが、その発言が疑問文であるとは限らず、肯定文や否定文などの平叙文で、感想・意見・事実などが述べられる場合もあります。疑問文への応答と同様に、自然な会話の流れになる受け答えを選びましょう。これまで見てきたように、疑問文の形でも依頼や提案が目的である場合があります。平叙文の発言においても、話し手の意図を的確につかむことが重要です。それには、会話の場面や状況をより具体的に想像できるようになるといいでしょう。例を見てみましょう。

意見に対する応答

例 Karen is the best choice for tech lead of the team.
Karen がそのチームの技術主任に最も適任です。

(a) Ben has more experience. Ben の方がより経験が豊富です。
(b) Karen is on the team. Karen はそのチームにいます。
(c) The team is doing a fantastic job. そのチームは素晴らしい仕事をしています。

技術主任の候補者選びの場で適任者が話題になっています。具体的な人名を挙げて Karen より Ben の方が経験豊富だ（= Ben の方が適任だと思う）と自分の意見を述べている (a) が自然な応答です。

要望に対する応答

例 I'm counting on you to cover for me while I'm on vacation.
私の休暇中、あなたが私の代わりを務めてくれることを頼りにしていますよ。

(a) The clients won't know you're away. 顧客はあなたがいないことに気付かないでしょう。
(b) I'm counting the days until my vacation. 休暇までの日々を指折り数えています。
(c) Thanks for assisting me. 私のことを助けてくれてありがとう。

おそらく同じ部署の社員同士の会話でしょう。(a) は「私は顧客があなたの不在に気付かないほどきちんと仕事を代行します」、つまり「万事お任せください」といった意味合いになります。単に Yes と言うよりも、相手を安心させる力強い承諾の応答になります。発言の意図をつかむことが大事です。

事実に対する応答

例 All the chairs in the conference room will be replaced next week.
会議室の椅子は全て、来週交換されます。

(a) I see nothing wrong with the ones we have now. 今あるもので何も問題はないと思いますが。
(b) The conference room is all yours now. 会議室はもうあなたの自由に使っていいですよ。
(c) She was elected the new chair of the committee. 彼女は委員会の新議長に選ばれました。

話題は会議室の椅子についてです。発言から椅子が交換予定であることが分かるので、暗に「交換の必要はないと思う」という意見を述べている (a) が適切な応答です。ones は chairs を指しています。

このように、会話の状況や場面を考えながら、どのような応答が最も自然かを判断します。さまざまな応答パターンに触れることで、選べる応答の幅を広げていきましょう。

ウォームアップ

→解答(例)はページ下、スクリプトと訳は p.84

086

1 (a)～(f)の音声を聞いて、各文の要点を日本語で書きましょう。

(a) ______________________________

(b) ______________________________

(c) ______________________________

(d) ______________________________

(e) ______________________________

(f) ______________________________

087

2 **1**と同じ(a)～(f)の音声に続けて、それぞれ応答例が2つずつ収録されています。音声を聞いて、応答として適切な方を選びましょう。

(a) □ 応答1
□ 応答2

(b) □ 応答1
□ 応答2

(c) □ 応答1
□ 応答2

(d) □ 応答1
□ 応答2

(e) □ 応答1
□ 応答2

(f) □ 応答1
□ 応答2

【解答(例)】

1 (a) 彼は電話をかけてこなかった。 (b) デザイナーを紹介できる。 (c) 1人ではできない。 (d) コピー機は最悪だ。 (e) 報告書を作成する必要がある。 (f) 営業部長を探している。

2 (a) 応答1 (b) 応答2 (c) 応答2 (d) 応答1 (e) 応答2 (f) 応答1

プラクティス

→解答・解説は p.80

TOEIC® L&R の問題の一部を使って、リスニングの練習をしましょう。

088

1 (a)～(e) の音声を聞いて、空所を埋めましょう。

(a) We're (　　　　) new (　　　　) for the (　　　　) area.

(b) I think we should have (　　　　) (　　　　) the (　　　　).

(c) We really (　　　　) a lot of (　　　　) for the design (　　　　).

(d) There isn't any more (　　　　) at the Springfield (　　　　).

(e) I'll give you the (　　　　) (　　　　) for my (　　　　).

2 (a)～(e) の音声をもう一度聞いて、状況や場面をイメージしながら、内容に関係の深いイラストを下の (ア)～(オ) から選びましょう。

(a) [　　　]

(b) [　　　]

(c) [　　　]

(d) [　　　]

(e) [　　　]

チャレンジ

→解答・解説は p.80

TOEIC® L&R の問題に挑戦します。

089 ›› 093

音声を聞いて、発言の応答として最も適切なものを選びましょう。

1. Ⓐ Ⓑ Ⓒ

2. Ⓐ Ⓑ Ⓒ

3. Ⓐ Ⓑ Ⓒ

4. Ⓐ Ⓑ Ⓒ

5. Ⓐ Ⓑ Ⓒ

Listen & Repeat

「チャレンジ」の **1** ～ **5** の発言と応答文が正しいペアで収録されています。音声を聞いて、1 文ずつポーズ（間）でリピートし、下の□にチェックを入れましょう。発言に対する答え方のパターンが身に付きます。

▶余裕があればシャドーイング（p.43 参照）にもトライしてみましょう。

1. 発言 □　応答 □

2. 発言 □　応答 □

3. 発言 □　応答 □

4. 発言 □　応答 □

5. 発言 □　応答 □

1.

M We're selecting new furniture for the waiting area.

W (A) Where's the waiter?
(B) A new director was selected.
(C) Harold's Furniture Store isn't expensive.

私たちは待合室用の新しい家具を選んでいるところです。
(A) ウエーターはどこですか。
(B) 新しい取締役が選出されました。
(C) Harold's 家具店は高価ではないですよ。

プラクティス 088 部分

1 (a) selecting、furniture、waiting

2 (a) (オ)

チャレンジ 089 全体

正解 C 「待合室用の新しい家具を選んでいるところだ」という発言に対し、手頃な価格の家具店を教えている(C)が適切。select「～を選ぶ」、waiting area「待合室」。expensive「高価な」。
(A) 応答がかみ合っていない。
(B) 質問にある動詞selectが出てくるが、人事の話題ではないため不適切。director「重役、取締役」。

2.

M I think we should have Ken make the presentation.

M (A) Conference room B.
(B) Everyone was present.
(C) But Carmen knows the material better.

私はKenにその発表をしてもらうべきだと思います。
(A) 会議室Bです。
(B) 全員出席していました。
(C) でも、Carmenの方がその題材についてよく知っていますよ。

プラクティス 088 部分

1 (b) Ken、make、presentation

2 (b) (ア)

チャレンジ 090 全体

正解 C 発表の候補者を提案しているのに対し、Butと言って別の候補者を挙げている(C)が話の流れとして自然。presentation「発表、プレゼンテーション」、make a presentationで「発表を行う」。material「題材、資料」。
(A) 場所については尋ねられていない。conference room「会議室」。
(B) 質問にあるpresentationと関連のある形容詞presentが含まれるが、意味が異なる。present「出席して、居合わせて」。

Listen & Repeat 

We're selecting new furniture for the waiting area.
— Harold's Furniture Store isn't expensive.

Listen & Repeat 

I think we should have Ken make the presentation.
— But Carmen knows the material better.

3.

W We really received a lot of submissions for the design contest.

M (A) I know, it'll be difficult to make a decision.
(B) The entry fee has already been posted.
(C) A nonnegotiable deadline.

デザインコンテストに実に多くの応募がありました。
(A) 知っています、決定するのが難しいでしょうね。
(B) 参加費はすでに掲示されています。
(C) 交渉の余地のない締め切り日です。

プラクティス 088 部分

1 (c) received、submissions、contest

2 (c) (イ)

チャレンジ 091 全体

正解 A 「デザインコンテストに実に多くの応募があった」という発言に対し、I know と述べ、「(優勝者を) 決定するのが難しいだろう」という感想を述べている(A)が正解。submission「提出」。decision「決定」、make a decision で「決定する」。
(B) 参加費については尋ねられていない。entry fee「参加費」、post「～ (情報など) を掲示する」。
(C) 締め切り日については尋ねられていない。nonnegotiable「交渉の余地のない、譲れない」、deadline「締め切り、最終期限」。

Listen & Repeat 096

We really received a lot of submissions for the design contest.
— I know, it'll be difficult to make a decision.

4.

W There isn't any more space at the Springfield warehouse.

M (A) Just a few kilometers down the main highway.
(B) Yes, we'll make the delivery on Friday.
(C) I actually asked about the one in Watertown.

Springfield倉庫にはこれ以上スペースがありません。
(A) 主要幹線道路からほんの数キロ下った所です。
(B) はい、当社は金曜日に配達いたします。
(C) 実は、Watertownにある倉庫のことを尋ねたのですが。

プラクティス 088 部分

1 (d) space、warehouse

2 (d) (ウ)

チャレンジ 092 全体

正解 C 「Springfield 倉庫にはこれ以上スペースがない」と伝えているのに対し、違う場所にある倉庫のことを聞きたかったのだと相手の誤解を解いている (C) が適切。選択肢の one は質問の warehouse「倉庫」を指す。ask about ～「～について尋ねる」。
(A) 倉庫の場所については尋ねられていない。down「下方へ、下って」。
(B) 応答になっていない。delivery「配達」、make a delivery で「配達をする」。

Listen & Repeat 

There isn't any more space at the Springfield warehouse.
— I actually asked about the one in Watertown.

5.

W I'll give you the contact information for my editor.

M (A) A long-distance telephone call.
(B) No, I haven't read that book.
(C) I think I've already met him.

私の編集者の連絡先を教えましょう。

(A) 長距離電話です。
(B) いいえ、その本はまだ読んでいません。
(C) その方とはすでにお会いしたことがあると思います。

プラクティス  部分

1 (e) contact、information、editor

2 (e) （エ）

チャレンジ  全体

正解 C 「私の編集者の連絡先を教えよう」と申し出ているのに対し、「その人とはすでに会ったことがあると思う」と返答し、教えてもらわなくても大丈夫だと遠回しに伝えている(C)が適切。contact information「連絡先」、editor「編集者」。
(A) 応答になっていない。long-distance (telephone) call「長距離電話」。
(B) 質問にあるeditorに関連するbook「本」が含まれるが、応答として不適切。

Listen & Repeat 

I'll give you the contact information for my editor.
— I think I've already met him.

Part 2【ウォームアップのスクリプトと訳】

Unit 3 p.29 

(a) When does the fiscal year end?
会計年度はいつ終わりますか。

(b) What can you tell me about the new client?
新しい顧客について何か教えてくれますか。

(c) When are you planning to get started on the new project?
いつ新プロジェクトを開始しようと計画していますか。

(d) Where's your new store going to be?
新しい店舗はどこになる予定ですか。

(e) Who's in charge of ordering supplies?
誰が備品の注文を担当していますか。

(f) What kind of software would you like to order?
どんな種類のソフトウエアを注文したいですか。

(g) Who missed yesterday's meeting?
誰が昨日の会議に出席できなかったのですか。

(h) Where did you learn Italian so well?
どこでイタリア語をそんなに見事に習得したのですか。

Unit 4 p.37 

(a) Which box should I use?
どの箱を使えばいいですか。

(b) How much snow did you have last winter?
昨年の冬は、どのくらい雪が降りましたか。

(c) Which one did you choose?
どちらをあなたは選びましたか。

(d) Why weren't they invited to the party?
なぜ彼らはパーティーに招待されなかったのですか。

(e) How soon can you visit us this summer?
この夏はどれくらいすぐに私たちを訪ねて来られますか。

(f) Which dates will suit you the best?
どの日があなたのご都合に最も合いますか。

(g) Why did you decide to move?
なぜ引っ越すことに決めたのですか。

(h) How did you come up with the idea?
どうやってそのアイデアを思い付いたのですか。

Unit 5 p.45 

(a) Was he at home last night?
彼は昨夜、在宅していましたか。

(b) Do they know where the venue for the event is?
彼らはそのイベントの会場がどこか知っていますか。

(c) Is this seat free?
この席は空いていますか。

(d) Have you finished your report yet?
もう報告書を仕上げましたか。

(e) Did she show up at the meeting this morning?
彼女は今朝の会議に姿を見せましたか。

(f) Are there any tickets available for today?
今日のチケットはありますか。

(g) Does the company cover the transportation expenses?
会社はその交通費を負担してくれますか。

(h) Is there enough food for everyone?
全員の分の十分な食べ物はありますか。

Unit 6 p.53 

(a) Should we ask Jack for help?
私たちは Jack に手伝いを頼んだ方がいいでしょうか。

(b) Could you give me a hand with the luggage?
荷物のことで私に手を貸していただけますか。

(c) Do you mind if I use your phone?
あなたの電話を使っても構いませんか。

(d) Would you care to leave a message?
ご伝言を残されますか。

(e) Why don't you sit down?
お座りになってはいかがですか。

(f) Would you be able to offer a better solution?
より良い解決策をご提案いただくことは可能ですか。

(g) Would it be all right if I take a day off tomorrow?
明日１日休暇を取ってもいいでしょうか。

(h) Would you be interested in getting drinks after work?
仕事の後で飲みに行くというのはどうですか。

Unit 7 p.61 062

(a) You're asking for my opinion, aren't you?
あなたは私の意見を求めているのですよね？

(b) She arrived yesterday at noon, didn't she?
彼女は昨日の正午に到着したのですよね？

(c) This couldn't be the last draft, could it?
これが最終稿のはずはないですよね？

(d) You haven't been to our office, have you?
私たちのオフィスに来られたことはないですよね？

(e) He'll be at the office this afternoon, won't he?
彼は今日の午後、オフィスにいますよね？

(f) The job market has become more competitive, hasn't it?
就職市場はより競争が激化していますよね？

(g) You don't really agree with me, do you?
あなたは実は私に賛成ではないですよね？

(h) Mr. Muller is the best candidate for this position, isn't he?
Muller さんはこの職の最有力候補ですよね？

Unit 8 p.69 074

(a) Aren't you coming tonight?
あなたは今夜来ないのですか。

(b) Shouldn't you call him?
彼に電話しなくてもいいのですか。

(c) Hasn't she found a job?
彼女は仕事が見つかっていないのですか。

(d) Don't you like the room?
あなたはその部屋が好きではないのですか。

(e) Haven't they completed the project?
彼らはそのプロジェクトを終えていないのですか。

(f) Isn't there any milk in the fridge?
冷蔵庫に牛乳はまったくありませんか。

(g) Couldn't you stop by his office?
彼のオフィスに立ち寄ることはできませんか。

(h) Didn't Sarah read the e-mail?
Sarah はその Eメールを読まなかったのですか。

Unit 9 p.77 086 部分 087 質問と応答例

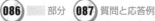

(a) Mr. Preston didn't call us yesterday.
Preston さんは昨日こちらに電話をしてきませんでした。

応答 1 I'll go ahead and call him then.
それなら、私がすぐに先方に電話します。

応答 2 Mr. Preston lives downtown.
Preston さんは都心に住んでいます。

(b) I can introduce you to a great interior designer.
優秀なインテリアデザイナーをご紹介できます。

応答 1 I teach Introduction to Interior Design.
私は「インテリアデザイン入門」を教えています。

応答 2 That's exactly what we need.
それこそまさに、私たちに必要なことです。

(c) I don't think I can handle the accounting report on my own.
私 1 人で会計報告書を処理できるとは思えません。

応答 1 Accounting required a lot of time before computers.
会計処理はコンピューターが登場する前はとても時間がかかっていました。

応答 2 I'll help you, just say the word.
手伝いますよ、遠慮なく言ってください。

(d) The new copier is awful.
新しいコピー機は最悪です。

応答 1 I know — it's constantly jammed.
知ってます — いつも紙詰まりしていますよね。

応答 2 Awesome, thanks for the news.
最高ですね、知らせてくれてありがとう。

(e) We need to make our sales report quarterly.
私たちは四半期ごとに売上報告書を作成する必要があります。

応答 1 It's always been our strongest quarter.
それは常に当社の最も好調な四半期です。

応答 2 Who's in charge of it?
誰がそれを担当していますか。

(f) We are actively looking for a new sales director.
私たちは新しい営業部長を積極的に探しています。

応答 1 Omar from the Paris office is a good choice.
パリ事業所の Omar が良い選択候補ですよ。

応答 2 I talked to the sales director.
私は営業部長と話をしました。

PART 3

会話問題

Part 3は、短めの会話を聞き、それに関する3つの設問に答える形式の問題です。設問には全体的なことを尋ねるものと詳細を尋ねるものがあり、図表付きのものもあります。ここでは、会話の場面設定が明確なものからやや複雑なものまで、質問も単純なものから推測が必要なものまで、幅広く聞き取って答えられるよう、段階的に練習していきましょう。

Unit 10　会話の概要をつかむ

テーマ解説

Part 3 は 2 人もしくは 3 人による会話問題で、会社の同僚同士や上司と部下の会話、あるいは店員と顧客の会話など、職場や日常生活におけるさまざまな場面が登場します。誰が聞いても分かりやすい場面もあれば、ある程度推測が必要な場面もあります。さらに、話し手の人数が 3 人に増えたり図表が加わったりすることで情報量が増えている設問もあります。まずは、会話全体の流れと概要を把握することが大切です。会話の冒頭部分に注目し、話し手のいる場所やお互いの関係、話されているトピックを捉えましょう。Unit 10 では、比較的分かりやすい設定の会話を聞いて、概要をつかむ練習をします。

会話の全体像をつかむ　会話の冒頭部分には多くのヒントがあります。特に会話の最初の発言がどのように始まっているかを注意して聞けば、話し手同士の関係が見えてきます。例えば、Hi, John! で始まる会話は、Good afternoon, Mr. Brown. で始まるものより、話し手同士が親しい間柄であると想像できます。また、会話が行われている場所や場面も重要です。例えば、Welcome to the Westside Garden Hotel. How can I help you? というあいさつで始まる場合は、ホテルのフロントで客を迎えている場面だろうと想定できます。

話題と具体的情報を押さえる　中心となっている話題は何か、繰り返し出てくるキーワードをヒントに推測します。話題に付随する具体的な情報も併せて押さえていきましょう。何が起きているのか、問題に対して原因や対応策が話されているか、一方から他方にお願いしていることはないか、などに注意しながら聞き取ります。その際、一言一句まで聞き取ろうとしなくても大丈夫です。まず話の大枠を理解して、次に具体的な部分をイメージしていけるように練習していきましょう。

会話の目的を捉える　具体的な情報を追う中で最も重要なのは、会話の目的や狙いです。相手に何かをしてほしいといった要求や、話し手がしたがっていることなど、目的を捉えられるようアンテナを張って聞きましょう。例えば、電話での会話なら I'm calling about ～ や I'm calling because ～ に続けて電話の趣旨や目的が述べられます。他にも I'd like to ～「～したいのですが」や I wanted to talk to you about ～「～について話したかったのですが」、あるいは What do you think about ～？「～についてどう思いますか」や Do you know if ～？「～かどうか知っていますか」などの表現は、会話の目的を示すキーフレーズです。

実際の試験では音声は 1 回しか流れませんが、練習なら何度でも聞くことができます。本書の Part 3 の会話部分も、初回で会話の全体像がつかめなかった場合は、何度も聞いて、どこにヒントとなる語句があるか探してみましょう。繰り返し聞き取り練習をすることで、キーワードから全体像を把握する感覚を徐々に養うことができます。

ウォームアップ

→解答(例)はページ下、スクリプトと訳は p.134

099

1 会話全体を聞いて、中心となる話題や話し手同士の関係をつかみましょう。

100

2 会話の前半を聞いて、空所を埋めましょう。

M: Hi, Mei-ling. How are you?

W: Fine. Say, I've been meaning to ( ) to you. I'm ( ) to ( ) a ( ), and I heard you just bought one.

M: Yeah, I'm really excited. It's always been hard for me to ( ) ( ) for big purchases, but this time I tried an ( ) ( ) program.

W: And it helped?

M: Sure did.

3 大まかな内容が聞き取れたかどうか、以下に書きましょう。

[話題] ______________________________

[女性] ______________ するために、______________ をしている。

[男性] 最近、______________ した。______________________ を利用して、お金を貯めた。

【解答(例)】

2 talk、saving、buy、car / save、up、online、budgeting

3 [話題] 貯金の方法　[女性] 車を購入、貯金　[男性] 車を購入、オンラインの予算管理プログラム

プラクティス

TOEIC® L&R の問題の一部を使って、リスニングの練習をしましょう。

会話 1

→解答・解説は p.90

101

1 会話の前半を聞きましょう。以下の語句が聞こえたら、□にチェックを入れてください。

- □ Help Desk
- □ calling about
- □ problem
- □ computer
- □ whistling sound
- □ let's see

2 女性はどこに電話をかけていますか。

____

3 女性はなぜ電話をかけていますか。

____

会話 2

→解答・解説は p.92

102

4 会話の前半を聞きましょう。以下の語句が聞こえたら、□にチェックを入れてください。

- □ Reliant Appliances
- □ calling because
- □ you've purchased
- □ special promotion
- □ discount
- □ refrigerators

5 男性は誰ですか。

____

6 男性はどんな種類の製品について話していますか。

____

チャレンジ

TOEIC® L&Rの問題に挑戦します。それぞれ、会話全体を通して聞いて、1～6の設問に答えましょう。

会話 1

→解答・解説は p.91

103 》104

1. What department does the man probably work in?

(A) Human Resources
(B) Accounting
(C) Technical Support
(D) Public Relations

2. What does the man ask the woman to do?

(A) Attend a meeting
(B) Write a report
(C) Check a manual
(D) Restart a computer

3. What does the man say he can do?

(A) Provide a reference
(B) Visit the woman's office
(C) Approve a request
(D) Select a project team

会話 2

→解答・解説は p.93

4. Why is the man calling?

(A) To schedule a repair
(B) To conduct a consumer survey
(C) To confirm shipment details
(D) To advertise a special promotion

5. What types of products does the man's company sell?

(A) Kitchen appliances
(B) Computer accessories
(C) Cleaning supplies
(D) Office furniture

6. What does the man offer to do for the woman?

(A) Add her name to a list
(B) Give her an estimate
(C) Waive a fee
(D) Send a bill in the mail

Listen to the following conversation.

次の会話を聞きましょう。

W　Hi, is this the Help Desk? This is Miranda Shin in Room 252B. I'm calling about a problem I'm having with my computer. I hear a loud whistling sound, like from a fan blowing.

こんにちは、そちらはヘルプデスクですか。こちらは 252B 室の Miranda Shin です。私のコンピューターに生じている不具合について電話しています。ヒューヒューという大きな音が聞こえるんです、ファンの吹き出し口からの音に似ています。

M　OK, let's see if I can help you with that. I'd like you to shut the computer off and then turn it back on.

分かりました、それに関してお手伝いできるかどうか調べてみましょう。コンピューターを終了させて、また起動してみてください。

W　Actually, I've done that three times already. Unfortunately, it didn't help.

実は、すでにそれを 3 回しています。残念ながら、効果はありませんでした。

M　All right then. I have some time now, so I can come over to your office and try to figure this out.

そうですか。では今少し時間があるので、あなたのオフィスまで行って、この問題を解決できるように試してみましょう。

プラクティス　101 前半

2　ヘルプデスク。

▶ 最初に女性が Hi, is this the Help Desk?「こんにちは、そちらはヘルプデスクか」と尋ねている。また、男性は女性のコンピューターの問題に応対しているので、女性が電話をかけた先はヘルプデスクだと判断できる。

3　自分のコンピューターが不調だから。

▶ 女性は最初の発言の 3 文目で I'm calling about a problem I'm having with my computer.「私のコンピューターに生じている不具合のことで電話している」と電話の用件を伝えている。

語注

call about ～　～について電話する　have a problem with ～　～に問題がある　loud　(音量が) 大きい
whistling　(風などの) ヒューヒューと鳴る音　fan　ファン、送風機　blowing　吹き出し、吹き込み
see if ～　～かどうか調べる　help ～ with …　…について～を手伝う　shut off ～　～ (スイッチなど) を切る
turn on ～　～ (電源・スイッチなど) を入れる　back　戻して　actually　実は　unfortunately　残念ながら、あいにく
help　役立つ　come over to ～　～にやって来る、～まで行く　figure out ～　～ (原因など) を解明する

チャレンジ 104

1. What department does the man probably work in?

(A) Human Resources
(B) Accounting
(C) Technical Support
(D) Public Relations

男性が働いているのはおそらくどの部署ですか。

(A) 人事
(B) 経理
(C) 技術サポート
(D) 広報

正解 C　女性は1つ目の発言で「そちらはヘルプデスクか」と尋ねた後、「コンピューターに生じている不具合のことで電話している」と用件を伝えている。それに対して、男性はOKと答えた後、「お手伝いできるかどうか調べてみよう」と応じているので、男性はヘルプデスクに所属していると考えられる。この場合のヘルプデスクとは、従業員に対してコンピューター機器のサポートをする部署のこと。よって正解は(C)。

2. What does the man ask the woman to do?

(A) Attend a meeting
(B) Write a report
(C) Check a manual
(D) Restart a computer

男性は女性に何をするよう頼んでいますか。

(A) 会議に出席する。
(B) 報告書を書く。
(C) マニュアルを確認する。
(D) コンピューターを再起動する。

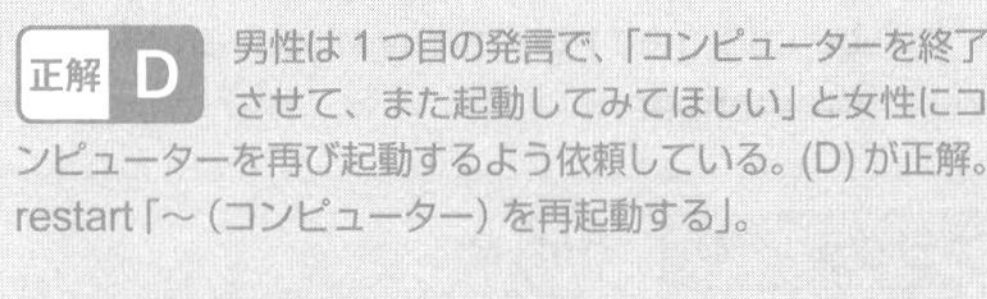

正解 D　男性は1つ目の発言で、「コンピューターを終了させて、また起動してみてほしい」と女性にコンピューターを再び起動するよう依頼している。(D)が正解。
restart「～(コンピューター)を再起動する」。

3. What does the man say he can do?

(A) Provide a reference
(B) Visit the woman's office
(C) Approve a request
(D) Select a project team

男性は自分が何をすることができると言っていますか。

(A) 問い合わせ先を提供する。
(B) 女性のオフィスを訪ねる。
(C) 申請を承認する。
(D) プロジェクトチームを選ぶ。

正解 B　男性からコンピューターを再起動するよう求められた女性は、2つ目の発言で「すでにそれ(=再起動)を3回したが効果はなかった」と述べている。それに対して男性は、「少し時間があるので、あなたのオフィスまで行けるので、この問題を解決できるように試してみよう」と申し出ているので、(B)が適切。
(A) reference「問い合わせ先、照会先」。

Listen to the following conversation.

次の会話を聞きましょう。

M　Hello, this is Tim Channing, from Reliant Appliances. I'm calling because you've purchased from us before and we'd like to let you know about our special promotion this month. We're offering a twenty percent discount on all refrigerators.

こんにちは、私は Reliant 電化製品店の Tim Channing と申します。お客さまには以前当店でご購入いただいたことがあり、今月の当店の特別プロモーションについてお知らせしたいので、お電話を差し上げております。当店では、全ての冷蔵庫について20 パーセントの割引をご提供しております。

W　Actually, my refrigerator is still in good condition. But I am planning to replace my dishwasher in the near future.

実のところ、うちの冷蔵庫はまだ良好な状態です。ただ、近い将来に食洗機を取り換える予定でいます。

M　Well, if you'd like me to, I could put your name on our e-mail list. That way you'll be informed right away about any future promotions.

それでは、もしよろしければ、私どもの方で、当店のメーリングリストにお客さまのお名前を載せることができます。そうすれば、今後のどのようなプロモーションに関しても即座に通知をお受け取りになれます。

プラクティス　102 前半

5　電化製品店の販売員。

▶ 男性は発言の冒頭で、「私は Reliant 電化製品店の Tim Channing だ」と名乗っている。店名の一部の appliance は「家庭用電化製品」を意味する。さらに、「当店で購入してもらったことがある」と続けていることから、男性の職業は「電化製品店の販売員」だと分かる。

6　冷蔵庫。

▶ 男性は最初の発言の 2 文目で、「今月の当店の特別プロモーションについてお知らせしたい」と電話の用件を切り出した後に、発言の最後で、「当店では、全ての冷蔵庫について 20 パーセントの割引を提供している」と言っている。

語注

appliance　（家庭用）電化製品　would like to *do*　～したい　★ 'd は would の略
let ～ know about …　～に…について知らせる　promotion　プロモーション、販売促進　offer　～を提供する
refrigerator　冷蔵庫　in good condition　良好な状態で　replace　～を取り換える、～を交換する　dishwasher　食洗機
that way　〈文頭で〉そうすれば　inform ～ about …　～に…について知らせる　right away　即座に、直ちに

チャレンジ 106

4. Why is the man calling?
(A) To schedule a repair
(B) To conduct a consumer survey
(C) To confirm shipment details
(D) To advertise a special promotion

男性はなぜ電話をしていますか。
(A) 修理の日時を決めるため。
(B) 消費者調査を実施するため。
(C) 出荷の詳細を確認するため。
(D) 特別プロモーションを宣伝するため。

正解 D 男性は1つ目の発言で、電話をかけた理由として「あなたには以前当店で購入してもらったことがあり、今月の当店の特別プロモーションについてお知らせしたい」と説明している。よって(D)が正解。advertise「～を宣伝する」。
(A) schedule「～を予定する」、repair「修理」。
(B) conduct「～を実施する」、consumer survey「消費者調査」。
(C) confirm「～を確かめる」、shipment「出荷、発送」。

5. What types of products does the man's company sell?
(A) Kitchen appliances
(B) Computer accessories
(C) Cleaning supplies
(D) Office furniture

男性の会社はどんな種類の製品を販売していますか。
(A) 台所用電化製品
(B) コンピューターの付属品
(C) 掃除用具
(D) オフィス家具

正解 A 男性は1つ目の発言で「Reliant電化製品店のTim Channing」と名乗り、今月の特別プロモーションの内容として「全ての冷蔵庫について20パーセントの割引を提供する」と女性に伝えている。一方の女性も食洗機を取り換える予定を男性に相談していることから、男性が販売しているのはkitchen appliances「台所用電化製品」と考えられる。正解は(A)。
(B) (C) (D) いずれも言及はない。
(B) accessories「〈複数形で〉付属品」。
(C) supplies「〈複数形で〉備品、供給品」。

6. What does the man offer to do for the woman?
(A) Add her name to a list
(B) Give her an estimate
(C) Waive a fee
(D) Send a bill in the mail

男性は女性に何をすると申し出ていますか。
(A) 彼女の名前をリストに追加する。
(B) 彼女に見積もりを出す。
(C) 料金を免除する。
(D) 請求書を郵送する。

正解 A 男性は2つ目の発言で、if you'd like me to「もしよろしければ」と断った上で、メーリングリストに女性の名前を載せることを提案し、そうすることで今後のプロモーションに関してすぐに通知できると言っている。よって(A)が正解。
(B) estimate「見積もり、見積書」。
(C) waive「～を免除する」、fee「料金、手数料」。
(D) bill「請求書」。

PART 3

Unit 11 会話の流れを予測する

テーマ解説

会話の概要がつかめると、話の流れをある程度予測しながら聞けるようになり、理解がよりスムーズになります。会話の場面設定を踏まえた上で、これから起きることを予測しながら聞き取るように意識しましょう。

場面や状況から流れを予測する　会話が行われている場面や話し手同士の関係から、話の展開が予測できる場合があります。例として、ある会話の冒頭部分を見てみましょう。

例 W: Thank you for calling XYZ corporation. How may I help you?
XYZ 社にお電話いただきありがとうございます。どのようなご用件でしょうか。

M: Can I talk to someone in HR*, please? I'm calling to ask some questions about the job opening in the Logistics Department.　(* HR=Human Resources)
人事部のどなたかとお話しできますか。物流管理部の求人についてお尋ねしたくお電話しています。

電話の会話で、男性が XYZ 社に電話をかけていると分かります。そして男性は求職中であり、同社の求人担当者と話したがっていること、物流管理部門の仕事に興味があることが分かります。この後に続く会話としては、女性が社内の担当者に電話をつなぐ、あるいは所定の求職手続きの案内をするなどが、考えられそうな流れです。

例 W: Good afternoon, my name is Karen Blake and I'm with the QWE Corporation. Can I talk to Mr. Luke Smith in Accounting, please?
こんにちは、私は Karen Blake と申しまして、QWE 社の者です。経理部の Luke Smith さんとお話しできますか。

こちらの例はどうでしょう？ Blake さんはおそらく Smith さんと何度かやりとりをしており、具体的な用件があって電話をしているのだろうと想像でき、Smith さんに依頼あるいは確認などの仕事の話があるのだろうと予測できます。

会話の後の展開を予測する　Part 3 では、What will the man probably do next? のように、会話の後に起こりそうなことが問われることがあります。その場合は、以下の例のように特に会話の後半にヒントとなる発言が述べられているので、集中して聞き取りましょう。

例 W: I'd really prefer going through the materials on my own. Can you send them to me by e-mail?
ぜひとも自分でその資料によく目を通しておきたいのです。Eメールで送ってもらえますか。

M: Sure, I'll send them right away!
もちろんです、今すぐお送りします！

W: Perfect! Thanks, John, I really appreciate it.
素晴らしい！ ありがとう、John、本当に感謝します。

男性の次の行動を予測しましょう。ヒントは I'll send them right away! という男性の発言で、女性に頼まれた資料を即座に Eメールで送ると考えられます。このように、実際に話されている内容から合理的に、次に起こりそうな行動を予測します。根拠のない予測はしないよう注意しましょう。

ウォームアップ

→解答(例)はページ下、スクリプトと訳は p.134

107

1 会話の前半を聞いて、空所を埋めましょう。状況をつかむとともに話の流れを予測します。

M: Hi, I'd like a (　　　　　) to the (　　　　　　　　　) special Egyptian art exhibit. I've heard wonderful things about it.

W: I'm sorry. That exhibit's very popular, and we've already (　　　　　) (　　　　　) of (　　　　　) for the morning. We still have some available for this afternoon, though.

2 男性の状況について、下の文を完成させましょう。

男性は、＿＿＿＿＿＿＿＿＿＿＿＿＿＿＿＿ を求めている。

108

3 会話の後半を聞いて、空所を埋めましょう。男性の次の行動を聞き取ります。

M: I can't wait that long. I'll have to come back a different day. Can I (　　　　　) (　　　　　) (　　　　　) in (　　　　　)?

W: We do offer advance sales, but only for (　　　　　) (　　　　　). If you don't have a (　　　　　　　), you can (　　　　　) (　　　　　) for one here.

M: Oh, good. I'll (　　　　　) (　　　　　) right now.

4 男性の次の行動について、下の文を完成させましょう。

男性は、これから ＿＿＿＿＿＿＿＿＿＿＿＿＿＿＿＿ をするだろう。

【解答(例)】

1 ticket、museum's / sold、out、tickets

2 (博物館の) 展覧会の入場券

3 reserve、a、ticket、advance / museum、members、membership、sign、up / do、that

4 博物館の会員申し込み

プラクティス

TOEIC® L&R の問題の一部を使って、リスニングの練習をしましょう。

会話 1

→解答・解説は p.98

109

1 会話の前半を聞きましょう。以下の語句が聞こえたら、□にチェックを入れてください。

- □ doctor
- □ prescription
- □ medicine
- □ pharmacy
- □ pick up
- □ not ready yet

2 女性が薬局に来た目的は何ですか。

____

110

3 会話の後半を聞き、女性の最後の発言から、彼女の次の行動を予測して書きましょう。

____

会話 2

→解答・解説は p.100

111

4 会話の前半を聞きましょう。以下の語句が聞こえたら、□にチェックを入れてください。

- □ 30 minutes late
- □ picking you up
- □ company banquet
- □ detour
- □ your house
- □ cake

5 男性は何を謝っていますか。

____

112

6 会話の後半を聞き、男性の最後の発言から、彼の次の行動を予測して書きましょう。

____

____

チャレンジ

TOEIC® L&R の問題に挑戦します。それぞれ、会話全体を通して聞いて、**1**～**6** の設問に答えましょう。

会話 1

→解答・解説は p.99

113 》 114

1. What are the speakers discussing?

(A) A product price
(B) A business location
(C) A doctor's prescription
(D) An upcoming appointment

2. Why is the man behind schedule?

(A) A staff member is out sick.
(B) A doctor has not arrived yet.
(C) A computer is not working.
(D) A pharmacy has been busy.

3. What does the woman say she will do next?

(A) Sign a receipt
(B) Go to a nearby store
(C) Make a phone call
(D) Fill out a form

会話 2

→解答・解説は p.101

4. Why did the man call the woman?

(A) To ask her for directions
(B) To place an order
(C) To say he will be late
(D) To decline an invitation

5. What does the woman recommend?

(A) Revising a menu
(B) Taking public transportation
(C) Arranging for a delivery
(D) Requesting a refund

6. What does the man say he will do?

(A) Forward a confirmation e-mail
(B) Ask a coworker to help
(C) Confirm operating hours
(D) Submit a payment

Listen to the following conversation.

W　My doctor sent a prescription for some medicine to this pharmacy about an hour ago, and I was hoping the order might be ready for me to pick up. My name is Colleen Bell.

M　I'll just check on that for you… Yes, we received the order for your prescription, but I'm afraid it's not ready yet. We've had a very busy day today, so we're a little behind schedule. If you can wait ten minutes, I'll do it now.

W　Great. I have some shopping to do at the clothing store next door, so I'll just do that now and come back in a bit to pick up my prescription.

次の会話を聞きましょう。

私の担当医が 1 時間ほど前に薬の処方箋をこちらの薬局に送ったので、その注文をもう受け取れる状態かと思っていたんですが。私の名前は Colleen Bell です。

そちらについてちょっと確認いたしますね…。はい、お客さまの処方箋の注文は受け取っておりますが、あいにく、まだご用意ができていません。今日はとても混雑していたため、予定より少し遅れております。もし10分お待ちいただけるようでしたら、すぐにご用意します。

よかったです。隣の衣料品店で少し買い物があるので、今からそれを済ませて、少ししたら私の処方薬を受け取りに戻って来ます。

プラクティス　

2　処方薬を受け取ること。

▶ 女性の最初の発言から、彼女は 1 時間ほど前に医師が処方した薬を受け取るために薬局に来ていると分かる。

3　隣の衣料品店で買い物をして、薬局に戻ってくる。

▶ 女性は、この後いったん隣の店に買い物に行き、あらためて処方薬を取りに薬局に戻って来る、と言っている。従って、それが女性の次の行動と予測できる。

語注

prescription　処方箋、処方薬　pharmacy　薬局　order　注文、注文品　be ready to *do*　〜する準備ができている
pick up 〜　〜（物）を受け取る　check on 〜　〜を（確認のため）調べる　I'm afraid (that) 〜　残念ながら〜、あいにく〜
behind schedule　予定より遅れて　next door　〈名詞の後に置いて〉隣の　in a bit　すぐに

1. What are the speakers discussing?

(A) A product price
(B) A business location
(C) A doctor's prescription
(D) An upcoming appointment

話し手たちは何について話し合っていますか。

(A) 商品の価格
(B) 事業拠点
(C) 医師の処方箋
(D) 次回の予約

正解 C 女性は1つ目の発言で「私の担当医が1時間ほど前に薬の処方箋をこの薬局に送った」と述べ、薬を受け取りに来たと男性に伝えている。対して男性は、注文について確認をした後に「あなたの処方箋の注文は受け取っている」と答えている。このことから、2人は医師の処方箋について話し合っていると分かる。正解は(C)。
(B) business location「事業の拠点」。
(D) upcoming「近づいている、今度の」。

2. Why is the man behind schedule?

(A) A staff member is out sick.
(B) A doctor has not arrived yet.
(C) A computer is not working.
(D) A pharmacy has been busy.

男性はなぜ予定より遅れているのですか。

(A) 従業員が病気で休んでいる。
(B) 医師がまだ到着していない。
(C) コンピューターが動いていない。
(D) 薬局がずっと混んでいる。

正解 D 男性は発言の後半で「予定より少し遅れている」と述べ、その理由として「今日はとても混雑していたため」と説明している。よって(D)が正解。
(A) 薬局の従業員については述べられていない。be out sick「(職場などを) 病気で休んでいる」。
(C) work「(機械などが正常に) 機能する」。

3. What does the woman say she will do next?

(A) Sign a receipt
(B) Go to a nearby store
(C) Make a phone call
(D) Fill out a form

女性は次に何をすると言っていますか。

(A) 領収書にサインする。
(B) 近くの店に行く。
(C) 電話をかける。
(D) 用紙に記入する。

正解 B 男性から、処方薬を用意するのに10分かかると説明された女性は、「よかった。隣の衣料品店で少し買い物があるので、今からそれを済ませる」と述べている。よって(B)が正解。nearby「近くの、近所の」。
(A) 領収書については述べられていない。receipt「領収書、受領書」。
(C) make a (phone) call「電話をする」。
(D) fill out ～「～に記入する」、form「用紙、書式」。

115

Listen to the following conversation.

次の会話を聞きましょう。

M Sophia, this is Mark. Sorry, but I'm going to be about 30 minutes late picking you up for the company banquet. I just heard a traffic report and Ocean Street is closed for repaving, so I'm going to have to take a detour to your house.

Sophia、Mark です。すまないけど、君を車で迎えに行って会社の宴会に向かうのが 30 分ほど遅れそうなんだ。ちょうど今、交通情報を聞いたら、Ocean 通りが再舗装で通行止めになっていて、そのせいで君の家に行くのに回り道をしなくちゃいけないんだよ。

W Thanks for letting me know. Remember, we're supposed to pick up the cake on our way. We should contact the bakery and see if they can deliver the cake to the banquet hall for us.

知らせてくれてありがとう。覚えてるかしら、私たち、途中でケーキを受け取ることになってるのよ。ベーカリーに連絡して、お店が私たちの代わりに宴会場までケーキを配達してくれるかどうか確認した方がいいわね。

M Actually, Jessica from the sales department lives near the bakery. I'll call her and see if she can pick it up.

実は、営業部の Jessica がそのベーカリーの近くに住んでいるんだ。僕が彼女に電話して、彼女がそれを受け取れるかどうか確かめるよ。

プラクティス 111 前半 112 後半

5 女性を車で迎えに行くのが 30 分ほど遅れること。

▶ 男性の冒頭部分の発言から、男性は今から車で女性を迎えに行くところだと分かる。彼は 30 分ほど遅れることを彼女に伝え、わびている。

6 同僚に電話して、ケーキを受け取りに行ってもらえるかどうかを尋ねる。

▶ ケーキの受け取りの問題を指摘する女性に対し、男性は、同僚の Jessica がベーカリーの近くに住んでいることに触れ、Jessica に電話をして、ケーキを受け取れるかどうか確かめる、と言っている。

語注

pick up ～　～(人)を車で迎えに行く、～(物)を受け取る　★～に代名詞が来る場合は pick ～ up の形でよく使われる
banquet　宴会、祝宴　traffic report　交通情報　repave　～を再舗装する　take a detour　回り道をする
remember　(～を)覚えている、(～を)思い出す　be supposed to *do*　～することになっている　on *one's* way　途中で
contact　～に連絡する　see if ～　～かどうか確かめる　deliver　～を配達する、～を届ける　banquet hall　宴会場
sales department　営業部、販売部

 116

4. Why did the man call the woman?

(A) To ask her for directions
(B) To place an order
(C) To say he will be late
(D) To decline an invitation

男性はなぜ女性に電話したのですか。

(A) 彼女に道順を尋ねるため。
(B) 注文をするため。
(C) 遅れそうだと言うため。
(D) 招待を断るため。

正解 C 男性は1つ目の発言で、女性に Sorry「すまない」とわびて「君を車で迎えに行って会社の宴会に向かうのが30分ほど遅れそうだ」と言った後、遅刻の理由を説明している。(C) が正解。
(A) ask ~ for directions「~に道を尋ねる」。
(B) place an order「注文をする」。
(D) decline「~を(丁重に)断る」。

5. What does the woman recommend?

(A) Revising a menu
(B) Taking public transportation
(C) Arranging for a delivery
(D) Requesting a refund

女性は何を勧めていますか。

(A) メニューを見直すこと。
(B) 公共交通機関を利用すること。
(C) 配達を手配すること。
(D) 払い戻しを依頼すること。

正解 C 女性は、Remember「覚えているか」と言って、途中でケーキを受け取る必要があると念押しし、We should ~という表現を用いて、「ベーカリーに連絡して、お店が代わりに宴会場までケーキを配達してくれるかどうか確認した方がいい」と提案している。提案内容を arranging for a delivery と表した (C) が正解。arrange for ~「~を手配する」。
(A) revise「~を見直す」。
(B) public transportation「公共交通機関」。
(D) refund「払い戻し」。

6. What does the man say he will do?

(A) Forward a confirmation e-mail
(B) Ask a coworker to help
(C) Confirm operating hours
(D) Submit a payment

男性は何をすると言っていますか。

(A) 確認のEメールを転送する。
(B) 同僚に手伝ってくれるよう頼む。
(C) 営業時間を確認する。
(D) 支払いを行う。

正解 B ケーキの受け取りについて、ベーカリーによる配達の手配を提案した女性に対して、男性は「実は、営業部の Jessica がそのベーカリーの近くに住んでいる」と切り出し、「彼女に電話して、彼女がそれを受け取れるかどうか確かめる」と述べているので、(B) が正解。coworker「同僚」。
(A) forward「~を転送する」、confirmation「確認」。
(C) confirm「~を確かめる」、operating hours「営業時間」。
(D) submit「(正式に)~を送る、提出する」。

PART 3

Unit 12 キーワードから推測する

テーマ解説

Part 3 の会話は、必ずしも場面や話し手同士の関係が明らかでないものもあります。そういう場合は、ある程度の推測を交えながら状況を把握する必要があります。そこで Unit 12 では、会話の随所に現れるキーワードを的確に聞き取って会話の場面や状況を推測する練習をしていきましょう。

場面や状況を推測する　会話の最初には、会話の場面や話し手たちの状況が分かるキーワードが多く出てきます。この先の話の流れを追いやすくし、展開を予測できるようになるためにも、集中して聞き取りましょう。次の会話の冒頭の例を見てください（キーワードを下線で示しています）。

例 W: Hi, we have a reservation at seven under the name of Chang.
こんにちは、7 時に Chang の名前で予約しているのですが。

M: Good evening, Ms. Chang. Yes, we have your reservation. For four people, right? Where would you like to sit?
こんばんは、Chang 様。はい、ご予約を承っております。4 名様ですね？ どちらのお席にいたしましょうか。

W: Actually... I'm afraid we've had a small change.
実は…申し訳ないのですが、少し変更が入ってしまいまして。

ここから何が分かるでしょうか。まず女性が we have a reservation と言って時間と名前を告げていることから、女性は自ら予約を入れた場所に何人かで来ているようです。男性は予約の人数を確認した後、Where would you like to sit? と尋ねており、この場所が飲食店だろうと推測できます。次に女性が I'm afraid we've had a small change と言っていることから、女性側に何か変更があったようです。直前に男性が人数を確認しているので、人数の変更に関する話題が展開するかもしれないと推測できます。以上のやりとりから、女性は客で男性は飲食店の店員だと分かります。

話し手同士の関係を推測する　会話の冒頭は、話し手の身元や話し手同士の関係に関するキーワードがよく出てくる箇所でもあります。次のように会話が始まったとしたら何が分かるでしょうか。

例 W: Good afternoon, Mr. Muller. We've been expecting you. I'm Sarah Blake.
こんにちは、Muller さん。お待ちしておりました。私は Sarah Blake と申します。

M: Thank you very much for having me for the interview today, Ms. Blake. Should I give my résumé to you now?
今日は面接にお呼びいただき大変ありがとうございます、Blake さん。履歴書は今お渡しした方がいいですか。

W: Sure, thanks. So, we've reserved a room upstairs.
はい、ありがとうございます。では、上の階に部屋を取ってありますので。

まず女性が男性の名前を呼んで We've been expecting you. と言っているので、2 人の間に約束があったことが分かります。次に男性が Thank you very much for having me for the interview today とお礼を言っているので、彼は面接あるいは取材などのために訪問していると推測できます。続けて男性が Should I give my résumé to you now? と聞いているので、就職面接だろうと見当がつきます。この時点で、2 人の関係は、女性が面接者（採用担当者）で男性が求人への応募者であることが分かり、今後の話の展開も予測しやすくなります。続く女性の we've reserved a room upstairs から、面接を行う部屋に移動するのだろうという次の行動も予測できます。

このように、会話の冒頭のキーワードを拾っていくことで話の流れが追いやすくなります。

ウォームアップ

→解答(例)はページ下、スクリプトと訳は p.135

117

1 会話の前半を聞いて、空所を埋めましょう。

M: Hi, earlier I (　　　　) (　　　　) (　　　　) on the lower level, but I don't have quite enough cash with me to pay. Do you accept credit cards?

W: I can't process a credit card here at the (　　　　), but you have two options. There's a (　　　　) (　　　　) on the first floor of the (　　　　) (　　　　) that does... or if you can access the Internet, you can (　　　　) (　　　　) using your smartphone.

118

会話全体を聞いて、以下の質問に答えましょう。(a) ~ (c) から適切なものを選んでください。

2 2 人はどこにいますか。

(a) 駐車場 1 階
(b) 自動精算機の前
(c) 駐車場出口

3 男性は当初どんな支払方法を希望していましたか。

(a) 現金での支払い
(b) クレジットカードでの支払い
(c) 駐車チケットでの支払い

4 男性はどこで支払うことを選びましたか。

(a) 売店で
(b) オンラインで
(c) 駐車場入り口で

【解答(例)】

1 parked、my、car / exit、payment、kiosk、parking、garage、pay、online

2 (c) ▶ 女性の発言にある I can't process a credit card here at the exit から、exit「出口」にいることが分かる。

3 (b) ▶ 男性の発言にある... I don't have quite enough cash with me to pay. Do you accept credit cards? から、当初はクレジットカードで支払うつもりだったと考えられる。

4 (b) ▶ 男性の後半の発言にある Good! I'll pay online ... から、オンラインで払うことにしたと分かる。

プラクティス

TOEIC® L&R の問題の一部を使って、リスニングの練習をしましょう。

会話 1

→解答・解説は p.106

119

1 会話を聞きましょう。以下の語句が聞こえたら、□にチェックを入れてください。

□ the first draft of the design
□ your newspaper advertisement
□ a photo of my paint store
□ the words "We've moved"
□ let people know
□ a new location

2 the first draft of the design は誰が作成したものですか。

(a) 男性
(b) 女性

3 your newspaper advertisement の your は誰を指しますか。

(a) 男性
(b) 女性

4 a photo of my paint store の my は誰を指しますか。

(a) 男性
(b) 女性

会話 2

→解答・解説は p.108

120

5 会話を聞いて、キーワードを意識しながら、話し手同士の関係や話の流れをつかみましょう。

6 話し手の **2** 人はどのような状態にありますか。分かる範囲で下の文を完成させましょう。

先月の ______________________________ が 15 パーセント ________________ したので、

________________ いる。

7 男女は何について話し合っていますか。(a) ～ (c) から適切なものを選びましょう。

(a) フライトの増便計画
(b) 乗客増のためのパッケージ商品企画
(c) コスト削減のための予算見直し

チャレンジ

TOEIC® L&R の問題に挑戦します。それぞれ、会話全体を通して聞いて、1 ～ 6 の設問に答えましょう。

会話 1

→解答・解説は p.107

121 ›› 122

1. Who most likely is the woman?

(A) A photographer
(B) A real estate agent
(C) A store owner
(D) A news reporter

2. What is the woman pleased about?

(A) A draft of an advertisement
(B) A recent article
(C) A property's location
(D) A contract with a new client

3. What does the man offer to do?

(A) Move some furniture
(B) Expedite a service request
(C) Print an invoice
(D) Enlarge some words

会話 2

→解答・解説は p.109

4. Where do the speakers most likely work?

(A) At an advertising firm
(B) At an airline company
(C) At a budget hotel
(D) At a shipping company

5. What does the man suggest?

(A) Hiring more staff
(B) Replacing some equipment
(C) Opening a new branch
(D) Offering vacation packages

6. What does the man ask the woman to do?

(A) Review some sales figures
(B) Revise a contract
(C) Arrange a conference call
(D) Send a list of locations

121

Listen to the following conversation. 次の会話を聞きましょう。

M Hello, Ms. Stanton. It's Antonio Mendez. Have you looked at the first draft of the design I created for your newspaper advertisement?

こんにちは、Stanton さん。Antonio Mendez です。貴店の新聞広告用に私が作成したデザインの最初の草案はご覧いただけましたか。

W Thanks for calling, Antonio. Yes, I think the design is coming along nicely. I especially like the way you added a photo of my paint store instead of just the logo.

お電話をありがとうございます、Antonio。はい、デザインはいい感じで進んでいると思いますよ。特に、ロゴだけでなく、私の塗料店の写真を加えた手法が気に入っています。

M I'm glad you like that idea. Would you like me to make the words "We've moved" a little larger?

あの案を気に入っていただけてうれしいです。「移転しました」の言葉はもう少し大きくしましょうか。

W Yes, good point. After all, the main reason for the ad is to let people know the store's moved to a new location.

はい、良いご指摘です。結局のところ、この広告の主な理由は、店が新しい場所へ移転したことを皆さんにお知らせするためですからね。

プラクティス 119 全体

2 (a) 男性

▶ 会話の最初の発言で Antonio Mendez と名乗る男性が the first draft of the design I created「私が作成したデザインの最初の草案」と言っている。

3 (b) 女性

▶ your newspaper advertisement「あなたの（お店の）新聞広告」は、同じく最初の発言中で男性の Mendez さんが Stanton さんという女性に対して言っている。

4 (b) 女性

▶ 女性の 1 つ目の発言で彼女は I especially like the way you added a photo of my paint store「私の塗料店の写真を加えた手法が気に入っている」と言っている。

語 注

draft 草案、下書き　newspaper advertisement 新聞広告　come along 進展する
instead of ～ ～の代わりに　logo ロゴ、商標 ★社名・ブランド名などの意匠文字　move 移転する、引っ越す
Good point. 良い指摘だ。良い点を突いている。　after all 結局のところ、やはり　ad 広告 ★ advertisement の略
location 所在地、立地

チャレンジ 122

1. Who most likely is the woman?
(A) A photographer
(B) A real estate agent
(C) A store owner
(D) A news reporter

女性は誰だと考えられますか。
(A) 写真家
(B) 不動産業者
(C) 店のオーナー
(D) 報道記者

正解 C 女性は1つ目の発言で、電話をかけてきた男性に対して「デザインはいい感じで進んでいる」と伝えた後に、「ロゴだけでなく、私の塗料店の写真を加えた手法が気に入っている」と感想を述べている。よって、女性は塗料店のオーナーだと考えられる。正解は (C)。
(B) real estate「不動産」、agent「代理店、仲介業者」。
(D) reporter「記者、リポーター」。

2. What is the woman pleased about?
(A) A draft of an advertisement
(B) A recent article
(C) A property's location
(D) A contract with a new client

女性は何を喜んでいますか。
(A) 広告の草案
(B) 最近の記事
(C) 物件の立地
(D) 新しい顧客との契約

正解 A 「新聞広告用に私が作成したデザインの最初の草案は見てくれたか」と確認の電話をかけてきた男性に対し、女性は1つ目の発言で、「デザインはいい感じで進んでいると思う」と広告のデザインを褒めている。よって正解は (A)。
(C) property「不動産物件」。
(D) contract「契約、契約書」。

3. What does the man offer to do?
(A) Move some furniture
(B) Expedite a service request
(C) Print an invoice
(D) Enlarge some words

男性は何をすると申し出ていますか。
(A) 家具を移動する。
(B) サービス依頼に迅速に対応する。
(C) 請求書を印刷する。
(D) 幾つかの単語を大きくする。

正解 D 男性は2つ目の発言で、女性がデザインを気に入っていることを喜んだ後、"We've moved" の文字のサイズを上げることを自ら提案している。よって (D) が正解。enlarge「～を拡大する」。
(A) move「～を動かす」、furniture「〈集合的に〉家具」。
(B) expedite「～を迅速に処理する」、request「依頼、要求」。
(C) invoice「請求書、送り状」。

123

Listen to the following conversation.
次の会話を聞きましょう。

W Good morning, Mr. Perez. Good news! We had a fifteen percent increase in passengers on domestic flights last month.
おはようございます、Perez さん。いいニュースです！ 先月の国内線の便の乗客数が15パーセント増加しました。

M That's good to hear. Still, I think we can see an even higher increase if we offer some summer vacation packages.
それは朗報ですね。でも、夏季休暇パッケージ商品を幾つか提供すれば、さらに大幅な増加を見込めるのではないでしょうか。

W Well, Travel Plus Hotels is interested in partnering with us on travel packages. They have budget hotels in several cities where we offer flights.
そうですね、Travel Plus ホテル社は旅行パッケージで当社と提携することに関心があります。同社は当社の便が飛んでいる幾つかの都市で低価格ホテルを持っているんです。

M Hmm… that's worth looking into. Please send me a list of the cities where they operate.
ふむ…それは検討に値しますね。同社が操業している都市のリストを送ってください。

プラクティス 120 全体

5 キーワードについては、上のスクリプトの下線部分（—）を参照。

▶ スクリプトの下線部のキーワードを押さえながら会話を追っていけば、話し手同士の関係や話の流れをつかむことができる。

6 先月の国内線の便の乗客数が 15 パーセント増加したので、喜んでいる。

▶ 女性は 1 つ目の発言で Good news!「いいニュースだ！」と会話を切り出し、「国内線の便の乗客数が 15 パーセント増加した」ことを伝えている。それに対して男性も That's good to hear.「それは朗報だ」と好意的に受け止めている。

7 (b) 乗客増のためのパッケージ商品企画

▶ 男性は 1 つ目の発言でさらなる乗客増のための夏季休暇パッケージについて言及している。続けて女性も「Travel Plus ホテル社は旅行パッケージで当社と提携することに関心がある」と旅行パッケージに関連する情報を持ち出し、男性も好意的に返答している。

語 注

passenger 乗客　domestic 国内の　flight （飛行機の）便　(That's) good to hear. （それは）朗報だ。
still それでも　offer ～を提供する　package パッケージ商品、（旅行会社などが企画する）パック旅行
be interested in ～ ～に関心がある　partner with ～ ～と提携する、～と組む　budget 安価な、予算に合った
worth *doing* ～する価値がある　look into ～ ～を検討する　operate 操業する、営業する

チャレンジ 124

4. Where do the speakers most likely work?

(A) At an advertising firm
(B) At an airline company
(C) At a budget hotel
(D) At a shipping company

話し手たちはどこで働いていると考えられますか。

(A) 広告会社
(B) 航空会社
(C) 低価格ホテル
(D) 運送会社

正解 B 女性は1つ目の発言で、Good news!「いいニュースです！」と言った後、「先月の国内線の便の乗客数が15パーセント増加した」と報告している。また2つ目の発言ではseveral cities where we offer flights「当社の便が飛んでいる幾つかの都市」と述べており、これらの発言から2人は航空会社に勤務していると考えられる。正解は(B)。
(A) advertising「広告すること、広告業」、firm「企業、会社」。
(D) shipping「運送（業）、輸送（業）、出荷」。

5. What does the man suggest?

(A) Hiring more staff
(B) Replacing some equipment
(C) Opening a new branch
(D) Offering vacation packages

男性は何を提案していますか。

(A) より多くのスタッフを雇用すること。
(B) 幾つかの機器を交換すること。
(C) 新しい支店を開設すること。
(D) 休暇パッケージ商品を提供すること。

正解 D 乗客数増加のニュースを伝える女性に対し、男性は乗客数をさらに増やす案として「夏季休暇パッケージ商品を幾つか提供すれば、さらに大幅な増加を見込めると思う」と述べている。よって、(D)が正解。
(A) hire「～を雇う」、staff「スタッフ、職員」。
(B) replace「～と交換する」、equipment「機器」。
(C) branch「支店」。

6. What does the man ask the woman to do?

(A) Review some sales figures
(B) Revise a contract
(C) Arrange a conference call
(D) Send a list of locations

男性は女性に何をするよう頼んでいますか。

(A) 幾つかの売上数値を見直す。
(B) 契約を見直す。
(C) 電話会議を手配する。
(D) 場所のリストを送る。

正解 D 新しい夏季休暇パッケージ商品の案を聞いた女性は、提携先候補としてTravel Plusホテル社の名前を挙げ、同社が自分たちの航空会社の便が飛んでいる数都市で低価格ホテルを持っていると説明している。その話を聞いた男性は、Please ... で「同社（Travel Plusホテル社）が操業している都市のリストを送ってほしい」と依頼している。citiesをlocationsと言い換えた(D)が正解。location「場所、所在地」。
(A) figure「数字」。
(B) revise「～を見直す、～を修正する」、contract「契約、契約書」。
(C) arrange「～を手配する」、conference call「電話会議」。

PART 3

Unit 13 発言の意図や示唆をくみ取る

テーマ解説

実際の日常のやりとりでは、言葉の上では明言されていない話し手の意図や感情を聞き手がくみ取って理解するということがしばしばあります。Part 3 でも、このような話し手の意図を読み取る設問が出題されます。発言から話し手が暗示している意図を理解することは、会話の全体像や流れを正しく捉える上でも重要です。Unit 13 では、こうした話し手の発言の意図をつかむ練習をします。

発言の中の意図や感情を捉える　言葉の裏にある話し手の主張や感情をきちんと理解しないと、話全体の流れを読み損なう可能性があります。発言に込められた真意を読み取りましょう。

例 W: What do you think about the new logo design? I think it's better than the old one.
新しいロゴデザインをどう思いますか。私は前のものよりいいと思うのですが。

M: Well, I'm not so sure.
ええと、どうでしょうか。

新しいロゴデザインについて肯定的な発言をする女性から意見を求められた男性は、Well, と一呼吸置き、I'm not so sure.「どうでしょうか」という言い方をしています。デザインについてはっきりと良しあしを述べてはいませんが、同意や肯定はできないことを暗に伝えています。I don't think so.「そうは思いません」などと言うよりやんわりした言い方で相手の心情に配慮していることが分かります。

発言の意図から次の展開を予測する　話し手の発言の意図を正しくくみ取ることができると、会話の理解が深まり、その後の展開がある程度予測できる場合もあります。

例 W: You're going to Tom's birthday party tomorrow, right? Let's go together.
明日の Tom の誕生会に行きますよね？ 一緒に行きましょう。

M: I still haven't finished writing my presentation, and it needs to be ready on Monday.
プレゼンテーションの原稿書きがまだ終わってなくて、月曜にそれができている必要があるんですよ。

女性から「明日の誕生会に行きますよね？」と聞かれて、男性は Yes や No では答えず、単に「月曜日に必要なプレゼンテーションをまだ書き上げていない」という事実を伝えています。しかし、なぜそう女性に言ったのかを考えると、その発言に込められた意図は「そういうわけで、行きたいが行けなさそうだ」ということだと推測できます。この後の展開としては、女性が「それなら手伝いましょうか」などと救いの手を差し伸べたり、「じゃあ来週末に 3 人であらためてお祝いしましょう」と提案したりするなどが考えられるかもしれません。

日常的なやりとりを想像すれば、このように、真意を伝えるためにやや遠回しな表現が用いられる機会が少なくないと理解できるでしょう。練習問題を通してさまざまな例に触れ、話し手の意図を読み取るコツをつかみましょう。

ウォームアップ

→解答(例)はページ下、スクリプトと訳は p.135

125

1 会話全体を聞いて、中心となる話題をつかみましょう。

126

2 会話の前半を聞いて、空所を埋めましょう。

M: Hey, Emma—a group of us are (   ) to the city after work for the International (   ) (   ). We're going to (   ) that Italian (   ) by Elena Costa.

W: Oh, I read about that on the festival's Web site! It's won several awards already.

M: Right. It's supposed to be excellent. Do you want to come?

W: Well, all of my (   ) (   ) (   ) (   ) today.

3 男性は女性を何に誘っていますか。

____

4 女性は、男性の Do you want to come? という誘いに対し、どう感じていますか。(a)、(b) のうち適切な方を選びましょう。

(a) 実はあまり行きたくない。
(b) 行きたいが行けそうにない。

【解答(例)】

2 heading、Film、Festival、see、drama / sales、reports、are、due

3 国際映画祭 (のイタリアドラマ)

4 (b) ▶ 女性は現在抱えている仕事の締め切りを述べて、行くのは難しそうであることを示唆している。会話全体を聞くと、女性は後半で男性の出発時間を遅らせるという提案を受けて Oh, that would be great!「わあ、そうしてもらえるとありがたい!」と喜んでいるので、女性は行きたいと思っていることが分かる。

プラクティス

TOEIC® L&R の問題の一部を使って、リスニングの練習をしましょう。

会話 1

→解答・解説は p.114

127

1 会話を聞いて、どんな話題について話しているかを書きましょう。

____

2 男性の行動について、それぞれの日時に沿って、右の選択肢から (a) ～ (e) に当てはまるものを選んで書きましょう。

today		(a)	______________
next Tuesday	2:00 P.M.	(b)	______________
	3:00 P.M.	(c)	______________
	3:30 P.M.	(d)	______________
next month		(e)	______________

選択肢
traveling overseas
calling a clinic
visiting the clinic
leaving the office
working in the office

会話 2

→解答・解説は p.116

128

3 会話を聞いて、どんな話題について話しているかを書きましょう。

____

4 後半で男女はスライドについて話しています。男性は、特にスライドのどの部分を女性に確認してほしいと思っていますか。(a) ～ (d) から正しいものを選びましょう。

(a) タイトル
(b) 概要
(c) 実験結果
(d) 協力者リスト

チャレンジ

TOEIC® L&R の問題に挑戦します。それぞれ、会話全体を通して聞いて、1 ～ 6 の設問に答えましょう。

会話 1

→解答・解説は p.115

129 》 130

1. Where does the woman work?

(A) At a law firm
(B) At a travel agency
(C) At a health clinic
(D) At a hair salon

2. What does the man say he will be doing next month?

(A) Leading a workshop
(B) Starting a job at a different company
(C) Taking a holiday overseas
(D) Writing a travel guide

3. What does the man imply when he says, "I work until 3 o'clock on Tuesdays"?

(A) He wishes that he worked full-time.
(B) He needs a later appointment.
(C) He would prefer to come in on the weekend.
(D) He will be departing early for an event.

会話 2

→解答・解説は p.117

4. What industry do the speakers most likely work in?

(A) Pharmaceutical
(B) Finance
(C) Advertising
(D) Information technology

5. What does the woman say will happen this year?

(A) Some research will receive more funding.
(B) A new product will be introduced.
(C) A company merger will take place.
(D) An award ceremony will be held.

6. What does the woman imply when she says, "Didn't Hiroshi work on this project"?

(A) Some results are not ready yet.
(B) A project needs more staff.
(C) A slide is missing some information.
(D) The man must meet with a researcher.

Listen to the following conversation.	次の会話を聞きましょう。
W　Thank you for calling Chiba Medical Clinic; this is Aiko speaking. How can I help you?	お電話をありがとうございます、Chiba 診療所です。Aiko がお電話を受けております。どうされましたか。
M　Hello, my name's Ezra Golan. I'm traveling overseas on holiday next month, and I need to get some vaccinations. Does your office have any appointments available?	こんにちは、Ezra Golan と申します。来月、休暇で海外へ行くのですが、予防接種を幾つか受ける必要があるんです。そちらの診療所では空いている予約時間はありますか。
W　I think we can find time for you, Mr. Golan. Let me check our calendar. Well… it looks like we have several openings next Tuesday. Does 2 P.M. work for you?	お時間を見つけることができると思いますよ、Golan さん。当院の予定表を確認させてください。ええと…今度の火曜日に幾つか空きがあるようです。午後 2 時はご都合いかがですか。
M　I work until 3 o'clock on Tuesdays.	火曜日は 3 時まで仕事があるんです。
W　OK, how about 3:30? Can you make it here by then?	分かりました、では 3 時 30 分はいかがですか。その時間までにこちらに来られますか。
M　That works for me. Thanks, and see you then.	それなら都合がつきます。ありがとうございます、ではそのときに。

プラクティス

 全体

1 予防接種の予約。

▶ 男性は 1 つ目の発言で、海外旅行に行くために予防接種を受ける必要があると言い、女性に空いている予約時間帯を聞いている。それ以降の会話でその日時の設定をしているので、予防接種の予約が話題の中心だと分かる。

2
(a) calling a clinic「診療所に電話する」
(b) working in the office「オフィスで仕事をする」
(c) leaving the office「オフィスを退出する」
(d) visiting the clinic「診療所を訪問する」
(e) traveling overseas「海外へ旅行する」

▶ (a) 女性の 1 つ目の発言から、男性が電話をかけている先は診療所だと分かる。
(b) (c) 女性の 2 つ目の発言で次の火曜日を予約可能日として挙げている。男性の 2 つ目の発言から、男性はその日は 3 時まで勤務、つまり 3 時にオフィスを退出することが分かる。
(d) 女性の 3 つ目の発言で、3 時 30 分の来院が提案されて男性が受け入れていることから、これが男性が診療所を訪問する時間だと分かる。
(e) 男性は 1 つ目の発言で、来月海外旅行に行くと言っている。

語注

overseas　海外へ、海外で　on holiday　休暇で　vaccination　予防接種　appointment　予約
available　空いている、利用可能な　it looks like (that) ～　～であるように見える　opening　空き
work　(日時などが) 都合がいい、うまくいく　make it　時間に間に合う

チャレンジ 130

1. Where does the woman work?

(A) At a law firm
(B) At a travel agency
(C) At a health clinic
(D) At a hair salon

女性はどこで働いていますか。

(A) 法律事務所
(B) 旅行代理店
(C) 診療所
(D) 美容院

正解 C 電話を受けた女性は1つ目の発言で「電話をありがとう、Chiba 診療所だ」と述べている。また、電話をかけた男性が1つ目の発言で、来月海外へ行く予定があるので、vaccination「予防接種」を幾つか受ける必要があると説明していることからも、女性は病院や診療所で働いていると判断できる。health clinic「診療所、クリニック」。
(A) law firm「法律事務所」。
(B) travel agency「旅行代理店」。

2. What does the man say he will be doing next month?

(A) Leading a workshop
(B) Starting a job at a different company
(C) Taking a holiday overseas
(D) Writing a travel guide

男性は来月何をすることになっていると言っていますか。

(A) 研修会を指導する。
(B) 別の会社で仕事を始める。
(C) 海外で休暇を取る。
(D) 旅行ガイドを執筆する。

正解 C 男性は1つ目の発言で診療所に電話した理由として「来月、休暇で海外へ行くのだが、予防接種を幾つか受ける必要がある」と説明している。よって、(C)が正解。
(A) lead「～を導く」、workshop「研修会」。
(D) guide「案内書、手引書」。

3. What does the man imply when he says, "I work until 3 o'clock on Tuesdays"?

(A) He wishes that he worked full-time.
(B) He needs a later appointment.
(C) He would prefer to come in on the weekend.
(D) He will be departing early for an event.

男性は "I work until 3 o'clock on Tuesdays" という発言で、何を示唆していますか。

(A) 常勤で働けたらいいのにと望んでいる。
(B) もっと遅い時間の予約が必要である。
(C) 週末に来院する方が望ましい。
(D) イベントのために早く出発する予定である。

正解 B 下線部の発言は、予約の時間について火曜日に空きがあるので「午後2時はどうか」と尋ねられた直後のものである。つまり、男性は、火曜日は仕事が3時までであるので3時以前には行けない、ということを伝えたいのだと分かる。この後、女性が OK, how about 3:30?「分かった、では3時30分はどうか」と30分後の時間を提案していることからも判断できる。正解は (B)。imply「～を示唆する、～をほのめかす」。
(A) full-time「(勤務形態が) 常勤で」。
(C) 曜日を変更したいとは言っていない。
(D) depart「出発する」。

131

Listen to the following conversation.
次の会話を聞きましょう。

M	Dana. So, about my presentation for the pharmacology conference…	Dana。それで、薬理学会での僕の発表のことですが…
W	So sorry! I forgot to get back to you.	本当にごめんなさい！ お返事するのを忘れていました。
M	That's fine. I know you've been focusing on the trial for the new allergy medicine.	それは構いません。あなたがずっと新しいアレルギー薬の治験に集中してきたことは分かっていますから。
W	Yeah, but the results are looking good. We'll be launching the medication within the year.	ええ、でも結果はいい感じですよ。本年のうちに薬を発売することになるでしょう。
M	Great! So can I show you some slides right now?	素晴らしい！ じゃあ、今から何枚かスライドをお見せしてもいいですか。
W	Sure.	もちろんです。
M	All right, I just wanted to check that I included all the researchers' names on the credits slide.	よかった、協力者リストのスライドに研究者全員の名前を入れたことを確認したかっただけなんですが。
W	OK, let me see… hmm… yeah… Wait. Didn't Hiroshi work on this project…?	分かりました、どれどれ…ええと…そうね…待って。Hiroshiはこのプロジェクトに関わっていませんでしたか…？
M	Oh, you're right! I'm glad you noticed that.	ああ、おっしゃる通りです！ そのことに気付いてくれてよかったです。

プラクティス　128 全体

3 男性の発表の資料。

▶ 男性は1つ目の発言で「僕の発表のことだが…」と話を切り出している。さらに男性の3つ目の発言以降でスライドについて話し始めていることから、会話は男性の発表の資料を中心に展開していると考えられる。

4 (d) 協力者リスト

▶ 男性は4つ目の発言で協力者リストのスライドを確認したかったのだと言い、女性はそれを受けてスライドを確認している。

語注

presentation　発表、プレゼンテーション　pharmacology　薬理学
get back to ～　～に折り返し連絡する、～に返事をする　focus on ～　～に集中する、～に重点を置く
trial　治験　★ここでは drug trial、clinical trial のこと　allergy　アレルギー　launch　～（新商品）を売り出す
medication　薬剤　slide　（映写機で写す）スライド　right now　今すぐに
credits　〈複数形で〉協力者名リスト、クレジット　work on ～　～に従事する、～に取り組む　notice　～に気が付く

チャレンジ 132

4. What industry do the speakers most likely work in?

(A) Pharmaceutical
(B) Finance
(C) Advertising
(D) Information technology

話し手たちは何の業界で働いていると考えられますか。

(A) 製薬
(B) 金融
(C) 広告
(D) 情報技術

正解 A 男性は1つ目の発言で薬理学会向けに発表の準備をしていることを述べている。また、男性の2つ目の発言では、女性がアレルギー薬の治験に集中してきた事情を察していることから、話し手たちは薬に関連する研究や発表をする仕事に携わっていると考えられる。正解は(A)。
(D) information technology「情報技術」。

5. What does the woman say will happen this year?

(A) Some research will receive more funding.
(B) A new product will be introduced.
(C) A company merger will take place.
(D) An award ceremony will be held.

女性は今年に何が起きると言っていますか。

(A) 一部の研究がさらなる資金提供を受ける。
(B) 新商品が売り出される。
(C) 企業合併が行われる。
(D) 授賞式が開催される。

正解 B 女性が2つ目の発言で「本年のうちに薬を発売することになるだろう」と述べている。このことを A new product will be introduced. と表した(B)が正解。introduce「～(新製品など)を発表する」。
(A) funding「資金提供」。
(C) merger「(企業などの)合併」、take place「行われる」。
(D) award ceremony「授賞式」。

6. What does the woman imply when she says, "<u>Didn't Hiroshi work on this project</u>"?

(A) Some results are not ready yet.
(B) A project needs more staff.
(C) A slide is missing some information.
(D) The man must meet with a researcher.

女性は "<u>Didn't Hiroshi work on this project</u>" という発言によって何を示唆していますか。

(A) 幾つかの結果がまだ準備できていない。
(B) プロジェクトにはより多くの人員が必要だ。
(C) あるスライドに情報が欠けている。
(D) 男性はある研究者に会わなければならない。

正解 C 下線部の発言は、女性が男性に頼まれてスライドのクレジットに掲載されている研究者の氏名を確認していたところで述べられたもの。否定疑問文で「Hiroshiはこのプロジェクトに関わっていなかったか」と確認、すなわち「Hiroshiはこのプロジェクトに関わっていたと思う」と示唆しており、男性もそれに同意している。正解は(C)。miss「～を欠く」。
(A) result「結果」、not ～ yet「まだ～でない」。
(B) staff「スタッフ、職員」。
(D) researcher「研究者、調査員」。

Unit 14　3 人の会話を聞き取る

テーマ解説

これまでは 2 人の話し手のやりとりを聞いて、会話の概要をつかんだり、話の流れを予測したり、発言の言外の意図をくみ取ったりする練習をしてきましたが、Unit 14 では 3 人による会話を取り上げます。話し手の人数が増えると情報がさらに複雑になります。ここでは、3 人の話し手による会話の中で、男女の別や、名前の呼び掛けなどをヒントにそれぞれの発言内容を聞き分けながら、概要と詳細を聞き取る練習をします。実際のテストでは、Part 3 の 3 人の会話の場合、設問の指示として Questions XX through XX refer to the following conversation with three speakers. という音声が流れますので、聞き取りの心構えをしましょう。

場面を捉える　まず冒頭のやりとりを集中して聞き、場面や状況をつかむことが重要です。例えば、この会話が行われているのは、会社の会議室なのか、何かの面接の場なのか、駅や空港などの外出先なのか、店内なのかなどについて、ヒントとなるキーワードを基に推測していきましょう。

登場人物を捉える　会話に登場する 3 人はどのような関係なのかを話の流れを追いながら把握します。3 人の会話では特定の人を名前（固有名詞）で呼び掛けている場合が多いので、特に集中して話し手の名前と発言を一致させましょう。さらに重要なのは 3 人の関係やそれぞれの立場です。会話を聞きながら頭の中で、例えば以下のように、登場する順に会話の人物関係を整理するとよいでしょう。

例 1 人目（男性）Peter Smith と自己紹介している → manager という肩書を告げている
2 人目（女性）Peter に Jill と呼ばれている → 担当者として紹介されており、Peter の部下（?）
3 人目（男性）Mr. Brown と呼ばれている → 上の 2 人に見積もりを要請しているので顧客（?）

話題と会話の目的をつかむ　Part 3 の会話では、基本的に 1 つの話題を軸に会話が展開されます。3 人の立場や関係を明らかにしていくと同時に、会話の話題を把握しましょう。さらに、誰が誰に何を頼んでいるか、誰が誰に何を尋ねているかなど、会話の目的をつかむことを念頭に、情報を追っていきましょう。

設問は、大きく分けて、場面設定や話題など会話全体に関するもの、そして特定の人物の発言や行動など会話の具体的な内容に関するものの 2 つがあります。後者のタイプの設問で 3 人の会話の場合は特に、3 人の中の誰の発言や行動なのかを正しく聞き取ることが鍵となります。従って上記のように、登場人物の立場と発言内容を関連付けて情報を整理し、要点をつかめるようになると、迷わず解答できるようになっていきます。3 人の会話を繰り返し聞いて、これらの観点から情報をつかむ練習をしましょう。

ウォームアップ

→解答(例)はページ下、スクリプトと訳は p.136

133

1 会話を聞いて、登場順にそれぞれの性別、名前、立場についてまとめましょう。

	性別	名前	立場
(a) 1人目	女性 / 男性	________	給仕係 / 客
(b) 2人目	女性 / 男性	________	給仕係 / 客
(c) 3人目	女性 / 男性	________	給仕係 / 客

2 会話の内容について正しいものには T、間違っているものには F を選びましょう。会話は繰り返し聞いて構いません。

(a) Jess と Bill はカップルである。 T / F
(b) Jack と Bill は友達である。 T / F
(c) Bill はビールを注文した。 T / F
(d) Rachel はまだ到着していない。 T / F
(e) Jess はオニオンスープを注文しなかった。 T / F

【解答(例)】

1 (a) 男性、Jack、給仕係　(b) 女性、Jess、客　(c) 男性、Bill、客

2 (a) T　(b) F　(c) T　(d) T　(e) F

▶ (a) 女性 Jess が、同行した男性 Bill に honey と呼び掛けていることから、2人はカップルだと考えられる。
(b) 1人目の男性が「私は Jack と言って、今晩あなた方の給仕係を務める」と言っていることから、Jack は給仕係、一方 Bill は客の立場。
(c) Bill が「じゃあ、僕はビールをもらうよ」と言っている。
(d) Bill が「Rachel と彼女の夫がもうすぐ着くと思う」と話していることから、Rachel はまだ到着していないと分かる。
(e) Jack からオニオンスープを勧められ、Jess は最終的に「私たちの分も入れておいて」と言って注文している。

プラクティス

TOEIC® L&R の問題の一部を使って、リスニングの練習をしましょう。

会話 1

→解答・解説は p.122

134

1 会話を聞きましょう。以下の語句が聞こえたら、□にチェックを入れてください。3 人の関係をつかみましょう。

- □ interviewing
- □ Mr. McNeilly
- □ Paula Oliveira
- □ Head of Human Resources at Channel 15
- □ Rebecca Horowitz
- □ nightly newscast
- □ résumé
- □ camera operator position

2 登場順にそれぞれの性別、名前についてまとめましょう。名前はカタカナでも構いません。

	性別	名前	立場
(a) 1 人目	女性 / 男性	________________	Head of Human Resources
(b) 2 人目	女性 / 男性	________________	Producer of the nightly newscast
(c) 3 人目	女性 / 男性	________________	Interviewee

会話 2

→解答・解説は p.124

135

3 会話を聞きましょう。以下の語句が聞こえたら、□にチェックを入れてください。

- □ strategy
- □ business exposition
- □ our advertising agency
- □ booth
- □ two days
- □ strong impression
- □ pamphlet
- □ tight deadline

4 話し手たちの会社について、(a) ～ (c) から正しいものを選びましょう。

(a) 展示会の主催者
(b) 展示会の出展者
(c) 展示会の来場者

チャレンジ

TOEIC® L&Rの問題に挑戦します。それぞれ、会話全体を通して聞いて、1～6の設問に答えましょう。

会話1

→解答・解説は p.123

136 ›› 137

1. Where do the interviewers most likely work?

(A) At an electronics store
(B) At an employment agency
(C) At a television station
(D) At a movie theater

2. What job requirement do the speakers discuss?

(A) Being professionally certified
(B) Owning the proper equipment
(C) Having management experience
(D) Having a flexible schedule

3. What does the man agree to do next?

(A) Show a video
(B) Provide references
(C) Tour a facility
(D) Meet a supervisor

会話2

→解答・解説は p.125

4. What is the conversation mainly about?

(A) Organizing a training session
(B) Preparing for a business exposition
(C) Finding a guest speaker for a convention
(D) Creating an employee handbook

5. What does the man suggest doing?

(A) Printing a large sign
(B) Revising a timetable
(C) Sending out invitations
(D) Making a pamphlet

6. What does Susan say she is concerned about?

(A) An approaching deadline
(B) An incomplete order
(C) A canceled reservation
(D) A dissatisfied client

Listen to the following conversation with three speakers.

3人の話し手による次の会話を聞きましょう。

W　Thanks for interviewing on such short notice, Mr. McNeilly. I'm Paula Oliveira, Head of Human Resources at Channel 15.

こんな急なお知らせで面接を受けてくださりありがとうございます、McNeillyさん。私はPaula Oliveiraと申しまして、Channel 15の人事部長です。

W　And I'm Rebecca Horowitz. I produce the nightly newscast.

そして、私はRebecca Horowitzです。夜のニュース放送を制作しています。

M　Nice to meet you both.

お2人ともはじめまして。

W　We've looked over your résumé, and you seem to be very well qualified for the camera operator position. But we're curious about your availability, since our film crews often go out on assignment with little warning.

履歴書を拝見しましたところ、カメラマンの職に非常に適任でいらっしゃるようですね。ですが、あなたがすぐ対応可能かどうかは気になるところです。当社の撮影班はほとんど事前通告なしに仕事に出掛けることも多いですから。

M　I understand that I would need to be available on short notice. That's no problem.

急な対応をする必要があることは理解しています。問題ありません。

W　OK, so, why don't we have a look at some of your work? You said you brought a video. Can you show us?

分かりました、では、あなたのお仕事を少し拝見しましょうか。動画をご持参いただいたとおっしゃっていましたね。見せていただけますか。

M　Sure, the file's right here on my laptop.

ええ、動画のファイルはノートパソコンに入れてここにあります。

プラクティス　134 全体

2 (a) 女性、Paula Oliveira

▶ 1人目の女性は、1つ目の発言で自己紹介をし、I'm Paula Oliveira, Head of Human Resources at Channel 15.「私はPaula Oliveiraで、Channel 15の人事部長だ」と言っている。

(b) 女性、Rebecca Horowitz

▶ 2人目の女性も同じく自己紹介をして、I'm Rebecca Horowitz. I produce the nightly newscast.「私はRebecca Horowitz。夜のニュース放送を制作している」と言っている。

(c) 男性、McNeilly

▶ 2人の女性が続けて自己紹介した後、3人目として男性があいさつをしている。1人目の女性が冒頭の会話で、「面接を受けてくれてありがとう」と言い、直後にMr. McNeillyと呼び掛けていることから、男性は面接を受けに来た人でMcNeillyという名前であることが分かる。interviewee「面接を受ける人」。

語注

interview　～の面接を受ける　on short notice　急な通知で、猶予なく　head　（部署などの）長
human resources　人事部　produce　～（番組）を制作する　nightly　毎晩の　newscast　ニュース放送
résumé　履歴書　be well qualified for ～　～に適任である　be curious about ～　～に興味がある　availability　都合
film crew　撮影班　on assignment　仕事で　with little warning　ほとんど予告なしに　laptop　ノートパソコン

チャレンジ 137

1. Where do the interviewers most likely work?
(A) At an electronics store
(B) At an employment agency
(C) At a television station
(D) At a movie theater

面接者たちはどこで働いていると考えられますか。
(A) 電器店
(B) 人材紹介会社
(C) テレビ局
(D) 映画館

正解 C 面接者の女性2人は、それぞれの最初の発言で自身の肩書や職務内容について、1人目は「Channel 15の人事部長である」と、2人目は「夜のニュース放送を制作している」と自己紹介している。また、男性の履歴書を見て「カメラマンの職に非常に適任だ」と述べていることから、彼女らはテレビ局の社員であると考えられる。interviewer「面接する人」。
(B) employment agency「人材紹介会社、職業紹介所」。

2. What job requirement do the speakers discuss?
(A) Being professionally certified
(B) Owning the proper equipment
(C) Having management experience
(D) Having a flexible schedule

話し手たちはどのような職務要件について話し合っていますか。
(A) 専門資格を持っていること。
(B) 適切な機材を所有していること。
(C) 管理職の経験があること。
(D) スケジュールが柔軟であること。

正解 D 面接者の1人のHorowitzさんは2つ目の発言で「当社の撮影班はほとんど事前通告なしに仕事に出掛けることも多い」と述べ、突然の外出が多いことを告げている。それに対し、応募者のMcNeillyさんは、勤務形態について「急な対応をする必要があることは理解している。問題ない」と柔軟に対応できると述べている。(D)が正解。job requirement「職務要件」。flexible「柔軟性のある」。
(A) certified「資格を持った」。
(B) proper「適切な」、equipment「機材、機器」。
(C) management「管理、経営、経営陣」。

3. What does the man agree to do next?
(A) Show a video
(B) Provide references
(C) Tour a facility
(D) Meet a supervisor

男性は次に何をすることに同意していますか。
(A) 動画を見せる。
(B) 照会先を提供する。
(C) 施設を見学する。
(D) 上司に会う。

正解 A 面接者の1人のOliveiraさんは2つ目の発言で、持参した動画を見せてもらえるかと男性に尋ねている。それに対して男性は、Sure「ええ」と答え、自分のノートパソコンに動画のファイルが入っていると説明しているので、(A)が正解。
(B) reference「照会先」。
(C) tour「～を見学する」、facility「施設」。
(D) supervisor「上司」。

Listen to the following conversation with three speakers.

3人の話し手による次の会話を聞きましょう。

W: I'm so glad you're both here! We need to plan our strategy for next month's business exposition. So, what should we focus on first?

2人ともここに来てくれてとてもうれしいです！ 来月のビジネス展示会の戦略を立てなければなりません。さて、まずわれわれは何に重点を置くべきでしょうか。

W: Well, our advertising agency only has a booth at the exposition for two days, so we really want to make a strong impression.

そうですね、当広告代理店は展示会でブースを1カ所2日間出すだけですので、ぜひとも目立つ印象を与えたいところです。

M: I think we should put together a pamphlet with samples of our successful ad campaigns and testimonials from our clients. Can you work on the pamphlet with me, Susan?

私は、当社の成功した広告キャンペーンの実例と顧客からの推薦文を載せたパンフレットを編集制作したらいいと思います。私と一緒にパンフレットに取り組んでもらえますか、Susan？

W: Yes, but I'm a little worried about the tight deadline. We'll need to get it to the printers by next week in order to have it in time for the expo.

はい、しかし厳しい締め切りが少し心配です。展示会に間に合わせるには、来週までに印刷業者に渡さなければなりません。

プラクティス　135 全体

4 (b) 展示会の出展者

▶ この打ち合わせの議題は来月のビジネス展示会に関するもの。2人目の女性が1つ目の発言で、「当広告代理店は展示会でブースを1カ所2日間出すだけだ」と述べている。従って、話し手たちの会社は広告代理店で、展示会の出展予定企業であることが分かる。その後も彼らは自社の出展準備について話し合っている。

語注

strategy 戦略、方略　exposition 展示会　focus on ～ ～に重点を置く、～に集中する
advertising agency 広告代理店　booth ブース、小さく仕切った部屋　make an impression 印象を与える
put together ～ ～を編集する、～をまとめる　ad campaign 広告キャンペーン
testimonial （商品・サービスに対する）ユーザー推薦文、顧客の声 ★マーケティング用語
work on ～ ～に取り組む　be worried about ～ ～が気に掛かる　tight （予定などが）ぎっしり詰まった
deadline 締め切り　in time 時間内に、間に合って　expo 展示会 ★exposition の略

チャレンジ 139

4. What is the conversation mainly about?
(A) Organizing a training session
(B) Preparing for a business exposition
(C) Finding a guest speaker for a convention
(D) Creating an employee handbook

会話は主に何についてですか。
(A) 研修会を企画すること。
(B) ビジネス展示会の準備をすること。
(C) 大会の招待講演者を見つけること。
(D) 従業員ハンドブックを作成すること。

正解 B 1人目の女性は1つ目の発言で3人が集まれたことを喜んだ後、「来月のビジネス展示会の戦略を立てなければならない」と打ち合わせの議題を挙げている。その後2人目の女性が「当広告代理店は展示会でブースを1カ所2日間出すだけだ」と述べていることから、3人は広告代理店に勤務しており、今度展示会に出展する予定であることが分かる。よって(B)が正解。
(A) training session「研修会」。
(C) guest speaker「招待講演者、ゲストスピーカー」、convention「大会、集会」。

5. What does the man suggest doing?
(A) Printing a large sign
(B) Revising a timetable
(C) Sending out invitations
(D) Making a pamphlet

男性は何をすることを提案していますか。
(A) 大きな掲示を印刷すること。
(B) 予定表を修正すること。
(C) 招待状を発送すること。
(D) パンフレットを作ること。

正解 D 男性は「当社の成功した広告キャンペーンの実例と顧客からの推薦文を載せたパンフレットを編集制作したらいいと思う」と発言している。よって正解は(D)。
(A) (B) (C) いずれも会話では述べられていない。
(A) sign「掲示、看板」。
(B) revise「～を修正する」。
(C) send out ～「～を発送する」。

6. What does Susan say she is concerned about?
(A) An approaching deadline
(B) An incomplete order
(C) A canceled reservation
(D) A dissatisfied client

Susanは何について心配していると言っていますか。
(A) 間近に迫った締め切り
(B) 未完了の注文
(C) キャンセルされた予約
(D) 不満のある顧客

正解 A Susanは2人目の女性。男性から「私と一緒にパンフレットに取り組めるか」と尋ねられたSusanは、Yesと答えた後に、「しかし厳しい締め切りが少し心配だ」と不安を伝えている。よって、締め切りが迫っているということをan approaching deadlineと表した(A)が正解。approaching「(時間・空間的に)近づいている」。
(B) (C) (D) 会話中に言及がない。

PART 3

Unit 15 図表と関連付けて聞く

テーマ解説

Unit 15 では、graphic「図表」が加わり、会話の音声と併せて内容を理解するタイプの設問を取り上げます。図表の追加によって情報を処理する負担は増えますが、逆に図表がヒントになって会話の概要をつかみやすくなることもあります。図表の的確な読み取り方を学んでいきましょう。

図表の種類　会話の話題によって、登場する図表の種類も異なります。地図、建物の見取り図、スケジュール表、イベントの進行プログラム、売上データの表やグラフなどさまざまですから、問題を解きながら、いろいろなタイプの図表に慣れていきましょう。

図表と会話の関係　登場する図表は比較的シンプルなものが多いです。図表に関する設問では、会話に出てくる情報と図表の情報を組み合わせて正解を選びます。図表から読み取るべき必要な情報は何か、会話の中で図表の内容と関連している箇所はどこかに注目し、会話の聞き取りと図表の読み取りを並行してバランスよく行いましょう。以下の「3 階の見取り図」の例を見てみましょう。

例

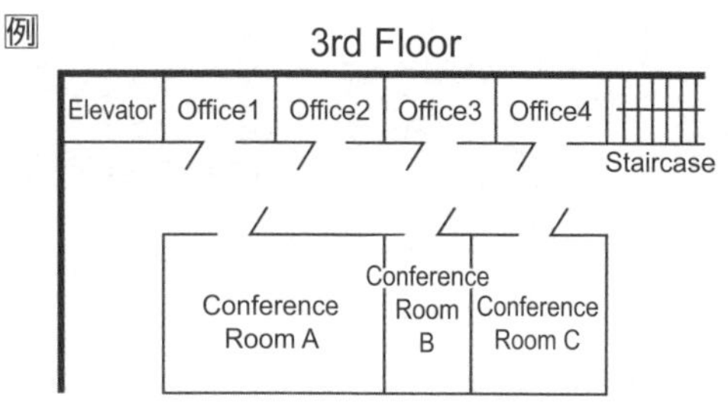

W: Mr. Morton's office is on the third floor, right?
Morton さんのオフィスは 3 階ですよね？

M: Yes, turn left immediately after you get off the elevator, it's either the third or fourth door on the left. I remember that it was right before the staircase.
はい、エレベーターを降りてすぐを左に曲がり、左手の 3 つ目か 4 つ目のドアです。階段のすぐ手前だったと記憶しています。

女性の質問に対する男性の返答を、図と照らし合わせて見ていきます。男性の場所案内を見取り図の上で追うと、Office 4 が正しい場所だと分かります。さらに会話の続きを見てみましょう。

例 W: Do you know where the managers' meeting will be held?
部長会議はどこで行われるか知っていますか。

M: Yes, it's the biggest conference room on the third floor, the one which is closest to the elevator.
はい、3 階の一番広い会議室で、エレベーターに最も近い部屋です。

部長会議の開催場所についても質問する女性に対し、男性は、「3 階の一番広い会議室」であること、さらに「エレベーターに最も近い部屋」であることを案内しています。見取り図を見ると、Conference Room A のことだと分かります。

このように、図表に関わる情報をしっかり聞き取り、図表と照合して、初めて正解にたどり着きます。練習を重ねて、こうした作業に慣れていきましょう。

ウォームアップ

→解答(例)はページ下、スクリプトと訳は p.136

1 右の図 (floor plan : 見取り図) を見て、以下の 3 つの位置を確認して□にチェックを入れましょう。

Travel	Fiction		Café
	Young Adult		
Nonfiction	Door		Cashier

- □ Door
- □ Cashier
- □ Café

PART 3 Unit 15

140

2 会話を聞いて、空所を埋めましょう。

M: Hi. Welcome to Capital ( ). Are you looking for something in particular?

W: Yes, I need a copy of a ( ) called ( ) ( ). My friends and I are starting a book club next month. People say that it's a good one for generating a lot of questions and comments.

M: That's true—it's one of my favorites. You can find it on the ( ) ( ) of the store, ( ) ( ) the ( ). The books there are ( ) by ( ). Can I help you with anything else?

W: No thanks, but I think I'll ( ) for a little while.

3 女性がここに来た目的は何ですか。

____

4 男性が案内した場所は、**1**の図でどこに当たりますか。(a) ~ (c) から正しいものを選びましょう。

(a) Travel
(b) Fiction
(c) Nonfiction

【解答(例)】

2 Bookshop / book、*January's*、*Flight* / back、wall、next、to、café、arranged、author / browse

3 (*January's Flight* という題名の) 本を探すこと。

4 (b) Fiction ▶ 男性の 2 つ目の発言にある You can find it on the back wall of the store, next to the café. と、上の見取り図から場所が特定できる。

プラクティス

TOEIC® L&R の問題の一部を使って、リスニングの練習をしましょう。

会話 1

→解答・解説は p.130

141

1 会話を聞いて、2 人は何について話しているか、適切なものを選びましょう。

(a) 高速道路

(b) 地下鉄

(c) バスターミナル

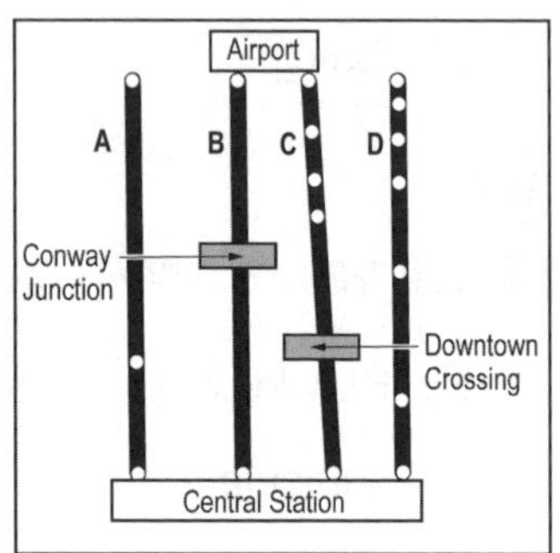

2 右の図 (map：地図) で、会話に登場した語句に丸を付けてください。

会話 2

→解答・解説は p.132

142

3 会話の前半を聞いて、空所を埋めましょう。

M: So, Ms. Garcia, what do you think of the (　　　　　) I've just (　　　　　) you? Would you like to (　　　　　) (　　　　　) (　　　　　) on it?

W: The (　　　　　) is beautiful, but... I wanted a (　　　　　) with outdoor (　　　　　　　) and I didn't see a (　　　　　) on this (　　　　　　　).

M: Yes, I (　　　　　　　). And I've already (　　　　　) with a (　　　　　) contractor.

4 2 人は何について話していますか。分かる範囲で書きましょう。

____

143

5 会話の後半を聞いて、右の図 (floor plan：見取り図) で、会話に登場した語句に丸を付けましょう。

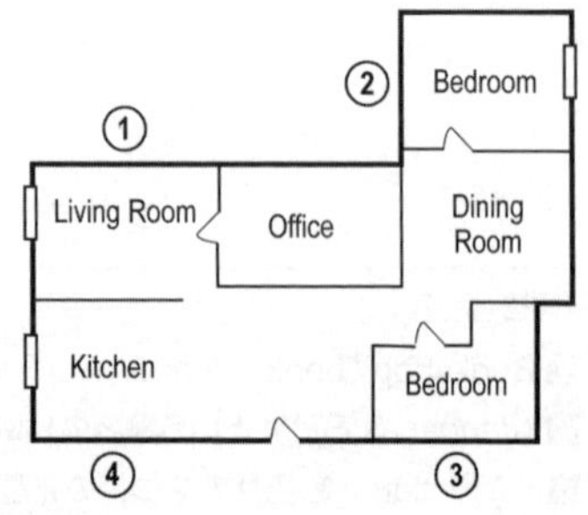

チャレンジ

TOEIC® L&Rの問題に挑戦します。それぞれ、会話全体を通して聞いて、1～6の設問に答えましょう。

会話1

→解答・解説は p.131

144 ≫ 145

1. Where does the conversation take place?
(A) At an airport
(B) At a business office
(C) At a restaurant
(D) At a subway station

Airport
A B C D
Conway Junction
Downtown Crossing
Central Station

2. Look at the graphic. Which line does the man suggest the woman take?
(A) Line A
(B) Line B
(C) Line C
(D) Line D

3. Why is the woman going to Austin?
(A) To attend a conference
(B) To visit a friend
(C) To interview for a job
(D) To buy a house

会話2

→解答・解説は p.133

146 ≫ 147

4. Who most likely is the man?
(A) A building inspector
(B) A landscape designer
(C) A real estate agent
(D) A construction worker

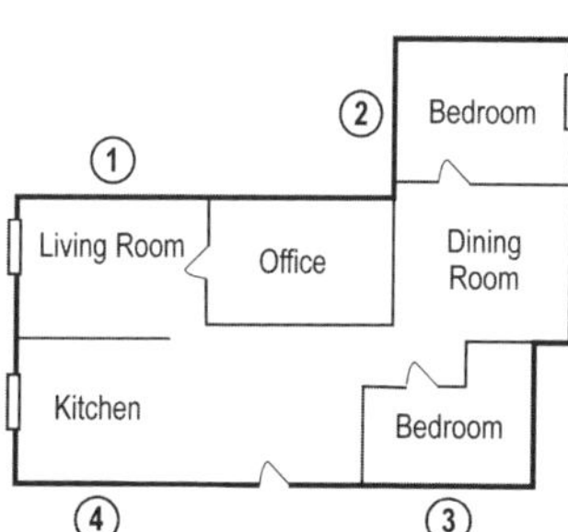

5. Look at the graphic. Which location has been suggested for a project?
(A) Location 1
(B) Location 2
(C) Location 3
(D) Location 4

6. What does the man say he will do?
(A) Arrange a meeting
(B) Send some information
(C) Prepare a contract
(D) Extend a warranty

Listen to the following conversation and refer to the map.

次の会話を聞いて、路線図を見ましょう。

W Hi Leo, I'm so glad I bumped into you! This station is a little confusing. I'm on my way to the airport and I'm not sure which subway I should take. I'd normally take Line B, but it's closed for repairs.

あら、Leo、ここでばったり会うなんてすごくうれしいわ！ この駅は少し分かりにくいですね。空港に向かっている途中なんですが、どの地下鉄に乗ったらいいか分からないの。いつもはB線に乗るんだけど、修理で運休なんです。

M Well… I have a subway map right here. I'd take this route. It's not an express. You'll have to stop at Downtown Crossing, but it doesn't take too long.

どれ…ちょうどここに地下鉄の路線図があります。私ならこの経路を取りますね。急行ではないですが。中心街交差駅で止まらなければいけませんが、それほど時間はかかりませんよ。

W Thanks—I don't want to miss my flight to Austin!

ありがとう——オースティン行きの飛行機の便に乗り遅れたくないですからね！

M Are you going on vacation?

休暇に出掛けるんですか。

W No, I'm going to a sales conference. I'll tell you all about it at our next staff meeting.

いえ、販売会議に行くところなんです。その件については、次回のスタッフ会議で全部話しますね。

M I'll look forward to it. Have a nice trip!

楽しみにしています。良い旅を！

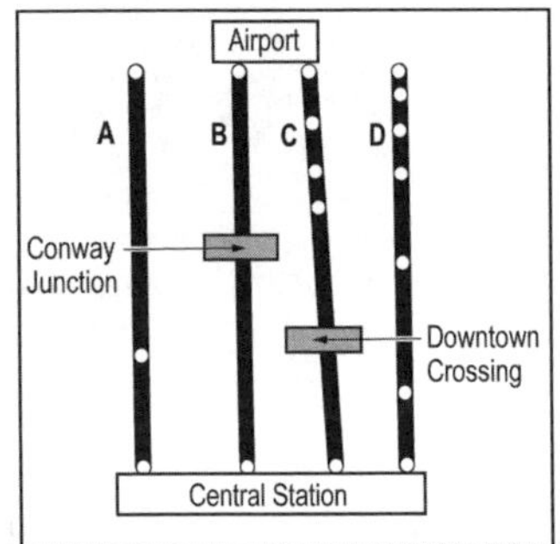

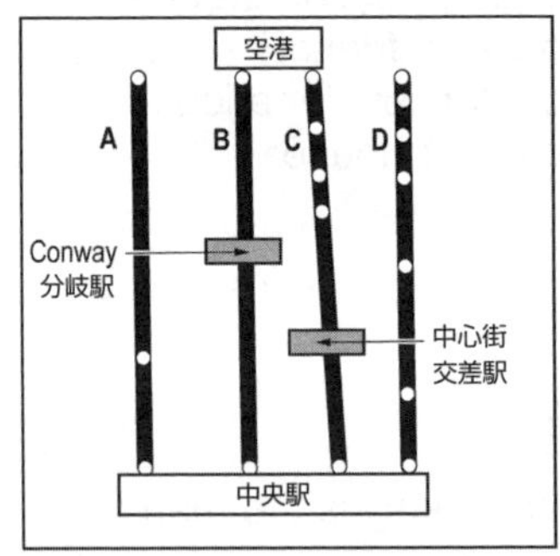

プラクティス  全体

1 (b) 地下鉄

▶ 女性は1つ目の発言で「どの地下鉄に乗ったらいいか分からない」と言っており、その後も地下鉄で空港に行く経路が話題になっている。

2

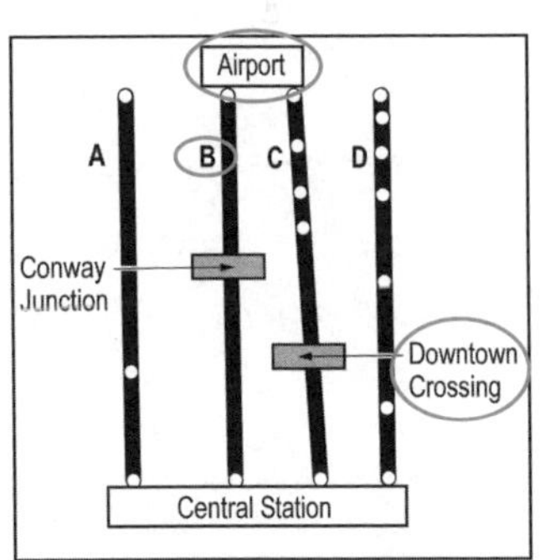

▶ 左の図参照。

チャレンジ 

1. Where does the conversation take place?
   (A) At an airport
   (B) At a business office
   (C) At a restaurant
   (D) At a subway station

   会話が行われている場所はどこですか。
   (A) 空港
   (B) 会社の事務所
   (C) レストラン
   (D) 地下鉄の駅

正解 D　女性は1つ目の発言で「この駅は少し分かりにくい」と述べた後、「空港に向かっている途中だが、どの地下鉄に乗ったらいいのか分からない」と言っているので2人は地下鉄の駅にいると分かる。よって正解は(D)。
(A)「空港」は目的地として述べられているが、会話が行われている場所ではない。

2. Look at the graphic. Which line does the man suggest the woman take?
   (A) Line A
   (B) Line B
   (C) Line C
   (D) Line D

   図を見てください。男性は女性にどの路線に乗るよう提案していますか。
   (A) 路線A
   (B) 路線B
   (C) 路線C
   (D) 路線D

正解 C　男性は1つ目の発言で「私ならこの経路を取る」と述べた後、空港へ行く路線について「急行ではない」、「中心街交差駅で止まらなければいけない」と述べている。図を見ると、中心街交差駅で止まるのはLine Cで、同路線は停車駅も多いことが分かるので、(C)が正解。

3. Why is the woman going to Austin?
   (A) To attend a conference
   (B) To visit a friend
   (C) To interview for a job
   (D) To buy a house

   女性はなぜオースティンへ行くのですか。
   (A) 会議に出席するため。
   (B) 友人を訪ねるため。
   (C) 仕事の面接を受けるため。
   (D) 家を購入するため。

正解 A　女性は2つ目の発言で「オースティン行きの飛行機の便に乗り遅れたくない」と述べ、「休暇に出掛けるのか」と尋ねた男性に「販売会議に行くところだ」と答えている。よって正解は(A)。attend「～に出席する、～に参加する」。
(C) interview for ～「～の面接を受ける」。

語注

bump into ～　～と偶然出会う、～と鉢合わせする　confusing　混乱させるような、分かりにくい
on *one's* way to ～　～に向かう途中で　subway　地下鉄　repair　修理、修繕　route　経路　express　急行
miss　～(乗り物)に乗り損なう、～を逃す　go on vacation　休暇に出掛ける　look forward to ～　～を楽しみに待つ
Have a nice trip.　良いご旅行を。

Listen to the following conversation and refer to the floor plan.

次の会話を聞いて、見取り図を見ましょう。

M: So, Ms. Garcia, what do you think of the house I've just shown you? Would you like to make an offer on it?

さて、Garcia さん、今お見せした家はいかがでしたか。お申し込みをなさいますか。

W: The house is beautiful, but... I wanted a place with outdoor storage and I didn't see a shed on this property.

家屋はとてもきれいなのですが…私は屋外倉庫付きの家を希望していて、この物件に物置は見当たりませんでしたね。

M: Yes, I remember. And I've already spoken with a local contractor. There's one place on the property she could build a storage shed for you. She could locate it in the garden directly behind the living room.

はい、覚えております。地元の請負業者とすでに話をしました。敷地内に業者が貯蔵用物置を建てられそうな場所が 1 カ所あります。居間の真後ろの庭にそれを設置できるだろうということです。

W: As long as it's not near either bedroom, I'd be happy with that. Do you know how much it would cost?

どちらかの寝室のそばでない限り、それで結構です。どのくらいの費用がかかるか分かりますか？

M: No, but she's preparing an estimate that I'll send to you tomorrow.

いいえ、ですが業者が見積もりを作成していますので、明日お客さまにお送りします。

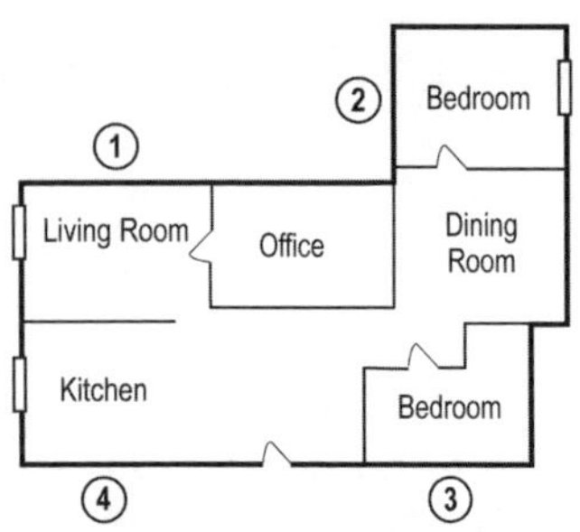

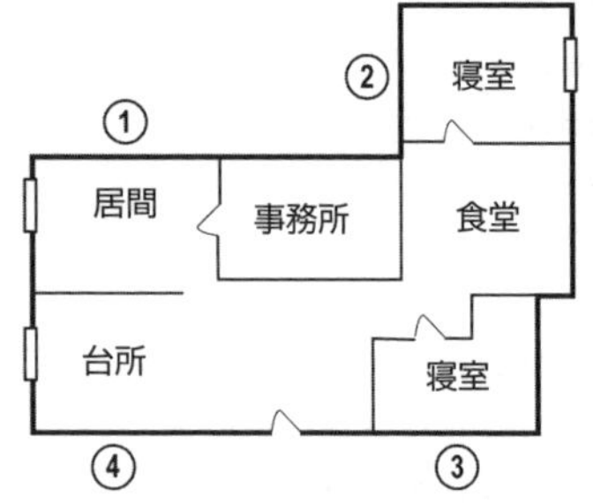

プラクティス　142 前半　143 後半

3 house、shown、make、an、offer/ house、place、storage、shed、property/ remember、spoken、local

▶ 左の語句参照。

4 （購入候補の）不動産物件。

▶ 男性の 1 つ目の発言の「今見せた家はどうだったか」、女性の 1 つ目の発言の「屋外倉庫付きの家を希望していた」から、不動産業者の男性と顧客の女性による会話だと分かる。この後も、女性が物件に求める条件についての話が続いている。

5

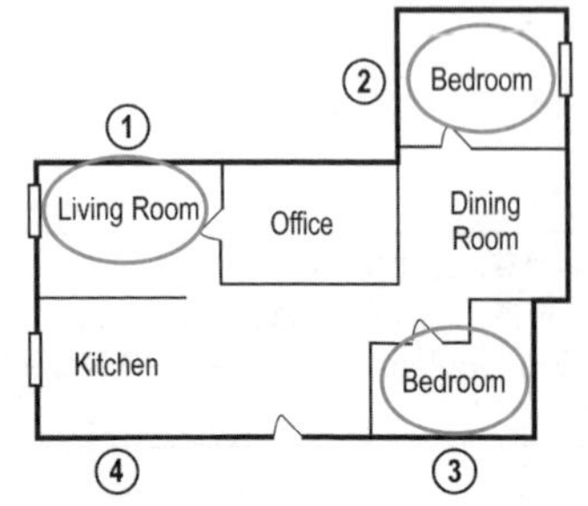

▶ 左の図参照。

チャレンジ 147

4. Who most likely is the man?

(A) A building inspector
(B) A landscape designer
(C) A real estate agent
(D) A construction worker

男性は誰だと考えられますか。

(A) 建築検査官
(B) 造園技師
(C) 不動産業者
(D) 建設作業員

正解 C 男性は1つ目の発言で女性に対して「今見せた家はどうだったか」と尋ねた後、申し込みをするかどうかを確認している。女性はそれに対し、「家屋はとてもきれいなのだが…」に続けて希望する条件を述べている。従って、女性は不動産を探している人で、男性は不動産を仲介する人であると考えられる。正解は(C)。
(A) 検査については言及されていない。
(B) 造園や景観設計に関する内容は話されていない。landscape designer「造園技師、景観設計家」。
(D) 物置を建てるという話は出ているが、男性は建設作業員ではない。

5. Look at the graphic. Which location has been suggested for a project?

(A) Location 1
(B) Location 2
(C) Location 3
(D) Location 4

図を見てください。どの場所が計画用に提案されましたか。

(A) 場所1
(B) 場所2
(C) 場所3
(D) 場所4

正解 A 女性が1つ目の発言で、屋外倉庫のある家を希望していたという希望を述べたのに対し、男性は、女性の希望をすでに請負業者と話したと応じている。設問の a project「計画」とはこの物置設置の件であり、男性はこの後、業者が居間の真後ろの庭に物置を設置できそうだと述べている。図と照らし合わせると提案された場所は(A)と判断できる。

6. What does the man say he will do?

(A) Arrange a meeting
(B) Send some information
(C) Prepare a contract
(D) Extend a warranty

男性は何をすると言っていますか。

(A) 打ち合わせを手配する。
(B) 情報を送る。
(C) 契約書を準備する。
(D) 保証を延長する。

正解 B 女性が2つ目の発言で、物置を設置する費用について尋ねると、男性は、分からないが「業者が見積もりを作成しているので、明日送る」と答えている。見積もりを送ることを send some information「情報を送る」と表した(B)が正解。
(A) arrange「～を手配する」。
(C) contract「契約、契約書」。
(D) extend「～を延長する」、warranty「保証」。

語注

make an offer 申し出をする　storage 貯蔵(庫)　shed 納屋、小屋、倉庫　property 所有地、不動産物件
local 地元の　contractor 請負業者　locate ～の位置を決める、～を設置する　directly behind ～ ～の真後ろに
as long as ～ ～である限りは　be happy with ～ ～に満足である　cost ～(金額)がかかる　estimate 見積もり

Part 3【ウォームアップのスクリプトと訳】

Unit 10 p.87 099 全体 100 前半

M:	Hi, Mei-ling. How are you?	やあ、Mei-ling。元気？
W:	Fine. Say, I've been meaning to talk to you. I'm saving to buy a car, and I heard you just bought one.	元気よ。そうだ、前から話そうと思っていたの。私、車を買うために貯金をしてるんだけど、あなたこの間車を買ったんですって？
M:	Yeah, I'm really excited. It's always been hard for me to save up for big purchases, but this time I tried an online budgeting program.	ああ、すごく興奮してるよ。大きな買い物のために貯金するのはずっと苦手だったんだけど、今回はオンラインの予算管理プログラムを使ってみたんだ。
W:	And it helped?	で、それは役に立った？
M:	Sure did. I used one called budgeteasy.com. If you're trying to save, you should check it out.	立ったとも。budgeteasy.com というのを使ったんだ。貯金しようと思ってるなら、見てみた方がいいよ。
W:	Mmm, what's* it cost? I'm not sure about spending money to save money.	へえ、それは幾らかかるの？ 貯金するためにお金を使うっていうのはどうなのかしら。
M:	Well, you get a month free—you know, to see if you like it. Then it's only $25 a year.	それが、1カ月は無料なんだ――ほら、気に入るかどうか様子を見るためにね。その後は年間たったの 25 ドルだよ。
W:	That'd be OK. I'll have a look. Thanks.	それなら大丈夫そうね。見てみるわ。ありがとう。

(* what's = what does)

Unit 11 p.95  前半  後半

M:	Hi, I'd like a ticket to the museum's special Egyptian art exhibit. I've heard wonderful things about it.	こんにちは、博物館のエジプト美術特別展の入場券を 1 枚欲しいのですが。それが素晴らしいという評判を聞いていますので。
W:	I'm sorry. That exhibit's very popular, and we've already sold out of tickets for the morning. We still have some available for this afternoon, though.	申し訳ございません。その展覧会はとても人気があり、午前の入場券はすでに売り切れてしまいました。今日の午後の分なら、まだ多少ございますが。
M:	I can't wait that long. I'll have to come back a different day. Can I reserve a ticket in advance?	そんなに長くは待てません。別の日にあらためて来るしかないでしょうね。事前に入場券を予約できますか。
W:	We do offer advance sales, but only for museum members. If you don't have a membership, you can sign up for one here.	前売り券はご提供していますが、博物館の会員限定なんです。もし会員になっていらっしゃらなければ、こちらでお申し込みいただけますよ。
M:	Oh, good. I'll do that right now.	ああ、いいですね。今すぐ申し込みます。

Unit 12 p.103  前半  全体

M:	Hi, earlier I parked my car on the lower level, but I don't have quite enough cash with me to pay. Do you accept credit cards?	こんにちは、少し前に、下の階に車を止めたのですが、支払いに十分な額の現金を持ち合わせていません。クレジットカードは使えますか。
W:	I can't process a credit card here at the exit, but you have two options. There's a payment kiosk on the first floor of the parking garage that does... or if you can access the Internet, you can pay online using your smartphone.	こちらの出口ではクレジットカード決済はできないのですが、2つの選択肢があります。駐車場1階にそれができる自動精算機がありますし…あるいはインターネット接続が可能なら、スマートフォンを使ってオンラインでお支払いいただけます。
M:	Good! I'll pay online… and what's the Web site address that I should use?	よかった！ オンラインで支払います…それで、使うべきウェブサイトアドレスはどれですか。
W:	The address is printed on the back of your parking ticket.	アドレスはお持ちの駐車券の裏面に印字されていますよ。
M:	Thanks!	ありがとう！
W:	No problem. Once you've paid the fee online, you'll get a confirmation code e-mailed to you. Use that number to exit.	どういたしまして。料金をオンラインでお支払いになったら、確認コードがEメールで届きます。外へ出るにはその番号を使ってください。

Unit 13 p.111  全体  前半

M:	Hey, Emma—a group of us are heading to the city after work for the International Film Festival. We're going to see that Italian drama by Elena Costa.	やあ、Emma——みんなで仕事の後、国際映画祭に行くために街に出るんだ。あのElena Costaのイタリアドラマを見にね。
W:	Oh, I read about that on the festival's Web site! It's won several awards already.	ああ、それについては映画祭のウェブサイトで読んだわ！ すでに幾つかの賞を受賞したのよね。
M:	Right. It's supposed to be excellent. Do you want to come?	その通り。すごくいいはずだよ。一緒に来ない？
W:	Well, all of my sales reports are due today.	それが、売上報告書が全部、今日締め切りなの。
M:	Hmm… you know what? Let me see if I can preorder tickets on the Web site. Then we could probably leave a little later and you could join us.	うーん…ねえ、これは？ ウェブサイトでチケットを事前予約できるかどうか見てみるよ。そうしたら、たぶんもう少し遅く出ることができるから、君も参加できるんじゃないかな。
W:	Oh, that would be great! Let me know.	わあ、そうしてもらえるとありがたいわ！ 後で教えてね。

Unit 14 p.119 133 全体

M1: Good evening! My name is Jack and I'll be your waiter tonight. Can I bring you something to drink?

こんばんは！ 私はJackと申しまして、今晩お客さま方の給仕係を務めます。何かお飲み物をお持ちしましょうか。

W: Sounds lovely. I'll have a Long Island Iced Tea, please. What about you, honey?

いいわね。私はロングアイランド・アイスティーを頂きます。ねえ、あなたはどうする？

M2: I'll have a beer, then. I think Rachel and her husband will arrive soon, so once they are here we can get started with ordering.

じゃあ、僕はビールをもらうよ。Rachelと彼女の夫がもうすぐ着くと思うから、彼らが来たら注文を始められるよ。

M1: Of course, no rush! By the way, the chef has made her special onion soup today, and it's pretty amazing. If you're interested, I can secure several servings for your party.

もちろん、急ぐ必要はございません！ ところで、シェフが本日特製オニオンスープをご用意しておりまして、それがとても素晴らしいんです。もしご関心がおありでしたら、お客さまのグループのために数名様分確保しておきますよ。

M2: What do you think, Jess?

どうだろう、Jess？

W: Oh come on, Bill, let's check it out! Yes, Jack, definitely count us in!

あら決まってるじゃない、Bill、試してみましょうよ！ええ、Jack、もちろん私たちの分を入れておいて！

M1: Very well! I'll be back with your drinks shortly.

かしこまりました！ お飲み物を持ってすぐに戻ります。

Unit 15 p.127 140 全体

M: Hi. Welcome to Capital Bookshop. Are you looking for something in particular?

Capital書店へようこそ。特に何かをお探しですか。

W: Yes, I need a copy of a book called *January's Flight*. My friends and I are starting a book club next month. People say that it's a good one for generating a lot of questions and comments.

はい、『1月の飛行』という本が1冊必要です。来月、友人と読書クラブを始めるんです。あれはたくさんの問い掛けや意見を引き出すのに適した本だそうですね。

M: That's true—it's one of my favorites. You can find it on the back wall of the store, next to the café. The books there are arranged by author. Can I help you with anything else?

その通りですね――私のお気に入りの中の1冊です。店の奥の壁沿いにありますよ、カフェの隣です。そちらの本は著者ごとに並べられています。他に何かお探しですか。

W: No thanks, but I think I'll browse for a little while.

いいえ、大丈夫です、ただしばらく見て回ろうと思います。

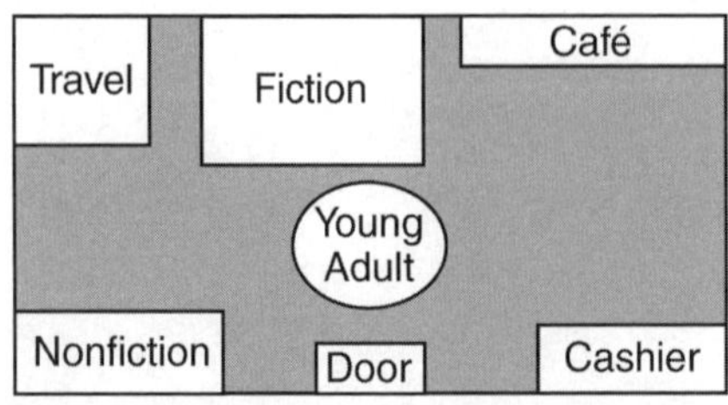

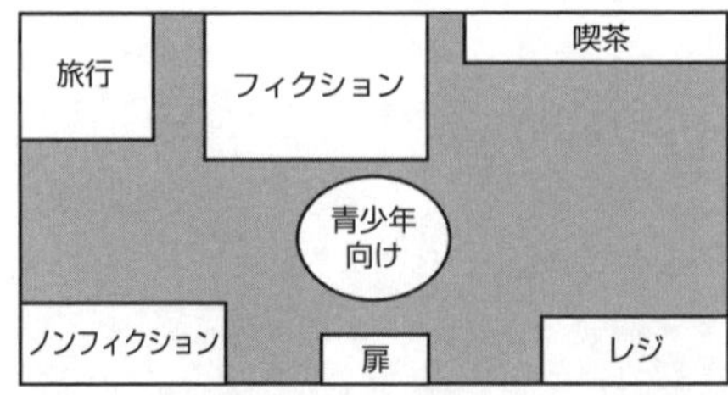

PART 4

説明文問題

Unit 16
Unit 17
Unit 18
Unit 19
Unit 20

Part 4は、1人の話し手によるさまざまな話題のトークを聞き、それに関する3つの設問に答える形式の問題です。中には図表付きの問題もあります。トークの聞き取りには、1文が長めになるなど、会話とは異なる難しさがあります。Part 3と同様に、場面設定や質問がシンプルなものからやや難易度の高いものまで、順を追って練習しましょう。

PART 4

Unit 16 トークの概要をつかむ

テーマ解説

Part 4は1人の話し手によるトークを聞いて答える問題です。トークの内容は、公共アナウンスなど分かりやすい主題のものもあれば、特定の職種に向けたセミナーの冒頭あいさつなど、少人数向けで専門性が高めだったり共有情報が前提となっていたりするようなものもあります。まずトークの概要と目的、話し手と聞き手の関係を押さえ、先の展開を予測しながら聞くようにしましょう。Unit 16では、主題が分かりやすい構成のトークを聞いて概要をつかむ練習をします。

トークの種類 電話のメッセージ（留守番電話の録音内容、自動応答メッセージなど）、ラジオ放送（天気予報、交通情報、番組紹介など）、お知らせ（店内放送、従業員への連絡事項など）、情報（ツアーの案内、イベントの紹介など）、広告文（商品・サービス・セールの案内など）、会議の抜粋など、さまざまな種類のものがあります。

事前情報を捉える トークが始まる前の指示からトークの種類が分かります。Questions XX through XX refer to the following ... に続く部分に着目しましょう。introduction（紹介文）、excerpt from a meeting（会議の抜粋）、announcement（お知らせ）などトークの種類が聞こえてきます。また、余裕があれば設問にもさっと目を通しておくと、キーワードが見えてきます。例えば、When is the fire drill scheduled? という設問があれば、消防訓練の実施時期に関する言及があるだろう、といったことが推測でき、心構えをしてトークの内容を聞き取ることができます。

要点を捉える 全体像を把握することを意識しながら聞き取りましょう。まずは冒頭部分からトークの場面設定や話題をつかみます。実際にトークの最初の部分を聞いて、以下のような形でメモを取ってみましょう。

例 M: Good afternoon and welcome to the Barrytown Museum of Contemporary Art. I'll be your tour guide in the museum today. I'll be showing you our special exhibit ...

こんにちは、Barrytown現代美術館へようこそ。本日、私が皆さまのガイドを務めます。皆さまをご案内するのは、当館の特別展示で…

[話題] 見学ツアー
[場所・設定] （現代）美術館
[話し手] ツアーガイド
[目的] ツアー内容の案内

このように自分なりに大体の状況をつかんだら、その後の話の流れを追いながら、自分の理解が合っているかどうかをチェックしていきましょう。同時に、具体的な情報をピックアップしたら頭の片隅に置いておくように努めましょう。学習中は、何度か音声を聞いて、聞き取れるまで練習してください。本番では一度しか聞くことができないので、聞き取りの練習を重ねながら徐々に、なるべく素早くトーク全体の要点をつかめるようにしていきましょう。

ウォームアップ

→解答(例)はページ下、スクリプトと訳は p.178

148

1 トークを聞いて、場面や話題をつかみましょう。

2 もう一度トークを聞いて、空所を埋めましょう。

Good evening (　　　　　　)! Here's your WXRN (　　　　　) (　　　　　).

For anyone traveling near the city center, there are twenty- to thirty-minute (　　　　　) entering the city, and (　　　　　) is backed up on the (　　　　　　). As you know, our city is hosting the regional (　　　　　　) (　　　　　　) this week. It begins this afternoon in the stadium, and attendance is expected to reach around (　　　　　) (　　　　　　). So if you have to (　　　　　) into the (　　　　　) this week, we strongly encourage you to (　　　　　) (　　　　　) (　　　　　) or (　　　　　) (　　　　　).

3 概要について、以下に書きましょう。

[トークの種類] ______________________________

[要点] 都心への交通に __________ が発生していて、

幹線道路が __________ している。

[原因] ______________ が開催される。

[提案] ______________ ことを勧めている。

【解答(例)】

2 listeners、traffic、report、delays、traffic、highways、baseball、tournament、ten、thousand、commute、city、take、the、bus、the、train

3 [トークの種類] (ラジオの) 交通情報　[要点] 遅延、渋滞　[原因] 野球トーナメント　[提案] バスか電車を利用する

プラクティス

TOEIC® L&R の問題の一部を使って、リスニングの練習をしましょう。

トーク1

→解答・解説は p.142

149

1 トークを聞いて、概要（話題、登場人物など）が分かる手掛かりとなる英語の語句をメモしましょう。

2 ゲストは何について話す予定だと述べられていますか。

____

トーク2

→解答・解説は p.144

150

3 トークを聞いて、概要（議題、聞き手など）が分かる手掛かりとなる英語の語句をメモしましょう。

4 会議の議題は何ですか。

____

チャレンジ

TOEIC® L&Rの問題に挑戦します。それぞれ、トーク全体を通して聞いて、**1**～**6**の設問に答えましょう。

トーク1

→解答・解説は p.143

151 ›› 152

1. Where does the speaker work?

(A) At a university
(B) At a bookstore
(C) At a radio station
(D) At a bank

2. What will Dr. Mamat be discussing?

(A) Career choices
(B) Publishing opportunities
(C) Communication strategies
(D) Personal finances

3. What does the speaker encourage listeners to do?

(A) Call in with questions
(B) Register for a seminar
(C) Open an account
(D) Refer a friend

トーク2

→解答・解説は p.145

4. What does the speaker say the company is considering?

(A) Hiring a new vendor
(B) Extending the lunch hour
(C) Creating an intern program
(D) Refurbishing company kitchens

5. What can listeners receive for free tomorrow?

(A) A mug
(B) A T-shirt
(C) A notepad
(D) A beverage

6. Why should listeners visit Jeremy's office?

(A) To pick up training materials
(B) To sign up for a project
(C) To collect a prize
(D) To submit a form

Listen to the following introduction.

次の紹介を聞きましょう。

W

Welcome back to *Money Talk* on KQSF Radio. Our studio guest today is Dr. Anwar Mamat, professor of microeconomics at Benham University, and author of the recent bestseller *How to Make the Most of Your Money*. Today, Dr. Mamat will be sharing tips on the best way to manage your personal finances. Throughout the show, I will be taking questions from listeners over the phone. So, if you have a question for Dr. Mamat, feel free to call us here at the station at 555-0194.

いつも KQSF ラジオで『マネートーク』をお聞きいただきありがとうございます。本日のスタジオゲストは Anwar Mamat 博士、Benham 大学のミクロ経済学の教授であり、最近のベストセラー『あなたのお金を最大限に活用する方法』の著者でいらっしゃいます。本日、Mamat 博士は、個人資金を管理する最良の方法についてのヒントを教えてくださいます。番組放送中は、電話でリスナーからの質問を受け付けます。そこで、Mamat 博士にご質問がありましたら、当ラジオ局宛て、555-0194 までお気軽にお電話ください。

プラクティス

 全体

1 *Money Talk*、Radio、studio guest、Dr. Anwar Mamat、professor、author、bestseller、the best way to manage、personal finances、show、listeners

▶ 左の語句参照。

2 個人資金の管理方法。

▶ このトークは、ラジオ番組の冒頭でゲストを紹介している場面。話し手の番組司会者が 2 文目で、「本日のスタジオゲストは Anwar Mamat 博士」と紹介していることから、ゲストは Mamat 博士であることが分かる。さらに続く 3 文目で、「本日、Mamat 博士は、個人資金を管理する最良の方法についてのヒントを教えてくれる」と言っている。

語注

microeconomics　ミクロ経済学　　author　著者　　recent　最近の、近頃の
bestseller　ベストセラー、最も売れ行きの良い本　　make the most of ～　～を最大限活用する
tips　〈複数形で〉ヒント、助言　　manage　～を管理する　　finances　〈複数形で〉資金、財源
throughout　～の間中ずっと　　over the phone　電話で　　feel free to *do*　遠慮なく～する

チャレンジ 

1. Where does the speaker work?

(A) At a university
(B) At a bookstore
(C) At a radio station
(D) At a bank

話し手はどこで働いていますか。

(A) 大学
(B) 書店
(C) ラジオ局
(D) 銀行

正解 C 話し手は冒頭で「いつもKQSFラジオで『マネートーク』を聞いてくれてありがとう」と述べており、それ以降もstudio、show、listenersなど、放送に関するキーワードが登場している。よって話し手はラジオ番組の司会者で、働いている場所はラジオ局だと考えられる。正解は(C)。

2. What will Dr. Mamat be discussing?

(A) Career choices
(B) Publishing opportunities
(C) Communication strategies
(D) Personal finances

Mamat博士は何について説明しますか。

(A) 職業の選択
(B) 出版の機会
(C) コミュニケーション戦略
(D) 個人資金

正解 D 話し手は番組ゲストであるMamat博士について、「Benham大学のミクロ経済学の教授であり、最近のベストセラー『あなたのお金を最大限に活用する方法』の著者である」と紹介した後、博士が番組で「個人資金を管理する最良の方法についてのヒントを教えてくれる」と、続けて説明している。よって(D)が正解。discuss「～（話題・テーマなど）について詳述する」。
(A) career「職業、キャリア」、choice「選択、選択の自由」。
(B) publishing「出版」、opportunity「機会」。
(C) strategy「戦略」。

3. What does the speaker encourage listeners to do?

(A) Call in with questions
(B) Register for a seminar
(C) Open an account
(D) Refer a friend

話し手は聞き手に何をするよう勧めていますか。

(A) 質問の電話を入れる。
(B) セミナーに登録する。
(C) 口座を開く。
(D) 友人を紹介する。

 正解 A 話し手は「番組放送中は、電話でリスナーからの質問を受け付ける」と、Mamat博士への質問を募集すると述べた後、続けて「Mamat博士に質問があったら…まで気軽に電話してほしい」と連絡先を案内している。よって(A)が正解。encourage「～に勧める、～を励ます」。call in「電話を入れる」。
(B) register for ～「～に（参加）登録する」。
(C) account「（預金）口座」。
(D) refer「～を差し向ける、～を照会させる」。

Listen to the following excerpt from a meeting.

M

As you know a lot of staff make use of the coffee facilities in the company kitchens throughout the day. We're thinking about changing coffee providers, and so tomorrow, one of the vendors we're considering will be offering different coffee blends in the lobby. You can go pick up a free cup of any blend you like. We just ask that you give us some feedback to let us know what you think of the coffee. The feedback forms should only take about five minutes to complete, and you can leave your completed form with Jeremy, in office D-12.

次の会議の抜粋を聞きましょう。

ご存じの通り、多くの職員が終日、会社の給湯室にあるコーヒー設備を利用しています。当社は、コーヒー供給業者の変更を検討しており、ついては明日、当社が検討中の業者の1社がさまざまなブレンドのコーヒーをロビーで提供してくれる予定です。皆さんはお好きなブレンドを1杯無料で受け取りに行っていただけます。ただ、そのコーヒーについてのご感想をフィードバックしていただけるようお願いいたします。フィードバック用紙は記入し終えるのにはほんの5分ほどしかかかりませんので、記入済みの用紙をオフィスD-12にいるJeremyに預けていただければ結構です。

プラクティス  全体

3 staff、coffee facilities、company kitchens、changing coffee providers、vendors、different coffee blends、feedback

▶ 左の語句参照。

4 （会社の給湯室の）コーヒーの業者の変更。

▶ 話し手は冒頭で会社の給湯室にあるコーヒー設備について触れた後、2文目で「コーヒー供給業者の変更を検討している」と述べている。

語注

make use of ～　～を利用する　facility　設備　throughout　～の間中ずっと、～の初めから終わりまで
provider　供給業者、販売業者　vendor　供給業者　offer　～を提供する　blend　（コーヒーなどの）ブレンド
go pick up ～　★= go and pick up ～。pick up ～は「～を受け取る」　free　無料の　feedback　フィードバック、意見
think of ～　～のことを考える　complete　～を完了する、～に全て記入する　leave　～を預ける
form　記入用紙、申込用紙

チャレンジ 154

4. What does the speaker say the company is considering?

(A) Hiring a new vendor
(B) Extending the lunch hour
(C) Creating an intern program
(D) Refurbishing company kitchens

話し手は会社が何を検討していると言っていますか。

(A) 新しい供給業者を雇うこと。
(B) ランチの時間を延長すること。
(C) インターンプログラムを創設すること。
(D) 会社の給湯室を改装すること。

正解 A 話し手は冒頭で、多くの社員がコーヒー設備を利用していると触れた後、「当社は、コーヒー供給業者の変更を検討しており、ついては明日、当社が検討中の業者の1社がさまざまなブレンドのコーヒーをロビーで提供してくれる予定だ」と説明している。よって、(A) が正解。
(B) extend「～を延長する」。
(D) refurbish「～を改装する」。

5. What can listeners receive for free tomorrow?

(A) A mug
(B) A T-shirt
(C) A notepad
(D) A beverage

聞き手は明日、何を無料で受け取れますか。

(A) マグカップ
(B) Tシャツ
(C) メモ帳
(D) 飲み物

正解 D 話し手は、so tomorrow, と述べた後、「当社が検討中の業者の1社がさまざまなブレンドのコーヒーをロビーで提供してくれる予定だ」と案内し、続けて、「皆は好きなブレンドを1杯無料で受け取りに行ける」と言っている。a free cup of any blend を a beverage「飲み物」で表した (D) が正解。for free「無料で」。
(A) (B) (C) いずれも言及されていない。
(A) mug「マグカップ」。
(C) notepad「(はぎ取り式の) メモ帳」。

6. Why should listeners visit Jeremy's office?

(A) To pick up training materials
(B) To sign up for a project
(C) To collect a prize
(D) To submit a form

聞き手はなぜ Jeremy のオフィスを訪ねるべきなのですか。

(A) 研修資料を受け取るため。
(B) プロジェクトに申し込むため。
(C) 賞を受け取るため。
(D) 記入用紙を提出するため。

正解 D 話し手は、社員は明日コーヒーを1杯無料で受け取りに行けると説明した後、コーヒーについての感想を用紙に記入してほしいと頼んでいる。その後、「記入済みの用紙をオフィス D-12 にいる Jeremy に預けてくれればいい」と、記入用紙の Jeremy への提出を案内していることから、(D) が正解。submit「～を提出する」。
(B) sign up for ～「(署名して) ～に申し込む、～に参加する」。
(C) collect「～ (賞金など) を受け取る」、prize「賞、賞品、賞金」。

Unit 17 トークの詳細をつかむ

テーマ解説

Part 4 には、話し手と聞き手との間ですでに共有されている情報が前提となった、場面や状況の設定が分かりにくいトークも登場します。このようなトークの場合、話に出てくる語句が理解のヒントやキーワードになることがあります。Unit 17 では、語句レベルの詳細にも着目しながら丁寧な聞き取りを心掛け、トークの場面設定や概要、要点を把握する練習をしましょう。

冒頭部分からヒントを得る　トークの設定や内容が自分になじみがなくても、落ち着いて取り組みましょう。Unit 16 で学んだように、トークの概要をつかむためのヒントになる情報は冒頭部分に出てくることが多いです。例を見てみましょう。

例 In today's managers' meeting we need to address some comments we've received from customers ... (p.147 の「ウォームアップ」のトークより)

冒頭から議題に入っています。やや戸惑うかもしれませんが、下線部から、何かの会議の場であり、顧客からの意見が話題に上がっていることが分かります。それを念頭に置いた上で残りのトークを聞き進めることができれば、リスニングにも余裕が出てきます。

関連情報を集める　冒頭部分で大まかに見当を付けたら、さらに聞き進め、トークの随所から関連情報を集めながら、推測も交えて、全体像をつかんでいくようにしましょう。例えば、先ほどのトークでは、以下のように 2 文目が続きます。

例 Over the last month customers have complained that weekly sale items are not available ...

下線部のキーワードから、この会議の出席者である話し手や聞き手たちは特売品 (sale items) を扱っているが、その特売品が手に入らない (not available) と顧客 (customers) が苦情を述べている (have complained) という状況があり、その件が議題に上がっているのだと理解できます。また、冒頭部分の comments ... from customers はこの苦情のことだと分かります。このように、話し手と聞き手の状況や話の流れを追いながら中心的な話題を捉えましょう。

詳細と目的をつかむ　中心的な話題 (ここでは、顧客の意見への対応) をつかんだら、続く詳細情報を整理しながら聞き取っていきます。例えば、顧客の意見の具体的な内容、その原因、それに対する話し手の評価、対応策などです。トーク全体の目的や主張は最後まで聞かないと分からない場合もありますが、自分なりに予測しながら聞くとよいでしょう。

キーワードなどの詳細を聞き取るのが苦手な人は、問題を解き終わった後、英文のディクテーション (書き取り) をしてみましょう。スクリプトを見ずに音声を聞きながら、聞き取れた語句をできるだけ多く書き留めます。何度か繰り返して、トーク全体を完成させていきます。最後にスクリプトと照らし合わせながら、聞き取れていない箇所を確認していくと、自分が聞き取るのが苦手な音の傾向が見えてきます。こうした練習を重ねていくと、徐々に詳細まで聞き取れるようになっていきます。

ウォームアップ

→解答(例)はページ下、スクリプトと訳は p.178

155

1 トークを聞きましょう。以下の語が聞こえたら、□にチェックを入れてください。

- □ managers' meeting
- □ some comments we've received
- □ customers
- □ health-food store
- □ have complained
- □ sale items
- □ not available
- □ without being able to purchase

2 概要について、以下に書きましょう。

[場面] ______________________

[聞き手] ______________________

[話題] ______________________

[業種] ______________________

3 問題として挙げられていることは何ですか。

____

【解答(例)】

2 [場面] 部長会議　[聞き手] 部長たち　[話題] 顧客からの意見への対応　[業種] 健康食品店

3 週替わりの特売品が棚になく、客が買えずに店を出ていること。

プラクティス

TOEIC® L&R の問題の一部を使って、リスニングの練習をしましょう。

トーク1

→解答・解説は p.150

156

1 トーク全体を聞き、概要について以下に書きましょう。

[話し手] ______________________

[聞き手] ______________________

[目的] ______________________

157

2 トークの一部を聞いて、空所を埋めましょう。

Instead of the (　　　　) (　　　　) attendees, we'll (　　　　) have (　　　　) employees at the show. So, we'll need to (　　　　) (　　　　) tickets—and we'd like the option that includes both the (　　　　) and (　　　　) (　　　　).

3 変更点は何ですか。分かる範囲で書きましょう。

____

トーク2

→解答・解説は p.152

158

4 トーク全体を聞き、概要について以下に書きましょう。

[トークの種類] ______________________

[話題] ______________________

159

5 トークの一部を聞いて、空所を埋めましょう。

Unfortunately, we've had some (　　　　) (　　　　) because the information you write down on your (　　　　) is often (　　　　) to (　　　　).

6 何が問題になっていますか。分かる範囲で書きましょう。

____

チャレンジ

TOEIC® L&R の問題に挑戦します。それぞれ、トーク全体を通して聞いて、1 ～ 6 の設問に答えましょう。

→解答・解説は p.151

1. According to the speaker, what is happening in March?
- (A) A trade show
- (B) A company banquet
- (C) A charity fund-raiser
- (D) A product launch

2. What is the purpose of the message?
- (A) To recommend a vendor
- (B) To change a reservation
- (C) To extend an invitation
- (D) To accept an offer

3. What does the speaker request from the listener?
- (A) Directions to an event
- (B) A catering menu
- (C) An updated invoice
- (D) A list of guests

→解答・解説は p.153

4. What is the main purpose of the announcement?
- (A) To request employee comments
- (B) To celebrate the signing of a contract
- (C) To ask staff to check their work for errors
- (D) To describe a new company procedure

5. What has caused a problem?
- (A) Repair calls are taking too long.
- (B) Some handwriting is unclear.
- (C) Employees are misusing equipment.
- (D) A computer program is not working properly.

6. What are the listeners asked to do by the end of the day?
- (A) Sign up for a training session
- (B) Turn in outstanding paperwork
- (C) Pick up some new equipment
- (D) Report the number of repairs done

Listen to the following telephone message.

次の電話メッセージを聞きましょう。

M

Hi, Ms. Watkins, this is Lewis Phillips from Lambert Technologies. I'm calling because some more of our employees have decided to attend the Alternative Technologies Trade Show in March, so I need to update our company's reservation. Instead of the original 15 attendees, we'll now have 25 employees at the show. So, we'll need to add 10 tickets—and we'd like the option that includes both the breakfast and lunch buffets. Could you please e-mail me the invoice with the updated price? Thank you.

こんにちは、Watkinsさん、Lambert技術社のLewis Phillipsです。お電話しておりますのは、当社の従業員がさらに何名か3月の代替テクノロジー展に出席することになったので、当社の予約内容を新しくする必要があるからです。当初の出席者15名ではなく、現在25名の従業員が展示会に出席することになっています。ですから、チケットを10枚追加しなければなりません——そして朝食と昼食両方のビュッフェ込みのオプションでお願いします。訂正した金額の請求書をEメールで送っていただけますか。よろしくお願いいたします。

プラクティス

 全体  部分

1 ［話し手］（Lambert技術社の）Lewis Phillips。
［聞き手］（イベントの主催者・事務局の）Watkinsさん。
［目的］ 予約内容の変更を知らせること。

▶ 冒頭で、電話をかけている話し手（Lambert技術社のLewis Phillips）と電話の相手先（Watkinsさん）の名前が述べられている。2文目で、展示会の予約内容の変更連絡という電話の目的が伝えられている。ここから、電話の相手のWatkinsさんは展示会の主催者または事務局の職員だと考えられる。

2 original、15、now、25、add、10、breakfast、lunch、buffets

▶ 左の語句参照。

3 展示会の出席者が10名増の計25名になる。
朝食と昼食両方のビュッフェ込みにしたい。

▶ 3文目で具体的な変更内容が述べられている。「当初の出席者15名ではなく、現在25名の従業員が展示会に出席することになった」ので、10枚追加のチケットが必要であること、さらに、朝食と昼食両方のビュッフェ込みのオプションにしたいことの2点を伝えている。

語注

employee 従業員　decide to *do* 〜すると決める　attend 〜に出席する、〜に参加する
trade show 見本市、展示会　update 〜を更新する、〜を最新のものにする　reservation 予約　attendee 参加者
option 選択肢、選択できるもの　include 〜を含む　buffet ビュッフェ、バイキング形式の食事
invoice 請求書、送り状　updated 更新した、最新の

チャレンジ 161

1. According to the speaker, what is happening in March?

(A) A trade show
(B) A company banquet
(C) A charity fund-raiser
(D) A product launch

話し手によると、3月に何が起こりますか。

(A) 展示会
(B) 会社の宴会
(C) 慈善団体の資金集めイベント
(D) 製品の発売

話し手は自分の名前と所属を名乗った後、「当社の従業員がさらに何名か3月の代替テクノロジー展に出席することになったので、当社の予約内容を新しくする必要がある」と述べている。正解は(A)。
(B) banquet「宴会」。
(C) charity「慈善、慈善事業」、fund-raiser「資金集めの行事」。
(D) launch「(新事業などの)開始、立ち上げ」。

2. What is the purpose of the message?

(A) To recommend a vendor
(B) To change a reservation
(C) To extend an invitation
(D) To accept an offer

メッセージの目的は何ですか。

(A) 販売業者を推薦すること。
(B) 予約を変更すること。
(C) 招待をすること。
(D) 申し出を受けること。

話し手は冒頭で「電話したのは、当社の従業員がさらに何名か3月の代替テクノロジー展に出席することになったので、予約内容を新しくする必要があるからだ」と電話の目的を述べた後、変更の詳細を伝えている。正解は(B)。
(A) vendor「販売業者」。
(C) extend an invitation「招待をする」。

3. What does the speaker request from the listener?

(A) Directions to an event
(B) A catering menu
(C) An updated invoice
(D) A list of guests

話し手は、聞き手に何を依頼していますか。

(A) イベントへの道順
(B) ケータリングのメニュー
(C) 更新された請求書
(D) 招待客の一覧表

話し手は電話メッセージの最後に、訂正した金額の請求書をEメールで送ってくれるよう聞き手に依頼している。よって、正解は(C)。
(A) (B) (D) いずれも言及されていない。
(A) directions to ～「～への行き方」。
(B) catering「(料理の)ケータリング、仕出し(の料理)」。

Listen to the following announcement.

次のお知らせを聞きましょう。

M

Before you leave for your first service calls of the day, I have an important announcement. Here at Quality Plumbing, we've been using paper invoices for years. Unfortunately, we've had some billing errors because the information you write down on your invoices is often hard to read. So, each technician will be provided with a laptop computer to use while at the job site. It'll allow you to enter all the information for the work invoice. Training sessions on how to use the new system will begin next week. Sometime today, please stop by my office to sign up for a session.

本日最初の業務訪問へ向かう前に、重要なお知らせがあります。当 Quality 配管工事会社では、これまで何年もの間、紙の請求書を使用してきました。残念ながら、皆さんが請求書に書き込む情報が読みにくいことが多いため、請求の間違いが起きていました。そこで、各技術者に仕事の現場で使用するノートパソコンが支給される予定です。それにより、皆さんは作業の請求書に関する全ての情報を入力できるようになります。新しいシステムの操作方法に関する研修会が来週始まります。本日のどこかで、私のオフィスに寄って研修会に参加登録してください。

  全体  部分

4 ［トークの種類］ 始業時の社内連絡。
［話題］ 請求書の新しい処理方法。

▶ 冒頭で「本日最初の業務訪問へ出発する前に」と言っていることから始業前であること、また2文目で「当 Quality 配管工事会社では」と言っていることから、社内に向けて話していることが分かる。さらに4文目～6文目から、請求書処理の新システム導入を伝えることが話題の中心であると分かる。

5 billing、errors、invoices、hard、read

▶ 左の語句参照。

6 手書きの請求書が読みにくく、請求の間違いが起きていた。

▶ 3文目で問題点について具体的に述べられている。「請求書に書き込む情報が読みにくいことが多いため、請求書の間違いが起きていた」ことが挙げられている。

語注

leave for ～　～に向けて出発する　service call　（修理サービスなどのための）業務訪問　plumbing　配管工事
invoice　請求書、送り状　for years　何年もの間　unfortunately　あいにく、残念ながら　billing　請求書作成
write down on ～　～に書き留める　technician　技術者　provide ～ with …　～に…を提供する　laptop　ノートパソコン
job site　仕事の現場　allow ～ to *do*　～に…させる（ことを可能にする）　training session　研修会
how to *do*　～の仕方　stop by ～　～に立ち寄る　sign up for ～　～に（署名して）参加する

チャレンジ 163

4. What is the main purpose of the announcement?

(A) To request employee comments
(B) To celebrate the signing of a contract
(C) To ask staff to check their work for errors
(D) To describe a new company procedure

お知らせの主な目的は何ですか。

(A) 従業員の意見を求めること。
(B) 契約の締結を祝うこと。
(C) スタッフに自分の作業に誤りがないか確認を依頼すること。
(D) 会社の新しい手順を説明すること。

正解 D 話し手は冒頭で、出発前に重要なお知らせがあると告げた後、会社がこれまで紙の請求書を使用していたが、これからは「各技術者に仕事の現場で使用するノートパソコンが支給される」と案内し、これにより、「作業の請求書に関する全ての情報を入力できるようになる」と案内している。つまり、請求書作成に関し新しい手順を導入すると分かるので、(D) が正解。procedure「手順、やり方」。
(B) celebrate「～を祝う」、signing「署名、契約」。

5. What has caused a problem?

(A) Repair calls are taking too long.
(B) Some handwriting is unclear.
(C) Employees are misusing equipment.
(D) A computer program is not working properly.

何が問題を引き起こしていたのですか。

(A) 修理訪問に時間がかかり過ぎる。
(B) 一部の手書きが不明瞭である。
(C) 従業員が機器の操作を誤っている。
(D) コンピュータープログラムが正常に作動していない。

正解 B 話し手は、技術者にノートパソコンを支給することになった原因として、これまでは紙の請求書を使用していたが、「皆が請求書に書き込む情報が読みにくいことが多いため、請求の間違いが起きていた」ことを挙げている。このことを、Some handwriting is unclear. と表した (B) が正解。cause「～を引き起こす」。handwriting「手書き」。
(C) misuse「～を誤用する」、equipment「機器、器具」。
(D) work「正常に機能する」、properly「正しく、適正に」。

6. What are the listeners asked to do by the end of the day?

(A) Sign up for a training session
(B) Turn in outstanding paperwork
(C) Pick up some new equipment
(D) Report the number of repairs done

聞き手は本日中に何をするよう求められていますか。

(A) 研修会に申し込む。
(B) 未処理の事務書類を提出する。
(C) 新しい機器を受け取る。
(D) 終了した修理の件数を報告する。

正解 A 話し手は最後の方で、「新しいシステムの操作方法に関する研修会が来週始まる」と案内した後に続けて、「私のオフィスに寄って研修会に参加登録してほしい」と伝えている。よって (A) が正解。
(B) turn in ～「～を提出する」、outstanding「未処理の」。
(C) pick up ～「～を受け取る」。
(D) repair「修理」。

PART 4 Unit 18 トークの展開を予測する

テーマ解説

Unit 18 では、トークの冒頭部分から主題や場面設定をつかんだ後、これから話がどう展開していくか、次にどのような情報が来るかを予測することについて学びます。

トークの主題や流れを想定する　トークの冒頭には、主題や場面設定のヒントとなるキーワードの他に、トーク全体の流れが推測できる情報が含まれている場合があります。例を見てみましょう。

例 Thanks for coming on such a short notice. I'd like to discuss and decide how to address the complaint that came from the Gilbert Corporation—our biggest client.
このような急なお知らせでお越しいただきありがとうございます。当社の最大の顧客である Gilbert 社からの苦情について話し合い、どう対応するかを決めたいと思います。

ここから分かるのは、社内の会議で、急きょ招集されたもので、最大の顧客からの苦情がテーマである、ということです。話し手は、discuss and decide how to address the complaint「苦情について話し合い、どう対応するかを決める」という議題を発表しているので、「顧客の苦情への対応」がトークの主題で、後に対応策や解決法に関する情報が述べられるのだろうと推測できます。

展開を予測する　Part 4 のトークは 100 ワード前後と短いものが多いので、その中でどのように話が展開していくかを予測するのは、それほど難しいことではありません。以下の例を見てみましょう。

例 Hello, Ms. Kwang, this is Jeff Smith from the HR department of JMP Incorporated. We were very happy to receive your résumé and would like to invite you over for an interview.
もしもし、Kwang さん、JMP 社人事部の Jeff Smith です。あなたの履歴書を拝受して大変うれしく思い、ぜひ面接においでいただきたく存じます。

この冒頭部分から分かるのは、おそらく電話のメッセージであることと、就職面接が話題であることです。これに続く内容として適切なのは、以下のうちどれでしょうか。

(a) Can you please call us back at your convenience to schedule a date?
日時を決めるために、ご都合の良いときに折り返しお電話いただけますか。

(b) What do you think makes you the best candidate for this position?
何をもってあなたがこの職に最適任の候補であると思われますか。

(c) Before you join our company, we'd love to show you around our office!
あなたが入社される前に、ぜひ当社のオフィスをご案内したいです！

直前の言葉が「面接に来てほしい」という内容なので、(a) が話の展開としては自然です。(b) は面接中に耳にするような発言で、(c) は面接が終わり採用が決定した後の発言だと考えられます。

冒頭で主題や場面を正しく捉えれば、トークがまったく予測のつかない方向に進むことはほぼありません。冒頭に続く展開を数パターン考え、英文で具体的に書き出すと、発想力が身に付き、本番のテストでも役立ちます。

ウォームアップ

→解答(例)はページ下、スクリプトと訳は p.179

164

1 トークの前半を聞きましょう。以下の語句が聞こえたら、□にチェックを入れてください。

- □ Information Technology
- □ training session
- □ e-mailing
- □ confidential information
- □ software program
- □ electronic document
- □ password
- □ security

2 話し手は何について話していますか。

____

165

3 トークの後半を聞いて、この後まず最初に参加者がすべきことを答えましょう。当てはまるものを全て選んでください(複数回答可)。

(a) 書類の束を受け取りに行く。
(b) マニュアルを読む。
(c) 書類に目を通す。
(d) 書類を選別する。
(e) 書類にパスワードをかける。

【解答(例)】
2 電子文書のセキュリティー保護ができるソフトウエア
3 (c)、(d)

プラクティス

TOEIC® L&R の問題の一部を使って、リスニングの練習をしましょう。

トーク1

→解答・解説は p.158

166

1 トークの前半を聞きましょう。以下の語句が聞こえたら、□にチェックを入れてください。

- □ production line staff
- □ conveyor belt
- □ out of order
- □ maintenance crew
- □ repairs
- □ a few hours

2 どんな問題が起きていますか。

____

167

3 次に、全体を通して聞きましょう。今後の話の流れを予測して書いてみましょう。

____

____

トーク2

→解答・解説は p.160

168

4 トークの前半を聞きましょう。以下の語句が聞こえたら、□にチェックを入れてください。

- □ new office space
- □ came on the market
- □ haven't advertised
- □ right downtown
- □ rent is higher
- □ office space is larger

5 何について話していますか。

____

169

6 次に、全体を通して聞きましょう。今後の話の流れを予測して書いてみましょう。

____

____

チャレンジ

TOEIC® L&R の問題に挑戦します。それぞれ、トーク全体を通して聞いて、1 ～ 6 の設問に答えましょう。

→解答・解説は p.159

170 ›› 171

1. Where most likely is this announcement being made?

(A) At a construction site
(B) At a factory
(C) At a car dealership
(D) At an office supply store

2. What problem does the speaker mention?

(A) Some supplies are missing.
(B) A manager has not arrived.
(C) Bad weather is expected.
(D) Some equipment is not working.

3. What will employees be informed about this evening?

(A) Inspection results
(B) Safety policy changes
(C) Work schedule updates
(D) Road conditions

トーク 2

→解答・解説は p.161

172 ›› 173

4. Who most likely is the speaker?

(A) An architect
(B) A contractor
(C) A real estate agent
(D) A financial consultant

5. What does the speaker say is a problem?

(A) Some staff have not been trained.
(B) An office is difficult to find.
(C) A project might not be completed on time.
(D) A price is higher than requested.

6. What does the speaker ask the listener to do?

(A) Return the call promptly
(B) Review a document carefully
(C) Submit a deposit
(D) Provide a reference

Listen to the following announcement.

 W

Attention, production line staff: As you've noticed, the main conveyor belt is temporarily out of order. The maintenance crew thinks repairs to the belt will take at least a few hours. The production line will be closed until this is complete. In the meantime, we'd like for all production line personnel to report to your manager's office for special assignments. An assembly floor supervisor will call you later tonight about any potential schedule changes for tomorrow's day shift.

次のお知らせを聞きましょう。

生産ラインのスタッフの皆さん、お知らせいたします。お気付きの通り、主要なコンベヤーベルトが一時的に故障しています。保守班によると、ベルトの修理に少なくとも数時間かかりそうだとのことです。生産ラインは、この作業が完了するまで休止します。その間、生産ライン職員は全員、上司のオフィスに行き、特別業務について指示を仰いでください。組立フロアの監督者が今晩追って皆さんに、明日の昼間勤務のスケジュール変更の可能性についてお電話します。

プラクティス   部分  全体

2 主要なコンベヤーベルトが一時的に故障している。

▶ 冒頭のthe main conveyor belt is temporarily out of order. の部分から、機械の故障を知らせていると分かる。

3 今日の業務は休止になる。
上司から代替業務を指示される。
明日の勤務内容についての通達がある。

▶ 機械が故障し、修理に数時間かかると言っているので、上司から代替業務や明日以降のスケジュールなど、その後の指示があると考えられる。

語注

Attention, ～　（アナウンスで）～にお知らせします　production line　生産ライン　notice　～に気付く
conveyor belt　コンベヤーベルト　★荷物を載せて移動させるもの　temporarily　一時的に、当面は
out of order　故障して　maintenance crew　保守班　repair　修理　at least　少なくとも
complete　完了した　in the meantime　その間に　personnel　職員、社員
report to ～　～に出頭する、～に指示を仰ぐ　assignment　任務、業務　assembly　組み立て
supervisor　管理者、監督者　potential　可能性のある　shift　交代勤務時間、シフト

チャレンジ 171

1. Where most likely is this announcement being made?

(A) At a construction site
(B) At a factory
(C) At a car dealership
(D) At an office supply store

このお知らせはどこで行われていると考えられますか。

(A) 建設現場
(B) 工場
(C) 車の販売代理店
(D) 事務用品店

正解 B 話し手は冒頭で、Attention と聞き手の注意を引き、続けて「生産ラインのスタッフの皆さん」と呼び掛けている。また、conveyor belt「コンベヤーベルト」、production line「生産ライン」、assembly floor「組立フロア」、day shift「昼間勤務」など工場勤務を連想させる語句が登場している。(B) が正解。
(A) construction site「建設現場」。
(C) dealership「販売代理店」。

2. What problem does the speaker mention?

(A) Some supplies are missing.
(B) A manager has not arrived.
(C) Bad weather is expected.
(D) Some equipment is not working.

話し手はどんな問題に言及していますか。

(A) 幾つかの備品が欠けている。
(B) 部長が到着していない。
(C) 悪天候が予想されている。
(D) 一部の機器が作動していない。

正解 D 話し手は冒頭で「主要なコンベヤーベルトが一時的に故障している」と述べた後、保守班の修理に数時間がかかる旨の案内をしている。これを「一部の機器が作動していない」と表している (D) が正解。mention「～について言及する」。equipment「機器、設備」。
(A) supplies「〈複数形で〉供給品、補充品」、miss「～を欠く」。
(C) bad weather「悪天候」。

3. What will employees be informed about this evening?

(A) Inspection results
(B) Safety policy changes
(C) Work schedule updates
(D) Road conditions

従業員は今夜何について知らされますか。

(A) 検査の結果
(B) 安全方針の変更
(C) 作業スケジュールの最新情報
(D) 道路状況

正解 C 話し手は、コンベヤーベルトの修理に数時間を要する見込みを伝えた後、In the meantime「その間」に続けて、「上司のオフィスに行き、特別業務について指示を仰いでほしい」と伝えている。そして、スケジュール変更の可能性について組立フロアの監督者が今晩追って皆に電話すると説明しているので、(C) が正解。update「最新情報」。
(A) inspection「検査」。
(B) policy「方針」。

Listen to the following telephone message.

W

Hi, this is Mayu. There's a new office space that just came on the market that we haven't advertised yet. I think you'd really like it. It's right downtown, just like you wanted. The only problem may be that the rent is higher than your initial range, but the office space is larger than the others I have shown you. If you foresee expanding your business, though, it might be something you'd be interested in. Now, I'll need you to let me know as soon as you get this message if you are interested. I can wait to advertise the property until I hear back from you, but I can't hold it for long.

次の電話メッセージを聞きましょう。

もしもし、Mayuです。当社がまだ広告に出していない、市場に出たばかりの新しい事務所スペースがあります。お客さまにとても気に入っていただけると思います。ご希望されていた通り、まさに中心街にあります。唯一問題になるかもしれないのは、当初の価格帯より賃貸料が高いことですが、この事務所スペースはこれまでご覧に入れた物件よりも広いです。しかしながら、事業拡大を見越しておられるなら、ご興味を持たれる物件かもしれません。そこで、もしご興味があれば、このメッセージをお聞きになった後すぐに私にお知らせいただく必要がございます。お客さまからお返事を頂くまで不動産の広告を出すのを待つことができますが、長く押さえておくことはできませんので。

プラクティス   部分  全体

5 市場に出たばかりの（事務所スペースの）物件情報

▶ 冒頭の「もしもし、Mayuです」と「当社がまだ広告に出していない、市場に出たばかりの新しい事務所スペースがある」から、不動産仲介業者の担当者が新しい物件に関して顧客に広告に出す前に知らせている電話メッセージだと分かる。

6 電話メッセージの聞き手から連絡がある。
話し手が物件を広告に出す。

▶ 話し手は、まだ広告に出していない新しい物件を電話相手の顧客に紹介しており、もし気に入ったらすぐ連絡してほしいと聞き手に伝えているので、次の予想される展開としては、聞き手から関心がある旨の連絡がある、聞き手から連絡がなく話し手がこの物件を広告に出す、などである。

語注

come on the market　市場に出る、売りに出る　advertise　～の広告を出す　right　ちょうど、ぴったり
downtown　中心街に、中心街で　just like ～　～の通りに　rent　賃借料、家賃　initial　当初の　range　範囲
foresee　～を予見する、～を見越す　expand　～を拡張する　though　だが、しかし
be interested in ～　～に関心がある　as soon as ～　～するとすぐに　property　物件、地所
hear back from ～　～から返事をもらう　hold　～を保留する　for long　長い間

チャレンジ (173)

4. Who most likely is the speaker?
(A) An architect
(B) A contractor
(C) A real estate agent
(D) A financial consultant

話し手は誰だと考えられますか。
(A) 建築家
(B) 請負業者
(C) 不動産業者
(D) 金融コンサルタント

正解 C 話し手は冒頭で名乗った後、まず「当社がまだ広告に出していない、市場に出たばかりの新しい事務所スペースがある」と述べている。その後も right downtown「まさに中心街に」、rent「賃貸料」、property「物件」などの不動産に関する発言が登場していることから、話し手は不動産業者だと分かる。正解は (C)。
(A) (B) (D) これらの職業を想定させるような情報は、電話メッセージで言及されていない。

5. What does the speaker say is a problem?
(A) Some staff have not been trained.
(B) An office is difficult to find.
(C) A project might not be completed on time.
(D) A price is higher than requested.

話し手は、何が問題だと言っていますか。
(A) 一部のスタッフが研修を受けていない。
(B) 事務所が見つけにくい。
(C) プロジェクトが予定通り完成しないかもしれない。
(D) 価格が要望された額よりも高い。

正解 D 話し手は新しい事務所スペースの問題点について、The only problem may be ...「唯一問題になるかもしれないのは…」と指摘している。the rent is higher than your initial range「当初の価格帯より賃貸料が高いこと」が問題点の内容である。よって、(D) が正解。
(A) train「～の研修を行う」。
(C) complete「～を完了する」、on time「時間通りに、予定通りに」。

6. What does the speaker ask the listener to do?
(A) Return the call promptly
(B) Review a document carefully
(C) Submit a deposit
(D) Provide a reference

話し手は聞き手に何をするよう求めていますか。
(A) 速やかに折り返し電話をする。
(B) 文書を入念に見直す。
(C) 手付金を入れる。
(D) 照会先を提供する。

正解 A 話し手は、電話メッセージの最後の方で Now「そこで」と述べた後、「もし興味があれば、このメッセージを聞いた後すぐに私に知らせてもらう必要がある」と迅速な折り返し連絡を求めている。よって (A) Return the call promptly「速やかに折り返し電話をする」が正解。promptly「早急に、直ちに」。
(B) review「～を見直す」、carefully「入念に、慎重に」。
(C) submit「～を提出する」、deposit「手付金、内金」。
(D) provide「～を提供する」、reference「照会先」。

PART 4

Unit 19 話者の発言の意図をくみ取る

テーマ解説

Unit 19 では、聞き取りのレベルをもう一段階高めて、話し手が明言していない意見や要求をくみ取る、つまり発言の真意を理解することを学んでいきます。Part 3 の会話問題同様、Part 4 でも、前後の文脈や全体の流れから、ある発言の言外の意味を推測することが問われる場合があります。こうした推測が必要なタイプの設問では、話し手の置かれた状況や話しぶりなどが手掛かりとなります。そうしたヒントとなる情報を意識しながら、丁寧に聞き取っていきましょう。

話し手の状況をつかむ　トークの指示文や冒頭に注目しましょう。指示文からは「電話のメッセージ」や「会議の抜粋」といったトークの場面設定、最初の 1 ～ 2 文からは話し手の置かれた状況が分かることが多いです。話し手の状況を念頭に聞き進めると、話し手がどんな考えや気持ちで話を進めているかをつかみやすくなります。また、感嘆や安心、不安や焦りなど、話し手の感情は声のトーンや話し方にも表れます。リスニングではこうした音の調子や抑揚などもヒントにして、全体像をイメージしましょう。

前後の文脈を追う　発言の意図をくみ取る訪問では、問われている発言の前後の内容が最大のヒントになります。話の流れを正確に追いながら発言の真意を推測します。ある電話のメッセージを例に見てみましょう。

例 I decided to call you because I know we must act fast, but I'm not entirely sure how to address this issue on my own. <u>Your experience in the field may prove to be invaluable.</u> Could you call me back later about this?

あなたにお電話することにしたのは、早急な対応が必要なのは分かっているのに、私独りではこの問題にどう対処していいかよく分からないからです。あなたの現場での経験が非常に貴重なものになるかもしれません。この件について後ほど折り返しお電話を頂けますか。

Q：Why does the speaker say, "Your experience in the field may prove to be invaluable"?

話し手はなぜ "Your experience in the field may prove to be invaluable" と言っているのですか。

この設問の答えは次のどれでしょう？

(a) 聞き手にお礼を言いたい。
(b) 聞き手を励ましたい。
(c) 聞き手の助けを借りたい。

まず話し手は「早急な対応が必要」という自身の置かれた状況を伝え、「だが、私独りだけではこの問題にどう対処していいか分からない」から連絡をしたと告げ、下線部の発言をしています。状況を考慮すると、話し手の関心事は問題を解決することです。つまり、聞き手の経験の価値の高さに言及することで、聞き手を説得し助けを借りたい、という意図が見えてきます。これは、この後「この件で電話をもらえるか」と言っていることからも分かります。正解は (c) です。

意図を問う問題を数多く解き、さまざまなケースに触れることで徐々に、発言から話し手の意図や示唆まで理解できるようになっていきます。解説をよく確認しながら、聞き取りの練習をしましょう。

→解答(例)はページ下、スクリプトと訳は p.179

174

1 トークを聞きましょう。以下の語句が聞こえたら、□にチェックを入れてください。

- □ financial consultations
- □ financial specialists
- □ all our employees
- □ purely voluntary
- □ free
- □ excellent feedback
- □ one-on-one meetings
- □ sign up for

2 話し手は何のイベントを案内していますか。

____

3 話し手によると、このイベントに対する毎年の社員の評価はどうですか。

____

【解答(例)】

2 従業員向けの（無料の）金融相談会。

3 非常に評価が高い。

プラクティス

TOEIC® L&R の問題の一部を使って、リスニングの練習をしましょう。

トーク 1

→解答・解説は p.166

175

1 トークを聞きましょう。以下の語句が聞こえたら、□にチェックを入れてください。話し手の状況をつかみましょう。

- □ still waiting
- □ airline
- □ find my luggage
- □ the model of our new juice maker
- □ don't expect
- □ find either
- □ the presentation
- □ prototype
- □ option
- □ backup model

2 話し手の状況として当てはまるものを全て選びましょう。

(a) トラブルに巻き込まれている。
(b) 大事なイベントが控えている。
(c) 到着の無事を知らせようとしている。
(d) 帰社しようとしている。

トーク 2

→解答・解説は p.168

176

3 トーク冒頭の 1 文を聞いて、空所を埋めましょう。次に、ここから判断できるこのトークの話し手と話題を書いてください。

I'd like to start (　　　　) weekly (　　　　) (　　　　) meeting with a (　　　　) (　　　　) for the Dubai office.

[話し手] ＿＿＿＿＿＿＿＿＿＿

[話題] ＿＿＿＿＿＿＿＿＿＿

177

4 トーク全体を聞いて、現在の状況として当てはまるものを全て選びましょう。

(a) 社外からたくさんの応募が来た。
(b) 募集期間は締め切られた。
(c) 社内から応募があった。
(d) 面接のスケジュールはすでに共有されている。

チャレンジ

TOEIC® L&R の問題に挑戦します。それぞれ、トーク全体を通して聞いて、**1** ～ **6** の設問に答えましょう。

→解答・解説は p.167

1. What is the man waiting for?

(A) His boarding pass to be printed out
(B) His hotel room to be cleaned
(C) His clients to arrive
(D) His luggage to be returned

2. What is scheduled for Thursday?

(A) A job interview
(B) A product presentation
(C) A factory inspection
(D) A press release

3. Why does the man say, "I know it's a long trip"?

(A) To advise the listener to get some rest
(B) To suggest a trip is unnecessary
(C) To apologize for an inconvenience
(D) To remind the listener to plan carefully

→解答・解説は p.169

4. Who most likely is the speaker?

(A) An accountant
(B) A travel agent
(C) A computer technician
(D) A hiring manager

5. What does the speaker mean when she says, "the deadline to submit was May 15"?

(A) She missed a good job opportunity.
(B) She needs to verify some details.
(C) She must move forward with a task.
(D) She forgot to notify a colleague.

6. According to the speaker, what will happen next week?

(A) A budget will be reviewed.
(B) Interviews will begin.
(C) Airfares will increase.
(D) A system upgrade will occur.

178

Listen to the following telephone message.

次の電話メッセージを聞きましょう。

M

Hi, Michelle. It's Cameron. I'm still waiting for the airline to find my luggage and the model of our new juice maker. Given the service I've had so far, I don't expect they'll find either before my presentation on Thursday. And the presentation won't make much of an impression without a prototype. So, at this point, I think the best option is for you to fly out here yourself with the backup model. I know it's a long trip, but I don't think we have any choice.

やあ、Michelle。Cameronです。航空会社が私の荷物と当社の新しいジューサーの見本品を見つけるのをまだ待っているところです。これまでに私が受けた対応を考えると、どちらも木曜日の私のプレゼンテーションまでに見つけてくれるとは思えません。そしてプレゼンは試作品がないと強い印象を与えられないでしょう。だから、現時点では、最善の選択肢はあなたが予備の見本品を持ってこちらまで飛行機で来ることだと思います。長旅なのは分かっていますが、選択の余地がないと思います。

プラクティス　175 全体

2 (a) トラブルに巻き込まれている。
(b) 大事なイベントが控えている。

▶ 話し手は冒頭で、航空会社が自分の荷物とジューサーの見本品を見つけるのをまだ待っていると伝えているので、おそらく空港にいて、荷物が紛失するというトラブルに遭っていると考えられる。また話し手は、「どちらも木曜日の私のプレゼンテーションまでに見つけてくれるとは思えない」と述べており、その後、試作品がない状態でプレゼンテーションを行うことになるのを心配しているので、そのプレゼンは男性にとって大事なイベントだと想像できる。よって、(a)、(b)が状況として当てはまる。

語注

airline 航空会社　luggage 手荷物、旅行かばん　model 見本、模型　given ～ ～を考慮すると
so far 今までのところ　not ～ either どちらも～ない　expect ～を予期する、～を期待する
presentation 発表、プレゼンテーション　make an impression 印象を与える　much of ～ 大した～
prototype 試作品　at this point 現時点では　option 選択肢　fly out 飛行機で出掛ける
backup 予備の　choice 選択、選択の自由

チャレンジ 179

1. What is the man waiting for?
(A) His boarding pass to be printed out
(B) His hotel room to be cleaned
(C) His clients to arrive
(D) His luggage to be returned

男性は何を待っていますか。
(A) 搭乗券が印刷されること。
(B) ホテルの部屋が清掃されること。
(C) 顧客が到着すること。
(D) 荷物が返却されること。

正解 D 冒頭で話し手は、「航空会社が私の荷物と当社の新しいジューサーの見本品を見つけるのをまだ待っているところだ」と説明していることから、話し手は空港にいて、紛失した荷物が戻ってくるのを待っている状況だと判断できる。(D) が正解。
(A) boarding pass「搭乗券」。
(B) (C) ホテルや顧客については言及がない。

2. What is scheduled for Thursday?
(A) A job interview
(B) A product presentation
(C) A factory inspection
(D) A press release

木曜日に何が予定されていますか。
(A) 仕事の面接
(B) 商品のプレゼンテーション
(C) 工場の立入検査
(D) 報道発表

正解 B 自分の荷物と会社の見本品が見つかるのを待っていると述べた話し手は、「どちらも木曜日の私のプレゼンテーションまでに見つけてくれるとは思えない」と言っている。よって、正解は (B)。
(A) interview「面接」。
(C) inspection「検査」。
(D) press release「報道発表、プレスリリース」。

3. Why does the man say, "I know it's a long trip"?
(A) To advise the listener to get some rest
(B) To suggest a trip is unnecessary
(C) To apologize for an inconvenience
(D) To remind the listener to plan carefully

男性はなぜ "I know it's a long trip" と言っているのですか。
(A) 聞き手に少し休憩するよう助言するため。
(B) 出張は不要であると示すため。
(C) 迷惑を掛けることを謝るため。
(D) 聞き手に慎重に計画するよう念押しするため。

正解 C 話し手は、「現時点では、最善の選択肢はあなたが予備の見本品を持ってこちらまで飛行機で来ることだと思う」と述べた後に、下線部の「長旅なのは分かっている」という発言をし、「…だが、選択の余地がないと思う」と続けている。つまり、聞き手に長旅という面倒を掛けることを申し訳なく思っていることを示唆していると考えられる。(C) が正解。apologize「謝る」、inconvenience「迷惑を掛けること、不便」。
(A) 休憩については述べられていない。rest「休憩、休息」。
(B) 話し手は「こちらまで飛行機で来てほしい」と正反対の依頼をしている。
(D) remind ～ to *do*「～に…することを思い出させる、～に…することを気付かせる」。

Listen to the following announcement.

次のお知らせを聞きましょう。

 W

I'd like to start our weekly personnel department meeting with a hiring update for the Dubai office. As you know, we've been working hard to fill several managerial positions there by the beginning of summer. So far, we haven't received any applications from qualified candidates outside the company, and well, the deadline to submit was May 15. So, since several current employees have applied, I want the team to start interviewing them next week. Please be on the lookout for the interview schedule, which I'll e-mail you shortly.

週次の人事部会議は、ドバイ事務所の最新採用情報から始めたいと思います。ご存じのように、夏の初めまでにドバイ事務所の管理職数名を補充するために鋭意努力してまいりました。これまでのところ、社外では適任の候補者からの応募を受け取っておりませんし、実のところ、提出期限は5月15日でした。それで、何人かの現社員が応募してきておりますので、チームの皆さんには来週彼らの面接を開始していただきたいと思います。面接スケジュールに注意していてください、もうすぐメールでお知らせしますので。

プラクティス   部分  全体

3 our、personnel、department、hiring、update

▶ 左の語句参照。

[話し手] (企業の) 人事部の職員。
[話題] ドバイ事務所の最新の採用状況。

▶「週次の人事部会議」と言っているので、話し手は人事部職員だと考えられる。また話し手は、その会議の最初の議題として「ドバイ事務所の最新採用情報」を挙げており、このトークではそれが中心的話題になると考えられる。

4 (b) 募集期間は締め切られた。
(c) 社内から応募があった。

▶「提出期限は5月15日だった」と過去形で述べているので、この定例会議の時点で5月15日の応募締め切りは過ぎていると分かる。またこの後、現社員からの応募に言及している。よって、(b)と(c)が状況として当てはまる。(a)と(d)はトークの内容と矛盾している。

語 注

personnel department 人事部　hiring 雇用　update 最新情報　work hard 一生懸命頑張る、熱心に取り組む
fill 〜(空位)を補充する、〜(役職)を(人に)与える　managerial 管理者の、経営上の　so far 今までのところ
application 応募書類、申請書　qualified 適任の　candidate 候補者　deadline 締め切り、最終期限
submit 〜を提出する　current 現在の　employee 従業員、職員　apply 応募する　interview 〜を面接する
on the lookout for 〜 〜に注意して、〜に目を光らせて　interview 面接、面談　shortly もうすぐ、間もなく

チャレンジ 

4. Who most likely is the speaker?

(A) An accountant
(B) A travel agent
(C) A computer technician
(D) A hiring manager

話し手は誰だと考えられますか。

(A) 会計士
(B) 旅行代理業者
(C) コンピューター技術者
(D) 採用担当の管理者

正解 D 話し手は冒頭で our weekly personnel department meeting という表現を用いて、「週次の人事部会議は、ドバイ事務所の最新採用情報から始めたいと思う」と述べており、以降も採用の状況や面接のスケジュールについて話していることから、人事部に所属する採用担当の管理者だと考えられる。(D) が正解。

5. What does the speaker mean when she says, "the deadline to submit was May 15"?

(A) She missed a good job opportunity.
(B) She needs to verify some details.
(C) She must move forward with a task.
(D) She forgot to notify a colleague.

話し手が "the deadline to submit was May 15" と述べているのはどういう意味ですか。

(A) 彼女は良い就業機会を逃した。
(B) 彼女は幾つかの詳細を検証する必要がある。
(C) 彼女は任務を進めなければならない。
(D) 彼女は同僚に知らせるのを忘れた。

正解 C 話し手は、ドバイ事務所の管理職数名を夏の初めまでに補充するために努力してきたと述べ、「これまでのところ、社外では適任の候補者からの応募を受け取っていない」と言った後で下線部の発言をしている。従って、応募期限が過ぎても社外応募がなかった以上、別の方法で採用を進める必要があると示唆していると考えられる。その後、現社員から選定する方針を説明していることからもそれが分かる。正解は (C)。move forward with ～「～を進める」。
(A) 話し手の job opportunity「就業機会」については言及されていない。
(B) verify「～を（証拠などによって）証明する」。
(D) 話し手がスケジュールについて同僚に知らせると言っているのは今後の話。notify「～に知らせる」、colleague「同僚」。

6. According to the speaker, what will happen next week?

(A) A budget will be reviewed.
(B) Interviews will begin.
(C) Airfares will increase.
(D) A system upgrade will occur.

話し手によると、来週何が起きますか。

(A) 予算が見直される。
(B) 面接が始まる。
(C) 航空運賃が上がる。
(D) システムのアップグレードが行われる。

正解 B 話し手は現社員からの応募に関して「チームの皆には来週彼らの面接を開始してもらいたい」と依頼している。よって、「面接が始まる」という内容の (B) が正解。
(A) budget「予算」、review「～を見直す」。
(C) airfare「航空運賃」。
(D) upgrade「アップグレード、（機能・品質の）向上」、occur「起こる、発生する」。

PART 4

Unit 20　図表と関連付けて聞く

テーマ解説

Part 4でもPart 3と同様に、図表付きの問題が幾つか登場します。図表付きの問題セットでは、図表に関する設問が3問中1問出題され、トークの音声と問題用紙に印刷された図表を関連付けた質問に対して適切な選択肢を選びます。図表付きの問題では、まず図表にさっと目を通して、トークの内容をある程度予測してから、キーとなる情報を聞き漏らさないよう注意して聞き始めると効果的です。

図表の種類と特徴　Part 3と同じく、図表はさまざまなタイプのものが登場します。ビジネス資料にあるような表やグラフもあれば、個人の手帳や予定表、職場内の張り紙、展示会のポスター、お店のメニューやクーポン、地図や建物の間取り図などの例もあります。あまり複雑な図表は出てきません。

図表の捉え方　まずはその図表をよく見て、「これは何の図だろう？」と考えてみることが重要です。リフォームの予定表なのか、商品の広告チラシなのか、売上内訳を示したグラフなのかなど、見当を付けてみましょう。続けて、トークを聞きながら話し手と図表の関係を考えます。例えば、話し手のプレゼンテーションのスライドの一部である、話し手がガイドをするツアーの地図である、などといった場面や状況を把握します。

図表とトークの関係　図表とトークから得られる情報は補完関係にあることに留意しましょう。トークで言及された内容が図表で具体的情報として示されていたり、別の表現で言い換えられたりしている、といった関係が典型的です。図表に関する設問は原則として、音声と図表のどちらか一方の情報だけでは解くことができないので、両方から得られる情報を基に判断しましょう。

表現の言い換えに注目　図表とトークを関連付ける上で重要なのは、表現の言い換えを理解することです。例えば以下のように、図表で使われている表現がトークでは他の表現に言い換えられていることがよくあります。

例　図表（予定表）：2 P.M. － Meeting with department manager
　　午後2時 ― 部長と打ち合わせ
音声：I need to talk to my boss tomorrow at two.
　　明日の2時に上司と話す必要がある。

ここでは、自分の明日の予定表にある「午後2時」のメモを見ながら、「上司と話さなくては…」と話している状況だと想像できます。ポイントは、この2つが同じことを表していることを即座に理解することです。こうした言い換え表現にすぐに気付くことができるよう、練習問題を通して慣れていきましょう。

ウォームアップ

→解答(例)はページ下、スクリプトと訳は p.180

182

1 トークを聞いて、概要 (話題、話し手など) が分かる手掛かりとなる英語の語句をメモしましょう。

____

____

____

183

2 トークの前半を聞いて、メッセージの目的について、適切なものを (a) ~ (c) から選びましょう。

(a) 鍵を返却するように伝えること。

(b) 事務所に立ち寄るように伝えること。

(c) 引越手続きの完了を伝えること。

184

3 トークの後半を聞いて、右の図が誰のためのものか、適切なものを (a) ~ (c) から選びましょう。

(a) 話し手

(b) 聞き手

(c) 引越業者

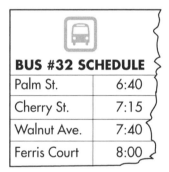

BUS #32 SCHEDULE

Palm St.	6:40
Cherry St.	7:15
Walnut Ave.	7:40
Ferris Court	8:00

【解答(例)】

1 management office、Palm Street、Apartments、pick up、keys、move in、Cherry Street、bus stop、morning schedule

2 (b) 事務所に立ち寄るように伝えること。▶ 前半の 3 文目の I wanted to remind you that you still need to come by to pick up your keys before you move in next week.「来週入居される前に鍵を受け取りに立ち寄ってもらう必要がまだあることを念押ししたい」がこのメッセージの目的。

3 (b) 聞き手 ▶ 後半の 2 文目の後半に出てくる、... I printed out a copy of the morning schedule for you.「…午前中の時刻表をあなたのために印刷した」から、この時刻表が聞き手のためのものだと分かる。

プラクティス

TOEIC® L&R の問題の一部を使って、リスニングの練習をしましょう。

トーク 1

→解答・解説は p.174

185

1 トーク冒頭の 1 文を聞いて、空所を埋めましょう。

Thanks to our public education and (　　　　　) program, demand for (　　　　　) (　　　　　) in the (　　　　　) has increased to the point where we'll need to make more than one (　　　　　) a week in some (　　　　　　　).

186

2 トーク全体を聞いて、右の図 (neighborhood map: 地域の地図) で、話題に上がっている部分に丸を付けましょう。

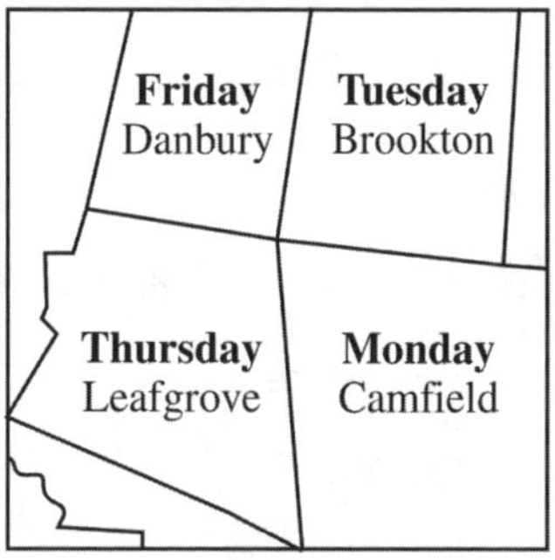

Friday
Danbury
Tuesday
Brookton
Thursday
Leafgrove
Monday
Camfield

トーク 2

→解答・解説は p.176

187

3 トークを聞いて、右の図表 (work schedule: 業務予定表) は誰の予定か、適切なものを選びましょう。

(a) 聞き手
(b) 話し手
(c) 第三者（聞き手でも話し手でもない）

Tuesday Schedule	
9:00	
10:00	Conference Call
11:00	
Noon	
1:00	Staff Meeting
2:00	
3:00	Client Consultation
4:00	

188

4 トークの一部を聞いて、空所を埋めましょう。

Since we'll both be at the staff meeting (　　　　　) (　　　　　　　), why don't we meet as soon as (　　　　　) (　　　　　)? I have time between that (　　　　　) and my (　　　　　　　) with a (　　　　　) at (　　　　　).

5 **3**の図表で、話し手が聞き手との打ち合わせを入れたいと思っている時間枠に印を付けましょう。

チャレンジ

TOEIC® L&R の問題に挑戦します。それぞれ、トーク全体を通して聞いて、1～6 の設問に答えましょう。

→解答・解説は p.175

189 〉〉 190

1. What industry does the speaker most likely work in?
   (A) Recycling
   (B) Education
   (C) Agriculture
   (D) Road maintenance

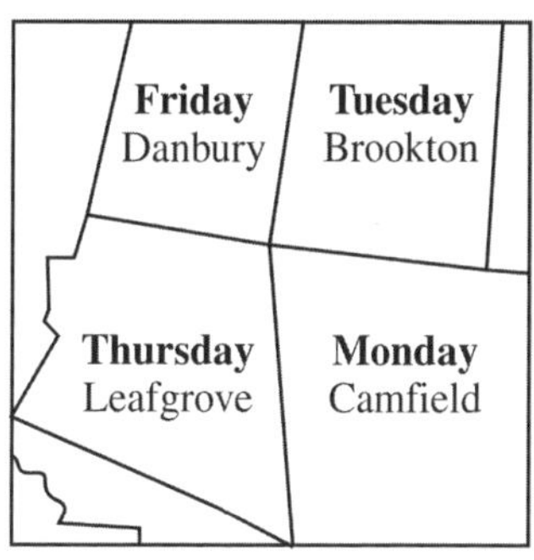

2. Look at the graphic. Which neighborhood will be affected by a schedule change?
   (A) Danbury
   (B) Brookton
   (C) Camfield
   (D) Leafgrove

3. What does the speaker hope to purchase?
   (A) More comfortable uniforms
   (B) Office furniture
   (C) Better service vehicles
   (D) Promotional materials

トーク2

→解答・解説は p.177

4. Where most likely does the speaker work?
   (A) At an interior design company
   (B) At a staffing agency
   (C) At an event planning service
   (D) At an accounting firm

Tuesday Schedule	
9:00	
10:00	Conference Call
11:00	
Noon	
1:00	Staff Meeting
2:00	
3:00	Client Consultation
4:00	

5. What would the speaker like to discuss with the listener?
   (A) A hiring process
   (B) An increase in rent
   (C) A project budget
   (D) A client complaint

6. Look at the graphic. What time does the speaker want to meet?
   (A) At 9:00
   (B) At 11:00
   (C) At 2:00
   (D) At 4:00

Listen to the following excerpt from a meeting and refer to the neighborhood map.

次の会議の抜粋を聞いて、近隣地図を見ましょう。

M

Thanks to our public education and outreach program, demand for recycling pickup in the city has increased to the point where we'll need to make more than one pickup a week in some neighborhoods. The first change we'll make is to our Tuesday route. We'll have to spread it out over two days, Tuesday and Wednesday, in order to accommodate all the extra customers who've started taking advantage of curbside recycling. I'm hoping that this increase in business will mean we'll be able to afford to purchase new, more energy-efficient vehicles by the end of the year.

当社の市民啓発プログラムの効果で、一部の地域では収集を週2回以上にしなければならないところまで、市内におけるリサイクル収集の需要が高まっています。私たちが行うことになる最初の変更は、火曜日の巡回路です。道路脇リサイクルを利用し始めたお客さまの増加分全てに対応できるように、それを火曜日と水曜日の2日間に広げなければなりません。この業務拡大が、より省エネ度の高い新車両を年末までに購入できるようになることにつながるよう期待しています。

1 outreach、recycling、pickup、city、pickup、neighborhoods

▶ 左の語句参照。

2

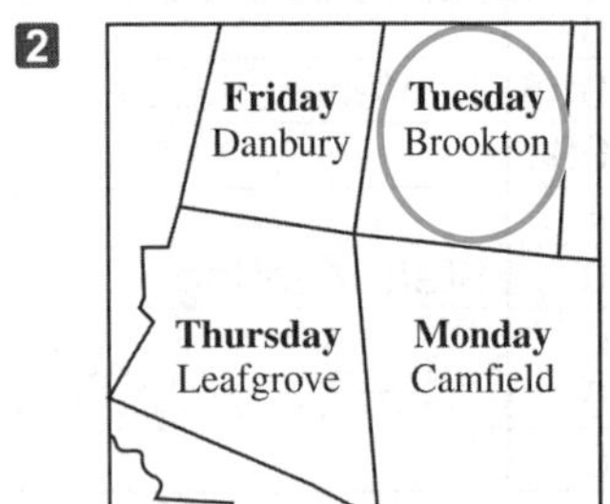

▶ 話し手は2文目で、The first change we'll make is to our Tuesday route.「私たちが行うことになる最初の変更は、火曜日の巡回路である」と言っている。図を見ると、Tuesdayという記載があるのはBrooktonという区画であることが分かる。他の曜日の区画は言及されていない。

チャレンジ 190

1. What industry does the speaker most likely work in?

(A) Recycling
(B) Education
(C) Agriculture
(D) Road maintenance

話し手はどの業界で働いていると考えられますか。

(A) リサイクル
(B) 教育
(C) 農業
(D) 道路整備

正解 A 話し手は、リサイクル収集の需要の高まりから一部の地域の収集回数を増やす必要があると説明している。具体的には、curbside recycling「道路脇リサイクル」の利用者増加に対応するため、収集日を週2日に広げなければならないと、言っている。よって(A)が正解。
(B) トーク冒頭のpublic education and outreach programは「一般市民向けの啓発プログラム」という意味。話し手は、トークの最後で、(リサイクル収集の)業務拡大によってより省エネ度の高い新車両を購入できるようになるよう期待する、と言っていることから、教育ではなくリサイクル実務を行う業界であることが分かる。
(D) curbside recycling「道路脇リサイクル」という言葉は出てくるが、道路整備については述べられていない。

2. Look at the graphic. Which neighborhood will be affected by a schedule change?

(A) Danbury
(B) Brookton
(C) Camfield
(D) Leafgrove

図を見てください。どの地域がスケジュールの変更による影響を受けますか。

(A) Danbury
(B) Brookton
(C) Camfield
(D) Leafgrove

正解 B 話し手は「最初の変更は、火曜日の巡回路だ」と述べている。図から、火曜日にリサイクル収集を行っているのはBrooktonだと分かるので(B)が正解。be affected by ～「～の影響を受ける」。

3. What does the speaker hope to purchase?

(A) More comfortable uniforms
(B) Office furniture
(C) Better service vehicles
(D) Promotional materials

話し手は何を購入することを望んでいますか。

(A) より着心地の良い制服
(B) オフィス家具
(C) より品質の良い業務用車両
(D) 販促資料

正解 C 話し手は最後に、increase in business「業務拡大」によりnew, more energy-efficient vehicles「より省エネ度の高い新車両」の購入につながる希望を述べている。よって正解は(C)。service vehicle「業務用車両」。
(B) office furniture「オフィス家具」。
(D) promotional「販売促進の、宣伝用の」。

語注

public education 公教育、一般への啓蒙　outreach 支援活動、奉仕活動　demand for ～ ～に対する需要
recycling 再生利用、リサイクル　pickup 回収　to the point where ～ ～であるところまで
neighborhood 地区、地域　route 巡回路、担当区域　spread out ～ ～(多くのもの)を広げる、～を分散させる
accommodate ～(要求など)を受け入れる　extra 追加の　take advantage of ～ ～をうまく利用する
curbside 道路脇の、道端の　mean ～という結果を生じる　afford to *do* ～する余裕がある
energy-efficient 省エネの、燃料効率の良い　vehicle 車、車両　by the end of ～ ～の終わりまでに

Listen to the following telephone message and refer to the work schedule.

次の電話のメッセージを聞いて、業務予定表を見ましょう。

M

Hi, Eva, it's Liam. I was delighted to hear that we'll be hiring four accountants for our firm. We really need more people to handle all of our new clients' accounts. But we haven't hired anyone new in a while, so I'd like to meet to discuss what the application process will include. I'm looking at my schedule right now, and I have some free time today. Since we'll both be at the staff meeting this afternoon, why don't we meet as soon as that's over? I have time between that meeting and my appointment with a client at three. Let me know if that works for you. Thanks.

もしもし、Eva、Liamです。当事務所に4人の会計士を雇う予定だと聞いて大喜びしました。新規顧客の取引口座全てを取り扱うために、うちにはぜひとももっと人員が必要ですから。ただ当事務所はしばらくの期間1人も新人を採用していないので、応募過程に何を含めたらいいか、会って話し合いたいと思っています。今ちょうど自分の予定表を見ていますが、私は今日少し空いている時間があります。2人とも今日午後のスタッフ会議に出席する予定なので、それが終わり次第会うのはどうですか。私は、その会議と3時の顧客との面会の間なら、時間があります。それでご都合がいいかどうかお知らせください。よろしくお願いします。

Tuesday Schedule	
9:00	
10:00	Conference Call
11:00	
Noon	
1:00	Staff Meeting
2:00	
3:00	Client Consultation
4:00	

火曜日の予定表	
9:00	
10:00	電話会議
11:00	
正午	
1:00	スタッフ会議
2:00	
3:00	顧客との面会
4:00	

プラクティス  全体   部分

3 (b) 話し手

▶ 話し手は後半でI'm looking at my schedule right now「今ちょうど自分の予定表を見ている」と述べ、聞き手に打ち合わせの時間を提案している。業務予定表を見ると、話し手が説明している通り、「スタッフ会議」が午後にあり、3時に「顧客との面会」が入っているので、業務予定表は話し手のスケジュールだと分かる。

4 this、afternoon、that's、over、meeting、appointment、client、three

▶ 左の語句参照。

5

Tuesday Schedule	
9:00	
10:00	Conference Call
11:00	
Noon	
1:00	Staff Meeting
2:00	
3:00	Client Consultation
4:00	

▶ 話し手は、空き時間について、「私は、その会議（午後のスタッフ会議）と3時の顧客との面会の間なら、時間がある」と言っていることから、業務予定表の1時の「スタッフ会議」と3時の「顧客との面会」の間の2時に聞き手との打ち合わせを入れたいことが分かる。

チャレンジ 192

4. Where most likely does the speaker work?

(A) At an interior design company
(B) At a staffing agency
(C) At an event planning service
(D) At an accounting firm

話し手はどこで働いていると考えられますか。

(A) インテリアデザイン会社
(B) 人材派遣会社
(C) イベント企画会社
(D) 会計事務所

正解 D 冒頭で話し手は「当事務所に4人の会計士を雇う予定だと聞いて大喜びした」と切り出し、続けて、より多くの人員を必要とする目的として、「新規顧客の取引口座全てを取り扱うため」と言っている。顧客増で複数人の会計士が必要になっていることから、話し手は、会計を主業務とする組織で働いていると考えられる。よって(D)が正解。

(B) 自身の事務所の新規顧客を担当する人員について話しているため、不適切。staffing agency「人材派遣会社」。

5. What would the speaker like to discuss with the listener?

(A) A hiring process
(B) An increase in rent
(C) A project budget
(D) A client complaint

話し手は聞き手と何について話し合いたいと思っていますか。

(A) 採用過程
(B) 賃料の値上げ
(C) プロジェクトの予算
(D) 顧客からの苦情

正解 A 話し手は4文目で、しばらくの間新人の採用がなかったため、「応募過程に何を含めたらいいか、会って話し合いたい」と聞き手に伝えている。application process を hiring process「採用過程」と表している(A)が正解。

(B) rent「賃料」。
(C) budget「予算」。
(D) complaint「苦情」。

6. Look at the graphic. What time does the speaker want to meet?

(A) At 9:00
(B) At 11:00
(C) At 2:00
(D) At 4:00

図を見てください。話し手は何時に会いたがっていますか。

(A) 9時
(B) 11時
(C) 2時
(D) 4時

正解 C 話し手は6文目で聞き手に、2人とも同じ午後の staff meeting に出席する予定であると述べた後、「それが終わり次第会うのはどうか」と提案している。続けて、「私は、その会議と3時の顧客との面会の間なら、時間がある」と自分の都合を伝えている。業務予定表を見ると、Staff Meeting (1:00) と Client Consultation (3:00) の間の2:00の時間帯が空いているので、(C)が正解。トーク中の my appointment with a client は、予定表の中では Client Consultation と書かれている。

語注

be delighted to *do* ～して非常にうれしい　hire ～を雇う　accountant 会計士、経理担当者　firm 会社、事務所
handle ～を担当する、～を扱う　account 口座、取引口、得意先　in a while しばらくの間
application process 応募過程　free time 空き時間　as soon as ～ ～するとすぐに　over 終わって、済んで
appointment 約束　work for ～ ～にとって都合がいい、～にとって予定が合う

Part 4【ウォームアップのスクリプトと訳】

Unit 16 p.139  全体

Good evening listeners! Here's your WXRN traffic report. For anyone traveling near the city center, there are twenty- to thirty-minute delays entering the city, and traffic is backed up on the highways. As you know, our city is hosting the regional baseball tournament this week. It begins this afternoon in the stadium, and attendance is expected to reach around ten thousand. So if you have to commute into the city this week, we strongly encourage you to take the bus or the train.

リスナーの皆さん、こんばんは！ WXRN 交通情報です。市中心部付近を走行中の方は、市内に入るのに 20 ～ 30 分の遅れが発生しており、幹線道路で交通が渋滞しています。ご存じの通り、当市は今週、地域の野球トーナメントを主催します。トーナメントは今日の午後スタジアムで開幕し、来場者は約 1 万人に達すると予想されています。ですから、今週市内まで通勤する必要がある方は、バスまたは電車をご利用になることを強くお勧めします。

Unit 17 p.147  全体

In today's managers' meeting we need to address some comments we've received from customers about our health-food store. Over the last month customers have complained that weekly sale items are not available—so they're leaving the store without being able to purchase those items. This is a concern because we do have more of the items in our storage area, but the shelves are not being restocked in a timely manner. One solution is to hire some additional employees to assist in keeping the shelves full during our busiest shopping hours. We'll begin advertising for the new positions starting next week.

本日の部長会議では、当社の健康食品店についてお客さまから頂いた幾つかのご意見に対応する必要があります。ここ 1 カ月、お客さまは週替わりの特売品が店頭にないとの苦情をおっしゃっています――つまり、それらの商品を購入できずに店を後にされているのです。これは憂慮すべきことです。なぜなら、貯蔵場所にはその商品がもっとあるのに、商品棚が適切なタイミングで補充されていないからです。1 つの解決法は、最も忙しい営業時間帯に商品棚を補充するのを手伝ってくれる追加の従業員を何人か雇うことです。来週から新しい職の広告を出す予定です。

Unit 18 p.155  前半 後半

Good morning. I'm Jordan Mustafa, and I work in the Information Technology department here at Migden Contractors. Thanks for attending today's training session. Today I'll be showing you some important steps that you'll be required to take when e-mailing confidential information. In a few minutes, you'll learn about a software program that's installed on all of our work computers. This software enables employees to lock any type of electronic document and put a password on it for security. But, let's first discuss the types of information that we need to protect. Now, I've given you a packet with some examples of office documents. Please look through it and identify the information you would consider confidential.

おはようございます。私はJordan Mustafaと言い、このMigden Contractors社の情報技術部門に勤めています。本日の研修会にご参加いただき、ありがとうございます。本日は、機密情報をEメールで送信する際に講じなければならない幾つかの重要な手順をご覧に入れます。この後すぐ、当社の全ての業務用コンピューターにインストールされているソフトウエアプログラムについて学びます。このソフトウエアを使えば従業員の皆さんは、どんな種類の電子文書にもセキュリティーのためのロックをかけてパスワードを設定できるようになります。ですが、まず最初に、保護する必要のある情報の種類について話し合いましょう。今、事務文書の見本が入った束をお渡ししました。それに目を通して、機密だと思われる情報を特定してみてください。

Unit 19 p.163  全体

The last item on the agenda is the upcoming financial consultations that we offer to all our employees once a year. These consultations are free, one-on-one meetings with certified financial specialists who help people plan for retirement. Keep in mind, this program is purely voluntary, but we receive excellent feedback on this every year. If you're interested, there are meeting times available after work hours. You'll need to sign up for one on the Human Resources benefits Web page before Friday.

議題の最後の項目は、当社が全従業員に年1回提供している次回の金融相談会です。これらの相談会は無料の1対1の面談で、有資格の金融専門家が退職後の計画を立てるのを手伝ってくれます。ご留意いただきたいのは、このプログラムへの参加は完全に任意ですが、われわれは毎年素晴らしいご意見ご感想を頂いているということです。ご興味のある方は、就業時間後に利用できる面談時間があります。金曜日までに人事部の福利ウェブページで面談時間の申し込みをしていただく必要があります。

Unit 20 p.171 

Hi! This is Vera Marshall from the management office at the Palm Street Garden Apartments. I wanted to remind you that you still need to come by to pick up your keys before you move in next week. Also, I remember you mentioning that you have to get to your new job on Cherry Street early every morning. The Palm Street bus stop is right in front of the apartments, so I printed out a copy of the morning schedule for you. You can pick that up too when you come to get your keys. See you soon!

こんにちは。Palm 通り公園アパートの管理事務所の Vera Marshall です。来週入居される前に鍵を受け取りに立ち寄っていただく必要がまだあることを念押しさせていただきたいと思いました。また、毎朝早く Cherry 通りの新しい職場に行かなければならないとおっしゃっていたと記憶しております。Palm 通りのバス停留所はアパートのすぐ前なので、午前中の時刻表をあなたのために印刷しておきました。鍵を取りに来られる際にそちらもお受け取りください。近々お会いしましょう！

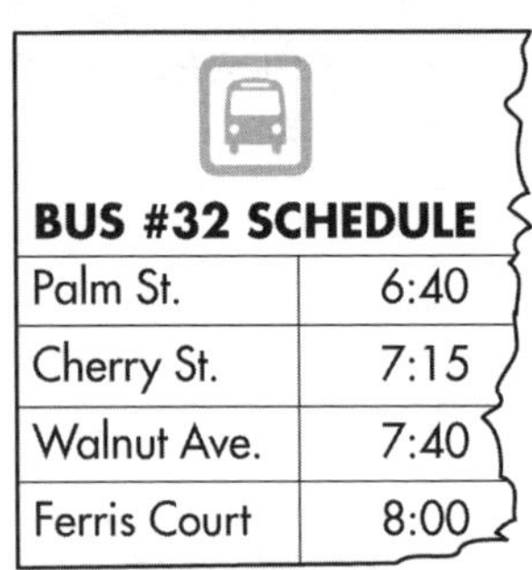

BUS #32 SCHEDULE	
Palm St.	6:40
Cherry St.	7:15
Walnut Ave.	7:40
Ferris Court	8:00

32 番バス　時刻表	
Palm 通り	6:40
Cherry 通り	7:15
Walnut 大通り	7:40
Ferris コート	8:00

STEP 2

ミニテスト

Mini Tests

Mini Test 1

Mini Test 2

Mini Test 3

Mini Test 4

TOEIC® Listening & Reading Test について

TOEIC® Listening & Reading Test とは？

TOEIC® Listening & Reading Test（以下、*TOEIC*® L&R）は、*TOEIC*® Program のテストの1つで、英語の Listening（聞く）と Reading（読む）の力を測定します。結果は合格・不合格ではなく、リスニングセクション5～495点、リーディングセクション5～495点、トータル10～990点のスコアで評価されます。スコアの基準は常に一定であり、英語能力に変化がない限りスコアも一定に保たれます。知識・教養としての英語ではなく、オフィスや日常生活における英語によるコミュニケーション能力を幅広く測定するテストです。特定の文化を知らないと理解できない表現を排除しているので、誰もが公平に受けることができる「グローバルスタンダード」として活用されています。

問題形式

- リスニングセクション（約45分間・100問）とリーディングセクション（75分間・100問）から成り、約2時間で200問に解答します。
- テストは英文のみで構成されており、英文和訳や和文英訳といった設問はありません。
- マークシート方式の一斉客観テストです。
- リスニングセクションにおける発音は、米国・英国・カナダ・オーストラリアが使われています。

※ テスト中、問題用紙への書き込みは一切禁じられています。

リスニングセクション（約45分間）

パート	Part Name	パート名	問題数
1	Photographs	写真描写問題	6
2	Question-Response	応答問題	25
3	Conversations	会話問題	39
4	Talks	説明文問題	30

リーディングセクション（75分間）

パート	Part Name	パート名	問題数
5	Incomplete Sentences	短文穴埋め問題	30
6	Text Completion	長文穴埋め問題	16
7	• Single Passages • Multiple Passages	1つの文書 複数の文書	29 25

TOEIC® Listening & Reading 公開テストのお申し込み

IIBC 公式サイト https://www.iibc-global.org にてテスト日程、申込方法、注意事項をご確認の上、申込受付期間内にお申し込みください。試験の実施方法などに変更があった場合には IIBC 公式サイト等でご案内いたします。

お問い合わせ

一般財団法人 国際ビジネスコミュニケーション協会　IIBC 試験運営センター
〒100-0014　東京都千代田区永田町 2-14-2　山王グランドビル
TEL：03-5521-6033（土・日・祝日・年末年始を除く 10:00 ～ 17:00）

リスニングセクションの問題形式

リスニングセクションは次の４つのパートで構成されています。ミニテストに挑戦する前に、各パートの問題形式と指示文を確認しておきましょう。実際のテストでは、リスニングセクションは、音声の指示に従って試験が進みます。リスニングセクションが終わると、そのまま続けてリーディングセクションが開始されます。※ サンプル問題の音声は付属 CD-ROM には収録されていません。

PART 1　写真描写問題

写真を見て、4 つの選択肢（文）の中から、その写真を表すのに最も適切な描写を選ぶ問題です。実際のテストでは 6 問出題されます。Part 1 は、次のように、リスニングセクション全体の指示の直後に始まります。実際のテストでは、指示文の後、★の箇所に例題が音声で放送されます。

LISTENING TEST

In the Listening test, you will be asked to demonstrate how well you understand spoken English. The entire Listening test will last approximately 45 minutes. There are four parts, and directions are given for each part. You must mark your answers on the separate answer sheet. Do not write your answers in your test book.

PART 1

Directions: For each question in this part, you will hear four statements about a picture in your test book. When you hear the statements, you must select the one statement that best describes what you see in the picture. Then find the number of the question on your answer sheet and mark your answer. The statements will not be printed in your test book and will be spoken only one time.

リスニングテストでは、話されている英語をどのくらいよく理解しているかが問われます。リスニングテストは全体で約 45 分間です。4 つのパートがあり、各パートにおいて指示が与えられます。答えは、別紙の解答用紙にマークしてください。問題用紙に答えを書き込んではいけません。

指示：このパートの各設問では、問題用紙にある写真について、4 つの説明文を聞きます。説明文を聞いて、写真の内容を最も適切に描写しているものを選んでください。そして解答用紙にあなたの答えをマークしてください。説明文は問題用紙には印刷されておらず、1 度だけ放送されます。

サンプル問題

1. 

1. Look at the picture marked number 1 in your test book.

(A) A truck is stopped at a stoplight.
(B) A man is using a gardening tool.
(C) Some people are sitting on the grass.
(D) Some workers are cutting down a tree.

【正解】1. (B)

※ 問題番号は実際のテストとは異なります。 の英文は、音声で放送されるだけで、問題用紙には印刷されていません。
Part 1 の例題（★）の写真とスクリプトと訳、Part 1 ～ 4 のサンプル問題の訳は p.269 にあります。

PART 2　応答問題

短い質問または発言に対して、3 つの応答の中から最も適切なものを選ぶ問題です。実際のテストでは 25 問出題されます。Part 2 は次の指示文で始まります。

PART 2

Directions: You will hear a question or statement and three responses spoken in English. They will not be printed in your test book and will be spoken only one time. Select the best response to the question or statement and mark the letter (A), (B), or (C) on your answer sheet. Now let us begin with question number 7.*

指示：英語による 1 つの質問または発言と、3 つの応答を聞きます。それらは問題用紙には印刷されておらず、1 度だけ放送されます。質問または発言に対して最も適切な応答を選び、解答用紙の (A)、(B)、または (C) にマークしてください。
では問題 7 から始めましょう。

サンプル問題

1. Mark your answer on your answer sheet.

1. Are you taking an international or a domestic flight?

(A) I'd prefer a window seat.
(B) He moved there last year.
(C) I'm flying internationally.

【正解】1. (C)

PART 3　会話問題

会話を聞いた後、それに関する 3 つの設問を聞き、4 つの選択肢の中から最も適切なものを選ぶ問題です。図版付きの問題もあります。実際のテストでは 39 問出題されます。Part 3 は次の指示文で始まります。

PART 3

Directions: You will hear some conversations between two or more people. You will be asked to answer three questions about what the speakers say in each conversation. Select the best response to each question and mark the letter (A), (B), (C), or (D) on your answer sheet. The conversations will not be printed in your test book and will be spoken only one time.

指示：2 人あるいはそれ以上の人々の会話を聞きます。各会話の内容に関する 3 つの設問に答えるよう求められます。それぞれの設問について最も適切な答えを選び、解答用紙の (A)、(B)、(C)、または (D) にマークしてください。会話は問題用紙には印刷されておらず、1 度だけ放送されます。

サンプル問題

1. Which department is the man most likely calling?

(A) Receiving
(B) Catering
(C) Security
(D) Finance

2. Why does the man apologize?

(A) He has forgotten his badge.
(B) His report will be late.
(C) A meeting location has to be changed.
(D) A shipment must be delivered after business hours.

3. What does the woman say she will do?

(A) Arrange additional workspace
(B) Publish some materials
(C) Issue a temporary pass
(D) Ask staff to work late

Questions 1 through 3 refer to the following conversation.

M: Hello. I'm expecting an extra-large load of clothing racks delivered to the store today, and they'll arrive after business hours. Are you the person I should inform about this?

W: Yes, I'm head of Receiving. But you're supposed to have suppliers make deliveries during business hours.

M: I'm sorry, but this is the only time the supplier can deliver them, and we need the racks for a fashion show we're having tomorrow.

W: I understand. I'm not sure which of my staff members is working tonight, but I'll ask one of them to stay late to accept the delivery.

【正解】1. (A)　**2.** (D)　**3.** (D)

PART 4　説明文問題

何らかのトークを聞いた後、それに関する 3 つの設問を聞き、4 つの選択肢の中から最も適切なものを選ぶ問題です。図版付きの問題もあります。実際のテストでは 30 問出題されます。Part 4 は次の指示文で始まります。

> **PART 4**
> **Directions:** You will hear some talks given by a single speaker. You will be asked to answer three questions about what the speaker says in each talk. Select the best response to each question and mark the letter (A), (B), (C), or (D) on your answer sheet. The talks will not be printed in your test book and will be spoken only one time.

> **指示**：1 人の話し手によるトークを聞きます。各トークの内容に関する 3 つの設問に答えるよう求められます。それぞれの設問について最も適切な答えを選び、解答用紙の (A)、(B)、(C)、または (D) にマークしてください。トークは問題用紙には印刷されておらず、1 度だけ放送されます。

サンプル問題

1. What is the main topic of the speech?
(A) A building complex renovation
(B) A marketing conference
(C) An annual fund-raiser
(D) A department picnic

2. What does the woman imply when she says, "And it was their first project"?
(A) She thinks some training materials need to be improved.
(B) She helped some employees with the project.
(C) She is impressed by some work.
(D) She is not worried about some mistakes.

3. What will most likely happen next?
(A) Tours will be scheduled.
(B) A form will be distributed.
(C) Refreshments will be offered.
(D) A guest speaker will talk.

Questions 1 through 3 refer to the following speech.

W: Good morning! Welcome to the ceremony to celebrate the official opening of our renovated business complex. As company president, I want to extend my sincere appreciation to the local architecture firm we hired: Green Space Incorporated. Not only did they design two beautiful new office buildings, but they also extended our walking paths to give us even more chances to enjoy nature on our work breaks. And it was their first project! Now let's hear from the lead architect, Susan Hernandez, who will tell us more about the renovation.

【正解】**1.** (A)　**2.** (C)　**3.** (D)

＊実際のテストでは、Part 2 は Q7 から始まります。

→解答・解説は p.196

PART 1

Directions: For each question in this part, you will hear four statements about a picture in your test book. When you hear the statements, you must select the one statement that best describes what you see in the picture. Then find the number of the question on your answer sheet and mark your answer. The statements will not be printed in your test book and will be spoken only one time.

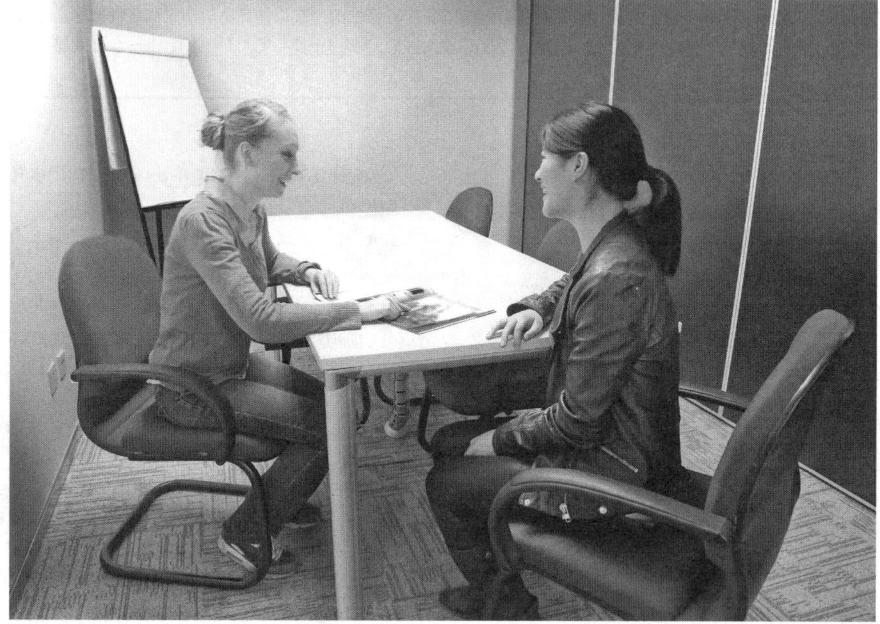

Statement (C), “They’re sitting at a table,” is the best description of the picture, so you should select answer (C) and mark it on your answer sheet.

1.

2.

Mini Test 1

PART 2

Directions: You will hear a question or statement and three responses spoken in English. They will not be printed in your test book and will be spoken only one time. Select the best response to the question or statement and mark the letter (A), (B), or (C) on your answer sheet.

3. Mark your answer on your answer sheet.

4. Mark your answer on your answer sheet.

5. Mark your answer on your answer sheet.

6. Mark your answer on your answer sheet.

7. Mark your answer on your answer sheet.

8. Mark your answer on your answer sheet.

9. Mark your answer on your answer sheet.

10. Mark your answer on your answer sheet.

PART 3

Directions: You will hear some conversations between two or more people. You will be asked to answer three questions about what the speakers say in each conversation. Select the best response to each question and mark the letter (A), (B), (C), or (D) on your answer sheet. The conversations will not be printed in your test book and will be spoken only one time.

11. Why does the man say, "I'm waiting for the department budget proposal"?

(A) To request a document from the woman
(B) To ask for a deadline extension
(C) To inform the woman about a scheduling change
(D) To explain why he cannot make a decision

12. What does the woman say about an office supplies estimate?

(A) It was already approved.
(B) It contained some mistakes.
(C) It was misplaced.
(D) It is higher than expected.

13. What will the man discuss at a meeting?

(A) Product quality testing
(B) Candidates for a job
(C) Contracts with vendors
(D) Design modifications

14. What is the woman coordinating?

(A) A company banquet
(B) A grand opening
(C) A new-hire orientation
(D) A yearly budget meeting

15. Where do the speakers most likely work?

(A) At an insurance company
(B) At a department store
(C) At a business school
(D) At a bank

16. What does the woman offer to do?

(A) Find another presenter
(B) Confirm an order
(C) Book a venue
(D) Prepare a contract

17. What problem does the woman mention?

(A) Customer complaints have increased.
(B) Bad weather has been predicted.
(C) Parking in the area is expensive.
(D) The sales forecast is delayed.

18. What does the man say he will decide tomorrow?

(A) Whether the store will remain closed
(B) Whether additional employees should be hired
(C) When he will launch a new ad campaign
(D) When he will meet with investors

19. What does the woman offer to help the man with?

(A) Organizing a workshop
(B) Making a work schedule
(C) Contacting employees
(D) Calling a consultant

Blue Waters Restaurant Rating
Atmosphere
★★★★
Prices
★★
Customer Service
★★★
Menu Options
★★★★★

20. Who most likely is the man?

(A) A financial advisor
(B) A food critic
(C) An editor
(D) A chef

21. Look at the graphic. What area does the woman want the restaurant to improve in?

(A) Atmosphere
(B) Prices
(C) Customer service
(D) Menu options

22. What does the man recommend doing?

(A) Renovating a building
(B) Asking employees for suggestions
(C) Offering cooking classes
(D) Providing food samples

PART 4

Directions: You will hear some talks given by a single speaker. You will be asked to answer three questions about what the speaker says in each talk. Select the best response to each question and mark the letter (A), (B), (C), or (D) on your answer sheet. The talks will not be printed in your test book and will be spoken only one time.

23. What is the speaker mainly discussing?
(A) A change to project timelines
(B) Plans to use teleconferencing
(C) Some expected job openings
(D) An upcoming client visit

24. What does the speaker say will take place at the company next Monday?
(A) A career fair
(B) An office tour
(C) A training session
(D) A department relocation

25. Why will some employees be unavailable next week?
(A) They will be attending a convention.
(B) They will be compiling sales data.
(C) They will be launching a new product.
(D) They will be visiting a branch office.

26. Where is the talk taking place?
(A) At a botanical garden
(B) At a university library
(C) At an art museum
(D) At an antiques store

27. What does the speaker imply when she says, "this is a private collection"?
(A) Objects cannot be touched.
(B) Photography is not allowed.
(C) Artwork cannot be purchased.
(D) Visiting hours are limited.

28. What activity does the speaker suggest that the listeners do later?
(A) Purchase a meal
(B) Sign up for a class
(C) Take a catalog
(D) Talk to an artist

Late Payment Policy	
Days Late	**Fee**
5	$7.50
10	$15.00
15	$22.50
20	$30.00

29. Where does the speaker most likely work?

(A) At a financial institution
(B) At a lighting fixture store
(C) At a utility company
(D) At a library

30. Look at the graphic. How much is the listener's late fee?

(A) $7.50
(B) $15.00
(C) $22.50
(D) $30.00

31. What must the listener provide to sign up for a service?

(A) Some contact information
(B) Some payment details
(C) An invoice number
(D) An identification card

NO TEST MATERIAL ON THIS PAGE

正解一覧

PART 1	1 D	2 D									
PART 2	3 B	4 B	5 A	6 B	7 B	8 A	9 C	10 A			
PART 3	11 A	12 D	13 C	14 C	15 D	16 A	17 B	18 A	19 C	20 D	21 C	22 B
PART 4	23 B	24 C	25 A	26 C	27 B	28 A	29 C	30 B	31 B		

1

2

1  M

(A) He's serving food on plates.
(B) He's wiping a counter.
(C) He's mixing food in a bowl.
(D) He's holding a container.

(A) 彼は皿に食べ物をよそっている。
(B) 彼はカウンターを拭いている。
(C) 彼はボウルの中の食べ物を混ぜている。
(D) 彼は容器を手に持っている。

正解 D　男性はcontainer「容器」を両手で持っている。

(A) 食べ物らしき物は写っているが、男性はそれを皿によそってはいない。serve「～（食べ物）をよそう、～を給仕する」、plate「皿」。
(B) カウンターは写っているが、男性はそれを拭いてはいない。wipe「～を拭く」。
(C) bowl「（調理用の）ボウル」。

2 W

(A) There's a stone wall behind a counter.
(B) A cart is being wheeled into a kitchen.
(C) Cups have been stored inside a cabinet.
(D) Some metal pitchers have been set on a shelf.

(A) カウンターの後ろに石壁がある。
(B) カートがキッチンに運び込まれているところである。
(C) カップが戸棚の中に保管されている。
(D) 幾つかの金属製の水差しが棚に置かれている。

正解 D　shelf「棚」に複数の金属製のpitcher「水差し」が載っている。set「～を配置する」。

(A) 石壁は写っているが、カウンターはない。
(B) 車輪の付いた棚は写っているが、運ばれてはいない。cart「カート」、wheel「～（車輪の付いたもの）をごろごろと動かす」。
(C) カップは写っているが、cabinet「飾り戸棚」は写っていない。store「～を保管する」。

3 W Do you want to apply for our store's discount card?

W (A) The shipment arrived yesterday.
(B) Yes, that would be great.
(C) My car is in the repair shop.

当店の割引カードのお申し込みをご希望ですか。
(A) 発送品は昨日、到着しました。
(B) はい、それはいいですね。
(C) 私の車は修理店にあります。

正解 B Do you want to ～? で割引カードの申し込みを希望するかを尋ねているのに対し、Yes と応じ、that would be great「それはいい」と続けている(B)が正解。apply for ～「～を申し込む、～を申請する」、discount「割引」。
(A) 発送品については尋ねられていない。shipment「発送、発送品」、arrive「到着する」。
(C) 車については尋ねられていない。repair「修理」。

---

4 W The storage room is locked, isn't it?

M (A) Mostly boxes of books.
(B) Yes, but Ms. Kim has a key.
(C) There should be plenty of room.

貯蔵室には鍵がかかっていますよね？
(A) 大部分は箱に詰まった本です。
(B) はい、でもKimさんが鍵を持っています。
(C) 十分なスペースがあるはずです。

正解 B 肯定文の文末に ～, isn't it? を付けて、「貯蔵室には鍵がかかっているよね？」と確認しているのに対し、Yesと肯定した上で、「でも Kimさんが鍵を持っている」と、貯蔵室を開ける方法を伝えている(B)が正解。storage「貯蔵」、lock「～に鍵をかける」。
(A) 貯蔵されている物については尋ねられていない。mostly「大部分は、ほとんど」。
(C) スペースの大小については尋ねられていない。plenty of ～「十分な～」、room「スペース、空き場所」。

---

5 W When will the new television model be released?

M (A) Probably in late October.
(B) Yes, an updated version.
(C) It's one of my favorite shows.

新型のテレビはいつ発売されますか。
(A) おそらく10月の後半です。
(B) はい、最新版です。
(C) それは私の大好きな番組の1つです。

正解 A When ～? で新型のテレビの発売時期を尋ねているのに対し、具体的な発売時期を答えている(A)が正解。model「(製品などの) 型」、release「～を発売する」。
(B) 時を尋ねられているので、Yes、No では応じない。update「～を最新のものにする」。updated で「最新の」の意味。
(C) 質問にある television と関連する名詞 show「(テレビなどの) 番組」があるが、応答になっていない。

---

6 M Would you mind holding your class in room 215 tonight?

W (A) I thought he graduated last semester.
(B) Sure, I can do that.
(C) Yes, they're new textbooks.

今夜は215号室で授業を行っていただいても構いませんか。
(A) 彼は前の学期に卒業したと思っていました。
(B) いいですよ、そうすることは可能です。
(C) はい、それらは新しい教科書です。

正解 B Would you mind *doing* ～? で「今夜は215号室で授業を行ってもらえないか」と丁寧に依頼しているのに対し、Sure で承諾して「そうすることは可能だ」と述べている(B)が正解。hold「～を行う、～を開く」。
(A) he が誰を指すのか不明であり、応答になっていない。graduate「卒業する」、semester「学期」。
(C) 質問中の class と関連する名詞 textbook「教科書」があるが、they が何を指すのか不明であり、応答になっていない。

7 W Where did you work previously?

M (A) From eight thirty to five.
(B) At a law firm in Toronto.
(C) No, I'm going afterward.

あなたは以前、どこで働いていましたか。
(A) 8時30分から5時までです。
(B) トロントにある法律事務所です。
(C) いいえ、私は後で行きます。

正解 B Where ～? で以前の勤務先を尋ねているのに対し、「トロントにある法律事務所だ」と具体的に答えている(B)が正解。previously「以前に」。firm「会社」。
(A) 勤務時間については尋ねられていない。
(C) 勤務先を尋ねられているので、Yes、Noでは応じない。afterward「後で」。

8 W Who was the last person to get funding for a research project?

M (A) I think it was Jorge.
(B) Send it to the laboratory.
(C) Not since this morning.

研究プロジェクトの資金を得た最後の人は誰でしたか。
(A) Jorgeだったと思います。
(B) 研究室にそれを送ってください。
(C) 今朝からありません。

正解 A Who ～? で研究プロジェクトの資金を得た最後の人物を尋ねているのに対し、具体的な人物名を答えている(A)が正解。the last「最後の」、funding「資金」、research「研究」。
(B) 質問中のresearch と関連する名詞laboratory「研究室」があるが、it が何を指すのか不明であり、応答になっていない。
(C) 時については尋ねられていない。

9 W Which event space would you like to use?

M (A) Let's try for mid-September.
(B) We should hire them.
(C) I like the one we used last year.

どのイベントスペースをご利用になりたいですか。
(A) 9月の半ばを目指しましょう。
(B) 私たちは彼らを雇うべきです。
(C) 私たちが昨年利用した所がいいです。

正解 C Which ～? で「どのイベントスペースを利用したいか」と尋ねているのに対し、「私たちが昨年利用した所がいい」と、特定のイベントスペースを答えている(C)が正解。one は質問文のevent space を指す。
(A) 時については尋ねられていない。try for ～「～を目指す」。
(B) them が誰を指すのか不明であり、応答になっていない。hire「～を雇う」。

10 M I don't recommend using that printer.

W (A) The repair person just finished working on it.
(B) On the top shelf in the supply closet.
(C) Fifty copies, stapled please.

あのプリンターを使うのはお勧めしません。
(A) 修理担当者がちょうどそれに対する作業を終えたところです。
(B) 備品収納室の棚の最上段です。
(C) 50部を、ホチキス留めにしてください。

正解 A that を強調して「あのプリンターは使わない方がいい」という助言に対し、「修理担当者がそれに対する（修理・調整）作業を終えたところだ」と答え、現在はプリンターの使用に問題はないことを示唆している(A)が、応答として自然。recommend *doing*「～することを勧める」。work on ～「～（活動・作業）に取り組む」。
(B) shelf「棚」、supply closet「備品収納室、備品室」。
(C) 助言に対し指示をするのは、応答として不自然。staple「～をホチキス留めする」。

Questions 11 through 13 refer to the following conversation.

M: Hi, Charlotte. Sorry to interrupt, but ❶I've got a management meeting tomorrow about expenses for next quarter, and… I'm waiting for the department budget proposal.

W: ❷I just finished. ❸The only issue is with the estimated cost of office supplies for next year. ❹Based on the requests I've received, we'll need to increase our office supply spending by quite a bit.

M: Oh, that's not good. ❺There's not very much flexibility for increasing our spending right now. I'll bring this up at the meeting. ❻Let's see what the other managers think about trying to renegotiate our contracts with the vendors we buy office supplies from. Hopefully we can get lower rates.

問題11-13は次の会話に関するものです。

やあ、Charlotte。お邪魔してすみませんが、明日、次の四半期の経費に関する経営会議があるので…当部署の予算案を待っているんです。

ちょうど終えたところですよ。唯一の問題は、来年の事務用品の見積費用に関してです。私が受理した要請に基づくと、私たちは事務用品の支出額をかなり増やす必要があります。

ああ、それは良くありませんね。今すぐには、支出額の増加に対して柔軟に対応する余地はあまりないんです。私は会議でこの件を取り上げますよ。当社が事務用品を購買している販売業者と契約を再交渉してみることを他の部長たちがどう考えるか、確認しましょう。うまくいけば単価が下がるかもしれません。

11 Why does the man say, "I'm waiting for the department budget proposal"?

(A) To request a document from the woman
(B) To ask for a deadline extension
(C) To inform the woman about a scheduling change
(D) To explain why he cannot make a decision

男性はなぜ "I'm waiting for the department budget proposal" と言っていますか。

(A) 女性に文書を依頼するため。
(B) 締め切りの延長を求めるため。
(C) 女性に予定の変更について知らせるため。
(D) 自分が決断を下せない理由を説明するため。

正解 A 男性は❶で、明日の経営会議の予定を伝えた直後に、下線部で「部署の予算案を待っている」と述べている。それに対して女性は❷「ちょうど終えたところだ」と応じていることから、男性は女性の仕事の完了を待っていたと考えられる。予算案を document「文書」と表した(A)が正解。request「～を依頼する、～を要請する」。
(B) 締め切りについての言及はない。ask for ～「～を求める」、deadline「締め切り」、extension「延長」。
(C) 予定の変更についての言及はない。inform ～ about …「～に…について伝える」。
(D) make a decision「決断を下す」。

12 What does the woman say about an office supplies estimate?

(A) It was already approved.
(B) It contained some mistakes.
(C) It was misplaced.
(D) It is higher than expected.

女性は事務用品の見積書について何と言っていますか。

(A) すでに承認された。
(B) 幾つか間違いが含まれていた。
(C) 置き忘れられた。
(D) 予想よりも高い。

正解 D 女性は❸「唯一の問題は、来年の事務用品の見積費用に関してだ」と述べた後、❹で、予算要請に基づくと、事務用品の支出額をかなり増やす必要があるだろう、と問題点を伝えている。よって、事務用品の見積もりの額が予想より高いという(D)が正解。estimate「見積書、見積もり(額)」。
(A) 見積もりの作成は終わったばかりである。approve「～を承認する」。
(B) contain「～を含む」。
(C) misplace「～を置き忘れる、～を置き間違える」。

13 What will the man discuss at a meeting?

(A) Product quality testing
(B) Candidates for a job
(C) Contracts with vendors
(D) Design modifications

男性は会議で何について話し合うつもりですか。

(A) 製品の品質検査
(B) 仕事の応募者
(C) 販売業者との契約
(D) デザインの修正点

正解 C 男性は❺で、今すぐは事務用品の支出額を柔軟に増やす余地はあまりないと述べ、その件を会議で取り上げると伝えた後、❻で、事務用品の購買先の販売業者との契約を再交渉してみることを他の部長たちがどう考えるか確認すると述べている。よって、男性は会議で事務用品の販売業者との契約について話すつもりだと判断できるので、(C)が正解。
(A) quality「品質」、testing「検査、テスト」。
(D) modification「修正」。

語注

management 経営　expenses 〈複数形で〉経費　quarter 四半期　budget 予算　estimate ～を見積もる
spending 支出　flexibility 柔軟性　bring up ～ ～を持ち出す　renegotiate ～を再交渉する　contract 契約

Questions 14 through 16 refer to the following conversation.

M　Heidi, ❶you're the coordinator for the new-hire orientation, right? ❷I wanted to check in with you about the three new bank tellers. ❸Did you still want me to go over the benefits with them?

W　Yes. ❹They'll be trained in the banking software system on Monday morning, and I was hoping you could give your presentation right after lunch that afternoon.

M　Hmm… I was afraid of that. I just scheduled another meeting on Monday at one P.M. ❺Is there any way you can have me go first in the morning?

W　Well, we really can't change the schedule at this point. But ❻I'll ask Rob to cover for you, don't worry.

M　Thanks Heidi, I appreciate it.

問題 14-16 は次の会話に関するものです。

Heidi、新人オリエンテーションの取りまとめ役はあなたですよね？ 3 名の新しい銀行窓口係のことで連絡をしたいと思っていました。まだ私が諸手当について彼らにおさらいすることをご希望でしたか。

ええ。彼らは月曜日の午前中に銀行業務用ソフトウエアシステムの研修を受けることになっているので、あなたには、その日の午後、昼食のすぐ後にプレゼンしていただけたらと思っていました。

うーん…それが心配だったんですよ。ちょうど、月曜日の午後 1 時に別の会議の予定を入れたところなんです。何とかして私を午前中一番にしてもらえませんか。

ええと、実のところ現時点では予定の変更はできないんです。ですが、Rob にあなたの代役をするよう頼んでみますから、ご心配なく。

ありがとう、Heidi、感謝します。

14 What is the woman coordinating?

(A) A company banquet
(B) A grand opening
(C) A new-hire orientation
(D) A yearly budget meeting

女性は何を取りまとめていますか。

(A) 会社の宴会
(B) 開店祝い
(C) 新人オリエンテーション
(D) 年次予算会議

正解 C　男性が女性に❶で「新人オリエンテーションの取りまとめ役はあなただよね?」と確認していること、それに対し女性が❹で、研修の具体的な予定を伝えたり、男性に発表を頼んでいたりすることから、女性は新人オリエンテーションを取りまとめていると判断できる。(C) が正解。coordinate「～を取りまとめる」。
(A) banquet「宴会」。
(B) grand opening「開店記念式典、開店祝い」。
(D) yearly「年次の」、budget「予算」。

15 Where do the speakers most likely work?

(A) At an insurance company
(B) At a department store
(C) At a business school
(D) At a bank

話し手たちはどこで働いていると考えられますか。

(A) 保険会社
(B) デパート
(C) ビジネススクール
(D) 銀行

正解 D　新人オリエンテーションについて、男性は女性に、❷で 3 人の新しい bank tellers「銀行窓口係」のことで連絡したいと思っていたと言っている。女性も❹で「彼らは月曜日の午前中に、銀行業務用ソフトウエアシステムの研修を受けることになっている」と説明している。よって、話し手たちは銀行で働いていると判断できる。(D) が正解。
(A) insurance「保険」。

16 What does the woman offer to do?

(A) Find another presenter
(B) Confirm an order
(C) Book a venue
(D) Prepare a contract

女性は何をすることを申し出ていますか。

(A) 別の発表者を見つける。
(B) 注文を確認する。
(C) 会場を予約する。
(D) 契約書を作成する。

正解 A　発表予定の時間に別件の会議を入れた男性は❺で時間の変更を女性に依頼している。それに対し女性は、変更はできないと述べ、続けて❻で「Rob に代役をするよう頼んでみる」と別の発表者を見つけることを申し出ている。よって、(A) が正解。presenter「発表者」。
(B) confirm「～を確認する」。
(C) book「～を予約する」、venue「会場」。
(D) contract「契約書」。

語注

new-hire　新人の　check in with ～　～に連絡する　bank teller　銀行窓口係　go over ～　～をおさらいする、～を見直す
benefits　〈複数形で〉手当、給付金　banking　銀行業務　at this point　現時点で　cover for ～　～の代理をする

Questions 17 through 19 refer to the following conversation.

問題17-19は次の会話に関するものです。

W Jason? ❶I just heard on the radio that there's a big snowstorm heading our way. ❷The train service may be suspended tomorrow, and I'm scheduled to work an early shift.

Jason? ラジオでたった今、激しい吹雪がこちらに向かっていると聞きました。明日は列車の運行が停止するかもしれませんが、私は早番勤務の予定になっています。

M Oh, I'm glad you told me. If the forecast is that bad, other employees won't be able to come to the store either. ❸I'll decide early tomorrow whether we can open the store or not.

ああ、教えてくれてよかった。予報がそんなに荒れ模様なら、他の従業員も店に来られないでしょう。明日の早朝、開店が可能か否か決めようと思います。

W ❹Let me know if you need help contacting the rest of the staff in the morning.

朝、残りのスタッフに連絡する手伝いが必要なら、言ってください。

M OK, that would be great. Thanks.

分かりました、それは非常に助かります。ありがとう。

17 What problem does the woman mention?

(A) Customer complaints have increased.
(B) Bad weather has been predicted.
(C) Parking in the area is expensive.
(D) The sales forecast is delayed.

女性はどんな問題について述べていますか。

(A) 顧客からの苦情が増えている。
(B) 悪天候が予報されている。
(C) 地域内の駐車場が高い。
(D) 売上予測が遅れている。

正解 B 女性は❶「ラジオでたった今、激しい吹雪がこちらに向かっていると聞いた」と述べてから、❷で、明日は列車の運行が停止する可能性があり、自分は早番勤務の予定であると伝えている。a big snowstorm を bad weather と言い換えた(B)が正解。predict「～を予測する、～を予報する」。
(A) complaint「苦情」。
(D) sales forecast「売上予測」、delay「～を遅らせる」。

18 What does the man say he will decide tomorrow?

(A) Whether the store will remain closed
(B) Whether additional employees should be hired
(C) When he will launch a new ad campaign
(D) When he will meet with investors

男性は明日、何を決めると言っていますか。

(A) 店を閉めたままにしておくかどうか。
(B) 追加の従業員を雇うべきかどうか。
(C) いつ新しい広告キャンペーンを開始するか。
(D) いつ投資家たちと会うか。

正解 A 女性から明日の悪天候の予報を聞いた男性は、他の従業員が店に出勤できなくなる可能性について言及し、続けて❸で「明日の早朝、開店が可能か否か決めようと思う」と述べている。(A)が正解。remain「～のままである」。
(B) 現従業員の明日の出勤について話しているが、追加雇用についての言及はない。additional「追加の」、hire「～を雇う」。
(C) launch「～を開始する」、ad「広告」。
(D) investor「投資家」。

19 What does the woman offer to help the man with?

(A) Organizing a workshop
(B) Making a work schedule
(C) Contacting employees
(D) Calling a consultant

女性は、男性に何を手伝うと申し出ていますか。

(A) 講習会を準備すること。
(B) 勤務表を作成すること。
(C) 従業員たちに連絡すること。
(D) コンサルタントに電話すること。

正解 C 男性が❸で、開店が可能かどうかを明日の早朝に決めると伝えたのに対し、女性は❹「朝、残りのスタッフに連絡する手伝いが必要なら、言ってほしい」と申し出ている。(C)が正解。
(A) organize「～を準備する、企画する」、workshop「講習会」。
(B) 勤務表については言及されていない。
(D) consultant「コンサルタント、顧問」。

語注

snowstorm 吹雪　head 進行する　service (バスや列車などの)運行　suspend ～を一時停止する
be scheduled to *do* ～する予定である　work an early shift 早番で勤務する　forecast 予報　rest 残り

Questions 20 through 22 refer to the following conversation and review.

問題 20-22 は次の会話とレビューに関するものです。

W Markus, did you see the article in *Eats and Treats* magazine with the list of the best local restaurants? ❶The article gave our restaurant five stars in the category of menu options. ❷As the head chef, you must be proud.

Markus、雑誌『食事ともてなし』で、地元の最優良レストランの一覧に関する記事を見ましたか。記事は、メニューの選択肢の部門で当レストランに5つ星を付けました。料理長として、あなたはきっと誇らしいでしょうね。

M Yes, I saw that article, and I'm glad I decided to revise the menu last spring. It shows that customers appreciate healthy food choices.

はい、その記事なら見ましたが、昨春にメニューを見直すことに決めてよかったです。記事から、顧客が健康食のメニューを評価していると分かりますから。

W True, but I'm disappointed that some of our ratings weren't better. I'm not surprised that we scored low in the pricing category. But, ❸I am surprised by this one—where we only received three stars. ❹We'll have to work on improving that area next year.

そうですね、でも私は当店の幾つかの評価がもっと良い点じゃなかったことにがっかりしています。価格設定の部門で低い点数だったことには驚いていません。しかし、これには驚いていますよ——当店が3つ星しか得られなかった部門です。来年、その分野の改善に取り組む必要があるでしょう。

M Yes, ❺it may be a good idea to meet with the staff about this. ❻They may have some ideas for some changes we can make.

はい、この件については従業員と会合を持つといいかもしれませんね。彼らは、当店が実行できる改善について幾つかアイデアを持っているかもしれませんよ。

Blue Waters Restaurant Rating

Atmosphere
★★★★

Prices
★★

Customer Service
★★★

Menu Options
★★★★★

Blue Waters レストランの評価

雰囲気
★★★★

価格
★★

顧客サービス
★★★

メニューの選択肢
★★★★★

語注

review レビュー、評価　article 記事　local 地元の　category 部門　option 選択肢　head chef 料理長
proud 誇らしい　revise ～を見直す、～を変える　appreciate ～を正当に評価する　choice 選択肢
be disappointed (that) ～ ～ということにがっかりしている　rating 評価　score low 低い点を取る
pricing 価格設定　work on *doing* ～することに取り組む　improve ～を改善する　area 分野
レビュー atmosphere 雰囲気

20 Who most likely is the man?

(A) A financial advisor
(B) A food critic
(C) An editor
(D) A chef

男性は誰だと考えられますか。

(A) 財務顧問
(B) 料理評論家
(C) 編集者
(D) 料理長

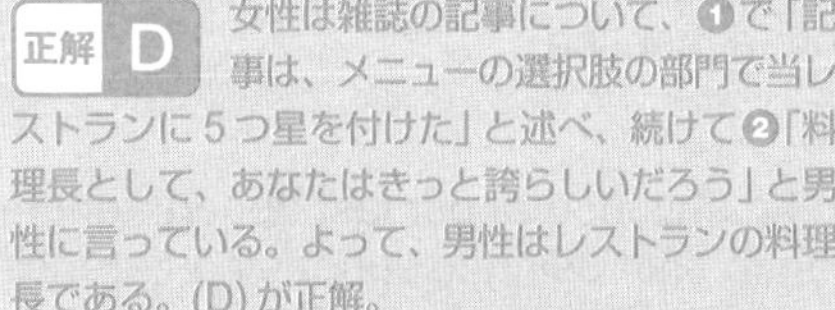

正解 D 女性は雑誌の記事について、❶で「記事は、メニューの選択肢の部門で当レストランに5つ星を付けた」と述べ、続けて❷「料理長として、あなたはきっと誇らしいだろう」と男性に言っている。よって、男性はレストランの料理長である。(D)が正解。

(A) レストランに対する顧客の評価について話しているが、財務に関する言及はない。financial「財務の」、advisor「顧問」。
(B) critic「評論家」。
(C) editor「編集者」。

21 Look at the graphic. What area does the woman want the restaurant to improve in?

(A) Atmosphere
(B) Prices
(C) Customer service
(D) Menu options

図を見てください。女性はレストランが、どの分野で改善されることを望んでいますか。

(A) 雰囲気
(B) 価格
(C) 顧客サービス
(D) メニューの選択肢

正解 C 女性は❸で、レストランの評価について、「これには驚いている——当店が3つ星しか得られなかった部門だ」と述べ、続いて❹「来年、その分野の改善に取り組む必要があるだろう」と言っている。レビューを見ると、レストランが3つ星を取っている部門は Customer Service「顧客サービス」なので、(C)が正解。

(A) 図より、4つ星。
(B) 図より、2つ星。
(D) 図より、5つ星。

22 What does the man recommend doing?

(A) Renovating a building
(B) Asking employees for suggestions
(C) Offering cooking classes
(D) Providing food samples

男性は何をすることを勧めていますか。

(A) 建物を改装すること。
(B) 従業員に提案を求めること。
(C) 料理講習を提供すること。
(D) 試食品を提供すること。

正解 B 男性は、レビューで3つ星の評価だった分野を改善する必要があると述べる女性に同意してから、❺「この件については従業員と会合を持つといいかもしれない」と提案し、❻で従業員が幾つかアイデアを持っているかもしれないと続けている。よって(B)が正解。ask ~ for …「~に…を求める」、suggestion「提案」。

(A) renovate「~を改装する」。
(C) offer「~を提供する」。
(D) provide「~を提供する」、food sample「試食品」。

Mini Test 1

Questions 23 through 25 refer to the following excerpt from a meeting.

問題23-25は次の会議の抜粋に関するものです。

 W

As I mentioned at our last department meeting, ❶we plan to start using telephone conferencing more often this year. ❷Computers with video cameras have been installed in all meeting rooms for use during teleconferences. ❸The technology department will be handling training on how to operate the equipment. ❹Training for our group is scheduled for next Monday at one o'clock in Conference Room A, so please mark your calendars. ❺I know for some of you this will be a problem since you'll be attending the public relations convention in Beijing next week. Don't worry, though. Other sessions will be held at a later date.

前回の部署会議で申し上げた通り、私たちは今年、もっと頻繁に電話会議の利用を始める計画です。遠隔会議中に使用するために、ビデオカメラ付きのコンピューターが全ての会議室に設置されました。技術部が機器の操作方法に関する研修を行うことになっています。私たちのグループへの研修は、来週月曜日の１時に会議室Aで予定されていますので、ご自分のカレンダーに印を付けておいてください。皆さんのうちの何人かは、来週北京で開催される広報会議に出席する予定なので、この日は不都合だということは承知しています。でも、心配しないでください。後日、他にも研修会が開かれる予定です。

23 What is the speaker mainly discussing?

(A) A change to project timelines
(B) Plans to use teleconferencing
(C) Some expected job openings
(D) An upcoming client visit

話し手は主に何について話していますか。

(A) プロジェクトのスケジュール変更
(B) 遠隔会議を利用する計画
(C) 幾つかの見込まれた求人
(D) 近日中の顧客の来社

正解 B　話し手は❶で、「私たちは今年、もっと頻繁に電話会議の利用を始める計画だ」と述べた後、❷「遠隔会議中に使用するために、ビデオカメラ付きのコンピューターが全ての会議室に設置された」と述べている。その後も遠隔会議で使用する機器の研修の話が続いている。(B) が正解。
(A) timeline「スケジュール」。
(C) expect「～を予期する」、job opening「求人」。
(D) upcoming「近づいている、来るべき」。

24 What does the speaker say will take place at the company next Monday?

(A) A career fair
(B) An office tour
(C) A training session
(D) A department relocation

話し手は、来週の月曜日に会社で何が行われると言っていますか。

(A) 就職説明会
(B) オフィスの見学
(C) 研修会
(D) 部署の移転

正解 C　話し手は❸で、遠隔会議に使用する機器の操作方法に関する研修について言及した後、❹「私たちのグループへの研修は、来週月曜日の１時に会議室Aで予定されている」と述べている。よって、(C) が正解。
(A) (B) (D) いずれも言及はない。
(A) career fair「就職説明会」。
(B) tour「見学、視察」。
(D) relocation「移転」。

25 Why will some employees be unavailable next week?

(A) They will be attending a convention.
(B) They will be compiling sales data.
(C) They will be launching a new product.
(D) They will be visiting a branch office.

一部の従業員はなぜ来週の都合がつかないのですか。

(A) 会議に出席する予定だから。
(B) 売上データを収集する予定だから。
(C) 新製品を発売する予定だから。
(D) 支店を訪問する予定だから。

正解 A　話し手は、研修の具体的な日時と場所を伝えた後、❺「皆のうちの何人かは、来週北京で開催される広報会議に出席する予定のため、この日は不都合だということは知っている」と述べている。(A)が正解。unavailable「都合がつかない」。
(B) (C) (D) いずれも言及はない。
(B) compile「～を収集する」。
(C) launch「～を発売する」。
(D) branch office「支店」。

語注

mention　～に言及する　conferencing　会議開催　install　～を取り付ける　teleconference　遠隔会議
handle　～を行う　operate　～を操作する　equipment　機器　be scheduled for ～　～に予定されている
mark　～に印を付ける　public relations　広報活動　though　だが、しかし　session　集まり、会合

Questions 26 through 28 refer to the following tour information.

問題26-28は次のツアーの案内に関するものです。

W

Welcome everyone. ❶I'll be taking you on a guided tour of the Lakeside Art Museum today. In the nineteenth century, the breathtaking scenery and mild climate attracted many artists to this area. That's why you'll find such an extensive collection of oil paintings from that era. ❷Before we start, I see many of you have cameras out. Please note that this is a private collection. ❸Don't worry, though, you can buy postcards with images of the paintings. So thanks in advance for your cooperation. ❹Later this afternoon, make sure to visit our café located on the outdoor terrace, where you can enjoy a delicious lunch. So, let's begin.

ようこそ、皆さん。私が本日皆さんをLakeside美術館のガイド付きツアーにお連れいたします。19世紀に、息をのむような景観と温暖な気候が多くの芸術家たちをこの地に引き付けました。それこそが、皆さんがこのような膨大な当時の油彩画コレクションを目にされる理由です。出発する前に、大勢の方がカメラを手にしておられるようですね。こちらは私有のコレクションだということにご注意ください。でも、ご心配なく、絵画の画像が載ったはがきをご購入いただけますので。前もって、皆さんのご協力に感謝いたします。この後の午後には、ぜひ屋外テラスにあるカフェにお寄りください、そこではおいしいランチをお楽しみいただけます。それでは、スタートしましょう。

Mini Test 1

26 Where is the talk taking place?

(A) At a botanical garden
(B) At a university library
(C) At an art museum
(D) At an antiques store

この話はどこで行われていますか。

(A) 植物園
(B) 大学の図書館
(C) 美術館
(D) 骨董品店

正解 C 話し手は❶で、「私が本日皆さんをLakeside美術館のガイド付きツアーに連れて行く」と述べた後、コレクションの説明や、ツアー中の注意点の説明を続けている。よって、(C)が正解。
(A) botanical garden「植物園」。
(D) antique「骨董品」。

27 What does the speaker imply when she says, "this is a private collection"?

(A) Objects cannot be touched.
(B) Photography is not allowed.
(C) Artwork cannot be purchased.
(D) Visiting hours are limited.

話し手は"this is a private collection"という発言で、何を示唆していますか。

(A) 物には触れることができない。
(B) 写真撮影は許可されていない。
(C) 美術品は購入できない。
(D) 観覧時間は限られている。

正解 B 話し手は❷で、「出発する前に、大勢の方々がカメラを手にしているようだ」と述べてから、下線部の発言を続け、❸「でも、ご心配なく、絵画の画像が載ったはがきを購入できる」と述べている。つまり、話し手はツアーを始める前に下線部の発言によって、コレクションの写真撮影はできないことを示唆し、代わってはがきの購入を勧めていると判断できる。(B)が正解。photography「写真撮影」、allow「～を許可する」。

28 What activity does the speaker suggest that the listeners do later?

(A) Purchase a meal
(B) Sign up for a class
(C) Take a catalog
(D) Talk to an artist

話し手は、聞き手に後でどんな活動をするよう勧めていますか。

(A) 食事を購入する。
(B) 講習会に登録する。
(C) カタログを手に取る。
(D) 芸術家と話す。

正解 A 話し手は聞き手に、❹でLater this afternoonと切り出し、「ぜひ屋外テラスにあるカフェに寄ってほしい、そこではおいしいランチを楽しめる」と午後の行動を勧めている。よって、(A)が正解。activity「活動」、suggest「～を勧める」。purchase「～を購入する」。
(B) (C) (D) いずれも言及はない。
(B) sign up for ～「～に名前を登録する」。
(C) catalog「カタログ」。

語注

guided ガイド付きの　breathtaking 息をのむような　scenery 景観　mild 温暖な　climate 気候
attract ～ to … ～を…に引き付ける　extensive 幅広い　collection コレクション、収集物　oil painting 油絵
era 時代　note (that) ～ ～ということに注意する　in advance 前もって　make sure to *do* 必ず～する

Questions 29 through 31 refer to the following telephone message and table.

問題 29-31 は次の電話のメッセージと表に関するものです。

M

Hi, ❶I'm calling from Mansfield Electric Company to remind you that your electricity bill was due Friday, July first. ❷Since your payment is ten days overdue, a late fee has been added to your account balance. Please pay the bill plus your ten-day late fee on our Web site at www.mansfieldelectrical.com. ❸We also offer an auto-payment feature on our Web site. ❹If you sign up for this service, you'll be required to provide a credit card or bank account number. After that, your future bills will be paid automatically on the day they are due. If you have questions about this option, please call us at 555-0128. Thank you.

こんにちは、Mansfield 電力会社から、お客さまの電気料金請求書の支払期日が 7 月 1 日金曜日だったことを再確認するために、お電話を差し上げております。お客さまのお支払いは期日を 10 日過ぎていますので、延滞料金が請求残額に加算されています。当社のウェブサイト、www.mansfieldelectrical.com で、請求額に加え 10 日分の延滞料金をお支払いください。当社ウェブサイト上では自動支払機能も提供しております。このサービスにご登録されますと、クレジットカードもしくは銀行口座の番号の提示を求められます。ご登録後は、今後の請求額は自動的に支払期日当日に支払われるようになります。このオプションに関するご質問がございましたら、555-0128 までお電話ください。よろしくお願いいたします。

Late Payment Policy

Days Late	Fee
5	$7.50
10	$15.00
15	$22.50
20	$30.00

延滞料金規定

延滞日数	料金
5 日	7.50 ドル
10 日	15.00 ドル
15 日	22.50 ドル
20 日	30.00 ドル

語注

electric company 電力会社　remind ～ (that) … ～に…ということを念押しする　electricity 電気　bill 請求書
due 期日になって　payment 支払い　overdue 期限の過ぎた　fee 料金　add ～ to … ～を…に加える
account 請求、勘定　balance 残額　plus 加えて、さらに　auto-payment 自動支払いの　feature 機能
sign up for ～ ～に登録する　be required to *do* ～する必要がある　provide ～を提供する　account 預金口座
automatically 自動で　option 選択肢
表 policy 規定、方針

29 Where does the speaker most likely work?

(A) At a financial institution
(B) At a lighting fixture store
(C) At a utility company
(D) At a library

話し手はどこで働いていると考えられますか。

(A) 金融機関
(B) 照明設備店
(C) 公共サービスの会社
(D) 図書館

正解 C 話し手は❶で、「Mansfield電力会社から、お客さまの電気料金請求書の支払期日が7月1日金曜日だったことを再確認するために、電話している」と用件を述べた後、❷で延滞料金が発生していることを伝え、聞き手に料金の支払方法を案内している。電力会社をa utility company「公共サービスの会社」と表した(C)が正解。

(A) bank account「預金口座」について支払方法の説明の中で言及されているが、話し手の会社は銀行ではない。financial「金融の」、institution「機関」。
(B) lighting「照明」、fixture「(特に建物内の)設備」。

30 Look at the graphic. How much is the listener's late fee?

(A) $7.50
(B) $15.00
(C) $22.50
(D) $30.00

図を見てください。聞き手の延滞料金は幾らですか。

(A) 7.50ドル
(B) 15.00ドル
(C) 22.50ドル
(D) 30.00ドル

正解 B 話し手は、❷「あなたの支払いは期日を10日過ぎているので、延滞料金が請求残額に加算されている」と伝えている。延滞料金規定を示した表を見ると、Days Late「延滞日数」が10日の場合にかかるFee「料金」は$15.00とあるので、(B)が正解。

(A) 図より、5日の場合の延滞料金。
(C) 図より、15日の場合の延滞料金。
(D) 図より、20日の場合の延滞料金。

31 What must the listener provide to sign up for a service?

(A) Some contact information
(B) Some payment details
(C) An invoice number
(D) An identification card

聞き手はあるサービスに登録するために、何を提示しなくてはいけませんか。

(A) 連絡先の情報
(B) 支払いの情報
(C) 請求書番号
(D) 身元証明カード

正解 B 話し手は❸で、ウェブサイト上で提供している自動支払機能について言及し、❹「このサービスに登録すると、クレジットカードもしくは銀行口座の番号の提示を求められる」と伝えている。クレジットカードや銀行口座の番号をpayment details「支払いの情報」と表した(B)が正解。

(A) 連絡先は話し手が伝えている。contact「連絡」。
(C) invoice「請求書、送り状」。
(D) identification「身元証明書」。

Mini Test 1

→解答・解説は p.216

PART 1

Directions: For each question in this part, you will hear four statements about a picture in your test book. When you hear the statements, you must select the one statement that best describes what you see in the picture. Then find the number of the question on your answer sheet and mark your answer. The statements will not be printed in your test book and will be spoken only one time.

Statement (C), "They're sitting at a table," is the best description of the picture, so you should select answer (C) and mark it on your answer sheet.

1.

2.

Mini Test 2

PART 2

Directions: You will hear a question or statement and three responses spoken in English. They will not be printed in your test book and will be spoken only one time. Select the best response to the question or statement and mark the letter (A), (B), or (C) on your answer sheet.

3. Mark your answer on your answer sheet.

4. Mark your answer on your answer sheet.

5. Mark your answer on your answer sheet.

6. Mark your answer on your answer sheet.

7. Mark your answer on your answer sheet.

8. Mark your answer on your answer sheet.

9. Mark your answer on your answer sheet.

10. Mark your answer on your answer sheet.

PART 3

Directions: You will hear some conversations between two or more people. You will be asked to answer three questions about what the speakers say in each conversation. Select the best response to each question and mark the letter (A), (B), (C), or (D) on your answer sheet. The conversations will not be printed in your test book and will be spoken only one time.

11. Why is the man calling?
(A) To check the status of an order
(B) To provide an updated phone number
(C) To schedule a repair
(D) To inquire about a bill

12. What problem does the woman mention?
(A) An invoice is missing.
(B) A credit card payment was not received.
(C) An address was incorrect.
(D) A product is no longer in stock.

13. What does the woman offer to do?
(A) Talk to a supervisor
(B) Provide a refund
(C) Change a password
(D) Add product insurance

14. What is the topic of the conversation?
(A) A missing document
(B) An incorrect bill
(C) A vendor price list
(D) A building location

15. How does the woman help the man?
(A) By giving some driving directions
(B) By checking some tracking information
(C) By printing out a credit card statement
(D) By confirming an updated address

16. What will the man do next?
(A) Make a complaint
(B) Revise some contracts
(C) Open some mail
(D) Contact a client

17. Where is the conversation taking place?
(A) In a hotel
(B) In an airport
(C) At a rental car company
(D) At a travel agency

18. According to the woman, what will the men receive?
(A) A parking pass
(B) A travel guidebook
(C) A rental upgrade
(D) A discount voucher

19. What will the men most likely do next?
(A) Return to their workplace
(B) Change their hotel reservation
(C) Give a presentation
(D) Eat at a restaurant

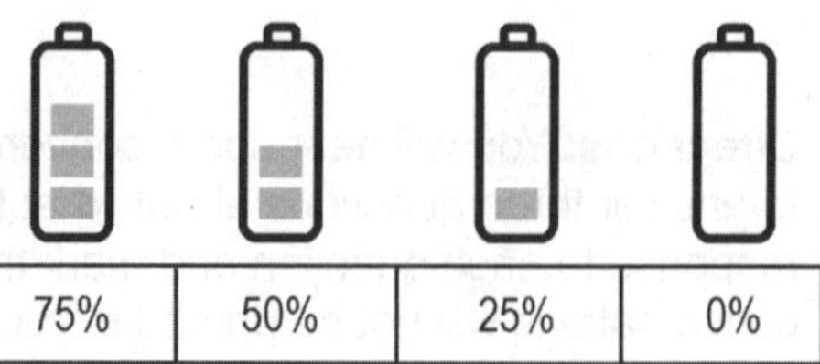

20. What event is taking place?
(A) A training session
(B) A job interview
(C) A management meeting
(D) An award ceremony

21. What does the man ask about?
(A) Experiment results
(B) Alternative power sources
(C) Additional order requests
(D) Different model types

22. Look at the graphic. According to the woman, how many bars will be displayed when the battery should be replaced?
(A) Three bars
(B) Two bars
(C) One bar
(D) Zero bars

PART 4

Directions: You will hear some talks given by a single speaker. You will be asked to answer three questions about what the speaker says in each talk. Select the best response to each question and mark the letter (A), (B), (C), or (D) on your answer sheet. The talks will not be printed in your test book and will be spoken only one time.

23. Where is the announcement taking place?

(A) At a shopping mall
(B) At a ski resort
(C) At a design company headquarters
(D) At a sports stadium

24. What does the speaker say will happen immediately after today's event?

(A) A famous athlete will speak.
(B) A contract will be signed.
(C) Trainers will provide consultations.
(D) Attendees will fill out a survey.

25. What does the speaker say about Urban Olympiad?

(A) It is now officially open.
(B) It is giving away free tickets.
(C) It has won an award.
(D) It has undergone a merger.

26. Why is the CEO coming for a visit?

(A) A project has been completed.
(B) A facility has been sold.
(C) A new manager has been hired.
(D) A sales record has been achieved.

27. Why does the speaker say, "this isn't a formal inspection"?

(A) To dispute a claim
(B) To reassure employees
(C) To acknowledge a positive result
(D) To question a procedure

28. What event have the listeners been invited to?

(A) A retirement party
(B) A groundbreaking ceremony
(C) A welcome reception
(D) A fashion show

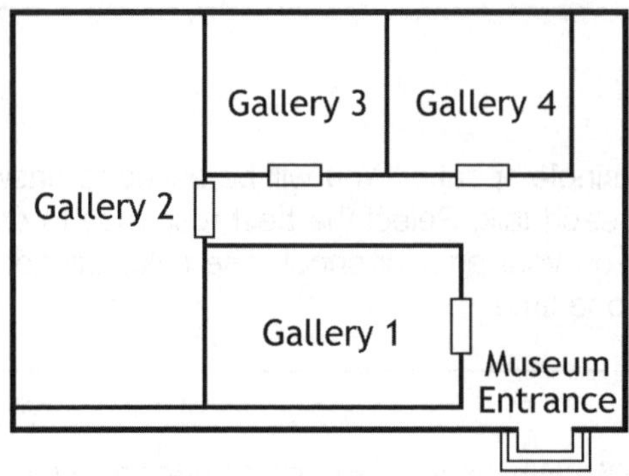

29. What did the listeners see on the tour?

(A) Sculptures
(B) Paintings
(C) Furniture
(D) Photographs

30. What does the guide recommend listeners do to learn more about the exhibit?

(A) Watch a film
(B) Attend a lecture
(C) Purchase a book
(D) Explore a Web site

31. Look at the graphic. In which room is the Native American pottery exhibit?

(A) Gallery 1
(B) Gallery 2
(C) Gallery 3
(D) Gallery 4

NO TEST MATERIAL ON THIS PAGE

正解一覧

PART 1	1 C	2 B										
PART 2	3 B	4 C	5 B	6 C	7 A	8 C	9 C	10 C				
PART 3	11 A	12 C	13 B	14 A	15 B	16 D	17 B	18 D	19 D	20 A	21 B	22 C
PART 4	23 A	24 C	25 A	26 A	27 B	28 C	29 B	30 C	31 A			

1 

2 

1 W

(A) One woman is looking in her bag.
(B) One woman is opening a notebook.
(C) One woman is standing next to her chair.
(D) One woman is rearranging the tables.

(A) 1人の女性が自分のバッグの中を見ている。
(B) 1人の女性がノートを開こうとしている。
(C) 1人の女性が椅子の隣に立っている。
(D) 1人の女性がテーブルを並べ替えている。

正解 C　1人の女性が、自分の椅子から立ち上がり、椅子の隣に立っている。next to ～「～の隣に」。
(A) バッグは写っていない。
(B) ノートはすでに開かれた状態でテーブルに置かれている。
(D) テーブルは写っているが、女性はそれらを並べ替えてはいない。rearrange「～を配置し直す」。

2 W

(A) A man is looking out a window.
(B) A man is sorting papers at a desk.
(C) Office furniture is being arranged in a circle.
(D) Filing cabinets are being moved into an office.

(A) 男性が窓の外を見ている。
(B) 男性が机で書類を分類している。
(C) オフィス家具が円形に並べられているところである。
(D) 書類整理棚がオフィスに運び込まれているところである。

正解 B　男性は机の上の書類を幾つかの束に分けて並べている。sort「～を分類する」。
(A) look out ～「～の外を見る」。
(C) 机や椅子などのオフィス家具は写っているが、それらを並べている様子はない。in a circle「円形に」。
(D) 棚は写っていない。filing cabinet「書類整理棚」。

3 W When is our business trip to Tokyo?
M (A) Please wait at the gate.
(B) Not until next month.
(C) A pharmaceutical company.

私たちの東京への出張はいつですか。
(A) 出入り口でお待ちください。
(B) 来月までありません。
(C) 製薬会社です。

正解 B When ～? で東京への出張の時期を尋ねているのに対し、「来月までない」とおおよその時期を答えている(B)が正解。business trip「出張」。
(A) 場所は尋ねられていない。gate「出入り口」。
(C) 取引先は尋ねられていない。pharmaceutical「製薬の」。

4 W Why don't you try restarting the computer?
M (A) The number for technical assistance.
(B) Depending on when it was finished.
(C) I already did that.

コンピューターを再起動してみてはどうですか。
(A) 技術サポートの電話番号です。
(B) それがいつ終了したかによります。
(C) すでにそうしました。

正解 C Why don't you ～? で「～してみてはどうか」と提案しているのに対し、「すでにそうした」と述べ、コンピューターの再起動はすでに試したことを伝えている(C)が正解。restart「～(コンピューターなど)を再起動する」。
(A) 質問にあるcomputerと関連しそうな名詞句technical assistance「技術サポート」があるが、電話番号については尋ねられていない。
(B) itが何を指すか不明で、意味が通らない。depending on ～「～によって」。

5 M Where would you recommend going for vegetarian food?
W (A) I received her supervisor's recommendation.
(B) There's a great place on Main Street.
(C) A reservation for twelve.

ベジタリアン料理を食べに行くにはどこがお薦めですか。
(A) 私は、彼女の上司の推薦状を受け取りました。
(B) 大通りに素晴らしい店がありますよ。
(C) 12名の予約です。

正解 B Where ～? で「ベジタリアン料理を食べに行くにはどこがお薦めか」と尋ねているのに対し、特定の場所にある店を推薦している(B)が正解。recommend *doing*「～することを勧める」、vegetarian「ベジタリアンの、菜食主義の」。
(A) 質問にあるrecommendの名詞形であるrecommendation「推薦状」があるが、herが誰を指すのか不明であり、応答になっていない。receive「～を受け取る」。
(C) 人数は尋ねられていない。reservation「予約」。

6 W Ms. Jones usually arrives at the office at seven forty-five, doesn't she?
M (A) For the transportation department.
(B) No, I ordered nine.
(C) Traffic's really heavy today.

Jonesさんは普段、7時45分にオフィスに到着しますよね?
(A) 運輸部にです。
(B) いいえ、私は9つ注文しました。
(C) 今日は交通がすごく混雑しているんですよ。

正解 C 肯定文の文末に ～, doesn't she? を付けて、オフィスに不在のJonesさんの普段の出社時刻を確認しているのに対し、「今日は交通がすごく混雑している」と応じて、Jonesさんが到着しないのは交通渋滞のせいではないかと示唆している(C)が応答として自然。traffic「交通量、交通」。
(A) 出勤先(の部署)は尋ねられていない。transportation「運輸」、department「部署」。
(B) 意味が通らない。

Mini Test 2

7 W Have you sent out the invitations to Mr. Ito's retirement party?

M (A) We never received the guest list.
(B) I'm planning on going, too.
(C) Outside of the conference center.

Itoさんの退職パーティーの招待状は発送しましたか。
(A) 私たちは招待客リストをまったく受け取っていません。
(B) 私も行く予定です。
(C) 会議場の外です。

正解 A　「Itoさんの退職パーティーの招待状は発送したか」という質問に対し、「私たちは招待客リストをまったく受け取っていない」と答え、自分たちは招待状の発送をしていないと示唆している(A)が正解。send out ～「～を発送する」、invitation「招待状」、retirement「退職」。
(B) 出欠の予定は尋ねられていない。plan on *doing*「～する予定である」。
(C) 場所については尋ねられていない。conference「会議」。

---

8 M Who do you think they'll pick for the new manager position?

W (A) Yes, they will very soon.
(B) A résumé and cover letter.
(C) Amal has the most experience.

彼らは誰を新しい部長職に選ぶと思いますか。
(A) はい、彼らは近々そうするでしょう。
(B) 履歴書とカバーレターです。
(C) Amalが最も経験豊富です。

正解 C　Who ～? で「彼らは誰を新しい部長職に選ぶと思うか」と尋ねているのに対し、「Amalが最も経験豊富だ」というコメントで具体的な候補者の名前を挙げている(C)が正解。pick ～ for …「～を…に選ぶ」、manager「部長」、position「職」。experience「経験」。
(A) 「誰」という質問にYes、Noでは答えない。
(B) 質問中のpositionに関連する名詞résumé「履歴書」やcover letter「カバーレター、添え状」があるが、質問に対する応答になっていない。

---

9 W How soon will I receive a response regarding my job application?

M (A) No, it's earlier in the day.
(B) Your log-in information.
(C) We'll call you next week.

私の求人応募に関するお返事はどのくらいすぐに頂けますか。
(A) いいえ、その日の早いうちにです。
(B) あなたのログイン情報です。
(C) 来週あなたにお電話いたします。

正解 C　How soon ～? で「私の求人応募に関する返事はどのくらいすぐにもらえるか」と尋ねているのに対し、「来週あなたに電話する」と返事の時期を具体的に答えている(C)が正解。response「返答」、regarding「～に関して」、application「応募」。
(A) 「どのくらいすぐに」と時期を尋ねる質問に対して、Yes、Noでは答えない。
(B) log-in「(登録アカウントなどへの) ログイン」。

---

10 M I can't reach that box on the top shelf.

W (A) Maybe it's in the mail room.
(B) No, I don't have enough space.
(C) There's a ladder in the closet.

あの棚の最上段にある箱に手が届きません。
(A) たぶん、それは郵便仕分け室にあります。
(B) いいえ、私には十分なスペースがありません。
(C) 収納室の中にはしごがありますよ。

正解 C　「あの棚の最上段にある箱に手が届かない」という発言に対し、「収納室の中にはしごがある」と箱を取るための道具の在りかを教えている(C)が、応答として自然。reach「～に手が届く」。ladder「はしご」。
(A) 意味が通らない。mail room「郵便仕分け室」。
(B) 何に対してNoと否定しているのか不明であり、応答になっていない。

Questions 11 through 13 refer to the following conversation.

M Hi, ❶I ordered a video camera from you a week ago and it hasn't arrived yet. The tracking number is 17965. ❷Could you find out what's happened to it?

W OK, let me check. ❸I can see from our database that a delivery was attempted yesterday, but it looks like the driver had the wrong address.

M But why didn't anyone try to call me? That's not very good customer service. You should have contacted me immediately to confirm my address.

W You're right, I apologize for that. Let me confirm your information now so I can reschedule the delivery. And ❹I'll refund the delivery fee to your credit card to compensate you for the inconvenience.

問題11-13は次の会話に関するものです。

もしもし、1週間前そちらにビデオカメラを注文したのですが、まだ届いていません。追跡番号は17965です。何が起こったのか調べていただけますか。

はい、確認させてください。弊社のデータベースによると、昨日配達を試みましたが、運転手が間違った住所を持っていたようです。

しかし、なぜ誰も私に電話しようとされなかったのでしょうか。それはあまり良い顧客サービスではありませんね。すぐ私に連絡して住所を確認してくだされればよかったのに。

おっしゃる通りです、それについておわびいたします。今すぐにお客さまの情報を確認させていただき、配達を再設定させてください。また、ご不便をお掛けしたことに対する埋め合わせとして、お客さまのクレジットカードに配達料金をご返金いたします。

11 Why is the man calling?

(A) To check the status of an order
(B) To provide an updated phone number
(C) To schedule a repair
(D) To inquire about a bill

男性はなぜ電話をかけていますか。

(A) 注文の状況を確認するため。
(B) 電話番号の変更を伝えるため。
(C) 修理の日時を予約するため。
(D) 請求書について問い合わせるため。

正解 A 男性は❶で、注文したビデオカメラが届いていないことを伝えてから、❷「何が起こったのか調べてもらえるか」と、配達状況の確認を女性に依頼している。よって、(A)が正解。status「状況」。
(B) update「～を最新のものにする」。
(C) repair「修理」。
(D) inquire about ～「～について尋ねる」、bill「請求書」。

12 What problem does the woman mention?

(A) An invoice is missing.
(B) A credit card payment was not received.
(C) An address was incorrect.
(D) A product is no longer in stock.

女性はどんな問題について述べていますか。

(A) 請求書が紛失している。
(B) クレジットカードの支払いが受領されなかった。
(C) 住所が正しくなかった。
(D) 製品の在庫がもうない。

正解 C 男性の注文したビデオカメラの配達状況の確認を依頼された女性は、❸「データベースによると、昨日配達をしようとしたが、運転手が間違った住所を持っていたようだ」と男性に伝えている。よって、「住所が正しくなかった」という(C)が正解。incorrect「正しくない、不正確な」。
(A) invoice「請求書、送り状」、missing「紛失して」。
(B) payment「支払い」。
(D) in stock「在庫があって」。

13 What does the woman offer to do?

(A) Talk to a supervisor
(B) Provide a refund
(C) Change a password
(D) Add product insurance

女性は何をすることを申し出ていますか。

(A) 上司と話す。
(B) 返金を行う。
(C) パスワードを変更する。
(D) 製品保証を追加する。

正解 B 女性は会社の対応の不備について謝罪した後、❹「不便を掛けたことに対する埋め合わせとして、お客さまのクレジットカードに配達料金を返金する」と男性に申し出ている。よって、(B)が正解。
(A) (C) (D) いずれも会話内で言及はない。
(A) supervisor「上司、管理者、監督者」。
(D) add「～を追加する」、insurance「保険」。

語注

tracking number 追跡番号　attempt ～を試みる　confirm ～を確認する　apologize for ～ ～について謝罪する
refund 払い戻す　fee 料金　compensate ～ for … ～に…に対して補償をする　inconvenience 不便さ

Questions 14 through 16 refer to the following conversation.

問題14-16は次の会話に関するものです。

M Teresa, ❶I got a call from a client saying that the real estate contract I asked you to mail last week never reached him.

Teresa、顧客から、先週あなたに郵送をお願いした不動産契約書がまだ届いていないという電話がありました。

W Oh… The contract for the Mercer Building?

あら…Mercerビルの契約書でしょうか。

M Yeah, that's the one. ❷Is there a way to check if the postal service delivered it?

はい、それです。郵便局がそれを配達したかどうか確認する方法はありますか。

W ❸Sure, I still have the receipt with the tracking number on it. Let me pull up the record…

もちろんです、追跡番号が書かれている領収書をまだ持っています。その記録を出してみます…

M Great. Thanks.

よかったです。よろしくお願いします。

W Hmm… ❹It looks like it got there on Monday morning. Someone named John Gruban signed for it.

ええと…月曜日の午前に先方に届いているようですね。John Grubanという方が署名をして受け取っています。

M Ah, at least we know it arrived. ❺I'll get back to the client now with this information.

ああ、少なくとも配達済みだと分かりますね。今から顧客に折り返し連絡して、この情報を伝えます。

14 What is the topic of the conversation?

(A) A missing document
(B) An incorrect bill
(C) A vendor price list
(D) A building location

会話の主題は何ですか。

(A) 行方の分からない書類
(B) 間違った請求書
(C) 販売業者の価格表
(D) 建物の所在地

正解 A ❶、❷で、不動産契約書が届いていないという連絡を顧客から受けたので配達状況を確認する方法はあるかと尋ねる男性に対し、女性は❸、❹で配達状況を調べ、月曜の午前に先方に届いているという追跡結果を伝えている。これらのことから、話題は契約書の行方についてだと判断できる。(A) が正解。missing「行方不明の、紛失した」、document「文書」。
(B) incorrect「間違った、正しくない」、bill「請求書」。
(D) location「所在地」。

15 How does the woman help the man?

(A) By giving some driving directions
(B) By checking some tracking information
(C) By printing out a credit card statement
(D) By confirming an updated address

女性はどのようにして男性を手伝っていますか。

(A) 車での行き方を教えることによって。
(B) 追跡情報を調べることによって。
(C) クレジットカードの明細を印刷することによって。
(D) 最新の住所を確認することによって。

正解 B 男性は❷で、郵便局が契約書を配達したかどうか確認する方法があるかと女性に尋ねている。それに対し女性は❸で、追跡番号が書かれた領収書があると述べ、「記録を出してみる」と言った後で、❹で郵便物の追跡結果を伝えている。よって、(B) が正解。tracking「追跡」。
(A) directions「〈複数形で〉道順」。
(C) print out ～「～を印刷する」、statement「明細」。
(D) 住所についての言及はない。confirm「～を確認する」、update「～を最新のものにする」。

16 What will the man do next?

(A) Make a complaint
(B) Revise some contracts
(C) Open some mail
(D) Contact a client

男性は次に何をしますか。

(A) 苦情を言う。
(B) 幾つかの契約書を訂正する。
(C) 郵便物を開封する。
(D) 顧客に連絡を取る。

正解 D 女性から郵便物の到着日と受け取った人の名前を伝えられた男性は、❺「今から顧客に折り返し連絡して、この情報を伝える」と述べている。よって、男性は次に顧客に連絡を取ると考えられる。(D) が正解。
(A) make a complaint「苦情を言う」。
(B) 契約書について会話をしているが、訂正については言及がない。revise「～を訂正する」。
(C) mail「郵便物」。

語注

real estate 不動産　contract 契約書、契約　mail ～を郵送する　way 方法　deliver ～を配達する
receipt 領収書　tracking number 追跡番号　pull up ～ ～(情報)を引き出す　It looks like ～ ～のように見える
sign for ～ ～を署名して受け取る　get back to ～ ～に折り返し連絡する

Questions 17 through 19 refer to the following conversation with three speakers.

問題17-19は3人の話し手による次の会話に関するものです。

M Excuse me. ❶My colleague and I heard your announcement over the airport loudspeakers—you're looking for passengers to volunteer to take a later flight to Dallas?

すみません。同僚と、空港のスピーカーからアナウンスを聞いたのですが——ダラス行きの遅い便に搭乗してくれる乗客をお探しなのですか。

W Yes, this flight is overbooked, so ❷if you don't mind departing at seven o'clock tonight, I can give you a voucher for three hundred dollars off a future flight.

はい、この便は予約超過なので、もしお客さま方が今夜7時の出発でお差し支えなければ、今後の便で300ドル引きになるクーポンをお渡しできますが。

M Well, since our meeting isn't until tomorrow, ❸I wouldn't mind getting the discount coupon. Roger, what do you think?

そうですね、私たちの会議は明日なので、その割引クーポンを頂いても構いませんよ。Roger、どう思いますか。

M ❹That's fine with me. ❺We can just go have dinner while we wait.

私はそれで結構ですよ。待っている間に夕食を食べに行けますから。

W ❻I'd recommend the Italian restaurant in concourse B—the food's pretty good there. Plus, they have comfortable seating.

コンコースBのイタリア料理店をお勧めいたします——そちらのお料理はとてもおいしいです。それに、お席も快適ですよ。

17 Where is the conversation taking place?

(A) In a hotel
(B) In an airport
(C) At a rental car company
(D) At a travel agency

この会話はどこで行われていますか。

(A) ホテル
(B) 空港
(C) レンタカー会社
(D) 旅行代理店

正解 B　1人目の男性が❶で、空港のアナウンスを聞いたと述べ、ダラス行きの遅い便に搭乗してもいい乗客を探しているのかと、女性に確認し、その後も便の変更についての会話が続いている。また、❻で女性がコンコースBのイタリア料理店を男性たちに勧めていることからも、会話は空港で行われていると判断できる。

18 According to the woman, what will the men receive?

(A) A parking pass
(B) A travel guidebook
(C) A rental upgrade
(D) A discount voucher

女性によると、男性たちは何を受け取りますか。

(A) 駐車券
(B) 旅行ガイドブック
(C) レンタル品のグレードアップ
(D) 割引券

正解 D　遅い便への搭乗を引き受けてくれる乗客に対するお礼として、女性は❷で「今後の便で300ドル引きになるクーポンを渡す」と述べ、男性たちは❸、❹でそのクーポンを受け取ることを了承している。(D)が正解。
(B) guidebook「ガイドブック」。
(C) rental「レンタルの」、upgrade「グレードアップ、格上げ」。

19 What will the men most likely do next?

(A) Return to their workplace
(B) Change their hotel reservation
(C) Give a presentation
(D) Eat at a restaurant

男性たちは次に何をすると考えられますか。

(A) 職場に戻る。
(B) ホテルの予約を変更する。
(C) 発表をする。
(D) レストランで食事をする。

正解 D　❸、❹で男性たちが遅い便への変更を了承した後、2人目の男性は、❺「待っている間に夕食を食べに行ける」と述べている。また、女性が❻で、空港内のレストランを勧めていることから、男性たちはこれから、レストランで食事をすると考えられる。
(A) workplace「職場」。
(B) reservation「予約」。
(C) presentation「発表、プレゼンテーション」。

語注

over　～を通じて　loudspeaker　（館内放送などに使う）スピーカー　volunteer to *do*　～することを進んで引き受ける
overbook　定員より多い予約を取る　not mind *doing*　～しても構わない　depart　出発する　voucher　クーポン、引換券
recommend　～を勧める　concourse　（空港や駅などの）コンコース　seating　座席、座席配置

Mini Test 2

Questions 20 through 22 refer to the following conversation and picture.

問題20-22は次の会話と図に関するものです。

W ❶Today, for your laboratory technician training, we'll discuss monitoring the thermostat batteries. If the power's too low, we won't know the exact temperature of the equipment.

本日の研究所技術者研修では、サーモスタットのバッテリーの監視についてご説明します。その電力が低過ぎると、私たちは機器の正確な温度が分からなくなってしまいます。

M ❷Do the thermostats in the lab have spare batteries or a backup power source just in case?

研究所のサーモスタットには、万が一に備えて、予備のバッテリーか予備電源があるのでしょうか。

W No, there's no backup. You'll need to monitor the battery closely. Always check the display screen.

いいえ、予備はありません。バッテリーをしっかり監視する必要があります。常に表示画面を確認してください。

M ❸When do I change the batteries?

いつバッテリー交換をすればいいのですか。

W ❹In your trainee manual, you can see how the battery-power levels will appear on the display. ❺Replace batteries when they reach twenty-five percent. We don't want to replace them any earlier than we have to, but we can't wait until they run out or we may lose valuable data.

お手元の研修生マニュアルで、バッテリーの電力レベルが画面上でどう表示されるかを見ることができます。レベルが25パーセントに達したら、バッテリーを交換してください。必要以上に早い交換は望ましくありませんが、バッテリー切れまでは待てません、さもなければ貴重なデータを失ってしまうかもしれません。

Battery Power Level Display

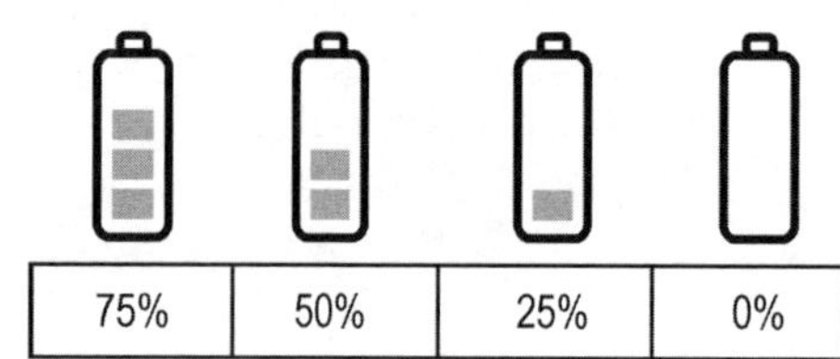

バッテリーの残量表示

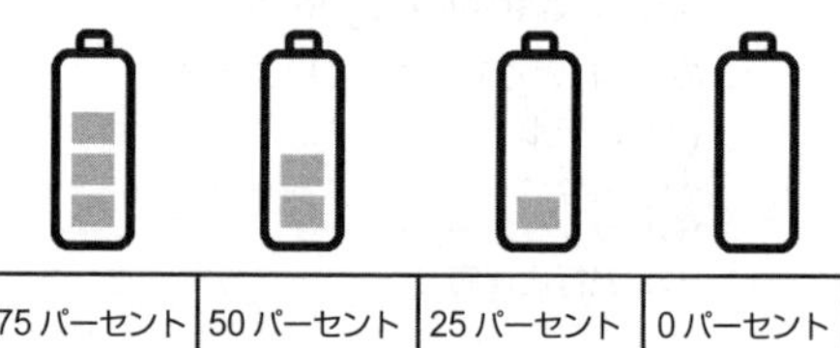

語注

laboratory 研究所 ★省略形はlab　technician 技術者　training 研修　monitor ～を監視する
thermostat サーモスタット ★温度自動調整器のこと　battery バッテリー、電池　power 電力　exact 正確な
equipment 機器　spare 予備の　backup 予備　power source 電源　just in case 万が一に備えて
closely しっかり、注意深く　display screen 表示画面　trainee 研修生　appear 表示される
replace ～を交換する　any 〈否定文で〉少しでも　run out (電池などが)切れる　valuable 重要な

20 What event is taking place?

(A) A training session
(B) A job interview
(C) A management meeting
(D) An award ceremony

どんなイベントが開かれていますか。

(A) 研修会
(B) 仕事の面接
(C) 経営会議
(D) 授賞式

正解 A 女性は❶で、「本日の研究所技術者研修では、サーモスタットのバッテリーの監視について説明する」と研修のテーマを述べている。さらに、❹で trainee manual「研修生マニュアル」を用いて話している。よって、(A) が正解。
(B) (C) (D) いずれも会話内で言及はない。
(B) interview「面接」。
(C) management「経営」。
(D) award ceremony「授賞式」。

21 What does the man ask about?

(A) Experiment results
(B) Alternative power sources
(C) Additional order requests
(D) Different model types

男性は何について尋ねていますか。

(A) 実験の結果
(B) 代替電源
(C) 追加注文の依頼
(D) 別のモデルの種類

正解 B 男性が❷で、「研究所のサーモスタットには、万が一に備えて、予備のバッテリーか予備電源があるのか」と尋ねているのに対し、女性は No と否定し、バッテリーの監視の重要性を述べている。予備のバッテリーと予備電源のことを alternative power sources と表した (B) が正解。alternative「代わりの」。
(A) experiment「実験」、result「結果」。
(C) additional「追加の」。

22 Look at the graphic. According to the woman, how many bars will be displayed when the battery should be replaced?

(A) Three bars
(B) Two bars
(C) One bar
(D) Zero bars

図を見てください。女性によると、バッテリーが交換されるべきとき、残量バーは何本表示されますか。

(A) 3本
(B) 2本
(C) 1本
(D) 0本

正解 C 男性が❸で、バッテリー交換の時期を尋ねると、女性は❹で、バッテリーの電力レベルが画面上でどう表示されるかを研修生マニュアルで見ることができると答えた後、❺「レベルが 25 パーセントに達したら、バッテリーを交換してほしい」と述べている。図を見ると、バッテリーの電力レベルが 25 パーセントのとき、残量バーは 1 本表示されると分かるので、(C) が正解。bar「バー、棒」、display「～を表示する」。
(A) 図より、75 パーセントのときの本数。
(B) 図より、50 パーセントのときの本数。
(D) 図より、0 パーセントのときの本数。

Mini Test 2

Questions 23 through 25 refer to the following announcement.

M

❶Good afternoon mall patrons. ❷I'd like to direct your attention to the center court of our shopping mall today. ❸In just fifteen minutes, we're inviting you to join us there for a high-energy "Fitness Meets Fashion" show. We'll be showcasing a variety of looks for winter athletic apparel from different stores here in the mall. ❹After the show, there'll be physical trainers on hand for those who have questions about winter gear and how to train outdoors during the cold weather. And ❺one of the clothing companies participating, Urban Olympiad, has just set up a new store on the ground floor. ❻They've opened their doors for the first time today.

問題23-25は次のお知らせに関するものです。

こんにちは、当ショッピングモールをご利用の皆さま。本日は当ショッピングモールの中央広場にご注目いただきたいと思います。ほんの15分後、そこで行われるエネルギーいっぱいの『フィットネスとファッションの融合』ショーにぜひご参加ください。当モール内のさまざまな店舗から冬季スポーツ用衣料の幅広いスタイルをご披露する予定です。ショーの後には、冬の装備や寒い天候時に屋外でトレーニングする方法に関してお尋ねになりたい方々のために、フィジカルトレーナーがその場に待機しています。そして、協賛衣料品会社の1つUrban Olympiadはつい先ごろ1階に新しい店舗を構えました。同店は本日が営業初日となります。

23 Where is the announcement taking place?

(A) At a shopping mall
(B) At a ski resort
(C) At a design company headquarters
(D) At a sports stadium

お知らせはどこで行われていますか。

(A) ショッピングモール
(B) スキーリゾート
(C) デザイン会社の本社
(D) 競技場

正解 A　話し手は❶でショッピングモールの利用客に呼び掛けた後、❷でモールの中央広場に注目してほしいと述べ、続けて❸で15分後にそこで行われるショーへの参加を勧めている。よって、(A)が正解。
(B) resort「リゾート、行楽地」。
(C) headquarters「〈複数形で〉本社」。

24 What does the speaker say will happen immediately after today's event?

(A) A famous athlete will speak.
(B) A contract will be signed.
(C) Trainers will provide consultations.
(D) Attendees will fill out a survey.

話し手は、今日のイベントの直後に何が起こると言っていますか。

(A) 有名な運動選手が話をする。
(B) 契約書が署名される。
(C) トレーナーが相談に応じる。
(D) 来場者が調査票に記入する。

正解 C　話し手は❹で「ショーの後には、冬の装備や寒い天候時に屋外でトレーニングする方法に関してお尋ねになりたい方々のために、フィジカルトレーナーがその場に待機している」と案内している。(C)が正解。immediately「すぐに」。consultation「相談」。
(A) athlete「運動選手」。
(B) contract「契約書」、sign「署名する」。
(D) attendee「出席者」、fill out ～「～(用紙など)に書き込む」、survey「調査票」。

25 What does the speaker say about Urban Olympiad?

(A) It is now officially open.
(B) It is giving away free tickets.
(C) It has won an award.
(D) It has undergone a merger.

話し手はUrban Olympiadについて何と言っていますか。

(A) 現在、正式に開店している。
(B) 無料のチケットを配っている。
(C) 賞を獲得した。
(D) 合併を経ている。

正解 A　話し手は、❺「協賛衣料品会社の1つであるUrban Olympiadはちょうど、1階に新しい店舗を構えた」と述べ、続けて❻で「同店は本日が営業初日となる」と説明しているので、Urban Olympiadの店舗はモール内で現在開店している。(A)が正解。officially「正式に」。
(B) give away ～「～を配る」、free「無料の」。
(C) award「賞」。
(D) undergo「～を経験する」、merger「合併」。

語注

patron　利用客、常連客　direct ～ to …　～を…に向ける　court　中庭　high-energy　活気にあふれた
showcase　～を披露する　look　流行の型　athletic　運動競技の　apparel　衣服　on hand　その場に待機して
gear　装備、用具　train　トレーニングする　set up ～　～を設立する　ground floor　〈イギリス英語で〉1階

Questions 26 through 28 refer to the following excerpt from a meeting.

問題26-28は次の会議の抜粋に関するものです。

M

Before we end today's managers' meeting, I have an important announcement. I just learned that Marta Mitchell, our chief executive officer, will be visiting next Wednesday. As you know, ❶the large remodeling project that we've just completed was part of a corporate program to update all the department stores in the chain. ❷The CEO has been visiting the renovated stores, and we're next on her list. Now, this isn't a formal inspection, so ❸no special preparations are required. ❹There'll be a luncheon for Ms. Mitchell that day, and it'd be great if you could come and give her a warm welcome. Please let me know your availability by Friday.

本日の部長会議を終える前に、重要なお知らせがあります。つい先ほど知ったのですが、当社の最高経営責任者であるMarta Mitchellが今度の水曜日に来店する予定です。ご存じのように、当店が完了したばかりの大規模な改装プロジェクトは、チェーンのデパート全店を刷新するという全社計画の一環でした。CEOは改装済みの店舗をこれまで訪問してきており、当店が彼女の訪問リストの次に載っています。さて、これは正式な視察ではないので、特別な準備は必要ありません。当日はMitchellさんのために昼食会が予定されているので、皆さんにはご参加の上、彼女を温かく迎えていただけるとありがたいです。金曜日までに皆さんのご都合をお知らせください。

26 Why is the CEO coming for a visit?

(A) A project has been completed.
(B) A facility has been sold.
(C) A new manager has been hired.
(D) A sales record has been achieved.

CEOはなぜ来訪するのですか。

(A) プロジェクトが完了したから。
(B) 施設が売却されたから。
(C) 新しい部長が雇用されたから。
(D) 売り上げの最高記録が達成されたから。

正解 A　話し手はCEOの訪問予定を伝えた後、❶で、店舗の改装プロジェクトは全社計画の一環だったと述べ、続けて❷「CEOは改装済みの店舗をこれまで訪問してきており、当店が彼女の訪問リストの次に載っている」と説明している。よって、CEOは店舗の改装プロジェクトが完了したため来訪すると分かる。
(B) facility「施設」。
(C) 雇用については言及がない。hire「～を雇う」。
(D) record「最高記録」、achieve「～を達成する」。

27 Why does the speaker say, "this isn't a formal inspection"?

(A) To dispute a claim
(B) To reassure employees
(C) To acknowledge a positive result
(D) To question a procedure

話し手はなぜ"this isn't a formal inspection"と言っていますか。

(A) 主張に異議を唱えるため。
(B) 従業員を安心させるため。
(C) 肯定的な結果を認めるため。
(D) 手続きに疑問を呈するため。

正解 B　話し手は、CEOの訪問をthisで受けて、下線部の発言をし、❸で特別な準備は不要と伝えている。さらに❹で昼食会への参加を呼び掛けていることからも、話し手は従業員を安心させようとしていると分かる。reassure「～を安心させる」。
(A) dispute「～に異議を唱える」、claim「主張」。
(C) acknowledge「～を認める」、positive「肯定的な」、result「結果」。
(D) question「～に疑問を呈する」、procedure「手続き」。

28 What event have the listeners been invited to?

(A) A retirement party
(B) A groundbreaking ceremony
(C) A welcome reception
(D) A fashion show

聞き手はどんなイベントに招待されていますか。

(A) 退職記念パーティー
(B) 起工式
(C) 歓迎会
(D) ファッションショー

正解 C　話し手は聞き手の従業員たちに❹で、CEOのMitchellさんのために予定されている昼食会に参加するよう勧め、「彼女を温かく迎えてもらえるとありがたい」と述べている。歓迎のための昼食会をA welcome reception「歓迎会」と表した(C)が正解。
(A) retirement「退職」。
(B) groundbreaking「起工、着工」。

語注

learn ～を知る　chief executive officer 最高経営責任者 ★略語はCEO　remodel ～を改装する
update ～を最新にする　renovate ～を改装する　inspection 視察、検査　availability 予定の空き具合

Mini Test 2

Questions 29 through 31 refer to the following tour information and floor plan.

M

And ❶that concludes the tour of the museum's collection of watercolor paintings. ❷If you'd like to learn more about the exhibit, we have an excellent book in the gift shop. ❸I highly recommend you stop by and get this book, titled *Watercolor Paintings*. Now that we're done with the tour, you're welcome to continue exploring our exhibits on your own. There's a map of the museum at the entrance for your convenience. ❹You won't want to miss the exhibit of Native American pottery in our temporary exhibits gallery. ❺It's the one located next to the entrance of the museum. This exhibit will only be here for two more weeks.

問題29-31は次のツアー案内と見取り図に関するものです。

さて、そちらで当美術館の水彩画コレクションのツアーは終了です。この展示についてもっとお知りになりたければ、ギフトショップに素晴らしい本をご用意しています。ぜひお立ち寄りになり、『水彩画』という題名のこの本をご購入ください。これでツアーは終わりですので、どうぞご自身で自由に展示品の鑑賞をお続けください。ご参考までに、入り口に館内の地図がございます。期間限定の展示ギャラリーにあるアメリカ先住民による陶器の展示は見逃せませんよ。美術館の入り口の隣にあるギャラリーです。この展示は、当館ではあともう2週間だけです。

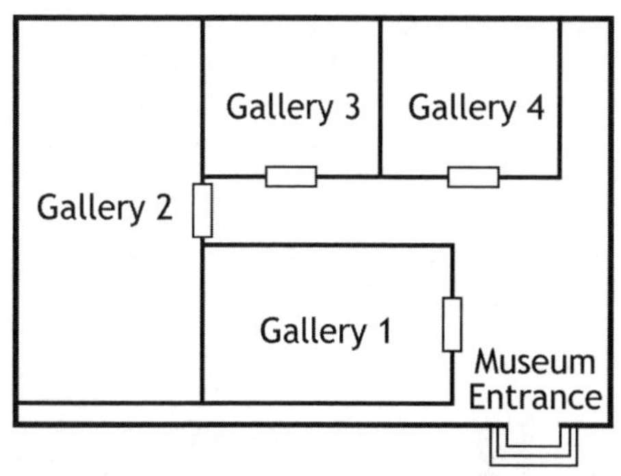

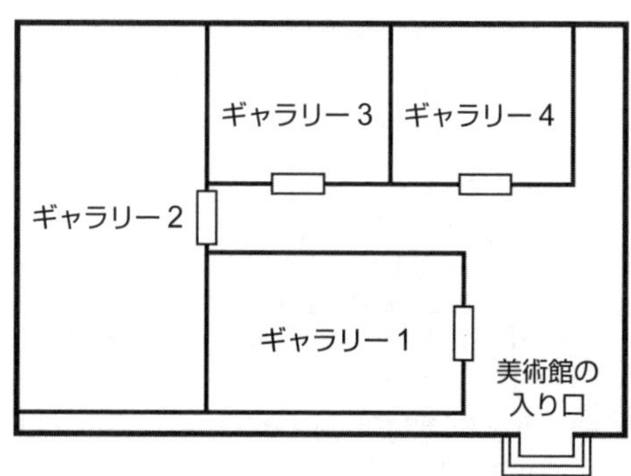

語注

floor plan 見取り図　conclude ～を終える　watercolor painting 水彩画　exhibit 展覧会、展示
highly 非常に　recommend ～に勧める　stop by 立ち寄る　title ～ … ～を…と呼ぶ、～（本など）に表題を付ける
now that ～ 今や～だから　be done with ～ ～を終えている　be welcome to *do* 自由に～してもよい
continue *doing* ～することを続ける　explore ～を見て回る、～を探検する　on *one's* own 自分自身で、単独で
entrance 入り口　for *one's* convenience ～の便宜のため　miss ～を見逃す　Native American アメリカ先住民
pottery 陶器類　temporary 一時的な　gallery ギャラリー、展示室　(be) located 位置する

29 What did the listeners see on the tour?

(A) Sculptures
(B) Paintings
(C) Furniture
(D) Photographs

聞き手はツアーで何を見ましたか。

(A) 彫刻品
(B) 絵画
(C) 家具
(D) 写真

正解 B 話し手は聞き手に、❶「そちらで当美術館の水彩画コレクションのツアーは終了だ」と述べている。よって、聞き手は美術館のツアーで水彩画を見たと分かる。(B) Paintings「絵画」が正解。
(A) sculpture「彫刻」。
(C) furniture「〈集合的に〉家具」。

30 What does the guide recommend listeners do to learn more about the exhibit?

(A) Watch a film
(B) Attend a lecture
(C) Purchase a book
(D) Explore a Web site

ガイドは、展示についてもっと知るために聞き手に何をするよう勧めていますか。

(A) 映画を見る。
(B) 講義に出席する。
(C) 本を購入する。
(D) ウェブサイトを見て回る。

正解 C 話し手は、❷「展覧会についてもっと知りたければ、ギフトショップに素晴らしい本を用意している」と本について言及した後、❸「ぜひ立ち寄って、『水彩画』という題名のこの本を購入してほしい」と、本の購入を聞き手に勧めている。よって、(C) が正解。purchase「～を購入する」。
(B) lecture「講義」。
(D) ガイドは、ウェブサイトではなく、館内で展示品を独自に見て回るよう案内している。

31 Look at the graphic. In which room is the Native American pottery exhibit?

(A) Gallery 1
(B) Gallery 2
(C) Gallery 3
(D) Gallery 4

図を見てください。アメリカ先住民の陶器の展示は、どの部屋で行われていますか。

(A) ギャラリー1
(B) ギャラリー2
(C) ギャラリー3
(D) ギャラリー4

正解 A 話し手は❹で、期間限定の展示ギャラリーにある、アメリカ先住民による陶器の展示について言及した後、❺「美術館の入り口の隣にあるギャラリーだ」と説明している。見取り図を見ると、美術館の入り口の隣にあるのは Gallery 1 なので、(A) が正解。

Mini Test 2

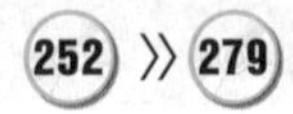

→解答・解説は p.236

PART 1

Directions: For each question in this part, you will hear four statements about a picture in your test book. When you hear the statements, you must select the one statement that best describes what you see in the picture. Then find the number of the question on your answer sheet and mark your answer. The statements will not be printed in your test book and will be spoken only one time.

Statement (C), “They're sitting at a table,” is the best description of the picture, so you should select answer (C) and mark it on your answer sheet.

1.

2.

Mini Test 3

→

PART 2

Directions: You will hear a question or statement and three responses spoken in English. They will not be printed in your test book and will be spoken only one time. Select the best response to the question or statement and mark the letter (A), (B), or (C) on your answer sheet.

3. Mark your answer on your answer sheet.
4. Mark your answer on your answer sheet.
5. Mark your answer on your answer sheet.
6. Mark your answer on your answer sheet.
7. Mark your answer on your answer sheet.
8. Mark your answer on your answer sheet.
9. Mark your answer on your answer sheet.
10. Mark your answer on your answer sheet.

PART 3

Directions: You will hear some conversations between two or more people. You will be asked to answer three questions about what the speakers say in each conversation. Select the best response to each question and mark the letter (A), (B), (C), or (D) on your answer sheet. The conversations will not be printed in your test book and will be spoken only one time.

11. What are the speakers mainly discussing?
- (A) A magazine article
- (B) A printed advertisement
- (C) A musical performance
- (D) A press conference

12. What does the man ask about?
- (A) Leaving work early
- (B) Canceling a project
- (C) Changing a deadline
- (D) Purchasing a camera

13. What does the man plan to do on Saturday?
- (A) Travel to a conference
- (B) Participate in a research study
- (C) Meet a colleague at the office
- (D) Take some photographs

14. Where do the speakers most likely work?
- (A) In a bakery
- (B) In an appliance store
- (C) At a warehouse
- (D) At a construction site

15. What problem does the man mention?
- (A) An employee was late to work.
- (B) A machine was not working properly.
- (C) A shipment was lost.
- (D) A customer was not satisfied.

16. What will happen at noon?
- (A) A repair person will arrive.
- (B) A display will be set up.
- (C) A business will close.
- (D) An order will be delivered.

17. Why is the woman meeting with Mr. Mitra?
(A) To conduct an interview
(B) To sell a product
(C) To plan a renovation
(D) To view an apartment

18. What does the woman agree to do?
(A) Provide an address
(B) Sign in for a visit
(C) Check the cost of a project
(D) Take an informational pamphlet

19. Why does Mr. Mitra apologize?
(A) He forgot the woman's name.
(B) He is unfamiliar with a publication.
(C) He misplaced a key.
(D) He will be late for a meeting.

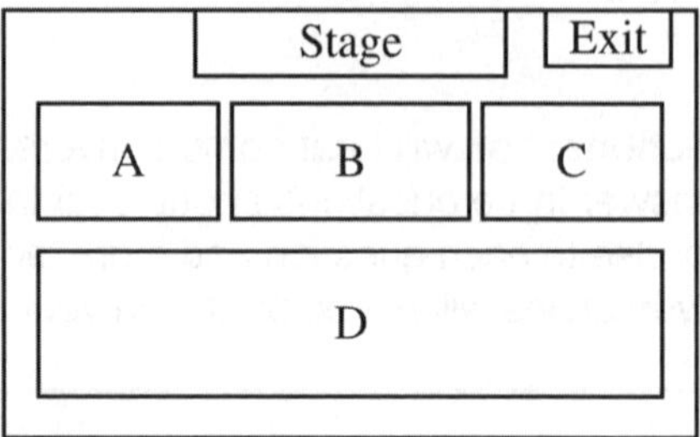

20. What are the speakers planning to attend?
(A) A play
(B) A concert
(C) A lecture series
(D) An awards ceremony

21. Look at the graphic. Where will the speakers sit?
(A) Section A
(B) Section B
(C) Section C
(D) Section D

22. What does the man suggest doing?
(A) Printing out directions
(B) Looking for a lower price
(C) Inviting another colleague
(D) Taking public transportation

PART 4

Directions: You will hear some talks given by a single speaker. You will be asked to answer three questions about what the speaker says in each talk. Select the best response to each question and mark the letter (A), (B), (C), or (D) on your answer sheet. The talks will not be printed in your test book and will be spoken only one time.

23. What is the news report about?

(A) A celebrity's cookbook
(B) A new local restaurant
(C) Organic vegetable gardening
(D) Healthy eating habits

24. What does Kevin Lee recommend that people should do?

(A) Prepare meals at home
(B) Purchase special equipment
(C) Take a cooking class
(D) Download an electronic book

25. According to the speaker, what can listeners do on a Web site?

(A) Make a reservation
(B) Post a comment
(C) Read survey questions
(D) Register for a subscription

---

26. What did the *Newville Times* recently do?

(A) It printed advertisements in color.
(B) It reduced the subscription fee.
(C) It announced award winners.
(D) It merged with another newspaper.

27. What does the speaker imply when he says, "there's a new moving company opening soon in the city"?

(A) A branch location will be built.
(B) Competition for customers will increase.
(C) More people will move to the area.
(D) Road traffic will worsen.

28. What has the business bought recently?

(A) Vehicles
(B) Cleaning equipment
(C) Office furniture
(D) Computers

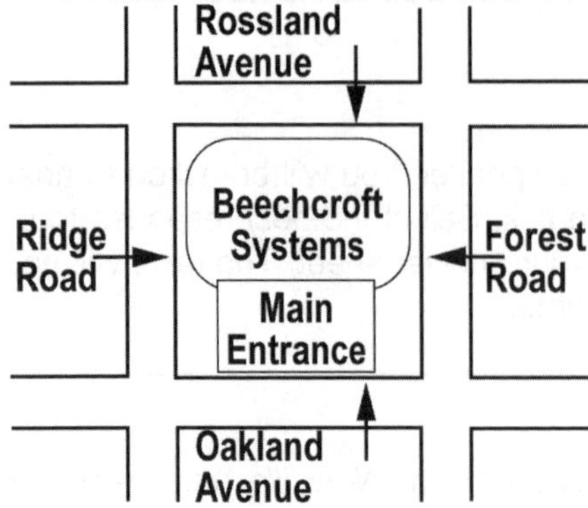

29. What will take place tomorrow morning?

(A) Some road construction
(B) A competition
(C) A street fair
(D) Employee training

30. Look at the graphic. Which street will be closed?

(A) Rossland Avenue
(B) Forest Road
(C) Oakland Avenue
(D) Ridge Road

31. What does the speaker suggest?

(A) Arriving at the office in the afternoon
(B) Participating in a company event
(C) Studying some materials
(D) Allowing extra time for travel

NO TEST MATERIAL ON THIS PAGE

正解一覧

PART 1	1 A	2 D									
PART 2	3 B	4 B	5 B	6 A	7 B	8 C	9 B	10 B			
PART 3	11 A	12 C	13 D	14 A	15 B	16 D	17 A	18 B	19 D	20 A	21 C	22 D
PART 4	23 D	24 A	25 C	26 C	27 B	28 A	29 B	30 C	31 D			

1

2

1 M

(A) She's reaching over a desk.
(B) She's opening a book.
(C) She's organizing some papers.
(D) She's turning on a lamp.

(A) 彼女は机の向こうに手を伸ばしている。
(B) 彼女は本を開こうとしている。
(C) 彼女は書類を整理している。
(D) 彼女は照明器具のスイッチを入れようとしている。

正解 A　女性は机の向こう側にある本棚の本に手を伸ばしている。reach「(手や腕を)差し伸べる」。
(B) 女性は本の背表紙をつかんでいて、それを開こうとはしていない。
(C) 机の上に書類が写っているが、女性はそれを整理してはいない。organize「～を整理する」。
(D) 照明器具は写っているが、すでに明かりがともっている。turn on ～「～(電源・スイッチなど)を入れる」。

2 W

(A) One of the women is giving a presentation.
(B) One of the women is drinking coffee.
(C) Some books are packed in boxes.
(D) Some books are spread out on a counter.

(A) 女性の1人が発表をしている。
(B) 女性の1人がコーヒーを飲んでいる。
(C) 複数の箱に何冊かの本が詰められている。
(D) カウンターに何冊かの本が散らばっている。

正解 D　カウンターの上に何冊かの本が散らばって置かれている。spread out「～をまき散らす、～を広げる」。
(A) どちらの女性も発表はしていない。give a presentation「発表をする」。
(B) 女性たちはコーヒーを飲んではいない。
(C) 複数の本が写っているが、それらは箱に詰められていない。pack「～を詰める」。

3 M Where did the company president decide to open a new branch?

W (A) Sales were high.
(B) In New Delhi.
(C) On November twenty-ninth.

社長は新しい支店をどこに開設することに決めたのですか。
(A) 売上高は高かったです。
(B) ニューデリーです。
(C) 11月29日です。

正解 B Where ～? で「社長は新しい支店をどこに開設することに決めたのか」と場所を尋ねているのに対し、「ニューデリーだ」と具体的な都市名を答えている(B)が正解。president「社長」、decide to *do*「～することに決める」、branch「支店」。
(A) 売上高については尋ねられていない。sales「〈複数形で〉売上高」。
(C) 日付については尋ねられていない。

4 M When did you send the blueprints for the building?

W (A) Seven extra copies.
(B) Earlier this week.
(C) To Ms. Tanaka.

その建物の設計図をいつ送りましたか。
(A) 余分の7部です。
(B) 今週の初めです。
(C) Tanakaさん宛てです。

正解 B When ～? で建物の設計図をいつ送ったかを尋ねているのに対し、「今週の初めだ」と具体的な時を答えている(B)が正解。blueprint「設計図、青写真」。
(A) blueprintsに関連しそうな名詞copyの複数形があるが、部数は尋ねられていない。extra「余分の、追加の」、copy「部」。
(C) 送付先は尋ねられていない。

5 W How do I get to the post office?

M (A) No, she doesn't have any letters.
(B) Sorry, I'm not from around here.
(C) During my break.

郵便局にはどうやって行けばいいですか。
(A) いいえ、彼女は手紙を1通も持っていません。
(B) すみません、私はこの辺りの者ではないんです。
(C) 私の休憩中です。

正解 B How ～? で郵便局への行き方を尋ねているのに対し、Sorryとわびて、「私はこの辺りの者ではない」と答えることで、道案内はできないことを示唆している(B)が正解。get to ～「～に到着する」。
(A) sheが誰を指すのか不明で、応答になっていない。
(C) break「休憩」。

6 W Please let me know when you're done using the label maker.

W (A) Sure, it'll be just a few minutes.
(B) For the new file cabinets.
(C) No, they're in alphabetical order.

そのラベルメーカーを使い終わったら、私に教えてください。
(A) いいですよ、ほんの数分で終わります。
(B) 新しい書類棚用です。
(C) いいえ、それらはアルファベット順です。

正解 A 「そのラベルメーカーを使い終わったら、私に教えてほしい」という依頼に対し、「いいよ、ほんの数分で終わる」と応じている(A)が正解。be done *doing*「～し終わる」、label maker「ラベルメーカー」。
(B) file cabinet「書類棚」。
(C) theyが何を指しているのか不明であり、応答として意味が通らない。in order「順序正しく」、alphabetical「アルファベットの」。

7 M We don't have any more hats in stock.

W (A) No, she left for the day.
(B) There's an order form on the desk.
(C) I bought a shirt yesterday.

当店にはもう帽子の在庫がありません。
(A) いいえ、彼女は今日は退勤しました。
(B) 机の上に注文用紙がありますよ。
(C) 私は昨日シャツを買いました。

正解 B　「当店にはもう帽子の在庫がない」という発言に対し、「机の上に注文用紙がある」と答え、帽子を追加発注するよう暗に提案している(B)が応答として適切。in stock「在庫があって」。order「注文」、form「用紙」。
(A) she が誰を指すのか不明であり、応答になっていない。leave for the day「(その日の仕事を終えて) 退勤する」。
(C) 応答として意味が通らない。

---

8 M Who's writing the software development proposal?

W (A) We're open twenty-four hours.
(B) At seven o'clock on Monday.
(C) That assignment hasn't been given out.

誰がソフトウエア開発の提案書を書いていますか。
(A) 当店は24時間営業です。
(B) 月曜日の7時です。
(C) その業務はまだ割り当てられていません。

正解 C　Who ～? で誰が提案書を書いているのかを尋ねているのに対し、「その業務はまだ割り当てられていない」と答えて、まだ担当者がいないことを伝えている(C)が正解。development「開発」、proposal「提案書」。assignment「任務、割り当てられたもの」、give out ～「～を割り当てる」。
(A) 営業時間については尋ねられていない。
(B) 曜日や時刻については尋ねられていない。

---

9 W How did Haoming's presentation go?

M (A) Yeah, I'm going too.
(B) Better than I expected.
(C) I'll write you a recommendation.

Haomingさんのプレゼンテーションはどうでしたか。
(A) はい、私も行きます。
(B) 予想していたより良かったです。
(C) あなたに推薦状を書きましょう。

正解 B　How ～? で「Haomingさんのプレゼンテーションはどうだったか」と尋ねているのに対し、「予想していたより良かった」と感想を伝えている(B)が正解。go「(事が) 進行する」。
(A) go を含むが、質問文にある go とは意味が異なる。また、何に対して Yeah と応じているのかも不明。
(C) recommendation「推薦状」。

---

10 M I'd be happy to turn in your time sheet for you.

W (A) It was nice meeting you, too.
(B) Thanks, but I just did it.
(C) I haven't turned the lights off.

あなたの代わりに勤務時間記録表を提出してもいいですよ。
(A) こちらこそ、お会いできてよかったです。
(B) ありがとう、でもちょうど自分で提出しました。
(C) 私は照明のスイッチを消していません。

正解 B　「あなたの代わりに勤務時間記録表を提出してもいい」という申し出に対し、Thanks と礼を述べた上で、「でもちょうど自分で提出したところだ」と、勤務時間記録表はすでに提出済みだと伝えて断っている(B)が正解。be happy to *do*「喜んで～する」、turn in ～「～を提出する」、time sheet「勤務時間記録表」。
(A) 申し出に対する応答になっていない。
(C) 質問文にある turn を含むが、turn off ～は「～のスイッチを消す」という意味で、意味が通らない。

Questions 11 through 13 refer to the following conversation.

W Hi, Daniel. Are you busy? ❶I wanted to talk to you about the article you're working on for the magazine. The one on Katherine Sullivan, the violinist? It's due at the end of the week.

M Actually, ❷is it OK if we move the deadline to the end of next week?

W Why? Is there a problem?

M Well, the interview with Katherine went really well, and I'm almost finished writing the article. But because of a scheduling conflict, she had to cancel the photo shoot I'd set up.

W ❸Have you been able to schedule another one?

M Yes. ❹Katherine's agreed to meet me on Saturday morning so I can take some photos before her afternoon performance.

問題11-13は次の会話に関するものです。

こんにちは、Daniel。お忙しいですか。あなたが当誌のために取り組んでいる記事についてお話ししたかったんです。バイオリン奏者のKatherine Sullivanに関するものでしたよね。今週末が締め切りです。

実はですね、締め切りを来週末に動かしても大丈夫ですか。

なぜですか。問題があるのでしょうか。

ええと、Katherineのインタビューはとても順調に進み、記事はほぼ書き終えています。しかし、予定がかち合ったせいで、彼女は、私が設定した写真撮影をキャンセルせざるを得なくなったんです。

別の撮影予定はもう組めたのですか。

はい。Katherineは土曜日午前の会合に同意してくれたので、午後の公演前に何枚か写真を撮れます。

Mini Test 3

11 What are the speakers mainly discussing?

(A) A magazine article
(B) A printed advertisement
(C) A musical performance
(D) A press conference

話し手たちは主に何について話し合っていますか。

(A) 雑誌の記事
(B) 印刷広告
(C) 音楽の公演
(D) 記者会見

正解 A 女性が男性に、❶「あなたが当誌のために取り組んでいる記事について話したかった」と話し掛けたところ、女性に、男性は❷で、記事の締め切りを来週末に動かせるかを尋ねている。その後も、記事に関連した話題が続いているので、(A)が正解。
(B) advertisement「広告」。
(C) バイオリニストの公演の話題は出ているが、主要な話題ではない。performance「公演」。
(D) press conference「記者会見」。

12 What does the man ask about?

(A) Leaving work early
(B) Canceling a project
(C) Changing a deadline
(D) Purchasing a camera

男性は何について尋ねていますか。

(A) 早く退勤すること。
(B) プロジェクトを中止すること。
(C) 締め切りを変更すること。
(D) カメラを購入すること。

正解 C 男性は、自身が取り組んでいる記事について話し掛けて来た女性に対し、❷「締め切りを来週末に動かしても大丈夫か」と女性に尋ねている。(C)が正解。deadline「締め切り」。
(A) leave work「退勤する」。
(B) 写真撮影の中止の件は男性が女性に報告しているが、尋ねてはいない。
(D) カメラの購入については言及がない。purchase「～を購入する」。

13 What does the man plan to do on Saturday?

(A) Travel to a conference
(B) Participate in a research study
(C) Meet a colleague at the office
(D) Take some photographs

男性は土曜日に何をする予定ですか。

(A) 会議のために出張する。
(B) 調査研究に参加する。
(C) オフィスで同僚に会う。
(D) 写真を撮影する。

正解 D 女性に❸で「別の撮影予定はもう組めたのか」と尋ねられた男性は、Yesと肯定し、❹「Katherineは土曜日午前の会合に同意してくれたので、午後の公演前に何枚か写真を撮れる」と答えている。よって、男性は土曜日の午前に写真撮影をする予定だと分かる。(D)が正解。
(A) travel to ～「～に赴く」、conference「会議」。
(B) participate in ～「～に参加する」。

語注

due (締め切りなどの)期限が来て　go well (事が)順調に進む　scheduling conflict スケジュールのかち合い　shoot 撮影

Questions 14 through 16 refer to the following conversation.

問題14-16は次の会話に関するものです。

W Jhun-soo, ❶how's the special order of cakes for the Greenville Café coming along? They have to be ready for the noon delivery.

Jhun-soo、Greenvilleカフェの特別注文のケーキはどんな具合ですか。正午の配達時にはできていなくてはいけません。

M I'm a little behind. ❷When I turned on the mixing machine this morning, there was a loud creaking noise. ❸I needed to figure out what the problem was before going any further.

少し遅れています。今朝ミキサーの電源を入れたら、キーキーという大きな音がしたんです。それ以上作業を進める前に何が問題なのか解明する必要がありました。

W Oh, I see. Do you think we'll need to call someone to come and have a look at it?

まあ、そうなんですか。誰かに電話して見に来てもらう必要はありそうですか。

M No, I took care of the problem. I just needed to replace a small part. And ❹the cakes should be ready on time for the delivery at noon.

いえ、問題は私が対処しました。小さな部品交換をするだけで済みました。それで、ケーキは予定通り正午の配達に間に合うように準備できるはずです。

14 Where do the speakers most likely work?

(A) In a bakery
(B) In an appliance store
(C) At a warehouse
(D) At a construction site

話し手たちはどこで働いていると考えられますか。

(A) 焼き菓子店
(B) 電化製品店
(C) 倉庫
(D) 建設現場

正解 A 女性は男性に❶で、特別注文のケーキの進み具合を尋ねている。それに対し男性は、少し遅れていると伝えた後、❷で、今朝ミキサーに問題があったと述べている。よって、話し手たちはケーキを製造し販売する仕事をしていると分かる。bakery「焼き菓子店、ベーカリー」。
(B) ミキサーについての言及はあるが、販売してはいない。appliance「電気器具」。
(C) warehouse「倉庫」。
(D) construction「建設」、site「現場」。

15 What problem does the man mention?

(A) An employee was late to work.
(B) A machine was not working properly.
(C) A shipment was lost.
(D) A customer was not satisfied.

男性はどんな問題について述べていますか。

(A) 従業員が仕事に遅刻した。
(B) 機械が正常に作動していなかった。
(C) 発送物が紛失した。
(D) 顧客が満足していなかった。

正解 B 男性はケーキの用意が少し遅れていると述べた後、❷「今朝ミキサー（the mixing machine）の電源を入れたら、キーキーという大きな音がした」、❸「それ以上作業を進める前に、問題を解明する必要があった」とミキサーの異常について伝えている。よって、(B)が正解。work「（機械などが）作動する」、properly「正しく」。
(C) shipment「発送物」。
(D) satisfied「満足して」。

16 What will happen at noon?

(A) A repair person will arrive.
(B) A display will be set up.
(C) A business will close.
(D) An order will be delivered.

正午に何が起こりますか。

(A) 修理人が到着する。
(B) 陳列が整う。
(C) 店が閉まる。
(D) 注文品が配達される。

正解 D 特別注文のケーキについて、男性は女性に❹で、「ケーキは予定通り正午の配達に間に合わせて準備できるはずだ」と伝えているので、(D)が正解。deliver「～を配達する」。
(A) 男性は、誰かにミキサーを見てもらう必要がありそうかと尋ねた女性に、自分で対処したと答えている。repair person「修理人」。
(B) display「陳列、展示（品）」。set up ～「～をセットする、～をきちんと準備する」。
(C) business「店、会社」。

語注

order 注文　come along 順調に進む　be ready for ～ ～に向けて用意ができている　delivery 配達
behind 遅れて　turn on ～ ～の電源を入れる　mixing machine ミキサー　creak キーキーと音を立てる
figure out ～ ～（原因など）を解明する　further さらに進んで　have a look at ～ ～を見る
take care of ～ ～に対処する　replace ～を交換する　part 部品　on time 時間通りに

Questions 17 through 19 refer to the following conversation with three speakers.

問題17-19は3人の話し手による次の会話に関するものです。

W Hello. My name is Heidi Park, and I'm a reporter from *Modern Architect Magazine*. ❶I'm here to see Mr. Mitra. I'm supposed to interview him at eleven-thirty.

こんにちは。私はHeidi Parkと申しまして、『現代建築家マガジン』の記者です。Mitraさんにお会いするために伺いました。11時30分にインタビューをさせていただくことになっています。

M OK. I'll let him know you're here. In the meantime, ❷can you please sign in? ❸We keep track of all visitors' appointments.

承知しました。ご来社を彼に知らせます。その間に、入館のご署名をしていただけますか。全てのご訪問客のお約束を記録しております。

W Sure. No problem.

はい。結構ですよ。

M Mr. Mitra is on his way down to meet you. Oh, here he is now! ❹Mr. Mitra, this is Heidi Park, your eleven-thirty appointment.

Mitra氏はあなたにお会いするためこちらへ向かっております。ああ、今参りました！ Mitraさん、こちらが11時30分のお約束のHeidi Park様です。

M Hi, Ms. Park. Thanks for coming. ❺I'm so sorry, but I need a few more minutes before we meet. I have to respond to an urgent phone call.

こんにちは、Parkさん。お越しいただきありがとうございます。大変申し訳ないのですが、会合までにもう数分かかります。緊急の電話に応じなければならなくて。

Mini Test 3

17 Why is the woman meeting with Mr. Mitra?

(A) To conduct an interview
(B) To sell a product
(C) To plan a renovation
(D) To view an apartment

女性はなぜMitraさんと会う予定なのですか。

(A) インタビューを行うため。
(B) 製品を売るため。
(C) 改修計画を立てるため。
(D) アパートを見学するため。

正解 A 冒頭で女性は自分が雑誌記者だと述べた後に、❶で「Mitraさんに会うために来た。11時30分にインタビューをさせてもらうことになっている」と訪問の用件を述べている。(A)が正解。conduct「～を行う」。
(B) product「製品」。
(C) renovation「改修」。
(D) view「～を見学する」。

18 What does the woman agree to do?

(A) Provide an address
(B) Sign in for a visit
(C) Check the cost of a project
(D) Take an informational pamphlet

女性は何をすることに同意していますか。

(A) 住所を教える。
(B) 訪問のために署名する。
(C) プロジェクトの費用を確認する。
(D) 情報誌を手に取る。

正解 B 1人目の男性は女性に、❷「入館の署名をしてもらえるか」と依頼し、❸で「全ての訪問客の約束を記録している」と依頼の理由を述べている。それに対し女性はSure.と承諾しているので、(B)が正解。agree to *do*「～することに同意する」。
(A) provide「～を提供する」。
(C) check「～を確認する」。
(D) informational「情報の」、pamphlet「パンフレット」。

19 Why does Mr. Mitra apologize?

(A) He forgot the woman's name.
(B) He is unfamiliar with a publication.
(C) He misplaced a key.
(D) He will be late for a meeting.

Mitraさんはなぜ謝っていますか。

(A) 女性の名前を忘れた。
(B) 出版物をよく知らない。
(C) 鍵を置き忘れた。
(D) 面会に遅れる。

正解 D 1人目の男性に❹で女性を紹介されたMitraさんは、女性にあいさつをした後、❺「大変申し訳ないが、会合までにもう数分かかる」と述べ、続けてその理由を説明している。よって、(D)が正解。apologize「謝罪する」。
(A) Mitraさんは女性の名前を呼んでいる。
(B) be unfamiliar with ～「～に精通していない」、publication「出版物」。
(C) misplace「～を置き忘れる、～を置き間違える」。

語注

be supposed to *do* ～することになっている　interview ～にインタビューする　sign in 署名して入る
keep track of ～ ～の記録を取る　on *one's* way 向かう途中で　respond to ～ ～に応じる　urgent 緊急の

Questions 20 through 22 refer to the following conversation and chart.

問題20-22は次の会話と図表に関するものです。

M　Hi Lin, ❶I'm ordering our tickets for the play now. Which seats would you prefer?

やあ、Lin、今、お芝居のチケットを注文しているところなんです。どの席がいいですか。

W　Hm… I always like to sit near the front, close to the stage. ❷I can see the actors better that way.

そうね…私はいつも、前列付近の、舞台に近い所に座るのが好きです。その方が役者たちがよく見えますから。

M　❸OK, there are still seats available in the front… on the right near the exit.

分かりました、前列にまだ席がありますよ…右手の出口の近くです。

W　Great! Should we get there early to find a parking space?

いいですね！　駐車スペースを見つけるために早めに現地に着く方がいいでしょうか。

M　❹Actually, I was thinking we should take the bus. That way we won't have to worry about parking.

実は、バスで行く方がいいだろうと考えていました。そうすれば駐車場所の心配をしなくて済みますから。

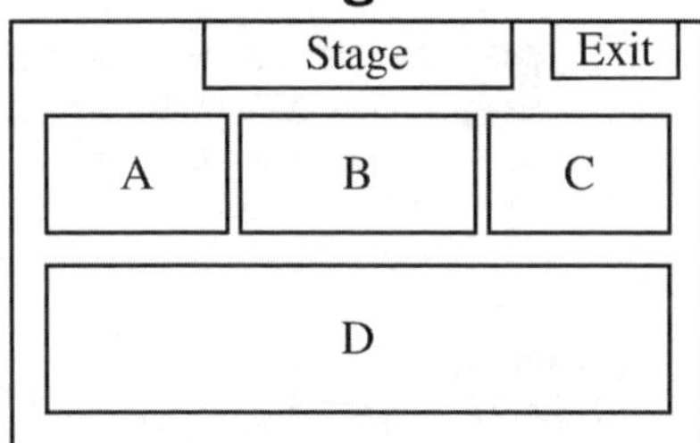

座席表

舞台　出口

A　B　C

D

語注

order　～を注文する　play　芝居、演劇　seat　（観覧客の）席、座席　prefer　～を好む、～の方を選ぶ
front　前部、前方、最前列　close to ～　～の近くに　actor　役者、俳優　that way　その方が、そのように
available　利用できる、空いている　parking space　駐車スペース、駐車場　actually　実は
take　～（乗り物など）を利用する　worry about ～　～について心配する　parking　駐車場所、駐車

20 What are the speakers planning to attend?

(A) A play
(B) A concert
(C) A lecture series
(D) An awards ceremony

話し手たちは何に参加しようと計画していますか。

(A) 芝居
(B) コンサート
(C) 一連の講義
(D) 授賞式

正解 A 男性が女性に❶「今、お芝居のチケットを注文しているところだ」と言っているのに対し、女性は席の希望を述べて、❷「その方が役者たちがよく見える」と言っている。このことから、彼らは芝居を見に行く計画を立てていると判断できる。正解は(A)。attend「～に参加する、～に出席する」。

(C) lecture「講義、講演」
(D) award「賞」、ceremony「式典」。

21 Look at the graphic. Where will the speakers sit?

(A) Section A
(B) Section B
(C) Section C
(D) Section D

図を見てください。話し手たちはどこに座る予定ですか。

(A) セクションA
(B) セクションB
(C) セクションC
(D) セクションD

正解 C 男性は、女性に席の希望を聞いた後、❸「分かった、前の方にまだ席がある…右手の出口の近くだ」と言っていたのに対して、女性はGreat!と同意している。座席表を見ると、前列の右手の出口近くに該当するのはセクションC。正解は(C)。section「セクション、区画」。

22 What does the man suggest doing?

(A) Printing out directions
(B) Looking for a lower price
(C) Inviting another colleague
(D) Taking public transportation

男性は何をすることを提案していますか。

(A) 道順を印刷すること。
(B) より低価格のものを探すこと。
(C) 同僚をもう1人誘うこと。
(D) 公共交通機関を使うこと。

正解 D 女性が「駐車スペースを見つけるために早めに着く方がいいか」と聞いたのに対し、男性は❹で「実は、バスで行く方がいいだろうと考えていた。そうすれば駐車場所の心配をしなくて済む」と提案している。bus「バス」をpublic transportation「公共交通機関」と言い換えた(D)が正解。suggest *doing*「～してはどうかと提案する」。

(A) directions「〈複数形で〉道順、道案内」。
(B) look for ～「～を探す」。
(C) invite「～を誘う、～を招く」、colleague「同僚」。

Mini Test 3

Questions 23 through 25 refer to the following news report.

問題23-25は次のニュース報道に関するものです。

W

Welcome to *Channel 5 Health News.* ❶A recent study published in *Wholesome Foods Magazine* has revealed that the first step to a healthy diet is home-cooked meals. ❷Study participants were surveyed about their eating habits, and results showed that people who ate meals cooked at home consumed more fruits and vegetables but less food overall than people who often eat at restaurants. ❸The director of the study, Dr. Kevin Lee, suggests that individuals should prepare their own meals to better control the amount of food they eat. ❹The actual questions that participants responded to in the survey are on the *Wholesome Foods Magazine*'s Web site.

『チャンネル５健康ニュース』の時間です。『健康的な食べ物マガジン』で発表された最近の調査で、健康食への第一歩は家庭料理であるということが明らかになりました。調査参加者は食習慣に関する調査を受け、その結果、家庭で調理された食事を食べていた人々の方が、レストランでよく食事をする人々よりも、全体的に果物と野菜を多く摂取していながらも食事量が少ない、ということが示されました。調査の監督者であるKevin Lee博士は、個人が食事の摂取量をよりうまく管理するためには自炊をすべきだと提唱しています。参加者が調査で回答した実際の質問項目は、『健康的な食べ物マガジン』のウェブサイトに掲載されています。

23 What is the news report about?

(A) A celebrity's cookbook
(B) A new local restaurant
(C) Organic vegetable gardening
(D) Healthy eating habits

ニュース報道は何に関するものですか。

(A) 有名人の料理本
(B) 地元の新しいレストラン
(C) 有機野菜の園芸
(D) 健康的な食習慣

正解 D

話し手は❶で、最近の調査が健康食への第一歩は家庭料理だということを明らかにしたと述べてから、❷で、その調査結果の内容を説明し、❸で調査を行った博士の提言を紹介している。よって、このニュース報道は健康的な食習慣に関するものだと分かる。(D)が正解。

(A) celebrity「有名人」。
(B) local「地元の」。
(C) organic「有機栽培の」。

24 What does Kevin Lee recommend that people should do?

(A) Prepare meals at home
(B) Purchase special equipment
(C) Take a cooking class
(D) Download an electronic book

Kevin Leeさんは人々は何をすべきであると勧めていますか。

(A) 家庭で食事を用意する。
(B) 特殊な器具を購入する。
(C) 料理講習を受講する。
(D) 電子書籍をダウンロードする。

正解 A

話し手は❸「調査の監督者であるKevin Lee博士は、個人が食事の摂取量をよりうまく管理するためには自炊をすべきだと提唱している」と述べている。(A)が正解。

(B) equipment「器具」。
(C) 家庭料理についての言及はあるが、料理講習についての言及はない。
(D) ウェブサイトについての言及はあるが、電子書籍についての言及はない。download「～をダウンロードする」、electronic「電子の」。

25 According to the speaker, what can listeners do on a Web site?

(A) Make a reservation
(B) Post a comment
(C) Read survey questions
(D) Register for a subscription

話し手によると、聞き手はウェブサイトで何をすることができますか。

(A) 予約をする。
(B) 意見を投稿する。
(C) 調査の質問項目を読む。
(D) 定期購読に登録する。

正解 C

話し手は聞き手に❹で、「参加者が調査で回答した実際の質問項目は、『健康的な食べ物マガジン』のウェブサイトに掲載されている」と伝えているので、ウェブサイトでは調査の質問を読むことができると分かる。(C)が正解。

(A)(B)(D) いずれも言及はない。
(A) make a reservation「予約をする」。
(B) post「～を投稿する」。
(D) register for ～「～に登録する」、subscription「定期購読」。

語注

study 調査、研究　publish ～を発表する　wholesome 健康的な　reveal (that) ～ということを明らかにする
diet 食生活　home-cooked 家庭で料理した　participant 参加者　survey ～を調査する　habit 習慣
consume ～を摂取する　overall 全体的に　actual 実際の　respond to ～ ～に返答する　survey 調査

Questions 26 through 28 refer to the following excerpt from a meeting.

問題26-28は次の会議の抜粋に関するものです。

 M

Welcome to our quarterly staff meeting. First, ❶I want to encourage you to read the business section in today's *Newville Times*. ❷You'll see there that we received the award for the best household moving company in the area! But keep in mind, there's a new moving company opening soon in the city. ❸In order to maintain our successful business, we've invested in ten more moving trucks and hired some new drivers. ❹The trucks are expected to be here by the end of the month.

当社の四半期従業員会議へようこそ。まず皆さんには、本日の『ニュービルタイムズ』紙のビジネス欄を読むことをお勧めしたいと思います。紙面で、当社が地域の最優秀家庭向け引越会社賞を受賞したことをご覧になれます！ですが覚えておいてください、間もなく、市内に新しい引越会社が開業します。当社の好調な事業を維持するために、もう10台の引越用トラックに出資し、新しいドライバーを数名雇いました。トラックは月末までに当社に納入される見込みです。

26 What did the *Newville Times* recently do?

(A) It printed advertisements in color.
(B) It reduced the subscription fee.
(C) It announced award winners.
(D) It merged with another newspaper.

『ニュービルタイムズ』紙は最近、何をしましたか。

(A) カラー広告を掲載した。
(B) 定期購読料を値下げした。
(C) 受賞者を発表した。
(D) 別の新聞と合併した。

正解 C 話し手は聞き手に❶で、本日付けの『ニュービルタイムズ』紙のビジネス欄を読むよう勧め、❷「紙面で、当社が地域の最優秀家庭向け引越会社賞を受賞したことを見ることができる」と述べている。(C)が正解。announce「～を発表する」。
(A) (B) (D) いずれも言及はない。
(A) print「～（新聞や雑誌）に掲載する」。
(B) reduce「～を減らす」、subscription fee「定期購読料」。
(D) merge with ～「～と合併する」。

27 What does the speaker imply when he says, "there's a new moving company opening soon in the city"?

(A) A branch location will be built.
(B) Competition for customers will increase.
(C) More people will move to the area.
(D) Road traffic will worsen.

話し手は"there's a new moving company opening soon in the city"という発言で、何を示唆していますか。

(A) 支店が設立される。
(B) 顧客を獲得する競争が強まる。
(C) 人々がさらにこの地域に引っ越してくる。
(D) 道路の交通状況が悪化する。

正解 B 話し手は賞の受賞について説明した後、従業員に覚えておくよう念押しをした上で下線部の発言をし、続けて❸「当社の好調な事業を維持するために、もう10台の引越用トラックに出資し、新しいドライバーを数名雇った」と述べている。よって話し手は、新しい競合会社との競争が強まると考え、対策を講じていると分かる。competition「競争」、increase「強まる、増える」。
(A) 支店については述べられていない。branch「支店」、location「所在地」。
(D) traffic「交通」、worsen「悪化する」。

28 What has the business bought recently?

(A) Vehicles
(B) Cleaning equipment
(C) Office furniture
(D) Computers

会社は最近何を購入しましたか。

(A) 車
(B) 清掃用具
(C) オフィス家具
(D) コンピューター

正解 A 話し手は❸で、「もう10台の引越用トラックに出資し、新しいドライバーを数名雇った」と説明してから、❹で、トラックが納入される時期を知らせている。trucksをvehicles「車」と言い換えた(A)が正解。business「企業、会社」、recently「最近」。
(B) (C) (D) いずれも言及はない。
(B) equipment「器具」。

語注

quarterly 四半期ごとの　encourage ～ to *do* ～に…するよう勧める　section （新聞や雑誌などの）欄
household 家庭用の、家計の　moving 引っ越し　keep in mind (that ～) （～ということを）覚えておく、心に留めておく
maintain ～を維持する　successful 成功した　invest in ～ ～に投資する　be expected to *do* ～する見込みである

Questions 29 through 31 refer to the following announcement and map.

問題29-31は次のお知らせと地図に関するものです。

W

Attention, Beechcroft Systems employees: ❶A reminder that the city's annual bicycle race is taking place tomorrow. ❷The street that runs in front of the main entrance will be blocked off from 6 A.M. until 10 A.M., so plan accordingly. The other streets around our building will remain open. ❸Whatever route you decide to take to work, please allow more commuting time, since there'll be a lot of extra traffic in the area due to the race.

Beechcroftシステム社の従業員の皆さまへお知らせです。当市の毎年恒例の自転車レースが明日開催されることにあらためてご注意ください。正面玄関前の通りは午前6時から午前10時まで封鎖されるので、それに応じて計画を立ててください。当社の建物を囲むその他の通りは、通行可能なままです。区域内はレースのために交通量が特に増大することになるので、どの出勤経路を取ることにされた場合でも、通勤時間に余裕を見てください。

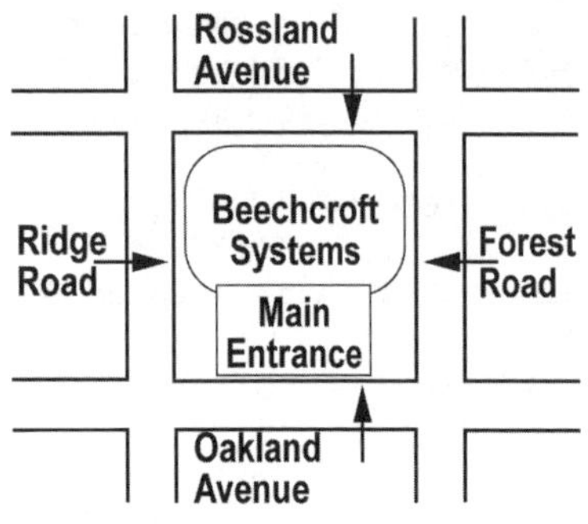

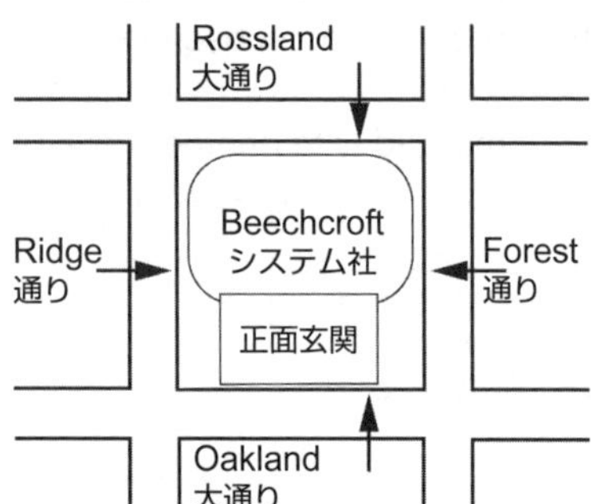

語注

Attention, ～　(アナウンスで) ～にお知らせいたします　reminder　思い出させるもの　annual　年次の、毎年1回の
take place　行われる　run　(道などが) 延びている　in front of ～　～の前に　entrance　玄関
block off ～　～を封鎖する　accordingly　状況に応じて　remain　～のままである　route　経路
allow　～ (時間など) を取っておく　commute　通勤する　extra　余分な、追加の　traffic　交通量
due to ～　～のために
地図　avenue　大通り

29 What will take place tomorrow morning?

(A) Some road construction
(B) A competition
(C) A street fair
(D) Employee training

明日の午前中に何が行われますか。

(A) 道路の建設作業
(B) 競技会
(C) 大通り市
(D) 従業員の研修

正解 B 話し手は❶で、市の自転車レースが明日行われると念押しし、❷で、会社の正面玄関前の通りは午前6時から午前10時まで封鎖されるのでそれに応じた計画を立てるように伝えている。よって、明日の午前中には自転車レースが行われることが分かる。自転車レースをcompetition「競技会」と表した(B)が正解。
(A) (C) (D) いずれも言及はない。
(A) construction「建設」。
(C) street fair「大通り市」。

30 Look at the graphic. Which street will be closed?

(A) Rossland Avenue
(B) Forest Road
(C) Oakland Avenue
(D) Ridge Road

図を見てください。どの通りが封鎖されますか。

(A) Rossland大通り
(B) Forest通り
(C) Oakland大通り
(D) Ridge通り

正解 C 話し手はBeechcroftシステム社の従業員に対し、❷「正面玄関前を通る通りは午前6時から午前10時まで封鎖される」と伝えている。地図を見ると、Beechcroftシステム社の正面玄関前にある通りはOakland Avenueなので、(C)が正解。
(A) (B) (D) いずれもBeechcroftシステム社の周りにある通りだが、正面玄関前以外の通りは通行可能なままだと述べられている。

31 What does the speaker suggest?

(A) Arriving at the office in the afternoon
(B) Participating in a company event
(C) Studying some materials
(D) Allowing extra time for travel

話し手は何を提案していますか。

(A) 午後に会社に到着すること。
(B) 会社のイベントに参加すること。
(C) 資料をじっくり読むこと。
(D) 移動に追加の時間を取っておくこと。

正解 D 話し手は聞き手に❸で、「区域内はレースのために交通量が特に増大することになるので、どの出勤経路を取ることにした場合でも、通勤時間に余裕を見てほしい」と提案している。この提案をallowing extra time for travel「移動に追加の時間を取っておくこと」と言い換えた(D)が正解。suggest「～を提案する」。
(A) 出社時間については言及されていない。
(B) 自転車レースは市のイベントで、会社の主催ではない。participate in ～「～に参加する」。
(C) study「～を熟読する」、material「資料」。

Mini Test 3

→解答・解説は p.256

PART 1

Directions: For each question in this part, you will hear four statements about a picture in your test book. When you hear the statements, you must select the one statement that best describes what you see in the picture. Then find the number of the question on your answer sheet and mark your answer. The statements will not be printed in your test book and will be spoken only one time.

Statement (C), “They’re sitting at a table,” is the best description of the picture, so you should select answer (C) and mark it on your answer sheet.

1.

2.

PART 2

Directions: You will hear a question or statement and three responses spoken in English. They will not be printed in your test book and will be spoken only one time. Select the best response to the question or statement and mark the letter (A), (B), or (C) on your answer sheet.

3. Mark your answer on your answer sheet.

4. Mark your answer on your answer sheet.

5. Mark your answer on your answer sheet.

6. Mark your answer on your answer sheet.

7. Mark your answer on your answer sheet.

8. Mark your answer on your answer sheet.

9. Mark your answer on your answer sheet.

10. Mark your answer on your answer sheet.

PART 3

Directions: You will hear some conversations between two or more people. You will be asked to answer three questions about what the speakers say in each conversation. Select the best response to each question and mark the letter (A), (B), (C), or (D) on your answer sheet. The conversations will not be printed in your test book and will be spoken only one time.

11. Where does the woman work?
(A) At a library
(B) At a bank
(C) At a community center
(D) At a research foundation

12. What does the man want help with?
(A) Completing some paperwork
(B) Registering for a workshop
(C) Inspecting some equipment
(D) Editing an article

13. What documentation does the woman say is important?
(A) A list of investors
(B) A business plan
(C) An identification card
(D) A utility bill

14. What does the woman ask the man about?
(A) The model number of a product
(B) The availability of colors
(C) The price of an item
(D) The location of a store

15. Why does the woman say, "these sandals look great"?
(A) To convince a friend to buy shoes
(B) To show interest in making a purchase
(C) To compliment a coworker
(D) To express disagreement

16. What does the man say he will do?
(A) Print a receipt
(B) Provide a coupon code
(C) Find a brand name
(D) Check a Web site

17. What is the conversation mainly about?

(A) Using new software
(B) Marketing products
(C) Opening a second factory
(D) Attending a convention

18. What is the woman concerned about?

(A) Keeping costs down
(B) Recruiting new staff
(C) Answering some difficult questions
(D) Handling multiple tasks

19. What is Mario's most important qualification?

(A) He has worked overseas.
(B) He has owned his own company.
(C) He is familiar with two computer programs.
(D) He can fix many types of equipment.

Today's Specials	
Vegetable stir fry with rice	$7.25
Fish sandwich	$9.99
Roasted chicken pasta	$10.50
Beef curry	$12.99

20. Who most likely is the man?

(A) A restaurant owner
(B) A food supplier
(C) A chef
(D) A waiter

21. According to the woman, why will the daily special be changed?

(A) Some customers have complained.
(B) A meal is sold out.
(C) A shipment did not arrive.
(D) A chef cooked the wrong dish.

22. Look at the graphic. How much will the new special cost?

(A) $7.25
(B) $9.99
(C) $10.50
(D) $12.99

PART 4

Directions: You will hear some talks given by a single speaker. You will be asked to answer three questions about what the speaker says in each talk. Select the best response to each question and mark the letter (A), (B), (C), or (D) on your answer sheet. The talks will not be printed in your test book and will be spoken only one time.

23. What business is the speaker calling?
(A) A doctor's office
(B) A car repair shop
(C) A transportation service
(D) An employment agency

24. Why did the speaker take a taxi?
(A) Her car broke down.
(B) Her bus never came.
(C) She was concerned about parking.
(D) She was late for a party.

25. What would the speaker like to know?
(A) When a business will open
(B) How much a repair will cost
(C) How to get to an event
(D) Whether a schedule has changed

---

26. What is Connectivity 3.0?
(A) A videoconferencing application
(B) A new brand of smartphone
(C) A store security system
(D) An Internet service provider

27. What does the speaker mean when he says, "Aren't there better ways to use your time"?
(A) A staff member should join a team.
(B) Other systems are not as efficient.
(C) Employees need more training.
(D) Business hours should be shortened.

28. What does the speaker say listeners can do on a Web site?
(A) View a demonstration
(B) Sign up for updates
(C) Register a product
(D) Make a purchase

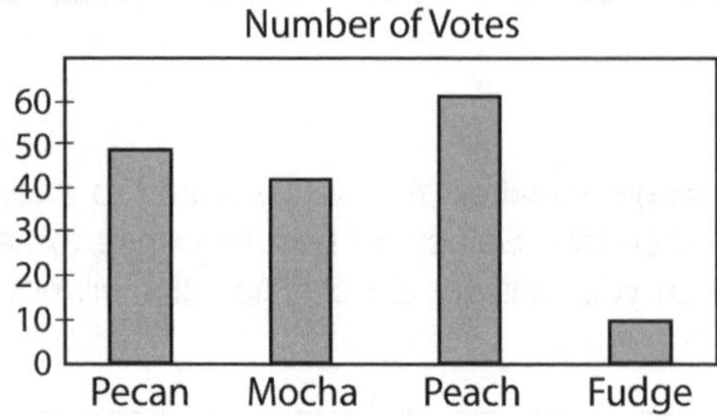

29. Look at the graphic. Which ice-cream flavor will be discounted this week?

(A) Pecan
(B) Mocha
(C) Peach
(D) Fudge

30. Why does the speaker thank Tomás?

(A) He developed new ice-cream flavors.
(B) He submitted an order.
(C) He worked extra hours.
(D) He proposed a sales promotion.

31. What does the speaker remind the listeners to do?

(A) Sign up for a task
(B) Put away supplies
(C) Count customer votes
(D) Make some suggestions

NO TEST MATERIAL ON THIS PAGE

正解一覧

PART 1	1 C	2 B										
PART 2	3 C	4 C	5 A	6 A	7 B	8 C	9 B	10 A				
PART 3	11 B	12 A	13 B	14 C	15 B	16 D	17 A	18 D	19 C	20 D	21 B	22 B
PART 4	23 C	24 B	25 D	26 A	27 B	28 A	29 C	30 D	31 D			

1 

2 

1 W

(A) Some people are packing their suitcases.
(B) Some people are walking along a street.
(C) Some people are boarding an airplane.
(D) Some people are sitting in a waiting area.

(A) 何人かの人々がスーツケースに荷物を詰めている。
(B) 何人かの人々が通り沿いを歩いている。
(C) 何人かの人々が飛行機に乗り込もうとしている。
(D) 何人かの人々が待合所で座っている。

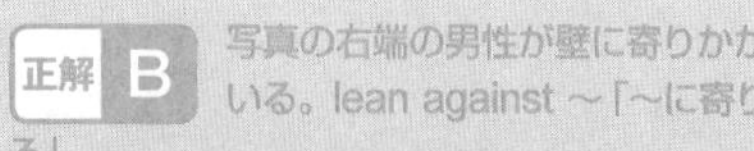

正解 C　複数の人々が飛行機に向かって歩き、また飛行機のタラップを上っている。board「～に乗る」。
(A) スーツケースに荷物を詰めている人は写っていない。pack「～に荷物を詰める」。
(B) 通りではなく、飛行場を歩いている人々が写っている。
(D) waiting area「待合所」は写っていない。

---

2 W

(A) Some people are passing through a doorway.
(B) A man is leaning against a wall.
(C) Some people are hanging up a picture.
(D) A floor is being polished.

(A) 何人かの人々が出入り口を通り抜けている。
(B) 男性が壁に寄りかかっている。
(C) 何人かの人々が1枚の絵を掛けようとしている。
(D) 床が磨かれているところである。

正解 B　写真の右端の男性が壁に寄りかかっている。lean against ～「～に寄りかかる」。
(A) doorway「出入り口」は写っているが、それを通り抜けている人は写っていない。
(C) 複数の絵が写っているが、いずれもすでに壁に掛かっている。hang up ～「～を掛ける」。
(D) polish「～を磨く」。

3 M We don't need to interview for more restaurant managers, do we?

W (A) Levinson's Department Store.
(B) In the back room.
(C) No, we have enough.

私たちは、これ以上レストランの支配人の面接をする必要はないですよね？
(A) Levinsonデパートです。
(B) 控え室の中です。
(C) ないですね、十分な人数がいます。

正解 C 否定文の文末に ～, do we? を付けて、「面接をする必要はないよね？」と確認しているのに対し、「ないですね、十分な人数がいる」と答え、もう面接をする必要はないことに賛同している (C) が正解。interview「面接をする」、manager「支配人、店長」。
(A) デパートの名前については尋ねられていない。
(B) 場所は尋ねられていない。back room「控え室、奥の部屋」。

---

4 W Has the maintenance department finished testing the escalators yet?

M (A) The late shift.
(B) That's the tenant's contract.
(C) I've been in my office all afternoon.

保守部門はもうエスカレーターの検査を終えましたか。
(A) 遅番です。
(B) それは賃借人の契約書です。
(C) 私は午後ずっと自分のオフィスにいましたから。

正解 C 「保守部門はもうエスカレーターの検査を終えたか」と尋ねているのに対し、「私は午後ずっと自分のオフィスにいた」と伝え、検査が終了したかどうかは分からないと示唆している (C)が正解。maintenance「保守、整備」、test「～を検査する」、escalator「エスカレーター」。
(A) 勤務のシフトについては尋ねられていない。
(B) tenant「賃借人」、contract「契約書」。

---

5 W Please read this manual before tomorrow's training session.

M (A) I'll be sure to look it over.
(B) It's a new transmission.
(C) I saw him at the station.

明日の研修会の前に、このマニュアルを読んでおいてください。
(A) 必ずそれに目を通すようにします。
(B) それは新しい変速装置です。
(C) 私は駅で彼を見ました。

正解 A 「明日の研修会の前に、このマニュアルを読んでおいてほしい」という指示に対し、「必ずそれに目を通すようにする」と応じている (A) が正解。manual「マニュアル、手引書」。be sure to *do*「必ず～する」、look over ～「～に目を通す」。
(B) 質問にある名詞句 training session と似た音の transmission「変速装置」に注意。
(C) him が誰を指すのか不明で、意味が通らない。質問にある session と似た音の station「駅」に注意。

---

6 M Didn't the manager just hire a new office assistant?

M (A) Right, his name's Hiroshi.
(B) Here, let me help you.
(C) Yes, I did try it.

部長は新しい事務の補佐職員を雇ったばかりではありませんでしたか。
(A) その通りです、彼の名前はHiroshiです。
(B) さあ、あなたのお手伝いをさせてください。
(C) はい、私は確かにそれを試しました。

正解 A 否定疑問文で、「部長は新しい事務員を雇ったばかりではなかったか」と確認しているのに対し、「その通りだ、彼の名前はHiroshiだ」と発言を肯定し、さらに補足説明をしている (A) が正解。assistant「補佐、助手」。
(B) 質問に対する応答になっていない。
(C) it が何を指しているか不明であり、意味が通らない。

Mini Test 4

7 W Where should we hang the doctor's professional certification?

M (A) Next Thursday.
(B) Maybe above the desk?
(C) For Dr. Rossi.

医師免許証はどこに掛けておくのがいいですか。
(A) 今度の木曜日です。
(B) たぶん、机の上の所でしょうか。
(C) Rossi医師のためです。

正解 B　Where ～? で医師免許証を掛けておく場所を尋ねているのに対し、「たぶん、机の上の所だろうか」と、具体的な場所を提案している(B)が応答として自然。hang「～を掛ける」、professional「専門の」、certification「認定証、資格証明、免許証」。
(A) 時については尋ねられていない。
(C) 医師の名前は尋ねられておらず、「どこに」という質問に対する応答になっていない。

---

8 M I can give you a discount if you order 500 brochures.

W (A) The Davison account.
(B) Usually 30 minutes.
(C) Talk to Clarissa, please.

パンフレットを500部ご注文いただければ、割引させていただくことができます。
(A) Davison銀行の預金口座です。
(B) 通常30分です。
(C) Clarissaに言ってください。

正解 C　「パンフレットを500部注文してもらえれば、割引ができる」という発言に対し、「Clarissaに言ってほしい」と、担当者の名前を伝えている(C)が応答として自然。brochure「パンフレット、小冊子」。
(A) 質問にある名詞discountと似た音のaccount「預金口座」に注意。
(B) 所要時間については尋ねられていない。

---

9 M When will the taxi come to take us to the airport?

W (A) In front of the hotel.
(B) There is a shuttle bus that goes there.
(C) Because it needs updating.

私たちを空港まで送ってくれるタクシーはいつ来ますか。
(A) ホテルの前です。
(B) そこへ行くシャトルバスがありますよ。
(C) それは更新する必要があるからです。

正解 B　空港まで行くのに、When ～? でタクシーがいつ来るかを尋ねているのに対し、「そこへ行くシャトルバスがある」と答え、タクシーとは別の移動手段の存在を伝えている(B)が応答として自然につながる。
(A) 場所については尋ねられていない。
(C) 理由については尋ねられておらず、意味も通らない。update「～を最新のものにする」。

---

10 M What did the sales director discuss in yesterday's staff meeting?

W (A) Today's my first day back from vacation.
(B) I applied for that position, too.
(C) Before the client arrives.

昨日のスタッフ会議で、販売部長は何について話しましたか。
(A) 今日は、私の休暇明けの初出勤日なんです。
(B) 私もその職に応募しました。
(C) 顧客が到着する前です。

正解 A　「昨日のスタッフ会議で、販売部長は何について話したか」と会議の内容を尋ねているのに対し、「今日は、私の休暇明けの初出勤日だ」と答え、昨日の会議に出席しておらず、内容についても知らないことを間接的に伝えている(A)が応答として自然。director「部長、管理者」。
(B) 職への応募については尋ねられていない。apply for ～「～に応募する」、position「職」。
(C) 時については尋ねられていない。client「顧客」。

Questions 11 through 13 refer to the following conversation.

W ❶Welcome to Principle Chartered Bank. How can I help you?

M Hi. ❷I'm applying for a small-business loan with your bank. ❸I have the application documents here, but I was hoping someone could explain to me how to fill out a section of the personal financial statement. ❹For my income, should I include any investments that I own as a source of income?

W Yes, you should include income from any investments on Line 2. Let's see, other than that I think your application looks good. Oh, but ❺do you have a copy of your business plan? ❻It's very important that you include that.

M Right. I have my business plan in my briefcase. Thanks for checking.

問題11-13は次の会話に関するものです。

Principle公認銀行へようこそ。どのようなご用件でしょうか。

こんにちは。貴行に中小企業向けの融資を申請しようとしています。ここに申請書類があるのですが、どなたかに個人資産報告の欄の記入方法をご説明いただきたいと思っていました。収入として、私が収入源として所有している投資なども含めるべきでしょうか。

はい、どの投資による収入も、2行目に含める必要があります。ええと、それを除けばお客さまの申請書は問題なさそうです。ああ、でも、事業計画書を1部お持ちですか。それを添付することが非常に重要です。

はい。事業計画書は書類かばんの中に入っています。確認していただきありがとうございます。

11 Where does the woman work?

(A) At a library
(B) At a bank
(C) At a community center
(D) At a research foundation

女性はどこで働いていますか。

(A) 図書館
(B) 銀行
(C) コミュニティーセンター
(D) 研究財団

正解 B 女性は、❶「Principle公認銀行へようこそ」と述べた後で、訪問の用件を男性に尋ねている。それに対し男性は、❷「貴行に中小企業向けの融資を申請しようとしている」と述べ、書類の記入方法を説明してほしいと続けている。よって、女性は銀行で働いていると判断できる。(B)が正解。

(D) research「研究」、foundation「財団」。

12 What does the man want help with?

(A) Completing some paperwork
(B) Registering for a workshop
(C) Inspecting some equipment
(D) Editing an article

男性は何を手伝ってほしいのですか。

(A) 書類を完成すること。
(B) 講習会に登録すること。
(C) 機器を点検すること。
(D) 記事を編集すること。

正解 A 男性は❷で、中小企業向けの融資の申請をしようとしていると述べた後、❸で、申請書類の個人資産報告の欄の記入方法を説明してほしいと伝え、❹で女性に収入の記入の仕方を尋ねている。よって、(A)が正解。complete「～を完了する」、paperwork「書類、書類作成」。

(B) register「～に登録する」、workshop「講習会」。
(C) inspect「～を点検する」、equipment「機器」。
(D) 記事の編集については述べられていない。edit「～を編集する」。

13 What documentation does the woman say is important?

(A) A list of investors
(B) A business plan
(C) An identification card
(D) A utility bill

女性はどんな書類が重要だと言っていますか。

(A) 投資家の一覧
(B) 事業計画書
(C) 身元証明カード
(D) 公共料金の請求書

正解 B 女性は男性の申請書を確認する際、収入の記入を除けば男性の申請書に問題はなさそうだと伝え、❺で事業計画書を持参しているかを尋ねた後に、❻「それを添付することが非常に重要だ」と述べている。documentation「証拠書類」。

(A) 投資による収入については言及があるが、投資家については言及がない。investor「投資家」。
(C) identification「身元証明書」。
(D) utility「(電気・ガス・水道などの)公共サービス」、bill「請求書」。

語注

chartered (政府などの)認可を受けた　apply for ～ ～を申請する　financial statement 資産報告　investment 投資

Questions 14 through 16 refer to the following conversation.

問題14-16は次の会話に関するものです。

W Hi. ❶I saw some shoes on display, but I don't know how much they cost. ❷Can you help me?

こんにちは。陳列されている靴を見たのですが、幾らするのか分かりません。手伝っていただけますか。

M Sure. ❸Which pair of shoes is it?

かしこまりました。どちらの靴でしょうか。

W Over here. See, these sandals look great, ❹but I can't find a price tag.

これです。見てください、このサンダルがとてもすてきなのですが、値札が見当たりません。

M OK, let me take a look. Can I see the box?

はい、お調べいたします。箱を見てもいいですか。

W Actually, ❺the box isn't on the shelf.

実は、箱が棚の上にないんです。

M All right, ❻I'll need to find the price on our Web site. Give me a minute.

分かりました、当店のウェブサイトで値段を調べる必要がありますね。少々お待ちください。

14 What does the woman ask the man about?

(A) The model number of a product
(B) The availability of colors
(C) The price of an item
(D) The location of a store

女性は男性に何について尋ねていますか。

(A) 商品の型番
(B) 幾つかの色が入手できるかどうか
(C) 品物の値段
(D) 店舗の所在地

正解 C 女性は、❶「陳列されている靴を見たのだが、幾らするのか分からない」と述べた後、❷で男性に手伝いを求めている。よって、女性は商品である靴の値段を男性に尋ねているので、(C)が正解。item「品物」。
(A) 型番についての言及はない。model「(製品などの)型」。
(B) 色については尋ねていない。availability「入手の可能性」。
(D) location「所在地」。

15 Why does the woman say, "these sandals look great"?

(A) To convince a friend to buy shoes
(B) To show interest in making a purchase
(C) To compliment a coworker
(D) To express disagreement

女性はなぜ "these sandals look great" と言っていますか。

(A) 靴を購入するよう友人を説得するため。
(B) 購入に関心があることを示すため。
(C) 同僚を褒めるため。
(D) 反対の意を示すため。

正解 B 靴の値段が分からないと言う女性に対し、男性は❸で、どの靴のことかを尋ねている。女性は靴の場所を伝え、下線部の発言を続けた後に、❹「しかし、値札が見当たらない」と述べている。よって女性は、サンダルの購入に関心があって値段が知りたいのだと分かるので、(B)が正解。interest「関心」、make a purchase「購入する」。
(A) convince「～を説得する」。
(C) compliment「～を褒める」。
(D) express「～を示す」、disagreement「不同意」。

16 What does the man say he will do?

(A) Print a receipt
(B) Provide a coupon code
(C) Find a brand name
(D) Check a Web site

男性は何をすると言っていますか。

(A) 領収書を印刷する。
(B) 割引券コードを提供する。
(C) ブランド名を見つけ出す。
(D) ウェブサイトを確認する。

正解 D 靴の箱を見てもいいかと男性が尋ねたのに対し、❺で女性は「箱が棚の上にない」と答えたため、男性は❻「当店のウェブサイトで値段を調べる必要がある」と述べて、女性に少し待つよう伝えている。よって、男性はこれから、店のウェブサイトで、サンダルの値段を確かめると考えられる。(D)が正解。check「～を確認する」。
(A) print「～を印刷する」、receipt「領収書」。
(B) provide「～を提供する」、coupon「割引券」。
(C) brand「ブランド、商標」。

語注

on display 陳列されて　a pair of ～ 1組の～　sandal サンダル　price 値段　tag 付け札
take a look 調べる　shelf 棚　a minute 少しの時間

Questions 17 through 19 refer to the following conversation with three speakers.

問題17-19は3人の話し手による次の会話に関するものです。

M Fiona, Klaus, thanks for meeting with me. ❶You know we're going to start using a new software system for scheduling customer orders. The new program should really improve our factory's efficiency. And...uh... ❷we've decided to start using the software next week.

Fiona、Klaus、会う時間を作ってくれてありがとうございます。私たちが、顧客の注文を予定に組むための新しいソフトウエアシステムを使い始めることになっているのはご存じでしょう。この新しいプログラムで、私たちの工場の能率は飛躍的に向上するはずです。それで…ええと…そのソフトウエアを来週運用し始めることに決めました。

W Really? But ❸that means we have to learn the new system as we manage customer orders. ❹I'm worried we won't be able to handle both tasks at the same time.

本当ですか。しかしそれは、顧客の注文を管理しながら新システムについて学ぶ必要があるということですよね。両方の作業を同時に処理することはできないのではないかと心配です。

M I understand. But ❺the software company is providing us with an on-site coordinator. His name is Mario Jones. He'll help us transition to the new software.

分かります。しかし、ソフトウエア会社は私たちに現場コーディネーターを派遣してくれることになっています。彼の名前はMario Jonesです。彼が新しいソフトウエアへの移行を手伝ってくれます。

M OK, good. ❻Does he know our old system, too?

なるほど、よかった。彼は古いシステムも知っていますか。

M Yes, that's the best part. ❼Mario has experience with both programs, so things should go smoothly.

はい、そこが一番良い点なんです。Marioさんには両方のプログラムの経験があるので、事は順調に進むはずです。

Mini Test 4

17 What is the conversation mainly about?
(A) Using new software
(B) Marketing products
(C) Opening a second factory
(D) Attending a convention

会話は主に何についてですか。
(A) 新しいソフトウエアを使用すること。
(B) 製品を市場に出すこと。
(C) 2つ目の工場を開設すること。
(D) 協議会に出席すること。

正解 A 1人目の男性は❶で、新しいソフトウエアシステムを使う予定であることについて切り出し、❷で、来週運用開始だとFionaさんとKlausさんに伝えている。その後も新しいソフトウエアシステムの導入について、残りの2人も発言しているので、(A)が正解。
(B) market「～を市場に出す、～を発売する」。
(C) 工場についての言及はあるが、新しく開設するとは述べられていない。
(D) convention「協議会」。

18 What is the woman concerned about?
(A) Keeping costs down
(B) Recruiting new staff
(C) Answering some difficult questions
(D) Handling multiple tasks

女性は何について心配していますか。
(A) 費用を低く抑えること。
(B) 新しい従業員を募集すること。
(C) 難しい質問に答えること。
(D) 複数の作業を処理すること。

正解 D 来週から新しいシステムを運用することについて、女性は❸で、「それは、顧客の注文を管理しながら新システムについて学ぶ必要があるということだ」と述べ、❹のI'm worried ...で「同時に処理することはできないのでは」と懸念を示している。よって、(D)が正解。be concerned about ～「～について心配している」。
(A) 費用には言及していない。keep down ～「～を低く抑える」。
(B) recruit「～を募集する」。

19 What is Mario's most important qualification?
(A) He has worked overseas.
(B) He has owned his own company.
(C) He is familiar with two computer programs.
(D) He can fix many types of equipment.

Marioの最も重要な資質は何ですか。
(A) 海外勤務の経験がある。
(B) 自身の会社を所有していたことがある。
(C) 2つのコンピュータープログラムに精通している。
(D) 多くの種類の機器を修理できる。

正解 C 1人目の男性は❺で、新しいソフトウエアへの移行を手伝うコーディネーターのMario Jonesに言及している。2人目の男性が❻「彼は古いシステムも知っているか」と尋ねたのに対し、1人目の男性はYesと答え、❼で、彼には両方のプログラムの経験があると説明している。(C)が正解。qualification「資質」。be familiar with ～「～に精通している」。
(A) overseas「海外で」。
(B) own「～を所有する」。
(D) fix「～を修理する」、equipment「機器」。

語注
efficiency 能率　manage ～を管理する　on-site 現場の　transition 移行　smoothly 順調に

Questions 20 through 22 refer to the following conversation and menu.

問題20-22は次の会話とメニューに関するものです。

W Satoshi, ❶before you start serving tables tonight, could you change the specials board? ❷A lot of people came in for lunch today, and we're completely out of fish.

Satoshi、今夜のテーブルの給仕を始める前に、お薦めメニューのボードを変えておいてもらえますか。今日はランチにたくさんの人が来店したので、魚をすっかり切らしているんです。

M ❸Sure. What should I replace it with?

もちろんです。何と差し替えればいいですか。

W ❹The chef will make a hamburger with french fries instead of the fish sandwich.

シェフがフィッシュサンドイッチの代わりにハンバーガーのフライドポテト添えを作ります。

M ❺Will the price be the same?

値段は同じですか。

W ❻Yes, you can keep it the same as the fish.

はい、魚料理と同じままにしておいていいです。

M OK. I'll go take care of that right away.

分かりました。すぐに行って対応します。

Today's Specials

Vegetable stir fry with rice	$7.25
Fish sandwich	$9.99
Roasted chicken pasta	$10.50
Beef curry	$12.99

本日のお薦めメニュー

野菜炒めライス添え	7.25ドル
フィッシュサンドイッチ	9.99ドル
ローストチキンのパスタ	10.50ドル
ビーフカレー	12.99ドル

語注

serve　（レストランや店で）～（客）の対応をする　special　（レストランの）お薦めメニュー　completely　すっかり、完全に
out of ～　～を切らして　replace ～ with …　～を…と交換する　french fries　フライドポテト
instead of ～　～の代わりに　keep ～ …　～を…のままにする
go take care of ～　★ = go and take care of ～。take care of ～は「～に対応する」　right away　すぐに、直ちに

20 Who most likely is the man?

(A) A restaurant owner
(B) A food supplier
(C) A chef
(D) A waiter

男性は誰だと考えられますか。

(A) レストランのオーナー
(B) 食品納入業者
(C) シェフ
(D) ウエーター

正解 D 女性が男性に❶「今夜のテーブルの給仕を始める前に、お薦めメニューのボードを変えておいてもらえるか」と頼んでいるのに対し、男性は❸ Sure.と応じている。このことから、2人はレストランで働いていると考えられる。レストランで給仕の仕事をする職業は、(D) ウエーター。
(B) supplier「納入業者、供給業者」。

21 According to the woman, why will the daily special be changed?

(A) Some customers have complained.
(B) A meal is sold out.
(C) A shipment did not arrive.
(D) A chef cooked the wrong dish.

女性によると、本日のお薦めメニューはなぜ変更されることになったのですか。

(A) 何人かの客が苦情を言っている。
(B) ある料理が売り切れている。
(C) 荷物が届かなかった。
(D) シェフが間違った料理を作った。

正解 B お薦めメニューのボードを変える理由として、❷「今日はランチにたくさんの人が来店したので、魚をすっかり切らしている」と説明している。❹でフィッシュサンドイッチの代わりの料理を作ると述べていることから、魚を使った料理は出せなくなり、メニューを変更せざるを得なくなったことが分かる。よって(B)が正解。sold out「売り切れで」。
(A) ランチに多数の客が来たという言及があるだけで、苦情のことは述べられていない。complain「苦情を言う、不満を言う」。
(C) shipment「発送品、出荷品」。

22 Look at the graphic. How much will the new special cost?

(A) $7.25
(B) $9.99
(C) $10.50
(D) $12.99

図を見てください。新しいお薦めメニューは幾らになりますか。

(A) 7.25ドル
(B) 9.99ドル
(C) 10.50ドル
(D) 12.99ドル

正解 B 男性は、❹で売り切れのフィッシュサンドイッチの代わりの料理名を女性から聞いた後、❺「値段は同じか」と尋ね、それに対して女性は❻「はい、魚料理と同じままにしておいていい」と答えている。お薦めメニューのボードでFish sandwichの値段を見ると$9.99とあるので、新しいメニューの値段も(B) 9.99ドルだと分かる。
(A) お薦めメニューのボードより、「野菜炒めライス添え」の値段。
(C) お薦めメニューのボードより、「ローストチキンのパスタ」の値段。
(D) お薦めメニューのボードより、「ビーフカレー」の値段。

Mini Test 4

Questions 23 through 25 refer to the following telephone message.

問題23-25は次の電話のメッセージに関するものです。

W

Hello, ❶I'm calling about a problem I had with your bus service. I ride the six o'clock bus home from work. ❷Yesterday evening I waited for the bus for an hour in the rain before giving up and taking a taxi. I checked your company's Web site for news about delays but there wasn't any current information posted, so I decided to call this information hotline. ❸Can you tell me if there's been a change to the bus schedule? I need to know today, please, before my work day ends. My phone number is 555-0127. Thanks.

もしもし、御社のバスの運行に関して私が経験した問題についてお電話しています。私は職場から帰宅するのに6時のバスに乗車します。昨日の夕方、私は雨の中1時間バスを待ったあげく、諦めてタクシーに乗りました。遅延についてのお知らせがないか御社のウェブサイトを確認しましたが、投稿されている最新情報は何もなかったので、この情報ホットラインに電話することにしました。バスの時刻表に変更があったかどうか教えていただけますか。今日の終業までに知る必要があるので、お願いします。私の電話番号は555-0127です。よろしくお願いします。

23 What business is the speaker calling?

(A) A doctor's office
(B) A car repair shop
(C) A transportation service
(D) An employment agency

話し手は何の会社に電話していますか。

(A) 医院
(B) 自動車修理店
(C) 交通サービス
(D) 職業紹介所

正解 C 話し手は❶で、「御社のバスの運行に関して私が経験した問題について電話している」と用件を切り出している。bus を transportation「交通機関」と言い換えた(C)が正解。business「会社、企業」。
(A) (B) (D) いずれも言及はない。
(B) repair「修理」。
(D) employment agency「職業紹介所」。

24 Why did the speaker take a taxi?

(A) Her car broke down.
(B) Her bus never came.
(C) She was concerned about parking.
(D) She was late for a party.

話し手はなぜタクシーに乗ったのですか。

(A) 自分の車が故障したから。
(B) 自分の乗るバスが来なかったから。
(C) 駐車場のことが心配だったから。
(D) パーティーに遅れていたから。

正解 B 話し手は、職場からの帰宅に6時のバスに乗車すると説明してから、❷「昨日の夕方、私は雨の中1時間バスを待ったあげく、諦めてタクシーに乗った」と述べている。つまり、話し手はバスが来なかったので、タクシーを利用したと分かる。(B)が正解。
(A) (C) (D) いずれも言及はない。
(A) break down「故障する」。
(C) parking「駐車場、駐車」。

25 What would the speaker like to know?

(A) When a business will open
(B) How much a repair will cost
(C) How to get to an event
(D) Whether a schedule has changed

話し手は何を知りたいと思っていますか。

(A) いつ営業を開始するのか。
(B) 修理に幾らかかるのか。
(C) イベントへ行く方法。
(D) 時刻表が変更になったかどうか。

正解 D 話し手は、昨日のバスの遅延についての最新情報がウェブサイトになかったと述べた後、❸「バスの時刻表に変更があったかどうか教えてもらえるか」と依頼し、今日の終業までに知りたい旨を伝えている。よって話し手は、今日もバスが来ない可能性を懸念し、バスの時刻表が変更になったかどうかを知りたくて電話していると分かる。
(A) the bus schedule はバス会社の営業時間の予定ではなく、バスの時刻表を指す。
(C) get to ~「~に着く」。

語注

ride ~ home ~に乗って帰宅する　check ~を確認する　news 知らせ　delay 遅延　current 最新の
post ~を投稿する　hotline ホットライン　schedule 時刻表　work day 就業時間

Questions 26 through 28 refer to the following advertisement.

問題26-28は次の広告に関するものです。

M

❶Do you regularly use videoconferencing to connect with colleagues working in other locations? Well, ❷then Connectivity 3.0 is the program for you. ❸With normal videoconferencing systems, you need to set up special phone numbers, various access codes, and special equipment for your meeting. Aren't there better ways to use your time? ❹With Connectivity 3.0, just download our application onto your smartphone or tablet and you're ready to immediately join your videoconference. ❺Visit our Web site to watch a step-by-step video of how easy it is to use. Connectivity 3.0—simplify collaboration.

あなたは、別の場所で仕事をする同僚と連絡を取るために、頻繁にテレビ会議を使用していますか。そう、それならConnectivity 3.0はあなたにうってつけのプログラムです。通常のテレビ会議のシステムでは、会議のために特別な電話番号やさまざまなアクセスコード、そして特殊な機器を準備する必要があります。もっと良い時間の使い方はないものでしょうか。Connectivity 3.0なら、当社のアプリケーションをスマートフォンやタブレット端末にダウンロードしていただくだけで、すぐにテレビ会議に参加する準備が整います。当社のウェブサイトにアクセスして、これを使うのがいかにお手軽か手順を示した動画をご覧ください。Connectivity 3.0——共同作業を簡単に。

26 What is Connectivity 3.0?

(A) A videoconferencing application
(B) A new brand of smartphone
(C) A store security system
(D) An Internet service provider

Connectivity 3.0とは何ですか。

(A) テレビ会議のアプリケーション
(B) スマートフォンの新ブランド
(C) 店舗のセキュリティーシステム
(D) インターネット接続サービス業者

正解 A 話し手は❶で、頻繁にテレビ会議を使用しているかを聞き手に問い掛け、❷で商品のConnectivity 3.0を紹介している。その後Connectivity 3.0について、❹でアプリケーションをスマートフォンやタブレット端末にダウンロードするだけでテレビ会議の準備が整う、と説明しているので、(A)が正解。
(B) brand「銘柄、ブランド」。
(D) provider「(インターネットの) 接続業者」。

27 What does the speaker mean when he says, "Aren't there better ways to use your time"?

(A) A staff member should join a team.
(B) Other systems are not as efficient.
(C) Employees need more training.
(D) Business hours should be shortened.

話し手は "Aren't there better ways to use your time" という発言で、何を意図していますか。

(A) ある社員がチームに加わるべきである。
(B) 他のシステムはそれほど効率的ではない。
(C) 従業員にはもっと研修が必要である。
(D) 営業時間を短縮すべきである。

正解 B 話し手は❸で、通常のテレビ会議のシステムを使用する際に準備する必要があるものを列挙した後に、下線部の問い掛けをし、続けて❹でConnectivity 3.0なら、すぐにテレビ会議に参加する準備が整うと説明している。つまり話し手は、Connectivity 3.0以外のシステムは準備に時間がかかるためそれほど効率的ではない、と聞き手に伝えようとしている。よって、(B)が正解。efficient「効率の良い」。
(A) join「〜に加わる」。
(D) business hours「営業時間」、shorten「〜を短くする」。

28 What does the speaker say listeners can do on a Web site?

(A) View a demonstration
(B) Sign up for updates
(C) Register a product
(D) Make a purchase

話し手は、聞き手がウェブサイトで何ができると言っていますか。

(A) 実演を見る。
(B) 最新情報を得るために入会登録する。
(C) 製品を登録する。
(D) 購入をする。

正解 A 話し手は、❺「当社のウェブサイトにアクセスして、これを使うのがいかに手軽か手順を示した動画を見てほしい」と述べている。使い方動画をdemonstration「実演」と表した(A)が正解。view「〜を見る」。
(B) sign up for 〜「〜に名前を登録する、(署名をして) 〜を申し込む」、update「最新情報」。
(C) register「〜を登録する」、product「製品」。
(D) purchase「購入」、make a purchaseで「購入する」。

語注

regularly 頻繁に、定期的に　videoconferencing テレビ会議　colleague 同僚　set up 〜 〜を準備する
equipment 機器　step-by-step 順を追った　simplify 〜を簡単にする　collaboration 共同作業

Questions 29 through 31 refer to the following excerpt from a meeting and chart.

問題29-31は次の会議の抜粋とグラフに関するものです。

M

OK, everyone, just a quick meeting before we open the ice cream shop today. ❶If you take a look at this chart, you'll see this week's winning ice-cream flavor. As promised, ❷the flavor that got the most votes will be discounted by 25 percent for a week. ❸I'd like to thank Tomás again for his creative idea of holding this weekly contest. ❹Our customers have loved this promotion, and it has really increased sales. ❺I know a lot of you have great ideas too! ❻Remember you can share them with me anytime.

さて、皆さん、本日アイスクリーム店を開店する前に、ほんの手短な会議を行います。このグラフを見れば、今週一番人気だったアイスクリームの味が分かります。約束通り、一番多くの票を獲得した味は1週間、25パーセント引きになります。この週間コンテストを開催するという独創的なアイデアについて、Tomásにあらためて感謝したいと思います。当店のお客さまはこの販促活動を大変気に入っており、おかげで売り上げは著しく伸びています。多くの皆さんも素晴らしいアイデアをお持ちのことと思います！いつでもそれを私にお伝えくださっていいということをお忘れなく。

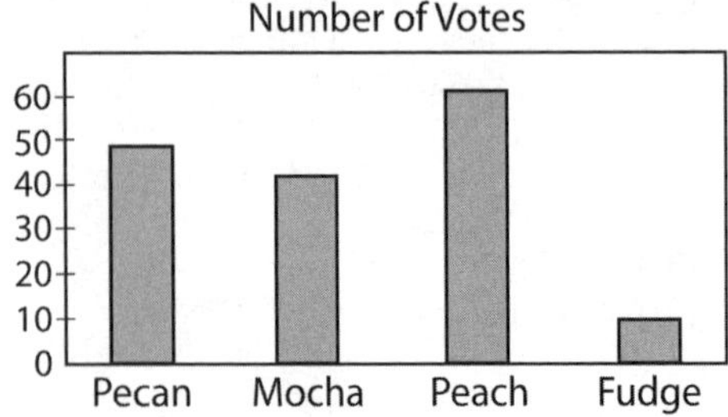

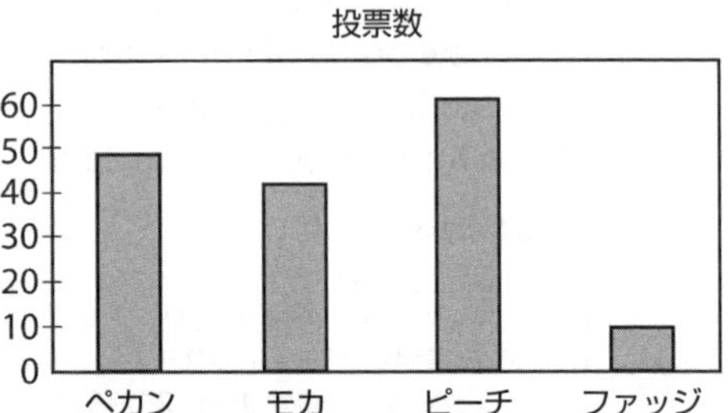

語注

chart グラフ、図表　quick 手短な　take a look at ～ ～を見る　winning 人を引き付ける、勝利を収めた
flavor 風味　promise 約束する　vote 票　discount 割引する　creative 独創的な　hold ～を開催する
weekly 週1回の、毎週の　contest コンテスト、競争　customer 顧客　promotion 販売促進、プロモーション
increase ～を増加させる　sales 〈複数形で〉売上数、売上高　share ～ with … ～を…と共有する
グラフ　pecan ペカン ★クルミの1種　mocha モカ ★アラビア産のコーヒーの品種
fudge ファッジ ★柔らかいキャンディーの1種

29 Look at the graphic. Which ice-cream flavor will be discounted this week?

(A) Pecan
(B) Mocha
(C) Peach
(D) Fudge

図を見てください。今週はどのアイスクリームの味が割引される予定ですか。

(A) ペカン
(B) モカ
(C) ピーチ
(D) ファッジ

正解 C 話し手は❶で、「このグラフを見れば、今週一番人気だったアイスクリームの味が分かる」と述べているので、グラフは週の得票数を示したものだと分かる。また、❷「一番多くの票を獲得した味は1週間、25パーセント引きになる」と言っている。よって、グラフ中で最も多い投票数を示している Peach「ピーチ」の味が今週割引されると判断できる。(C)が正解。

30 Why does the speaker thank Tomás?

(A) He developed new ice-cream flavors.
(B) He submitted an order.
(C) He worked extra hours.
(D) He proposed a sales promotion.

話し手はなぜTomásに感謝しているのですか。

(A) 新しいアイスクリームの味を開発したから。
(B) 発注をしたから。
(C) 残業したから。
(D) 販促活動を提案したから。

正解 D 週ごとの得票数で割引するアイスクリームを決めることについて、話し手は❸で、「この週間コンテストを開催するという独創的なアイデアについて、Tomás にあらためて感謝したい」と述べている。また、❹では、この販促活動のおかげで売り上げが伸びたと説明している。よって、(D) が正解。propose「～を提案する」。

(A) develop「～を開発する」。
(B) submit「～を提出する」。
(C) extra「余分な」。

31 What does the speaker remind the listeners to do?

(A) Sign up for a task
(B) Put away supplies
(C) Count customer votes
(D) Make some suggestions

話し手は、聞き手に何をするよう念押ししていますか。

(A) 任務に参加登録をする。
(B) 備品を片付ける。
(C) 顧客の投票数を数える。
(D) 提案をする。

正解 D 話し手は❹で、Tomás のアイデアによる販促活動が売り上げの伸びにつながったことを述べた後、❺「多くの皆さんも素晴らしいアイデアを持っているだろう」、❻「いつでもそれを私に伝えてくれていいということを忘れないでほしい」と、聞き手に提案を喚起している。(D) が正解。remind ～ to *do*「～に…するよう念押しする」。suggestion「提案」。

(A) 参加登録に関する言及はない。sign up for ～「～に名前を登録する」。
(B) put away ～「～を片付ける」、supplies「〈複数形で〉備品」。
(C) 投票数を数えることについての言及はない。count「～を数える」。

Mini Test　結果記入シート

ミニテストを受験した後、正解一覧 (p.196、p.216、p.236、p.256) を参照して答え合わせをしてください。次に、各問題の正誤を下の表に○と×で記入しましょう。間違った問題については、復習ユニットに戻っておさらいすると効果的です。なお、表内の「復習ユニット」の欄のUはStep 1のUnitを示します (U1 = Unit 1)。

Mini Test 1		
問題番号	正誤 (○×)	復習ユニット
PART 1		
1		U1
2		U2
PART 2		
3		U5
4		U7
5		U3
6		U6
7		U3
8		U3
9		U4
10		U9
PART 3		
11		
12		U13
13		
14		
15		U12
16		
17		
18		U10
19		
20		
21		U15
22		
PART 4		
23		
24		U16
25		
26		
27		U19
28		
29		
30		U20
31		

Mini Test 2		
問題番号	正誤 (○×)	復習ユニット
PART 1		
1		U1
2		U1
PART 2		
3		U3
4		U6
5		U3
6		U7
7		U5
8		U3
9		U4
10		U9
PART 3		
11		
12		U10
13		
14		
15		U11
16		
17		
18		U14
19		
20		
21		U15
22		
PART 4		
23		
24		U16
25		
26		
27		U19
28		
29		
30		U20
31		

Mini Test 3		
問題番号	正誤 (○×)	復習ユニット
PART 1		
1		U1
2		U2
PART 2		
3		U3
4		U3
5		U4
6		U6
7		U9
8		U3
9		U4
10		U9
PART 3		
11		
12		U10
13		
14		
15		U12
16		
17		
18		U14
19		
20		
21		U15
22		
PART 4		
23		
24		U16
25		
26		
27		U19
28		
29		
30		U20
31		

Mini Test 4		
問題番号	正誤 (○×)	復習ユニット
PART 1		
1		U1
2		U1
PART 2		
3		U7
4		U5
5		U6
6		U8
7		U3
8		U9
9		U3
10		U3
PART 3		
11		
12		U10
13		
14		
15		U13
16		
17		
18		U14
19		
20		
21		U15
22		
PART 4		
23		
24		U16
25		
26		
27		U19
28		
29		
30		U20
31		

公式 TOEIC® Listening & Reading
プラクティス リスニング編　別冊付録

2020 年 8 月 25 日　第 1 版第 1 刷発行
2023 年 6 月 30 日　第 1 版第 3 刷発行

著者　ETS

編集協力　株式会社エディット
株式会社ウィットハウス

発行元　一般財団法人 国際ビジネスコミュニケーション協会
〒 100-0014
東京都千代田区永田町 2-14-2
山王グランドビル
電話　(03) 5521-5935
FAX　(03) 3581-9801

印刷　図書印刷株式会社

Printed in Japan
ISBN 978-4-906033-59-1

公式 *TOEIC*® Listening & Reading
プラクティス
リスニング編

別冊付録

単語集
Wordbook

別冊付録の使い方

単語集について

本誌「Step 1：ユニット学習」の *TOEIC*® L&R の問題英文から、覚えておくとよい語句を 440 語ピックアップしました。*TOEIC*® L&R でよく目にする関連語も併せて紹介していますので、繰り返し参照して記憶に定着させましょう。

●リストの見方

各ユニットの解答・解説ページの語注から、10 ～ 30 語をピックアップしています。

※ユニットによって選択語数が異なります。掲載スペースの関係で、初出ではないユニットに掲載されている場合もあります。

❶ **Unit 1　人物の動作を描写する**

➡ 本誌 p.18-19

❷

No.	語句	意味	補足
001 □□□	**load ～ with …**	動 ～に…を積む	動 load「～を積み込む、～を乗せる」
002 □□□	**laundry** ❸	名 洗濯物 ❹	★不可算名詞。可算名詞で「クリーニング店」の意味もある ❺
003 □□□	**fold**	動 ～を畳む、～を折る	
004 □□□	**put away ～**	動 ～を片付ける、～を仕舞う	★ put ～ away の語順でも使われる
005 □□□	**shake hands**	握手をする	動 shake「～を振る」 名 handshake「握手」
006 □□□	**distribute**	動 ～を配布する、～を分配する	名 distribution「配布、分配」
007 □□□	**exit**	動 ～から立ち去る	名 exit「出口」 対 enter「～に入る」 名詞形は entrance「入り口」

❶ 本誌のユニット番号
❷ 通し番号
❸ 見出し語
❹ 品詞・語義……本文中の語義を中心に紹介
❺ 関連情報………見出し語の語法、別の語義、派生語、関連語など

品詞・その他略語の説明

- 名 名詞（複合名詞なども含む）
- 代 代名詞
- 動 動詞 (句動詞なども含む)
- 形 形容詞
- 副 副詞
- 前 前置詞
- 同 同義語
- 対 対義語
- 米 アメリカ英語
- 英 イギリス英語
- ★ 文法や語法についての説明

●単語学習法のヒント

1. 見出し語を見て、語義がすぐに分からなかった語句のチェックボックスに✓を入れる。
2. 品詞・語義や、関連情報を確認する。
3. 本誌の参照ページへ行き、訳文を参考に、その語句が英文中でどのように使われているかを確認し、用法やコロケーションを頭に入れる。
4. 該当の英文スクリプトを読みながら、付属 CD-ROM に収録されている音声ファイルを聞き、見出し語の発音を確認する。
5. 一定の期間を置いて再度見出し語を見て、□に✓の入った語を覚えたかどうかを確認する。自信がなければ、2 つ目の□に✓を入れ、2 ～ 5 を繰り返す。
6. □に✓が入ったものは「覚えたい語句」として自分で別にまとめてもよい。

さらに、予習として、本誌「Step1：ユニット学習」をする前に、該当ユニットの語句を頭に入れてから音声を聞くと、聞き取りやすくなり、問題にスムーズに解答できるようになります。

ボキャブラリーの学習は、見出し語の語義だけではなく、用例と共に覚えることが重要です。本誌の英文を参考に、その語句が使われているシチュエーションや文脈も同時に頭に入れ、自分でも使えるようにして、発信力も含めた英語の実践的な力を高めていきましょう。

Unit 1 人物の動作を描写する

➡ 本誌 p.18-19

001 □□□	**load ～ with …**	動 ～に…を積む	動 load「～を積み込む、～を乗せる」
002 □□□	**laundry**	名 洗濯物	★不可算名詞。可算名詞で「クリーニング店」の意味もある
003 □□□	**fold**	動 ～を畳む、～を折る	
004 □□□	**put away ～**	動 ～を片付ける、～を仕舞う	★ put ～ away の語順でも使われる
005 □□□	**shake hands**	握手をする	動 shake「～を振る」 名 handshake「握手」
006 □□□	**distribute**	動 ～を配布する、～を分配する	名 distribution「配布、分配」
007 □□□	**exit**	動 ～から立ち去る	名 exit「出口」 対 enter「～に入る」 名詞形は entrance「入り口」
008 □□□	**vendor**	名 露天商、販売業者、供給業者	動 vend「～を販売する」
009 □□□	**merchandise**	名 商品	動 merchandise「～を売買する、～を宣伝する」
010 □□□	**clear off ～**	動 ～から（食器などを）片付ける、～をきれいにする	★ clear ～ off の語順でも使われる 動 clear「～を取り除く、～を片付ける」

Unit 2 物の状態を描写する

➡ 本誌 p.24-25

011 □ □ □	**on display**	陳列されて	名 display「陳列、展示」 動 display「～を陳列する、～を展示する」
012 □ □ □	**place ～ in …**	動 …に～を入れる	動 place「～を置く」
013 □ □ □	**ceiling light**	名 天井灯	名 ceiling「天井」 名 light「光、明かり」
014 □ □ □	**plant**	動 ～を植える	名 plant「植物」
015 □ □ □	**pot**	名 植木鉢	「鍋、つぼ、ポット」の意味もある
016 □ □ □	**park**	動 ～を駐輪する、 ～を駐車する	「駐車場」は 米 parking lot 英 car park
017 □ □ □	**grass**	名 芝生、草	★この意味では通例 the を伴う 同 lawn
018 □ □ □	**water**	動 ～に水をまく	名 water「水」
019 □ □ □	**next to ～**	～の隣に	
020 □ □ □	**bicycle rack**	名 駐輪用ラック	名 bicycle「自転車」 名 rack「枠、台、棚」

Unit 2

➡ 本誌 p.24-25

No.	単語	意味	補足
021 □□□	**trim**	動 ～（木など）を刈り込む	名 trim「刈り整えること」
022 □□□	**column**	名 円柱、柱	「囲み記事、（表の）列」の意味もある
023 □□□	**line**	動 ～に沿って列を成す	自動詞で「並ぶ」の意味もある 名 line「列」
024 □□□	**walkway**	名 歩道、散歩道	名 sidewalk「（車道横の舗装された）歩道」
025 □□□	**repair**	動 ～を修理する	名 repair「修理」
026 □□□	**occupied**	形 人がいて、ふさがって	名 occupation「占有、職業」 動 occupy「～をふさぐ、～を占有する」
027 □□□	**sweep ～ out of …**	動 ～を…から一掃する	動 sweep「～を掃く」
028 □□□	**papers**	名〈複数形で〉書類	名 paper「紙、新聞、論文」
029 □□□	**pile**	動 ～を積み重ねる	名 pile「積み重なり、山（積み）」
030 □□□	**reach for ～**	動 ～を取ろうと手を伸ばす	動 reach「～に届く、～に達する」

Unit 3 WH 疑問文（When、Where、Who、What）

➡ 本誌 p.32-34

031 □ □ □	**corridor**	名 廊下	同 hallway
032 □ □ □	**clean out ～**	動 ～をきれいに片付ける	★ clean ～ out でも使われる 動 clean「～を取り除く、～を掃除する」 副 out「すっかり、完全に」
033 □ □ □	**supplies**	名〈複数形で〉 供給品、備品、補充品	supply closet、supply room「備品室」
034 □ □ □	**be located**	動 位置する	名 location「場所、所在地」 動 locate「～(の場所・位置)を決める・見つける、～を設置する」
035 □ □ □	**right around the corner**	角を曲がったすぐの所に	副 right「ちょうど、ぴったり」 前 around「～を回った所に」
036 □ □ □	**a couple of ～**	2、3 の～	名 couple「(組みになった) 2 つ・2 人、(夫婦・恋人などの) カップル」
037 □ □ □	**notably**	副 はっきり分かるほど	形 notable「目立った、顕著な」
038 □ □ □	**notify ～ of …**	動 ～に…について知らせる	名 notification「通知、届け」 動 notify「～に通知する」
039 □ □ □	**intern**	名 研修生、実習生、インターン	名 internship「実習期間、実習生の身分、インターンシップ」
040 □ □ □	**assignment**	名 業務、任務	on assignment「業務で、仕事で」 動 assign「～(人)を割り当てる、～を任命する」 形 assigned「割り当てられた」

Unit 3

➡ 本誌 p.32-34

No.	単語	意味	関連
041 □□□	**coordinator**	名 コーディネーター、取りまとめ役	名 coordination「調整、協調」 動 coordinate「連携する、協調して動く」
042 □□□	**minor**	形 ささいな、小さな	名 minority「少数派」 対 major「主要な、大きな」 名詞形は majority「多数派」
043 □□□	**complete**	動 ～を完了する、～（用紙）に全て記入する	名 completion「完了」 形 complete「完全な、全部の」
044 □□□	**work on ～**	動 ～に取り組む	
045 □□□	**alternative energy**	名 代替エネルギー	形 alternative「代わりの、他に選び得る」 alternative technology「代替技術」
046 □□□	**sure**	副 はい、そうですとも、承知しました	★承諾の返答として用いる 同 certainly
047 □□□	**shipping**	名 発送、出荷、輸送（業）	shipping and receiving「入出荷、受け渡し」 名 shipment「発送(品)、積み荷」 動 ship「～を輸送する」
048 □□□	**first**	副 先に、第1に	形 first「〈the ～〉最初の、第1の」
049 □□□	**overnight**	形 翌日配達の	「夜通しの」の意味もある 副 overnight「一夜のうちに、一晩中」
050 □□□	**pretty**	副 かなり、とても	

Unit 4　WH 疑問文（Why、Which、How）

➡ 本誌 p.40-42

051 □□□	**complicated**	形 複雑な	動 complicate「～を複雑にする」 対 uncomplicated「複雑でない、単純な」
052 □□□	**simplify**	動 ～を簡素化する、～を簡単にする	形 simple「簡素な、単純な」
053 □□□	**construction worker**	名 建設作業員	名 construction「建造、建築、建造物」 名 worker「労働者、働き手」
054 □□□	**security guard**	名 警備員	名 security「警備、安全(性)」 名 guard「護衛（者）、監視(者)」
055 □□□	**renovate**	動 ～を改装する、～を改修する	名 renovation「改装、改修」
056 □□□	**book ～ for …**	動 ～を…（日時）に予約する	名 booking「予約」
057 □□□	**prefer**	動 ～の方を好む	prefer ～ to …「…より～を好む」 名 preference「好み、選択したもの、優先権」
058 □□□	**upstairs**	副 上階に、2 階に	名 upstairs「上階、2 階」 形 upstairs「上階の、2 階の」 対 downstairs「階下に」
059 □□□	**fly**	動 飛行機で移動する	fly out「飛行機で出掛ける」 名 flight「（飛行機の）便」
060 □□□	**take**	動 ～（手段など）を利用する	「～（時間・コストなど）がかかる」の意味もある

Unit 5 Yes/No 疑問文

➡ 本誌 p.48-50

No.	語句	意味	補足
061 □□□	**advertisement**	名 広告	television advertisement「テレビ広告」 newspaper advertisement「新聞広告」
062 □□□	**film**	動 ～を撮影する	名 film「映画、フィルム」 同 shoot
063 □□□	**notice**	動 ～に気付く	名 notice「掲示、通知」
064 □□□	**bulletin board**	名 掲示板	名 bulletin「告示、速報」 名 board「板、台」
065 □□□	**order**	動 ～を注文する	名 order「注文、注文品」 place an order「注文をする」
066 □□□	**banquet hall**	名 宴会場	名 banquet「祝宴」 名 hall「会館、集会所、大広間」
067 □□□	**replacement part**	名 交換部品	名 replacement「交換」 動詞形は replace「～を取り換える、～を交換する」 名 part「部品、パーツ」
068 □□□	**install**	動 ～を取り付ける、～を設置する	名 installation、installment「取り付け、設置」
069 □□□	**be ready to *do***	～する準備ができている、いつでも～するつもりがある	「喜んで～する」という意味もある 形 ready「準備・用意ができて」
070 □□□	**leave ～ for …**	動 ～を…に残す	動 leave「～を残す、～を置き忘れる、～(場所)を去る」

Unit 6 提案・依頼・許可の疑問文

➡ 本誌 p.56-58

071 □□□	**front row**	名 最前列	形 front「最前部の、正面の」 名 row「列、(表の)行」
072 □□□	**have a look at ～**	～を見る	名 look「見ること、様子、外見」 同 take a look at ～
073 □□□	**accounting department**	名 経理部	名 accounting「経理、会計(学)」 名 department「部署、部門」
074 □□□	**look like ～**	動 ～のように見える	it looks like (that) ～「～であるように見える」
075 □□□	**offer**	動 ～を提供する、～を申し出る	offer to *do*「～しようと申し出る」 名 offer「提供、申し出」
076 □□□	**snack**	名 軽食	同 refreshments
077 □□□	**drive**	動 ～を(乗り物で)運ぶ	名 drive「(車の)運転、ドライブ」
078 □□□	**cover**	動 (代理で)～を引き受ける、～を賄う	「～を覆う、～を取材する」の意味もある 名 cover「覆い、カバー」
079 □□□	**shift**	名 シフト、交代勤務時間	day shift「昼間勤務」 night shift「夜間勤務」
080 □□□	**work overtime**	超過勤務する、残業する	副 overtime「時間外に」

Unit 7　付加疑問文

➡ 本誌 p.64-66

No.	単語	意味	補足
081 □□□	**conference**	名 会議、協議会	★大規模な公式の会議を指すことが多い conference call「電話会議」 conference room「会議室」
082 □□□	**workshop**	名 研修会、ワークショップ	
083 □□□	**schedule**	動 ～の予定を決める	名 schedule「予定表、スケジュール」
084 □□□	**Human Resources**	名 人事部	★human resourcesは「人材」。部署名の場合は、語頭を大文字にすることもある 名 resources「(会社の)資産」
085 □□□	**last**	動 続く	
086 □□□	**fairly**	副 まあまあ、幾分	「かなり、極めて」の意味もある 形 fair「まずまずの、公平な」
087 □□□	**brief**	形 短い	名 briefing「状況報告、ブリーフィング」 動 brief「～を要約する、～の要点を伝える」
088 □□□	**informative**	形 有益な、ためになる	名 information「情報」 動 inform「～に知らせる」
089 □□□	**beverage**	名 飲み物	★コーヒー、紅茶、ジュース、酒類などの、水以外の飲料を指す
090 □□□	**laptop**	名 ノートパソコン	名 desktop「デスクトップパソコン」

Unit 8 否定疑問文

➡ 本誌 p.72-74

091 □□□	**dining car**	名 食堂車	名 dining「食事」 名 car「(列車などの) 車両、客車、自動車」
092 □□□	**at the back**	後方に	名 back「奥、後部」
093 □□□	**postpone**	動 ～を延期する	名 postponement「延期、先送り」 同 put off ～
094 □□□	**charge**	動 ～(支払い･対価)を請求する	名 charge「請求額、料金、使用料」
095 □□□	**cancellation fee**	名 解約料、キャンセル料	名 cancellation「取り消し、キャンセル、解除」 名 fee「料金、手数料、謝礼」
096 □□□	**post office**	名 郵便局	名 office「事務所、(政府の) 省・庁・局」 「郵便 (物)」は 米 mail 英 post
097 □□□	**dental**	形 歯科の	名 dentist「歯科医、歯科医院」
098 □□□	**appointment**	名 予約、約束	動 appoint「～ (日時など) を決める、～を指名する」
099 □□□	**remind**	動 ～に思い出させる、～に気付かせる	remind ～ to *do*「～に…することを思い出させる」
100 □□□	**experienced**	形 経験豊かな	名 experience「経験、体験」 動 experience「～を経験する」

Unit 8

➡ 本誌 p.72-74

101 □□□	**much**	副 ずっと、はるかに	★比較級を修飾して使う
102 □□□	**sales figure**	名 売上金額、販売数量	名 sales「売上高、販売数」 名 figure「数字、数量、額」
103 □□□	**update**	動 ～を更新する、 ～を最新のものにする	名 update「更新、最新情報」 形 updated「更新された、最新の」
104 □□□	**actually**	副 実は	形 actual「実際の、現実の」
105 □□□	**look at ～**	動 ～を検討する、 ～を考察する	「～を見る」の意味もある
106 □□□	**available**	形 利用可能な、空いている	名 availability「利用の可否、利用の可能性、(人の) 都合」
107 □□□	**rent**	名 賃借料、家賃	動 rent「～を賃借する、～を賃貸する」 形 rental「賃貸の」
108 □□□	**room**	名 使える場所、余裕、余地	「部屋」の意味もある
109 □□□	**look in ～**	動 ～をのぞく、 ～を見てみる	
110 □□□	**file cabinet**	名 書類整理棚	名 file「書類とじ、ファイル」 名 cabinet「(飾り)戸棚、保管庫」

Unit 9 平叙文

➡ 本誌 p.80-82

No.	単語	意味	関連
111 □□□	**select**	動 ～を選ぶ	名 selection「選択、選択されたもの」 形 select、selective「えり抜きの、厳選された」
112 □□□	**waiting area**	名 待合室、待合所	名 waiting「待つこと、待機」 名 area「場所、地域、領域」
113 □□□	**expensive**	形 高価な	対 inexpensive「安価な、廉価な」
114 □□□	**director**	名 重役、取締役	「管理者、(映画などの) 監督」の意味もある board of directors「取締役会」
115 □□□	**presentation**	名 発表、プレゼンテーション	make a presentation「発表を行う」 動 present「～を発表する、～を示す」
116 □□□	**material**	名 題材、資料、材料	
117 □□□	**present**	形 出席して、居合わせて	名 presence「出席、存在」 対 absent「欠席して、不在で」名詞形は absence「欠席、不在」
118 □□□	**submission**	名 提出	動 submit「～を(正式に)送る、～を提出する」
119 □□□	**decision**	名 決定、決断	make a decision「決定する、決断する」 動 decide「(～を)決定する」 形 decisive「決定的な」
120 □□□	**entry fee**	名 参加費、入場料	名 entry「入場、入会、参加」 名 fee「料金、手数料、謝礼」

Unit 9

➡ 本誌 p.80-82

No.	単語	意味	関連
121 □□□	**post**	動 ～（情報など）を掲示する	名 post「柱、（インターネット掲示板への）投稿」
122 □□□	**nonnegotiable**	形 交渉の余地のない、譲れない	名 negotiation「交渉」 動 negotiate「交渉する」「～（交渉など）を取り決める」 対 negotiable「交渉可能な」
123 □□□	**deadline**	名 締め切り、最終期限	同 due date
124 □□□	**warehouse**	名 倉庫	
125 □□□	**ask about ～**	動 ～について尋ねる	
126 □□□	**down**	副 下方へ、下って	対 up「上方へ、上って」
127 □□□	**delivery**	名 配達	make a delivery「配達をする」 動 deliver「～を配達する」
128 □□□	**contact information**	名 連絡先	名 contact「連絡（先）、接点」 名 information「情報」
129 □□□	**editor**	名 編集者	名 edit、editing「編集」 動 edit「～を編集する」 形 editorial「編集（部）の」
130 □□□	**long-distance call**	名 長距離電話	long-distance (tele)phone call とも言う

Unit 10　会話の概要をつかむ

➡ 本誌 p.90-93

No.	見出し語	意味	補足
131 □□□	**call about ～**	動 ～について電話する	動 call「(～に) 電話する」
132 □□□	**have a problem with ～**	～に問題がある	★主語が「～に関して問題を抱えている」という意味 名 problem「問題 (点)、課題」
133 □□□	**loud**	形 (音量が) 大きい	副 loud、loudly「大きな音・声で」
134 □□□	**whistling**	名 (風などの) ヒューヒューと鳴る音	動 whistle「口笛を吹く」「～を口笛で吹く」
135 □□□	**blowing**	名 吹き出し、吹き込み	動 blow「(風が)吹く」
136 □□□	**see if ～**	動 ～かどうか調べる	
137 □□□	**help ～ with …**	動 …について～を手伝う	動 help「～を手伝う、～を助ける」、(自動詞で)「役立つ」
138 □□□	**shut off ～**	動 ～ (スイッチなど) を切る	★ shut ～ off の語順でも使われる
139 □□□	**turn on ～**	動 ～ (電源・スイッチなど) を入れる	★ turn ～ on の語順でも使われる 対 turn off ～「～ (電源、スイッチなど) を切る」
140 □□□	**unfortunately**	副 残念ながら、あいにく	形 unfortunate「不運な」 対 fortunately「幸いなことに、幸運にも」

Unit 10

➡ 本誌 p.90-93

141 □□□	**come over to ～**	動 ～にやって来る、 ～まで行く	
142 □□□	**figure out ～**	動 ～（原因など）を解明する、 ～（解決策など）を見つけ出す	★ figure ～ out の語順でも使われる 動 figure (that)「～であると考える、～であると判断する」
143 □□□	**restart**	動 ～を再起動する	名 restart「再起動」
144 □□□	**reference**	名 問い合わせ先、照会先	動 refer「～を照会させる、～を差し向ける」 refer to ～「～に照会する、～を参照する」
145 □□□	**appliance**	名 （家庭用）電化製品、 電気器具	electric appliance とも言う kitchen appliance「台所用品、台所用家電」
146 □□□	**would like to *do***	動 ～したい	★口語では would は 'd と略される
147 □□□	**let ～ know about …**	動 ～に…について知らせる	動 let ～ *do*「～に…をさせる」
148 □□□	**promotion**	名 プロモーション、販売促進	動 promote「～を販売促進する」 形 promotional「販売促進上の」
149 □□□	**refrigerator**	名 冷蔵庫	★口語で fridge とも言う 動 refrigerate「～を冷蔵する」
150 □□□	**in good condition**	良好な状態で	名 condition「状態、状況」 対 in bad/poor condition「不良な状態で」

Unit 10

➡ 本誌 p.90-93

151 □□□	**dishwasher**	名 食洗機	
152 □□□	**that way**	そうすれば	★文頭で用いる
153 □□□	**inform ~ about …**	動 ～に…について知らせる	名 information「情報」 動 inform「～に知らせる」 形 informative「有益な、参考になる」
154 □□□	**right away**	即座に、直ちに	同 immediately
155 □□□	**advertise**	動 ～を宣伝する、広告を出す	名 advertisement「広告」
156 □□□	**consumer survey**	名 消費者調査	名 consumer「消費者」 名 survey「調査」
157 □□□	**accessories**	名〈複数形で〉付属品	
158 □□□	**estimate**	名 見積もり、見積書	動 estimate「評価する」「～を見積もる、～を評価する」
159 □□□	**waive**	動 ～を免除する	
160 □□□	**bill**	名 請求書	名 billing「請求書作成、請求書送付」 動 bill「～に請求書を送る」

Unit 11　会話の流れを予測する

➡ 本誌 p.98-101

161 □□□	**prescription**	名 処方箋、処方薬	動 prescribe「～（薬など）を処方する」
162 □□□	**pharmacy**	名 薬局	「薬学」の意味もある 形 pharmaceutical「薬剤の、薬学の」
163 □□□	**pick up ～**	動 ～（物）を受け取る、～を買う、～（人）を車で迎えに行く	★ pick ～ up の語順でも使われる 名 pickup「集荷、積み込み」
164 □□□	**check on ～**	動 ～を（確認のため）調べる	
165 □□□	**I'm afraid (that) ～**	残念ながら～、あいにく～	★～には節が来る 形 afraid「恐れて、心配して」
166 □□□	**behind schedule**	予定より遅れて	対 ahead of schedule「予定より早く」 on schedule「予定通りに」
167 □□□	**next door**	隣の	★名詞の後に置いて使う。副詞句としても使われる 名 door「(1 軒の）家」
168 □□□	**in a bit**	少ししたら、すぐに	前 in「～（時間）後に」 名 bit「少し、わずか」
169 □□□	**business location**	名 事業の拠点	名 business「商取引、事業、企業」 名 location「場所、所在地」
170 □□□	**upcoming**	形 近づいている、今度の	

Unit 11

➡ 本誌 p.98-101

171 □□□	**be out sick**	(職場などを) 病気で休んでいる	形 out「仕事を休んで、不在で」 形 sick「病気の」
172 □□□	**work**	動 (機械などが正常に)機能する、(日時などが)都合がいい、うまくいく	work for ～「～(人)にとって都合がいい、～にとって予定が合う」
173 □□□	**nearby**	形 近くの、近所の	副 nearby「近くに、近くで」
174 □□□	**form**	名 用紙、書式	
175 □□□	**traffic report**	名 交通情報	名 traffic「交通 (量)」 名 report「報道、報告」
176 □□□	**repave**	動 ～を再舗装する	名 pavement「舗道、舗装」 動 pave「～を舗装する」
177 □□□	**take a detour**	回り道をする	名 detour「回り道、迂回路(うかいろ)」
178 □□□	**be supposed to *do***	動 ～することになっている	動 suppose (that)「～であると想定する、～であると思う」
179 □□□	**on *one's* way**	途中で	on *one's* way to/from ～「～に向かう途中で／～から帰る途中で」 同 on the way
180 □□□	**contact**	動 ～に連絡する	名 contact「連絡 (先)、接点」

Unit 11

➡ 本誌 p.98-101

181 □□□	**sales department**	名 営業部、販売部	名 sales「販売活動、売上高」 名 department「部署、部門」
182 □□□	**ask ～ for directions**	～に道を尋ねる	名 directions（to ～）「(～への) 道順」
183 □□□	**decline**	動 ～を（丁重に）断る	自動詞で「減退する、下がる」の意味もある 名 declination「辞退」
184 □□□	**revise**	動 ～を見直す、～を改訂する	名 revision「改訂」
185 □□□	**public transportation**	名 公共交通機関	名 transportation「輸送（機関）」 英 public transport
186 □□□	**refund**	名 払い戻し	動 refund「～を払い戻す」 形 refundable「払い戻しのできる」
187 □□□	**coworker**	名 同僚	同 colleague
188 □□□	**forward**	動 ～を転送する、～を送付する	副 forward「前方へ、先へ」
189 □□□	**confirmation**	名 確認	動 confirm「～を確認する」 形 confirmative「確認の」
190 □□□	**operating hours**	名 営業時間	動 operate「(～を) 営業する、(～を) 操業する」

Unit 12 キーワードから推測する

➡ 本誌 p.106-109

191 □□□	**draft**	名 草案、下書き	動 draft「～の原稿を書く、～の下書きをする」
192 □□□	**come along**	動 進展する、うまく進む	「同行する」の意味もある 副 along「前方へ」
193 □□□	**instead of ～**	～の代わりに、～ではなく	
194 □□□	**move**	動 移転する、引っ越す	他動詞で「～を動かす」の意味もある 名 move「引っ越し、転居」
195 □□□	**after all**	結局のところ、やはり	
196 □□□	**location**	名 場所、所在地、立地	動 locate「～（の位置・場所）を決める・見つける、～を設置する」
197 □□□	**real estate**	名 不動産	real-estate agent「不動産業者」 名 estate「地所、私有地」
198 □□□	**agent**	名 代理店、仲介業者	同 agency
199 □□□	**property**	名 不動産物件、所有地、地所	
200 □□□	**contract**	名 契約、契約書	make a contract (with ～)「(～と) 契約を結ぶ」

Unit 12

➡ 本誌 p.106-109

201 □□□	enlarge	動 ～を拡大する	名 enlargement「拡大、増大」
202 □□□	furniture	名 家具	★集合的に用いる。不可算名詞
203 □□□	expedite	動 ～を迅速に処理する	名 expedition「迅速さ、探検、遠征」
204 □□□	invoice	名 請求書、送り状	動 invoice「～に送り状を送る」
205 □□□	passenger	名 乗客、通行人	
206 □□□	domestic	形 国内の	「家庭の」の意味もある 対 international「国際的な」
207 □□□	be interested in ～	～に関心がある	名 interest「関心、興味」 形 interested「関心のある」
208 □□□	partner with ～	動 ～と提携する、～と組む	名 partner「提携相手、共同経営者」 動 partner「(～と)提携する」
209 □□□	budget	形 安価な、予算に合った	名 budget「予算」
210 □□□	worth ～	形 ～の価値がある	★後ろに名詞や動名詞を続ける worth *doing*「～する価値がある」

Unit 12

➡ 本誌 p.106-109

No.	見出し語	意味	備考
211 □□□	**look into ～**	動 ～を検討する	
212 □□□	**operate**	動 操業する、営業する	他動詞で「～を運営する、～を操作する」の意味もある 名 operation「操業、稼働、運営」
213 □□□	**advertising**	名 広告すること、広告業	名 advertisement「広告」 動 advertise「(～を)広告する、(～を)宣伝する」
214 □□□	**firm**	名 企業、会社、事務所	
215 □□□	**hire**	動 ～を雇う	名 hiring「雇用」 名 hiring process「採用過程」
216 □□□	**equipment**	名 機器、器具	★不可算名詞 動 equip「～を備え付ける」
217 □□□	**branch**	名 支店、支社	「本店、本社」はhead office、headquarters
218 □□□	**figure**	名 数字、数量、額	
219 □□□	**arrange**	動 ～を手配する	arrange for ～「～の手配をする」 名 arrangement「手配」
220 □□□	**conference call**	名 電話会議	名 conference「会議、協議会」 名 call「電話」

Unit 13 発言の意図や示唆をくみ取る

➡ 本誌 p.114-117

No.	語句	意味	関連
221 □□□	**overseas**	副 海外へ、海外で	形 overseas「海外の」
222 □□□	**on holiday**	休暇で	★主に英国で使われる 名 holiday「休日、休暇」 米 on vacation
223 □□□	**vaccination**	名 予防接種、ワクチン接種	名 vaccine「ワクチン」 動 vaccinate「(～に) 予防接種をする」
224 □□□	**opening**	名 空き	job opening「就職口、求人」
225 □□□	**make it**	時間に間に合う	「うまくやり遂げる」の意味もある
226 □□□	**health clinic**	名 診療所、クリニック	名 health「健康、保健」 名 clinic「(外来の) 診療所」
227 □□□	**law firm**	名 法律事務所	名 law「法、法律、法令」 名 firm「企業、会社、事務所」
228 □□□	**travel agency**	名 旅行代理店	名 travel「旅、旅行」 名 agency「代理店、取次店、仲介業者」
229 □□□	**guide**	名 案内書、手引書	「案内人、ガイド」の意味もある 動 guide「～を案内する」
230 □□□	**imply**	動 ～を示唆する、～をほのめかす	名 implication「言外の意味、含意」

Unit 13

➡ 本誌 p.114-117

231 □ □ □	**full-time**	副 （勤務形態が）常勤で	形 full-time「常勤の」 対 part-time「パートタイムで、非常勤で」
232 □ □ □	**depart**	動 出発する	名 departure「出発」
233 □ □ □	**pharmacology**	名 薬理学	
234 □ □ □	**get back to ～**	動 ～に折り返し連絡する、 ～に返事をする	副 back「返して、返答して」
235 □ □ □	**focus on ～**	動 ～に集中する、 ～に重点を置く	focus ～ on …「～を…に集中させる」 名 focus「焦点、重点」
236 □ □ □	**trial**	名 治験、実験、試み	名 drug trial「薬の治験」 名 clinical trial「臨床試験」
237 □ □ □	**allergy**	名 アレルギー	形 allergic「アレルギー性の、アレルギー体質の」
238 □ □ □	**launch**	動 ～（新商品）を売り出す	「～（会社など）を始める」の意味もある 名 launch「（新製品の）発売、（事業などの）着手」
239 □ □ □	**medication**	名 薬剤、投薬	動 medicate「～を薬で治療する」
240 □ □ □	**right now**	今すぐに	「現時点では」の意味もある 副 right「すぐに」

Unit 13

➡ 本誌 p.114-117

No.	見出し語	意味	関連語・補足
241 □□□	**credits**	名〈複数形で〉協力者名リスト、クレジット	
242 □□□	**information technology**	名 情報技術、IT	名 information「情報（伝達）、（一連の）データ」 名 technology「技術、テクノロジー」
243 □□□	**introduce**	動 ～（新製品など）を発表する	「～（人）を紹介する」の意味もある 名 introduction「発表、紹介」
244 □□□	**funding**	名 資金提供	名 fund「資金、基金」 動 fund「～に資金を出す」
245 □□□	**merger**	名（企業などの）合併	動 merge「合併する」「～を合併させる」
246 □□□	**take place**	行われる、起こる	
247 □□□	**award ceremony**	名 授賞式	名 award「賞、賞品」 名 ceremony「式典」
248 □□□	**miss**	動 ～を欠く、～を逃す	「～を懐しく思う」の意味もある 形 missing「見つからない、行方不明の」
249 □□□	**result**	名 結果	動 result（in ～）「（～という結果が）生じる」
250 □□□	**researcher**	名 研究者、調査員	名 research「研究、調査」 動 research「（～を）研究する、（～を）調査する」

Unit 14　3人の会話を聞き取る

➡ 本誌 p.122-125

No.	語句	意味	関連語
251 □□□	**on short notice**	急な通知で、猶予なく	形 short「短期間の」 名 notice「通知」 英 at short notice
252 □□□	**head**	名 （部署などの）長	動 head「〜を率いる、〜の先頭に立つ」 形 head「最高位の、先頭の」
253 □□□	**nightly**	形 毎晩の	副 nightly「毎晩、夜ごとに」
254 □□□	**newscast**	名 ニュース放送	
255 □□□	**résumé**	名 履歴書	
256 □□□	**be well qualified for ～**	～に適任である	副 well「相当に、十分に」 形 qualified「適格の、資格のある」
257 □□□	**be curious about ～**	～に興味がある	形 curious「関心・好奇心のある」
258 □□□	**film crew**	名 撮影班	名 film「映画、フィルム」 名 crew「班、組、一団」
259 □□□	**with little warning**	ほとんど予告なしに	形 little「ほとんど〜ない」 名 warning「警告、注意、通告」
260 □□□	**employment agency**	名 人材紹介会社、 職業紹介所	名 employment「雇用、職」 名 agency「代理店、取次店、仲介業者」

Unit 14

➡ 本誌 p.122-125

261 □□□	job requirement	名 職務要件	名 job「職、仕事、任務」 名 requirement「必要条件、必須要件」
262 □□□	flexible	形 柔軟性のある、適応性のある	名 flexibility「柔軟性、適応性」
263 □□□	certified	形 資格を持った	名 certification「認定、認証」 動 certify「～を認定する、～に資格を与える」
264 □□□	proper	形 適切な	副 properly「適切に」 対 improper「不適切な」
265 □□□	management	名 管理、経営、経営陣	名 manager「管理者、経営者」 動 manage「～を管理する、～を経営する」
266 □□□	tour	動 ～を見学する	名 tour「(施設)見学、(視察)小旅行」
267 □□□	facility	名 施設、設備	動 facilitate「～を容易にする、～を円滑に進める」
268 □□□	supervisor	名 上司、監督者、管理者	名 supervision「監督、管理」 動 supervise「～を監督する、～を管理する」
269 □□□	strategy	名 戦略、方略	形 strategic、strategical「戦略的な」 副 strategically「戦略的に」
270 □□□	advertising agency	名 広告代理店	名 advertising「広告業」 名 agency「代理店、取次店、仲介業者」

Unit 14

➡ 本誌 p.122-125

271 □□□	**booth**	名 ブース、小さく仕切った部屋	
272 □□□	**make an impression**	印象を与える、印象付ける	名 impression「印象、感銘」 動 impress「〜に良い印象を与える、〜を感心させる」
273 □□□	**put together 〜**	動 〜を編集する、〜をまとめる	★ put 〜 together の語順でも使われる 副 together「一緒に、合わせて」
274 □□□	**ad campaign**	名 広告キャンペーン	★ ad は advertisement の略語
275 □□□	**testimonial**	名 ユーザー推薦文、顧客の声	★マーケティング用語
276 □□□	**be worried about 〜**	〜が気に掛かる、〜が心配である	形 worried「心配して」
277 □□□	**tight**	形 (予定などが)ぎっしり詰まった	「きつい、ぴんと張った」の意味もある 動 tighten「〜を締める、〜をきつくする」
278 □□□	**in time**	時間内に、間に合って	on time「時間通りに、予定通りに」
279 □□□	**expo**	名 展示会	★ exposition の略語
280 □□□	**send out 〜**	動 〜を発送する	★ send 〜 out の語順でも使われる 副 out「外へ、出して」

Unit 15 図表と関連付けて聞く

➡ 本誌 p.130-133

281 □□□	**attend**	動 ～に出席する、～に参加する	「～の世話をする、～に付き添う」の意味もある 名 attendance「出席、参加」
282 □□□	**interview for ～**	動 ～の面接を受ける	動 interview「(～を) 面接する、(～に) インタビューする」 名 interviewer「面接する人」 名 interviewee「面接を受ける人」
283 □□□	**bump into ～**	動 ～と偶然出会う、～と鉢合わせする	動 bump「(～に) ドンとぶつかる」
284 □□□	**confusing**	形 混乱させるような、分かりにくい	名 confusion「混乱、当惑」 動 confuse「～を混乱させる、～を惑わせる」 形 confused「混乱した」
285 □□□	**subway**	名 地下鉄	
286 □□□	**route**	名 経路、巡回路	
287 □□□	**express**	名 急行	「速達(便)」の意味もある
288 □□□	**go on vacation**	休暇に出掛ける	★主に米国で使われる 名 vacation「休暇、バカンス」 英 go on holiday
289 □□□	**look forward to ～**	動 ～を楽しみに待つ	★～には名詞か動名詞が来る 副 forward「(時間的に) 先に」
290 □□□	**landscape designer**	名 造園技師、景観設計家	名 landscape「景観、景色」 名 designer「設計者、デザイナー」

Unit 15

➡ 本誌 p.130-133

No.	見出し語	意味	関連
291 □□□	**extend**	動 ～を延長する	名 extension「延長、内線電話」 形 extensive「広範な、大規模な」
292 □□□	**warranty**	名 保証	動 warrant「～を保証する」
293 □□□	**make an offer**	申し出をする	名 offer「提供、申し出」
294 □□□	**storage**	名 貯蔵（庫）、収納（庫）	「（コンピューターの）記憶域、記憶装置」の意味もある 動 store「～を保管する、～（データ）を記憶する」
295 □□□	**shed**	名 納屋、小屋、倉庫	
296 □□□	**contractor**	名 請負業者	名 contract「契約、契約書」 名 subcontractor「下請業者」
297 □□□	**directly behind ～**	～の真後ろに	副 directly「真っすぐに、ちょうど」
298 □□□	**as long as ～**	～である限りは	
299 □□□	**be happy with ～**	～に満足である	形 happy「幸福な、うれしい」
300 □□□	**cost**	動 ～（金額）がかかる	名 cost「費用、原価」

Unit 16 トークの概要をつかむ

➡ 本誌 p.142-145

301 □□□	**microeconomics**	名 ミクロ経済学	★個々の家計や企業などの行動を分析対象とする経済学 対 macroeconomics
302 □□□	**author**	名 著者	
303 □□□	**recent**	形 最近の、近頃の	副 recently「最近、近頃」
304 □□□	**make the most of ～**	～を最大限活用する	
305 □□□	**tips**	名〈複数形で〉ヒント、助言	
306 □□□	**manage**	動 ～を管理する、～を経営する	「(～を) 何とかする」の意味もある 名 management「管理、経営」 名 manager「管理者、経営者」
307 □□□	**finances**	名〈複数形で〉資金、財源	名 finance「金融、財務」
308 □□□	**throughout**	前 ～の間中ずっと、～の初めから終わりまで	「～の至る所で」の意味もある
309 □□□	**over the phone**	電話で、電話越しに	★ phone は telephone の口語 on the phone「電話に出て、電話中で」
310 □□□	**feel free to *do***	遠慮なく～する	形 free「束縛を受けていない、自由な」

Unit 16

➡ 本誌 p.142-145

No.	単語	意味	補足
311 □□□	**discuss**	動 ～（話題・テーマなど）について詳述する	「～について議論する」の意味もある 名 discussion「詳解、議論」
312 □□□	**career**	名 職業、キャリア	
313 □□□	**choice**	名 選択、選択の自由	動 choose「～を選ぶ」 形 chosen「選ばれた」
314 □□□	**publishing**	名 出版、出版業	名 publication「出版物、出版」 動 publish「（～を）出版する」
315 □□□	**opportunity**	名 機会、チャンス	
316 □□□	**encourage**	動 ～に勧める、～を励ます	encourage ～ to *do*「～に…するよう勧める」 名 encouragement「激励」 形 encouraging「励みになる」
317 □□□	**call in**	動 電話を入れる	動 call「（～に）電話する」
318 □□□	**register for ～**	動 ～に（参加）登録する	動 register「（～を）登録する、（～に）記名する」
319 □□□	**account**	名 口座、取引口、得意先	
320 □□□	**refer**	動 ～を差し向ける、～を照会させる	refer ～ to …「～を…に差し向ける、～を…に照会させる」 refer to ～「～を参照する、～に照会する」 名 reference「照会(先)、参照」

Unit 16

➡ 本誌 p.142-145

321 □□□	**make use of ～**	～を利用する	名 use「利用、使用、用途」
322 □□□	**provider**	名 供給業者、販売業者	動 provide ～ with …「～に…を提供する」
323 □□□	**free**	形 無料の	「束縛を受けていない、自由な」の意味もある for free「無料で」 free time「空き時間」
324 □□□	**feedback**	名 フィードバック、意見	
325 □□□	**refurbish**	動 ～を改装する	名 refurbishment「改装」
326 □□□	**mug**	名 マグカップ、ジョッキ	
327 □□□	**notepad**	名 (はぎ取り式の) メモ帳	
328 □□□	**sign up for ～**	動 (署名して) ～に申し込む、～に参加する	動 sign「(～に) 署名する」
329 □□□	**collect**	動 ～ (賞金など) を受け取る	「～を集める」の意味もある 名 collection「回収、収集(品)」
330 □□□	**prize**	名 賞、賞品、賞金	

Unit 17 トークの詳細をつかむ

➡ 本誌 p.150-153

331 □□□	**employee**	名 従業員、職員	名 employment「雇用、職」 名 employer「雇用主」 動 employ「～を雇用する」
332 □□□	**trade show**	名 見本市、展示会	
333 □□□	**reservation**	名 予約	動 reserve「～を予約する、～を取っておく」
334 □□□	**attendee**	名 参加者、出席者	名 attendance「参加、出席」 動 attend「～に参加する、～に出席する」
335 □□□	**option**	名 選択肢、選択できるもの	形 optional「選択自由の、任意の」
336 □□□	**include**	動 ～を含む	名 inclusion「含めること、包含」 形 inclusive「包括的な」 対 exclude「～を除外する」
337 □□□	**buffet**	名 ビュッフェ、バイキング形式の食事	
338 □□□	**charity**	名 慈善、慈善事業	
339 □□□	**fund-raiser**	名 資金集めの行事	形 fund-raising「資金集めの」
340 □□□	**extend an invitation**	招待をする	動 extend「～を提供する、～を申し出る」 名 invitation「招待、招待状」

Unit 17

➡ 本誌 p.150-153

No.	語句	意味	関連語
341 □□□	**catering**	名 (料理の) ケータリング、仕出し (の料理)	名 caterer「ケータリング業者」 動 cater「~(料理)を仕出しする」 cater for ~「~に料理を提供する」 cater to ~「~に応じる」
342 □□□	**leave for ~**	動 ~に向けて出発する	動 leave「(~から)去る、(~を) 出発する」
343 □□□	**service call**	名 (修理サービスなどのための) 業務訪問	名 service「点検、修理」 名 call「立ち寄り、(短時間の) 訪問」
344 □□□	**plumbing**	名 配管工事	名 plumber「配管業者」
345 □□□	**billing**	名 請求書作成、請求書送付	名 bill「請求書、請求額」 動 bill「~に請求書を送る」
346 □□□	**write down on ~**	動 ~に書き留める	副 down「書面に、紙に」
347 □□□	**technician**	名 技術者	名 technique「技術、ノウハウ」
348 □□□	**job site**	名 仕事の現場	名 job「仕事、職、任務」 名 site「場所、会場、現場」
349 □□□	**allow ~ to *do***	動 ~に…させる(ことを可能にする)	allow ~ …「~に…を許可する」
350 □□□	**training session**	名 研修会	名 training「訓練、練習」 名 session「会合、集まり」

Unit 17

➡ 本誌 p.150-153

No.	単語	意味	備考
351 □□□	**how to *do***	～の仕方、～する方法	
352 □□□	**stop by ～**	動 ～に立ち寄る	
353 □□□	**procedure**	名 手順、やり方	
354 □□□	**celebrate**	動 ～を祝う	名 celebration「祝賀（会）、祝典」
355 □□□	**signing**	名 署名、契約	名 signature「署名、サイン」 動 sign「(～に) 署名する」
356 □□□	**cause**	動 ～を引き起こす	名 cause「原因、動機」
357 □□□	**handwriting**	名 手書き	動 handwrite「～を手書きする」
358 □□□	**misuse**	動 ～を誤用する	名 misuse「誤用、乱用」
359 □□□	**turn in ～**	動 ～を提出する	同 hand in ～、submit
360 □□□	**outstanding**	形 未処理の	「際立った、目立つ」の意味もある

Unit 18 トークの展開を予測する

➡ 本誌 p.158-161

361 □□□	**production line**	名 生産ライン、製造ライン	名 production「製造、製作、生産」 名 line「(工場の) ライン」
362 □□□	**temporarily**	副 一時的に、当面は	形 temporary「一時的な、当座の」
363 □□□	**out of order**	故障して	名 order「秩序 (ある状態)」 対 in order「調子よく、正常な状態で」
364 □□□	**maintenance crew**	名 保守班	名 maintenance「維持管理、保守、保全」 名 crew「班、組、一団」
365 □□□	**at least**	少なくとも	対 at most「多くても、せいぜい」
366 □□□	**in the meantime**	その間に	名 meantime「合間、間の時間」 同 meanwhile
367 □□□	**personnel**	名 職員、社員	Personnel Department「人事部」
368 □□□	**report to ～**	名 ～に出頭する、 ～に指示を仰ぐ	動 report「管理下に入る、直属になる」「～を報告する」
369 □□□	**assembly**	名 組み立て	assembly floor「(工場の) 組立フロア」 assembly line「(工場の) 組立ライン」
370 □□□	**potential**	形 可能性のある、潜在的な	名 potentiality「可能性、潜在力」

Unit 18

➡ 本誌 p.158-161

No.	見出し語	意味	関連
371 □□□	**construction site**	名 建設現場	名 construction「建造、建築、建造物」 名 site「場所、会場、現場」
372 □□□	**dealership**	名 販売代理店	「商品販売権」の意味もある
373 □□□	**mention**	動 ～について言及する	名 mention「言及」
374 □□□	**bad weather**	名 悪天候	名 weather「天候、天気」 対 good/nice weather「好天、良い天気」
375 □□□	**inspection**	名 検査	名 inspector「検査官、調査官」 動 inspect「～を検査する」
376 □□□	**come on the market**	市場に出る、 売りに出る	名 market「市場、マーケット」
377 □□□	**downtown**	副 中心街に、中心街で	名 downtown「中心街、商業地区」 形 downtown「中心街の、商業地区の」
378 □□□	**just like ～**	～の通りに、 ちょうど～のように	★～には名詞(句)や節が来る 副 just「ちょうど、まさに」
379 □□□	**initial**	形 当初の、初期の	名 initial「頭文字」 副 initially「当初は、最初は」
380 □□□	**range**	名 範囲	

Unit 18

➡ 本誌 p.158-161

No.	見出し語	意味	関連語
381 □□□	**foresee**	動 ～を予見する、～を見越す	
382 □□□	**expand**	動 ～を拡張する	名 expansion「拡張、拡大」
383 □□□	**as soon as ～**	～するとすぐに	
384 □□□	**hear back from ～**	動 ～から返事をもらう	動 hear「連絡をもらう、消息を聞く」
385 □□□	**train**	動 ～の研修を行う、～を訓練する	名 training「訓練、研修」 名 trainer「訓練する人、指導者」
386 □□□	**on time**	時間通りに、予定通りに	in time「時間内に、間に合って」
387 □□□	**promptly**	副 早急に、直ちに	動 prompt「～を駆り立てる、～を鼓舞する」 形 prompt「即座の、迅速な」
388 □□□	**review**	動 ～を見直す	名 review「見直し、再検討、評価」
389 □□□	**carefully**	副 入念に、慎重に	形 careful「注意深い」
390 □□□	**deposit**	名 手付金、内金	動 deposit「～を預ける、～を預金する」

Unit 19 話者の発言の意図をくみ取る

➡ 本誌 p.166-169

391 □□□	**airline**	名 航空会社	
392 □□□	**luggage**	名 手荷物、旅行かばん	同 baggage（主に米）
393 □□□	**model**	名 見本、模型	
394 □□□	**given ～**	形 ～を考慮すると	★前置詞・接続詞的な用法。～には名詞（句）や節が入る
395 □□□	**so far**	今までのところ	
396 □□□	**expect**	動 ～を予期する、 ～を期待する	名 expectation「予期、期待」
397 □□□	**not ～ either**	どちらも～ない	
398 □□□	**much of ～**	大した～	
399 □□□	**prototype**	名 試作品	
400 □□□	**at this point**	現時点では	名 point「時点、瞬間」

Unit 19

➡ 本誌 p.166-169

No.	見出し語	意味	関連語句
401 □□□	**backup**	形 予備の	名 backup「予備、バックアップ」
402 □□□	**boarding pass**	名 搭乗券	名 boarding「搭乗、乗車、乗船」 名 pass「乗車券、入場許可証」
403 □□□	**press release**	名 報道発表、プレスリリース	名 press「報道機関、マスコミ」 名 release「公開、発表、発売」
404 □□□	**apologize**	動 謝る	apologize for ～「～に関して謝る」 名 apology「謝罪、おわび」
405 □□□	**inconvenience**	名 迷惑を掛けること、不便	形 inconvenient「不便な」 対 convenience「便利さ、便宜」
406 □□□	**rest**	名 休憩、休息	have a rest「休憩する」 動 rest「～を休ませる」
407 □□□	**work hard**	一生懸命頑張る、熱心に取り組む	副 hard「熱心に、精いっぱい」
408 □□□	**fill**	動 ～（空位）を補充する ～（役職）を（人に）与える	「～を満たす、～を埋める」の意味もある fill ～ with …「～（職・地位）を…（人）に与える」
409 □□□	**application**	名 応募書類、応募 申請書、申請	動 apply (for ～)「(～に) 応募する」 形 applicable「適用できる、応用できる」
410 □□□	**candidate**	名 候補者	

Unit 19

➡ 本誌 p.166-169

411 □□□	**current**	形 現在の	副 currently「現在のところ」
412 □□□	**on the lookout for ~**	~に注意して、~に目を光らせて	名 lookout「見張り、用心」
413 □□□	**shortly**	副 もうすぐ、間もなく	
414 □□□	**move forward with ~**	動 ~を進める	副 forward「前方へ、先へ」
415 □□□	**job opportunity**	名 就業機会	名 job「仕事、職、任務」 名 opportunity「機会、チャンス」
416 □□□	**verify**	動 ~を（証拠などによって）証明する	名 verification「立証、検証」
417 □□□	**colleague**	名 同僚	同 coworker
418 □□□	**airfare**	名 航空運賃	
419 □□□	**upgrade**	名 アップグレード、（機能・品質の）向上	動 upgrade「機能・品質を高める、~を向上させる」 対 downgrade「（機能・品質の）低下、格下げ」
420 □□□	**occur**	動 起こる、発生する	名 occurrence「発生、出来事」

Unit 20 図表と関連付けて聞く

➡ 本誌 p.174-177

421 □□□	**public education**	名 公教育、市民への啓蒙(けいもう)	名 education「教育、啓蒙」
422 □□□	**outreach**	名 支援活動、奉仕活動	動 outreach「手を差し伸べる」「～より遠くに届く」
423 □□□	**demand**	名 需要	demand for ～「～に対する需要」 対 supply「供給」
424 □□□	**to the point where ～**	～であるところまで	★～には節が来る 名 point「度合い、程度」
425 □□□	**neighborhood**	名 地区、地域	英 neighbourhood 「隣人」は 米 neighbor 英 neighbour
426 □□□	**spread out ～**	動 ～（多くのもの）を広げる、～を分散させる	★ spread ～ out の語順でも使われる 動 spread「～を広げる、～をばらまく」
427 □□□	**accommodate**	動 ～(要求など)を受け入れる、～を収容できる	名 accommodation「適応、宿泊・収容施設」
428 □□□	**extra**	形 追加の、余分な	名 extra「追加のもの、余分なもの」
429 □□□	**take advantage of ～**	～をうまく利用する	名 advantage「有利な点、強み、優位」
430 □□□	**curbside**	形 道路脇の、道端の	名 curb「歩道の縁石」

Unit 20

➡ 本誌 p.174-177

431 □□□	**mean**	動 ～という結果を生じる	「～を意味する」の意味もある
432 □□□	**afford to *do***	動 ～する余裕がある	動 afford「～を買うことができる」
433 □□□	**energy-efficient**	形 省エネの、燃料効率の良い	形 efficient「効率的な、有能な」
434 □□□	**vehicle**	名 車、車両	
435 □□□	**staffing agency**	名 人材派遣会社	名 staffing「人材派遣、職員配置」 名 agency「代理店、取次店、仲介業者」
436 □□□	**complaint**	名 苦情	動 complain「苦情を言う、不満を述べる」
437 □□□	**be delighted to *do***	～して非常にうれしい	形 delighted「大喜びして」
438 □□□	**accountant**	名 会計士、経理担当者	名 account「(預金)口座、取引口、得意先」
439 □□□	**handle**	動 ～を担当する、～を扱う	名 handling「取り扱い、処理」
440 □□□	**in a while**	しばらくの間	名 while「少しの時間・期間」

リスニングセクションの問題形式のスクリプトと訳

PART 1　Directions 内の ★（例題）の写真とスクリプトと訳（p.185）

Look at the example item below.

Now listen to the four statement.

(A) They're moving some furniture.
(B) They're entering a meeting room.
(C) They're sitting at a table.
(D) They're cleaning the carpet.

Statement (C), "They're sitting at a table," is the best description of the picture, so you should select answer (C) and mark it on your answer sheet.

Now Part 1 will begin.

下の例題を見てください。

では 4 つの説明文を聞きましょう。

(A) 彼らは家具を動かしている。
(B) 彼らは会議室に入ろうとしている。
(C) 彼らはテーブルのところに座っている。
(D) 彼らはカーペットを掃除している。

(C) の文、"They're sitting at a table"（彼らはテーブルのところに座っている）がこの写真を最も適切に表しているので、(C) を選び、解答用紙にマークします。

ではパート 1 が始まります。

PART 1、2、3、4　サンプル問題の訳（p.185-187）

PART 1

1. 問題用紙にある問題 1 の写真を見てください。
   (A) トラックが停止信号で止まっている。
   (B) 男性が造園用具を使っている。★
   (C) 何人かの人々が芝生の上に座っている。
   (D) 何人かの作業員が木を切り倒している。

PART 2

1. あなたは国際線の便に乗りますか、それとも国内線の便ですか。
   (A) 私は窓側の席を希望します。
   (B) 彼は昨年、そこへ引っ越しました。
   (C) 私は国際線の飛行機で行きます。★

PART 3

問題 1-3 は次の会話に関するものです。

男性：もしもし。今日お店に、洋服ラックの特大の積み荷が配達される予定ですが、それらは営業時間の後に着きます。この件については、あなたにお知らせすればよいですか。

女性：はい、私が荷受け部門の部長です。でも、供給業者には、営業時間中に配達させることになっていますよ。

男性：申し訳ありません。しかし、これが、供給業者がそれらを配達できる唯一の時間帯で、私たちが明日開催するファッションショーには、そのラックが必要なんです。

女性：分かりました。今夜うちのスタッフの誰が勤務するのか定かではありませんが、配達物を受け取るために遅くまで残るよう、彼らのうちの 1 人に頼みます。

1. 男性はどの部署に電話をかけていると考えられますか。
   (A) 荷受け ★
   (B) ケータリング
   (C) 警備
   (D) 財務

2. 男性はなぜ謝罪していますか。
   (A) 自分のバッジを忘れたから。
   (B) 報告書が遅れるから。
   (C) 会議の場所が変更されなければならないから。
   (D) 荷物が営業時間の後に配達されざるを得ないから。★

3. 女性は何をすると言っていますか。
   (A) 追加の作業スペースを手配する。
   (B) 資料を公表する。
   (C) 臨時の通行証を発行する。
   (D) スタッフに遅くまで勤務するよう頼む。★

PART 4

問題 1-3 は次のスピーチに関するものです。

おはようございます！ 改装された当複合型事業施設の、正式開業を祝う式典へようこそ。社長として、当社が委託した地元の建設事務所、Green Space 社に心からの感謝を申し上げたいと思います。彼らは 2 つの美しい新オフィスビルを設計しただけでなく、われわれが仕事の休憩時間に自然を楽しむ機会をもっと多く持てるよう、遊歩道の延長もしてくださいました。そして、それは彼らの初めてのプロジェクトだったのです！ では、主任建築士である Susan Hernandez から話を伺いましょう。彼女はこの改装について、さらに私たちに話してくださいます。

1. スピーチの主な話題は何ですか。
   (A) 複合型ビルの改装 ★
   (B) マーケティング会議
   (C) 年次の資金集めイベント
   (D) 部署の野外親睦会

2. 女性は "And it was their first project" という発言で、何を示唆していますか。
   (A) 研修資料が改善される必要があると考えている。
   (B) そのプロジェクトで従業員を手伝った。
   (C) ある仕事に感銘を受けている。★
   (D) 幾つかの間違いについては心配していない。

3. 次に何が起こると考えられますか。
   (A) 見学の予定が立てられる。
   (B) 記入用紙が配布される。
   (C) 軽食が提供される。
   (D) ゲスト講演者が話す。★

※ 選択肢の後の★は正解を示します。

STEP 3

ファイナルテスト

Final Test

実際のテストでは問題用紙の裏側に、以下のようなテスト全体についての指示が印刷されています。
この指示を念頭に置いてテストに取り組みましょう。

General Directions

This test is designed to measure your English language ability. The test is divided into two sections: Listening and Reading.

You must mark all of your answers on the separate answer sheet. For each question, you should select the best answer from the answer choices given. Then, on your answer sheet, you should find the number of the question and fill in the space that corresponds to the letter of the answer that you have selected. If you decide to change an answer, completely erase your old answer and then mark your new answer.

全体についての指示

このテストはあなたの英語言語能力を測定するよう設計されています。テストはリスニングとリーディングという 2 つのセクションに分けられています。

答えは全て別紙の解答用紙にマークしてください。それぞれの設問について、与えられた選択肢から最も適切な答えを選びます。そして解答用紙の該当する問題番号において、選択した答えを塗りつぶしてください。修正する場合は、元の答えを完全に消してから新しい答えをマークしてください。

LISTENING TEST

In the Listening test, you will be asked to demonstrate how well you understand spoken English. The entire Listening test will last approximately 45 minutes. There are four parts, and directions are given for each part. You must mark your answers on the separate answer sheet. Do not write your answers in your test book.

PART 1

Directions: For each question in this part, you will hear four statements about a picture in your test book. When you hear the statements, you must select the one statement that best describes what you see in the picture. Then find the number of the question on your answer sheet and mark your answer. The statements will not be printed in your test book and will be spoken only one time.

Statement (C), “They're sitting at a table,” is the best description of the picture, so you should select answer (C) and mark it on your answer sheet.

1.

2.

GO ON TO THE NEXT PAGE

3.

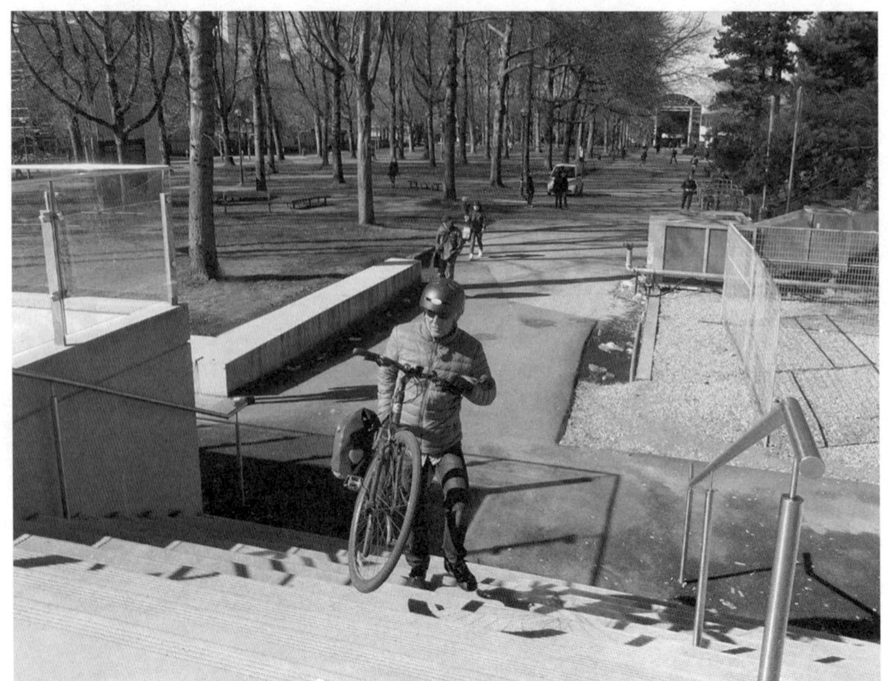

4.

5.

6.

Final Test

GO ON TO THE NEXT PAGE

PART 2

Directions: You will hear a question or statement and three responses spoken in English. They will not be printed in your test book and will be spoken only one time. Select the best response to the question or statement and mark the letter (A), (B), or (C) on your answer sheet.

7. Mark your answer on your answer sheet.

8. Mark your answer on your answer sheet.

9. Mark your answer on your answer sheet.

10. Mark your answer on your answer sheet.

11. Mark your answer on your answer sheet.

12. Mark your answer on your answer sheet.

13. Mark your answer on your answer sheet.

14. Mark your answer on your answer sheet.

15. Mark your answer on your answer sheet.

16. Mark your answer on your answer sheet.

17. Mark your answer on your answer sheet.

18. Mark your answer on your answer sheet.

19. Mark your answer on your answer sheet.

20. Mark your answer on your answer sheet.

21. Mark your answer on your answer sheet.

22. Mark your answer on your answer sheet.

23. Mark your answer on your answer sheet.

24. Mark your answer on your answer sheet.

25. Mark your answer on your answer sheet.

26. Mark your answer on your answer sheet.

27. Mark your answer on your answer sheet.

28. Mark your answer on your answer sheet.

29. Mark your answer on your answer sheet.

30. Mark your answer on your answer sheet.

31. Mark your answer on your answer sheet.

PART 3

Directions: You will hear some conversations between two or more people. You will be asked to answer three questions about what the speakers say in each conversation. Select the best response to each question and mark the letter (A), (B), (C), or (D) on your answer sheet. The conversations will not be printed in your test book and will be spoken only one time.

32. Where does the woman most likely work?
(A) At a theater
(B) At a restaurant
(C) At a gardening store
(D) At a convention center

33. Why is the man calling?
(A) To apply for a job
(B) To file a complaint
(C) To make a reservation
(D) To inquire about prices

34. What is the man willing to wait for?
(A) A meeting with a manager
(B) A monthly sale
(C) A Web site relaunch
(D) A preferred location

---

35. What is the man planning to do?
(A) See a friend
(B) Meet with some clients
(C) Purchase a bus pass
(D) Find a recipe

36. Why does the woman say, "I have to drive to the city center"?
(A) To express frustration with her schedule
(B) To suggest a meeting place
(C) To decline the man's invitation
(D) To offer the man a ride

37. What does the woman confirm?
(A) A meeting location
(B) A departure time
(C) The number of travelers
(D) The length of an event

---

38. What problem is the man calling about?
(A) A flight cancellation
(B) A computer malfunction
(C) A billing error
(D) Lost luggage

39. What event is the man planning to attend?
(A) A training session
(B) A conference
(C) A grand opening
(D) A musical performance

40. What will the woman probably do next?
(A) Schedule a repair
(B) Check a receipt
(C) Issue a refund
(D) Make an announcement

---

41. What department does the woman work in?
(A) Marketing
(B) Customer Service
(C) Accounting
(D) Product Development

42. What is the woman concerned about?
(A) Her qualifications for a position
(B) A lack of staff in her department
(C) A delayed product launch
(D) A customer complaint

43. What does the man suggest?
(A) Revising a résumé
(B) Looking at a job description
(C) Editing a report
(D) Advertising in a professional journal

GO ON TO THE NEXT PAGE →

44. Where does the man work?
(A) At a seaport
(B) At a travel agency
(C) At a shipping company
(D) At a security firm

45. Why is the woman concerned?
(A) Her employees did not receive training.
(B) An airplane ticket is too expensive.
(C) Some directions are unclear.
(D) Her products are easily breakable.

46. What does the man say about the Web site?
(A) It lists pricing details.
(B) It calculates arrival dates.
(C) It provides translations.
(D) It includes packing tips.

---

47. What are the speakers discussing?
(A) Plans for an advertising campaign
(B) A delay in a construction project
(C) Arranging a business trip
(D) Hosting a company party

48. What does the woman ask the man to confirm?
(A) The weight of some material
(B) The availability of some equipment
(C) The cost of a service
(D) The number of attendees

49. What will the man do next?
(A) Review an invoice
(B) Design an invitation
(C) Make a phone call
(D) Inspect a space

---

50. Where most likely does the woman work?
(A) At a plumbing company
(B) At a furniture store
(C) At a post office
(D) At a hardware store

51. What problem does the man indicate?
(A) Some workers arrived late.
(B) Some merchandise has been damaged.
(C) A home repair is needed.
(D) Business hours were shortened.

52. What will the man do at three o'clock?
(A) Speak with a contractor
(B) Sign a document
(C) Buy some supplies
(D) Go to a bank

---

53. What does the woman imply when she says, "I'm supposed to send it out this morning"?
(A) She has misunderstood a request.
(B) An item is out of stock.
(C) She would like some help.
(D) It is too late to make a change.

54. What problem does the man mention?
(A) A client is dissatisfied.
(B) A room is still occupied.
(C) Sales figures were inaccurate.
(D) A store address is incorrect.

55. What does the man offer to do?
(A) Call a client
(B) E-mail some coworkers
(C) Check on a delivery
(D) Reschedule a meeting

---

56. Where most likely are the speakers?

(A) At a publishing company
(B) At a bookstore
(C) At a supermarket
(D) At a bank

57. Why are Monday mornings busy?

(A) Deliveries must be processed.
(B) Cleaning must be completed.
(C) There are activities for children.
(D) There are staff meetings.

58. What does the woman ask about?

(A) Accessing a building
(B) Finding a manager
(C) Receiving a discount
(D) Locating an item

---

59. Where do the speakers work?

(A) At a toy manufacturer
(B) At a financial institution
(C) At a car repair shop
(D) At a technology company

60. What does the woman suggest doing?

(A) Collaborating with another company
(B) Investing in better machinery
(C) Arranging some job interviews
(D) Evaluating consumer interest

61. Why do the men advise against pursuing the project?

(A) It will take too long to complete.
(B) It will cost too much money.
(C) A factory cannot meet production demands.
(D) A similar product is already available.

Time	*Tour*
1 P.M.	Old City Theater
2 P.M.	River Cruise
3 P.M.	Historic Homes
4 P.M.	Outdoor Art

62. Why does the man apologize?

(A) A piece of equipment is broken.
(B) A group has already left.
(C) Some tickets are sold out.
(D) Some information is outdated.

63. Look at the graphic. When will the woman's tour begin?

(A) At 1 P.M.
(B) At 2 P.M.
(C) At 3 P.M.
(D) At 4 P.M.

64. What will the woman most likely do before the tour?

(A) Try a restaurant
(B) Recharge a camera
(C) Make a reservation
(D) Read some instructions

Final Test

GO ON TO THE NEXT PAGE

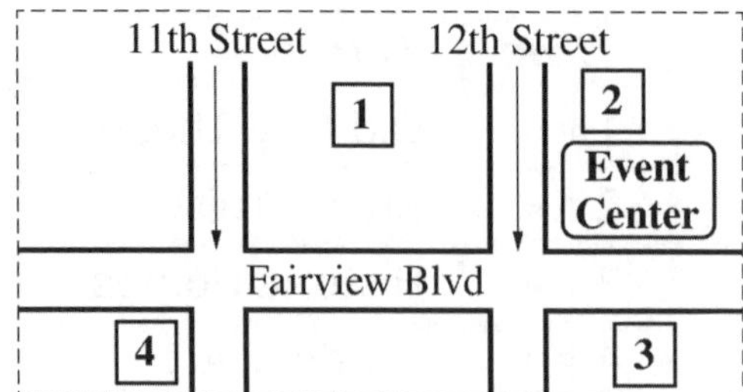

65. What does the man say he will be doing at an event?

(A) Working at a ticket booth
(B) Giving a presentation
(C) Filming a performance
(D) Leading a fitness class

66. Look at the graphic. Which parking area does the woman recommend using?

(A) Area 1
(B) Area 2
(C) Area 3
(D) Area 4

67. What will the woman make a list of?

(A) Event participants
(B) Security personnel
(C) Nearby restaurants
(D) Conference topics

ERROR 984 ⚠

Select:

1. Restart application
2. Send error report
3. Force quit application
4. Shut down computer

ENTER

68. Who most likely is the woman?

(A) A job applicant
(B) A financial analyst
(C) A software salesperson
(D) A computer technician

69. Look at the graphic. Which option should the man select?

(A) Option 1
(B) Option 2
(C) Option 3
(D) Option 4

70. What does the man say he is worried about?

(A) Locating a laptop
(B) Meeting sales goals
(C) Losing some data
(D) Missing a deadline

PART 4

Directions: You will hear some talks given by a single speaker. You will be asked to answer three questions about what the speaker says in each talk. Select the best response to each question and mark the letter (A), (B), (C), or (D) on your answer sheet. The talks will not be printed in your test book and will be spoken only one time.

71. According to the speaker, what is the restaurant known for?
(A) Using local ingredients
(B) Providing cooking lessons
(C) Featuring international dishes
(D) Offering outdoor seating

72. According to the speaker, what is near the restaurant?
(A) Public transportation
(B) Several entertainment venues
(C) A popular hotel
(D) The city's waterfront

73. Why should listeners visit a Web site?
(A) To place an order
(B) To read a review
(C) To make a reservation
(D) To see a menu

---

74. Where does the woman work?
(A) At an insurance company
(B) At a car rental service
(C) At an auto parts store
(D) At a manufacturing plant

75. Why does the woman say, "none of our technicians noticed anything wrong with the car"?
(A) She is confident that a product is ready to be sold.
(B) She is not sure what is causing a problem.
(C) She thinks employees need more training.
(D) She wonders if a document is accurate.

76. What does the woman ask the man to do?
(A) Confirm his availability
(B) Check a manual
(C) Order a replacement part
(D) Provide a receipt

---

77. What type of event are the listeners attending?
(A) A press conference
(B) An awards banquet
(C) A trade show
(D) A training session

78. What are the listeners asked to check first?
(A) The date of a meeting
(B) The documents in a folder
(C) A telephone number
(D) A confirmation code

79. According to the speaker, what might some listeners have to do?
(A) Pay a small fee
(B) Come back the next day
(C) Work with a colleague
(D) Update some files

---

80. Where does the speaker work?
(A) At a construction supply company
(B) At an appliance manufacturer
(C) At an engineering firm
(D) At a newspaper publisher

81. What job experience does the speaker mention?
(A) Customer service
(B) Warehouse management
(C) Research and development
(D) Factory maintenance

82. What does the speaker say about the company's headquarters?
(A) It is located in another city.
(B) It is closed on Saturdays.
(C) It is difficult to find.
(D) It is being remodeled.

GO ON TO THE NEXT PAGE

83. Who are the listeners?

(A) Journal editors
(B) Corporate lawyers
(C) Tax accountants
(D) University professors

84. What do association members receive?

(A) Restaurant vouchers
(B) A magazine subscription
(C) A list of job opportunities
(D) A software application

85. According to the speaker, what information can be found in the conference packet?

(A) Membership fees
(B) A local map
(C) E-mail addresses
(D) A calendar of events

---

86. According to the speaker, what did the company do this year?

(A) It hired many people.
(B) It increased its sales.
(C) It opened several branch offices.
(D) It merged with another organization.

87. What does the speaker imply when she says, "I haven't gotten the final figures yet"?

(A) She is frustrated with a colleague.
(B) She is expecting a promotion.
(C) She will probably miss a project deadline.
(D) She will give staff more information later.

88. What will Eimi talk about?

(A) Changes to a policy
(B) A job interview
(C) A staff luncheon
(D) A performance review

---

89. What does Advanced Ideas Incorporated specialize in?

(A) Investing in real estate
(B) Producing television advertisements
(C) Developing business plans
(D) Organizing special events

90. What does the speaker say is available on the company's Web site?

(A) Registration forms
(B) Product descriptions
(C) Industry regulations
(D) Client feedback

91. What does the company offer free of charge?

(A) An initial consultation
(B) A trial membership
(C) Airline tickets
(D) Promotional merchandise

---

92. What is the purpose of the talk?

(A) To introduce a tour
(B) To announce a new procedure
(C) To describe a new product
(D) To welcome an employee

93. What does the speaker imply when she says, "That isn't a restricted area"?

(A) Listeners will not need a badge.
(B) Listeners may take pictures.
(C) Security staff are not on duty.
(D) Product samples will be provided.

94. What does the speaker say will happen at the end of the morning?

(A) Refreshments will be provided.
(B) Guests will visit a company gift shop.
(C) There will be a discussion with an employee.
(D) Surveys will be distributed.

Model	Scanning	Sorting	Stapling
Omega K	✓	✓	
Clariform X1	✓	✓	✓
Sanita 46-J			
Kirian XYB-4		✓	

95. Look at the graphic. Which device would the speaker like to buy?

(A) Omega K
(B) Clariform X1
(C) Sanita 46-J
(D) Kirian XYB-4

96. What does the speaker ask about?

(A) The budget code for a purchase
(B) The location of a vendor
(C) The price of an item
(D) The best shipping method

97. Why does the speaker mention Pedro?

(A) He will be moving offices.
(B) He services the computers.
(C) He schedules deliveries.
(D) He has a credit card.

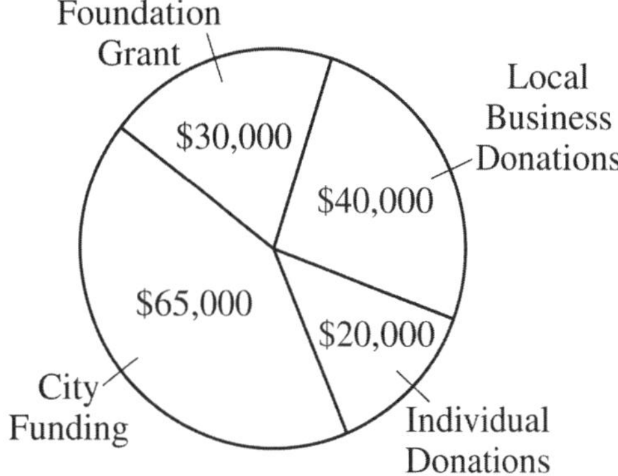

98. What type of project is the speaker discussing?

(A) A school expansion
(B) A new sports arena
(C) A bus service
(D) A bicycle route

99. Look at the graphic. How much money is still needed to begin the project?

(A) $30,000
(B) $40,000
(C) $20,000
(D) $65,000

100. According to the speaker, what major advantage will the project have?

(A) It will reduce traffic.
(B) It will bring more stores to the area.
(C) It will attract talented professionals.
(D) It will lower the cost of public transportation.

Final Test

This is the end of the Listening test.

Final Test
解答・解説

正解一覧

参考スコア範囲の換算表

解答・解説

Final Test 正解一覧

問題番号	正解
PART 1	
1	B
2	A
3	C
4	D
5	A
6	D
PART 2	
7	C
8	A
9	B
10	A
11	B
12	B
13	C
14	B
15	C
16	A
17	B
18	B
19	B
20	A
21	C
22	B
23	A
24	C
25	A
26	A
27	C
28	C
29	B
30	B
31	C

問題番号	正解
PART 3	
32	B
33	C
34	D
35	A
36	D
37	B
38	A
39	B
40	C
41	B
42	A
43	B
44	C
45	D
46	B
47	A
48	B
49	C
50	B
51	C
52	A
53	D
54	C
55	B
56	B
57	C
58	D
59	D
60	A
61	B
62	D
63	C
64	A
65	B
66	D
67	A
68	D
69	B
70	C

問題番号	正解
PART 4	
71	A
72	B
73	D
74	B
75	B
76	A
77	D
78	B
79	C
80	A
81	B
82	C
83	C
84	B
85	A
86	B
87	D
88	A
89	C
90	D
91	A
92	A
93	B
94	C
95	C
96	D
97	D
98	D
99	A
100	A

参考スコア範囲の換算表

以下の手順に従って、ファイナルテストの正答数から「参考スコア範囲」を確認することができます。

1. ファイナルテストを受験後、左ページの「正解一覧」を参照し、正答数を数えてください。正答数が素点となります。必要に応じて複数回受験しましょう。
2. リスニングセクションの「参考スコア範囲の換算表」であなたの素点に対応する換算点範囲を見つけます。例えば素点が 45 であれば、あなたの換算点範囲は「155 ～ 230 点」です。

あなたの参考スコア範囲

	素点		換算点範囲
1 回目	____________	▶	____________
2 回目	____________	▶	____________

参考スコア範囲の換算表

リスニングセクション	
素点	換算点範囲
96 —100	475—495
91 — 95	435—495
86 — 90	405—475
81 — 85	370—450
76 — 80	345—420
71 — 75	320—390
66 — 70	290—360
61 — 65	265—335
56 — 60	235—310
51 — 55	210—280
46 — 50	180—255
例 ▶ 41 — 45	155—230
36 — 40	125—205
31 — 35	105—175
26 — 30	85 —145
21 — 25	60 —115
16 — 20	30 — 90
11 — 15	5 — 70
6 — 10	5 — 60
1 — 5	5 — 50
0	5 — 35

1

2

3

1 W

(A) She's arranging jewelry on a display rack.
(B) She's trying on bracelets.
(C) She's removing a dress from a hanger.
(D) She's paying for some merchandise.

(A) 彼女は展示棚に宝飾品を並べている。
(B) 彼女はブレスレットを試着している。
(C) 彼女はハンガーから服を取り外している。
(D) 彼女は商品の代金を支払っている。

正解 B　女性は商品と思われる bracelet「ブレスレット、腕輪」を腕にはめて、それを眺めている。try on ～「～を試着する」。
(A) jewelry「宝飾品、装身具」は写っているが、女性はそれを並べてはいない。display rack「展示棚」。
(C) ハンガーに掛かった服は写っているが、女性はそれを取り外してはいない。
(D) pay for ～「～の支払いをする」、merchandise「商品」。

---

2 M

(A) She's working at a desk.
(B) She's moving some chairs.
(C) She's looking out a window.
(D) She's organizing books on a shelf.

(A) 彼女は机で仕事をしている。
(B) 彼女は何脚かの椅子を動かしている。
(C) 彼女は窓の外を見ている。
(D) 彼女は棚の本を整理している。

正解 A　女性は机に向かってパソコンの操作をしている。
(B) 何脚かの椅子は写っているが、女性はそれらを動かしてはいない。
(C) 窓は写っているが、女性は窓のある方向を見てはいない。look out ～「～の外を見る」。
(D) 棚に並んだ本は写っているが、女性はそれを整理してはいない。organize「～を整理する」、shelf「棚」。

---

3 W

(A) He's repairing a fence.
(B) He's sweeping the stairs.
(C) He's carrying a bicycle.
(D) He's sitting in the park.

(A) 彼は柵を修理している。
(B) 彼は階段を掃いている。
(C) 彼は自転車を運んでいる。
(D) 彼は公園で座っている。

正解 C　男性は自転車を持って階段を上がっている。
(A) fence「柵」は写っているが、男性はそれを修理してはいない。repair「～を修理する」。
(B) stairs「階段」は写っているが、男性はそこを掃いてはいない。sweep「～を掃く」。
(D) 男性は park「公園」にいるが、座ってはいない。

4 

5 

6 

4 M

(A) One of the men is leaving a building.
(B) One of the men is pointing at a computer screen.
(C) One of the men is putting on a security badge.
(D) One of the men is standing at a counter.

(A) 男性の1人は建物を出ようとしている。
(B) 男性の1人はコンピューターの画面を指さしている。
(C) 男性の1人はセキュリティーバッジを着けようとしている。
(D) 男性の1人はカウンターの所に立っている。

正解 D 中央にカウンターが写っており、左側の男性がカウンターに寄りかかって立ちながら何かを書いている。
(A) どちらの男性も建物から出ようとはしていない。
(B) computer screen「コンピューターの画面」は写っているが、どちらの男性もそれを指さしてはいない。
(C) security badge「セキュリティーバッジ」は写っていない。また、男性たちは何かを身に着けようとしている様子はない。put on ～「～を着る、～を身に着ける」。

5 W

(A) Some trees are shading a walkway.
(B) Some grass is being cut.
(C) Some road signs are being installed.
(D) Some branches are being cleared from a street.

(A) 木々が歩道に影を落としている。
(B) 草が刈られているところである。
(C) 何基かの道路標識が取り付けられているところである。
(D) 通りから何本かの枝が片付けられているところである。

正解 A 木陰が walkway「歩道」に伸びている。shade「～を陰にする」。
(B) grass「草」は写っているが、刈られているところではない。
(C) road sign「道路標識」のような物は写っているが、取り付けられているところではない。install「～を取り付ける、～を設置する」。
(D) branch「枝」は写っているが、通りから片付けられているところではない。clear ～ from …「～を…から片付ける、～を…から取り除く」。

6 M

(A) One of the women is searching through her backpack.
(B) Some people are approaching a bench.
(C) Flowerpots have been hung above a patio.
(D) Information has been posted near an entrance.

(A) 女性の1人がバックパックの中を探している。
(B) 何人かの人々がベンチに近づいている。
(C) 植木鉢が中庭の上につり下げられている。
(D) 案内が入り口の近くに貼り出されている。

正解 D 建物の入り口の両側に掲示物が貼られており、人々がそれを眺めている。information「案内」、post「～を掲示する」、entrance「入り口」。
(A) 女性の1人は backpack「バックパック」を背負っているが中を探してはいない。search through「～の中を探す」。
(B) ベンチに複数の人々が座っているが、近づいていく人々はいない。approach「～に近づく」。
(C) flowerpot「植木鉢」は写っているが、地面に置かれている。hung は hang「～をつるす」の過去分詞。patio「中庭」。

7 W How many boxes of toner did we order?
M (A) Put them on the bookshelf.
(B) An online catalog.
(C) At least three or four.

私たちはトナーを何箱注文しましたか。
(A) それらをその本棚の上に置いてください。
(B) オンラインカタログです。
(C) 少なくとも3箱か4箱です。

正解 C How many ～？で注文したトナーの箱の数を尋ねているのに対し、「少なくとも3箱か4箱だ」と具体的な数を答えている(C)が正解。toner「(複写機などの)トナー」、order「～を注文する」。at least「少なくとも」。
(A) (B) いずれも応答になっていない。
(A) bookshelf「本棚」。
(B) online「オンラインの、インターネット上の」。

---

8 M What should employees bring to the training session?
M (A) Just a pencil and some paper.
(B) Not if it's busy.
(C) Early in the morning.

従業員は研修会に何を持参すべきですか。
(A) 鉛筆と紙だけでいいです。
(B) 混んでいるならそうしません。
(C) 早朝です。

正解 A 「従業員は研修会に何を持参すべきか」と尋ねているのに対し、「鉛筆と紙だけだ」と持参すべき物を伝えている(A)が正解。employee「従業員」、training session「研修会」。
(B) Notが何を否定しているかが不明。What ～？で「何を」を尋ねているのに対し、適切な応答になっていない。
(C) 時については尋ねられていない。

---

9 W Where is the cafeteria?
W (A) Sure, let's go.
(B) It's on the second floor.
(C) After eight o'clock.

カフェテリアはどこですか。
(A) もちろんです、一緒に行きましょう。
(B) 2階にあります。
(C) 8時以降です。

正解 B Where ～？でカフェテリアの場所を尋ねているのに対し、「2階にある」とカフェテリアがある階を答えている(B)が正解。cafeteria「カフェテリア、食堂」。
(A) let's go「一緒に行きましょう」を、案内を申し出ていると捉えたとしても、冒頭のSureが何に応じているのか不明。
(C) 時については尋ねられていない。

---

10 M When will the sales projections be finished?
M (A) In about an hour.
(B) It's on sale all week.
(C) In the movie theater.

販売予測はいつ終了する予定ですか。
(A) あと1時間くらいです。
(B) 1週間通して販売されています。
(C) 映画館の中です。

正解 A When ～？で販売予測がいつ終わるのかを尋ねているのに対し、「あと1時間くらいだ」と具体的な時を伝えている(A)が正解。sales projection「販売予測」。
(B) 販売期間については尋ねられていない。on sale「販売されて」。
(C) 場所については尋ねられていない。

---

11 W Oh no, it's starting to rain.
M (A) A few miles from the office.
(B) There's an umbrella in the closet.
(C) It leaves from platform five.

ああ、なんてことでしょう、雨が降り始めています。
(A) オフィスから数マイルです。
(B) クローゼットの中に傘がありますよ。
(C) それは5番ホームから出発します。

正解 B 雨が降り始めたことを嘆いている発言に対し、「クローゼットの中に傘がある」と教えている(B)が応答として自然。start to *do*「～し始める」。closet「クローゼット」。
(A) 距離については尋ねられていない。mile「(距離単位の)マイル」。
(C) Itが何を指すのか不明で意味が通らない。

12 W Who do I call if there's a problem?

W (A) That's a good idea.
(B) The department manager.
(C) Try after lunch.

問題があったら、誰に電話すればいいですか。
(A) それはいい考えですね。
(B) 部長です。
(C) 昼食後に試してみてください。

正解 B Who ～? で問題があるときに電話すべき人物を尋ねているのに対し、具体的な役職名を挙げて答えている(B)が正解。department manager「部長」。
(A) That's a good idea. は相手の意見や提案に同意する表現。「誰に」という質問の応答になっていない。
(C) 質問に対する適切な応答になっていない。

13 M Let's try that new restaurant on the corner.

M (A) Yes, she already ordered.
(B) No, it's not too far.
(C) But I had Italian food yesterday.

角にある、あの新しいレストランを試してみましょう。
(A) はい、彼女はすでに注文しました。
(B) いいえ、そこはそれほど遠くありません。
(C) でも、昨日イタリア料理を食べました。

正解 C Let's ～. でレストランに行こうと提案しているのに対し、yesterday を強調して「でも、昨日イタリア料理を食べた」と返答することで、提案に乗り気でないことを示唆している(C)が応答として適切。try「～を試す」、corner「角」。
(A) she が誰を指すのか不明で、応答になっていない。
(B) No で提案に反対した後に、「それほど遠くない」と肯定的な発言をしており、応答として不自然。far「遠い」。

14 W Should we work on the brochure or start with the Web site first?

M (A) I found my job online.
(B) Either one is fine with me.
(C) In mid-January.

私たちはパンフレットに取り組むべきですか、それとも、まずウェブサイトから始めるべきですか。
(A) 私は仕事をインターネットで見つけました。
(B) どちらでも私は構いません。
(C) 1月の半ばにです。

正解 B *A* or *B*? の形で取り組むべき作業を2択で申し出て尋ねているのに対し、「どちらでも構わない」と伝えている(B)が応答として自然。work on ～「～に取り組む」、brochure「パンフレット、小冊子」、start with ～「～から始める」。either「どちらかの」。
(A) 仕事を見つけた方法については尋ねられていない。online「インターネット上で、オンラインで」。
(C) 時期については尋ねられていない。

15 M What time are we having the safety drill?

W (A) Yeah, I've completed it.
(B) At the hardware store.
(C) It's scheduled for ten A.M.

何時に安全訓練をすることになっていますか。
(A) はい、私はそれを完了しました。
(B) 金物店です。
(C) それは午前10時に予定されています。

正解 C What time ～? で安全訓練の時刻を尋ねているのに対し、「午前10時に予定されている」と具体的な時刻を答えている(C)が正解。質問文の現在進行形は確定した未来の予定を表す。safety drill「安全訓練」。be scheduled for ～「～に予定されている」。
(A) 時を尋ねられているので、Yes や No では答えない。complete「～を完了する」。
(B) 場所については尋ねられていない。hardware「金物類、金属製品」。

Final Test

16 M Would you like to speak at the annual meeting?

W (A) Oh, I'd love to do that.
(B) He wasn't at the meeting.
(C) There's no annual fee.

年次会議でお話しされますか。

(A) ああ、ぜひそうしたいです。
(B) 彼は会議に出席していませんでした。
(C) 年会費はありません。

正解 A　Would you like to *do* ～? で「～するか」と丁寧に尋ねているのに対し、「ああ、ぜひそうしたい」と承諾している(A)が正解。annual「年次の、年1回の」。
(B) 質問にあるmeetingが含まれるが、Heが誰を指すのか不明であり、応答になっていない。
(C) 質問にあるannualが含まれるが、年会費については尋ねられていない。

---

17 M Is there a place to get coffee at the train station?

W (A) Ten dollars per person.
(B) I've never been there before.
(C) The express to Berlin.

その鉄道の駅にコーヒーを買う場所はありますか。

(A) 1人につき10ドルです。
(B) 私はそこへ行ったことがないんです。
(C) ベルリン行きの急行です。

正解 B　駅にコーヒーを買う場所があるかを尋ねているのに対し、「私はそこへ行ったことがない」と応じて、質問に答えられないことを示唆している(B)が応答として自然。
(A) 料金については尋ねられていない。per「～につき」。
(C) 列車については尋ねられていない。express「(列車などの)急行」。

---

18 M Why is the conference room so cold?

W (A) Probably at the end of the hallway.
(B) I think it's comfortable.
(C) At a doctor's appointment.

会議室はなぜこんなに寒いのですか。

(A) おそらく廊下の突き当たりです。
(B) 私は快適だと思います。
(C) 医者の予約です。

正解 B　Why ～? で「会議室はなぜこんなに寒いのか」という質問に、「私は快適だと思う」と、質問者の体感温度とは異なる自分の意見を伝えている(B)が、応答として自然。conference「会議」。
(A) 場所については尋ねられていない。hallway「廊下」。
(C) 質問に対する応答になっていない。appointment「予約」。

---

19 W Melissa gave the contract to her clients already, didn't she?

M (A) Please contact me.
(B) Yes, she just did.
(C) I'm almost ready.

Melissaはもう、彼女の顧客たちにその契約書を渡したのですよね？

(A) 私に連絡してください。
(B) はい、彼女はちょうどそうしたところです。
(C) 私はほぼ準備完了です。

正解 B　肯定文の文末に ～, didn't she? と付加疑問を付けて、「Melissaはもう、彼女の顧客たちにその契約書を渡したのだよね？」と確認しているのに対し、Yesと肯定した上で、「彼女はちょうどそうしたところだ」と伝えている(B)が正解。contract「契約書、契約」、client「顧客」。
(A) 確認に対し、Please ～. でお願いをしており、不自然。質問にあるcontractと似た音の動詞contact「～と連絡を取る」に注意。
(C) Melissaの行動について尋ねられているのに対し、自分の状況を答えるのは不適切。

20 W Who updated the employee handbook?

W (A) We decided not to change it.
(B) At the bookstore.
(C) There are thirty-two employees.

誰が従業員ハンドブックを更新したのですか？

(A) 私たちはそれを変更しないことに決めました。
(B) 書店で。
(C) 32名の従業員がいます。

正解 A Who ～？で従業員ハンドブックを更新した人物を尋ねているのに対し、「私たちはそれを変更しないことに決めた」と答えて、ハンドブックは更新されていないことを伝えている(A)が正解。it は質問文の the employee handbook「従業員ハンドブック」を指す。update「～を更新する」。
(B) 場所については尋ねられていない。
(C) 従業員数については尋ねられていない。

---

21 M I appreciate all your hard work.

W (A) They certainly are.
(B) No, the data should arrive soon.
(C) Dion did a lot of it.

あなた方の諸々の熱心な働きに感謝します。

(A) 彼らは確かにそうです。
(B) いいえ、データは間もなく届くはずです。
(C) Dionがその多くをしました。

正解 C 「あなた方の諸々の熱心な働きに感謝する」という謝意を表す発言に対し、「Dionがその大半をした」と、一番の貢献者を伝えている(C)が、応答として適切。appreciate「～に感謝する」。
(A) They が誰または何を指すのか不明。certainly「確かに」。
(B) data「データ」については言及されていない。arrive「到着する」。

---

22 M Do we have your medical history forms on file?

W (A) I like historical films.
(B) No, this is my first visit.
(C) For a complete physical.

当院にあなたの病歴用紙が保管されていますか。

(A) 私は歴史映画が好きです。
(B) いいえ、今回が初めての来院です。
(C) 精密検査のためです。

正解 B 「当院にあなたの病歴用紙が保管されているか」と尋ねているのに対し、「いいえ、今回が初めての来院だ」と答えて、病歴用紙はないことを伝えている(B)が正解。medical history「病歴」、form「書式」、on file「記録されて、ファイルされて」。visit「来訪、訪問」。
(A) 質問にある history の形容詞 historical「歴史の」があるが、応答になっていない。
(C) complete physical「精密健康診断」。

---

23 M Why did Ms. Kearns request maintenance service?

M (A) Because her refrigerator isn't working.
(B) You'll have to get permission.
(C) Tomorrow afternoon.

Kearnsさんはなぜ保守サービスを依頼したのですか。

(A) 彼女の冷蔵庫が作動していないからです。
(B) あなたは許可を得る必要があるでしょう。
(C) 明日の午後です。

正解 A Why ～？で Kearns さんが保守サービスを要請した理由を尋ねているのに対し、Because ～. で「彼女の冷蔵庫が作動していないからだ」と理由を答えている(A)が正解。request「～を依頼する」、maintenance「保守、整備」。refrigerator「冷蔵庫」、work「(機械などが)動く、機能する」。
(B) 理由を尋ねているのに対し応答になっていない。permission「許可」。
(C) 時については尋ねられていない。

24 M How have customers responded to our latest tablet computer?

W (A) Have you suggested that?
(B) OK, you can use mine.
(C) So far the reviews are excellent.

顧客は、当社の最新のタブレットコンピューターにどういう反応を示していますか。
(A) あなたはそれを提案しましたか。
(B) ええ、私のものを使っていいですよ。
(C) 今までのところ、評判は素晴らしいです。

正解 C　How ～? でタブレットコンピューターに対する顧客の反応を尋ねているのに対し、「今までのところ、評判は素晴らしい」と好反応であることを伝えている (C) が正解。respond to ～「～に反応する」、latest「最新の」。so far「今までのところ」、review「レビュー、批評」。
(A) How ～? という様子を尋ねる質問に対し、適切な応答になっていない。suggest「～を提案する」。
(B) 何に対して OK と承諾しているのかが不明であり、応答になっていない。

---

25 M Doesn't the product need to be tested again?

W (A) It was approved for production last week.
(B) The interview is on Tuesday.
(C) A new line of cookware.

その製品はもう一度検査を受ける必要はありませんか。
(A) それは先週、製造が承認されました。
(B) 面接は火曜日にあります。
(C) 新シリーズの調理器具です。

正解 A　否定疑問文で、「その製品はもう一度検査を受ける必要はないのか」と確認しているのに対し、「それは先週、製造が承認された」と答え、検査の必要はないと示唆している (A) が応答として自然。product「製品」、test「～を検査する」。approve「～を承認する」、production「製造」。
(B) interview「面接」については言及されていない。
(C) line「商品ライン」、cookware「調理器具」。

---

26 W Did you have trouble accessing your digital photos?

M (A) Yes, can you help me?
(B) With a better camera.
(C) I saw them in a magazine.

ご自分のデジタル写真にアクセスするのに苦労しましたか。
(A) はい、手伝ってもらえますか。
(B) もっと良いカメラを使ってです。
(C) 私はそれらを雑誌で見ました。

正解 A　「自分のデジタル写真にアクセスするのに苦労したか」と尋ねているのに対し、Yes と肯定した上で、can you ～? で手伝ってくれるよう頼んでいる (A) が応答として自然。have trouble *doing*「～するのが難しい、～するのに苦労する」、access「～にアクセスする、～を利用する」。
(B) 質問にある photos と関連する名詞 camera「カメラ」があるが、応答になっていない。
(C) 質問とかみ合わない。

---

27 W Are you going to buy a house or rent an apartment when you relocate?

W (A) Yes, many good locations.
(B) A real estate agent.
(C) Have you seen the house prices?

引っ越したら一戸建てを買うおつもりですか、それともアパートを借りるおつもりですか。
(A) はい、たくさんの良い場所があります。
(B) 不動産業者です。
(C) 一戸建ての価格をご覧になりましたか。

正解 C　*A* or *B*? の形で、「引っ越したら一戸建てを買うつもりか、それともアパートを借りるつもりか」と二者択一で尋ねているのに対し、seen を強く発音しながら、「一戸建ての価格を見たか」と聞き返して、暗に一戸建ては価格が高くて手が出ないことをほのめかしている (C) が応答として適切。rent「～を賃借する」、apartment「アパート」、relocate「引っ越す、転居する」。price「価格」。
(A) location「場所」。
(B) real estate「不動産」、agent「仲介業者」。

28 W Ming, would you take minutes at the team meeting?

M (A) What sport do you play?
(B) Isn't it longer than that?
(C) Sure, would you send me a reminder?

Mingさん、チーム会議で議事録を取っていただけますか。
(A) あなたは何のスポーツをしていますか。
(B) それはあれよりも長くありませんか。
(C) いいですよ、私にリマインダーを送っていただけますか。

正解 C would you ～？で議事録の作成を依頼しているのに対し、Sureと承諾した上で、「私にリマインダーを送ってもらえるか」と、事前の通知を依頼している(C)が正解。take minutes「議事録を取る」。reminder「思い出させるための助言、合図」。
(A) 質問にあるteamと関連する名詞sport「スポーツ」があるが、応答になっていない。
(B) itとthatがそれぞれ何を指すのか不明。

---

29 W This battery is rechargeable, right?

M (A) Three yellow cables.
(B) Let me read the packaging.
(C) No, in the left drawer.

この電池は再充電できますよね？
(A) 3本の黄色いケーブルです。
(B) 商品パッケージを読ませてください。
(C) いいえ、左の引き出しの中です。

正解 B 肯定文の文末に ～, right? を付けて、「この電池は再充電できるよね？」と確認しているのに対し、「商品パッケージを読ませてほしい」と説明書きで再充電の可否を確認しようとしている(B)が正解。battery「電池、バッテリー」、rechargeable「再充電可能な」。packaging「(商品の)パッケージ、包装」。
(A) 質問のrechargeableと関連する名詞cablesがあるが、応答になっていない。
(C) 場所は尋ねられていない。drawer「引き出し」。

---

30 M Isn't Professor Heller giving a speech at the event?

W (A) No, I'm going to a class.
(B) Yes, he's the keynote speaker.
(C) It was a fantastic talk.

Heller教授はイベントで講演しないのですか。
(A) しませんよ、私は講習に行く予定です。
(B) しますよ、彼が基調講演者です。
(C) それは素晴らしい講演でした。

正解 B 否定疑問文で、「Heller教授はイベントで講演しないのか」と尋ねているのに対し、Yesと講演することを肯定した後に続けて、「彼が基調講演者だ」という付加情報を伝えている(B)が正解。give a speech「講演する」。keynote speaker「基調講演者」。
(A) この質問に対して自分の予定を答えるのは不適切。
(C) 過去の講演については尋ねられていない。fantastic「素晴らしい」。

---

31 W Has the floor tile for the lobby been delivered yet?

M (A) He works at the front desk.
(B) Just put it right there.
(C) It was the wrong color.

ロビー用の床タイルはもう届いていますか。
(A) 彼は受付で勤務しています。
(B) ちょっとそこに置いておいてください。
(C) それは間違った色でした。

正解 C 「ロビー用の床タイルはもう届いているか」と尋ねているのに対し、「それは間違った色だった」と、届いたが手違いがあったことを伝えている(C)が応答として自然。floor「床」、lobby「ロビー、玄関ホール」、deliver「～を配達する」。
(A) Heが誰を指すのか不明。front desk「受付」。
(B) 置き場所については尋ねられていない。

Questions 32 through 34 refer to the following conversation.

問題32-34は次の会話に関するものです。

W Hello, and thank you for calling Teresa's. ❶How can I help you?

もしもし、Teresa'sにお電話いただきありがとうございます。ご用件を承ります。

M Hi, ❷I'd like to make a dinner reservation for five people at seven thirty tonight. My name's Ian Branson.

こんにちは、今夜7時30分に5名で夕食の予約をしたいのですが。私の名前はIan Bransonです。

W Hmm, ❸I can seat you in the dining room at that time, or, ❹if you don't mind waiting until eight o'clock, we can put you outside on the patio. Which would you prefer?

そうですね、そのお時間はダイニングルームのお席にご案内できますが、あるいは、8時までお待ちいただいてもお差し支えなければ、外のテラスのお席にご案内できます。どちらがよろしいでしょうか。

M Oh, ❺in that case we'll wait. The weather has been so great this week, ❻I'd prefer to sit outside.

ああ、それなら待つことにします。今週は天気がとても良いので、外に座る方がいいです。

語注

reservation　予約　★make a reservationで「予約をする」　seat　～を着席させる
dining room　ダイニングルーム　★ここでは、レストランの建物内の客席スペースのこと
mind *doing*　～することを気にする　put ～ …　～を…に置く　★…には場所を表す副詞（句）が入る　outside　外に
patio　テラス、中庭　prefer　～の方をより好む　★prefer to *do*で「～する方を好む」
in that case　それなら、その場合には

32 Where does the woman most likely work?

(A) At a theater
(B) At a restaurant
(C) At a gardening store
(D) At a convention center

女性はどこで働いていると考えられますか。

(A) 劇場
(B) レストラン
(C) 園芸店
(D) コンベンションセンター

正解 B ❶で用件を尋ねた女性に対し、男性は❷「今夜7時30分に5名で夕食の予約をしたい」と要望を伝えている。女性はそれに対し、❸で「その時間はダイニングルームの席に案内できる」と応じていることから、女性は飲食店で働いていると考えられる。正解は(B)。
(C) gardening「園芸、造園」。
(D) convention center「コンベンションセンター、会議場」。

---

33 Why is the man calling?

(A) To apply for a job
(B) To file a complaint
(C) To make a reservation
(D) To inquire about prices

男性はなぜ電話をしていますか。

(A) 仕事に応募するため。
(B) 苦情を申し立てるため。
(C) 予約をするため。
(D) 価格について尋ねるため。

正解 C ❶で女性に用件を尋ねられた男性は、❷「今夜7時30分に5名で夕食の予約をしたい」と要望を伝えている。
(A) apply for ～「～に応募する」。
(B) file「～（苦情など）を申し立てる」、complaint「苦情」。
(D) inquire about ～「～について尋ねる」。

---

34 What is the man willing to wait for?

(A) A meeting with a manager
(B) A monthly sale
(C) A Web site relaunch
(D) A preferred location

男性は何を待ってもいいと思っていますか。

(A) 支配人との会合
(B) 毎月の特売
(C) ウェブサイトの再開
(D) 好ましい席

正解 D 女性は、男性が希望した時間の予約について、❸「ダイニングルームの席に案内できる」と伝えた後、❹「8時まで待ってもらってもよければ、外のテラスの席に案内できる」と述べ、どちらの方がいいかを尋ねている。それに対し男性は、❺「それなら待つことにする」、❻「外に座る方がいい」と答えているので、より好ましい外のテラス席を待つことにしたと分かる。(D)が正解。
be willing to *do*「～するのをいとわない」。
preferred「好ましい、優先の」、location「場所、位置」。
(B) monthly「毎月の」。
(C) relaunch「再開、再発売」。

Final Test

Questions 35 through 37 refer to the following conversation.

問題35-37は次の会話に関するものです。

M ❶Jin-Sook, do you know how to get to Reynolds Square in the city center? ❷I'm meeting a friend of mine there this evening.

Jin-Sookさん、市の中心部にあるReynolds広場への行き方を知っていますか。今晩、友人とそこで会う予定なのですが。

W ❸I think there's a bus, but it makes a lot of stops. You know, actually, I have to drive to the city center. I'm going to run some errands after work…

バスがあると思いますが、たくさん停車しますよ。あの、実は、私は市の中心部まで車で行かなければならないんです。仕事の後で、幾つかお使いをする予定で…。

M Oh, OK, thanks, I appreciate it… that makes things a whole lot easier. ❹You leave the office around five o'clock, right?

おや、そうですか、ありがとう、感謝します…それならはるかに事が楽になります。会社を出るのは5時ごろですよね？

W ❺Yes, that's right.

はい、そうです。

語注

get to ～　～に行く、～へ到着する　　square　広場　　make a stop　停車する　　actually　実は
run errands　使い走りをする　　appreciate　～に感謝する　　things　〈複数形で〉事態、成り行き
a whole lot　はるかに、非常に　★比較級を強調する表現　　leave the office　会社を出る、退勤する

35 What is the man planning to do?

(A) See a friend
(B) Meet with some clients
(C) Purchase a bus pass
(D) Find a recipe

男性は何をする予定ですか。

(A) 友人に会う。
(B) 何人かの顧客に会う。
(C) バスの定期券を購入する。
(D) 秘策を見つける。

正解 **A** 男性は女性に対し、❶で市の中心部にあるReynolds広場への行き方を尋ねた後、❷で「今晩、友人とそこで会う予定だ」と自分の予定について述べている。(A)が正解。
(B) client「顧客」。
(C) pass「定期券」。
(D) recipe「秘策、手段」。

---

36 Why does the woman say, "I have to drive to the city center"?

(A) To express frustration with her schedule
(B) To suggest a meeting place
(C) To decline the man's invitation
(D) To offer the man a ride

女性はなぜ "I have to drive to the city center" と言っていますか。

(A) 自分の予定への不満を示すため。
(B) 会合の場所を提案するため。
(C) 男性の招待を辞退するため。
(D) 男性に車で送ることを申し出るため。

正解 **D** Reynolds広場への行き方を尋ねられた女性は❸で、「バスがあると思うが、たくさん停車する」と問題点を述べた後に、下線部の発言をしている。つまり、自身の車の行き先が男性と同じ方面だと伝えることで、男性に同乗するよう申し出ていると考えられるので、(D)が正解。drive「車で行く」。offer「～を申し出る」、ride「車に乗せること、乗車」。
(A) express「～を示す」、frustration「欲求不満、フラストレーション」。
(C) decline「～を(丁重に)断る」。

---

37 What does the woman confirm?

(A) A meeting location
(B) A departure time
(C) The number of travelers
(D) The length of an event

女性は何を正しいと認めていますか。

(A) 会合場所
(B) 出発時刻
(C) 同行者の人数
(D) イベントの所要時間

正解 **B** 男性が❹で「会社を出るのは5時ごろだね?」と、女性の出発時刻を確かめているのに対して、女性は❺「はい、そうだ」と認めている。よって(B)が正解。confirm「～を正しいと認める」。departure「出発」。
(A) location「場所」。
(D) length「(時間の)長さ、期間」。

Questions 38 through 40 refer to the following conversation.

問題38-40は次の会話に関するものです。

M Hello, ❶I'm calling because my three P.M. flight to Mumbai was canceled. I'd like to check what other options you have.

もしもし、私が乗る午後3時のムンバイ行きの便が欠航になったため、電話しています。御社に他にどのような選択肢があるか確認したいのですが。

W Sure. Let me take a look…

かしこまりました。確認させてください…

M I'd like to depart today, if possible.

できれば、今日出発したいと思っています。

W It looks like the only seat available is on the same flight tomorrow—at three P.M.

見たところ、唯一ご利用いただける座席は、明日の同じ便のものだけですね――午後3時の。

M Hmm... that's too late. ❷I'm traveling to a conference, and I need to get there sooner. I know Indian Airways has a flight at eleven P.M. Can you put me on that one?

うーん…それだと遅過ぎます。私は会議に行く予定で、もっと早く現地に到着する必要があるんです。Indian航空に午後11時の便があるはずです。私をそれに乗せてもらえますか。

W Unfortunately, I can't book you with another carrier. However, ❸I could give you a full refund so you can book that flight directly with them.

あいにく、別の航空会社でお客さまの予約をお取りすることはできかねます。けれども、お客さまがその便を直接先方でご予約できるよう、全額ご返金させていただくことはできますが。

M ❹That sounds good. I'll take the refund.

それがいいですね。返金を受けることにします。

語注

flight (飛行機の) 便　cancel ～(予約・行事など) を中止する、～を取り消す　option 選択肢
take a look 確認する、見てみる　depart 出発する　if possible 可能であれば　It looks like ～ ～のように見える
only 唯一の　seat 座席　available 利用可能な　travel to ～ ～へ行く　conference 会議、協議会
put ～ on … ～を…に乗せる　unfortunately あいにく、残念ながら　book ～(人) のために予約をする、～を予約する
carrier 航空会社　however けれども、しかしながら　full 完全な、全面的な　refund 返金　directly 直接に

38 What problem is the man calling about?

(A) A flight cancellation
(B) A computer malfunction
(C) A billing error
(D) Lost luggage

男性はどんな問題について電話していますか。

(A) 便の欠航
(B) コンピューターの不調
(C) 請求書発行の誤り
(D) 紛失した手荷物

正解 A 男性は❶で「私が乗る午後3時のムンバイ行きの便が欠航になったため、電話している」と述べた後、他の取り得る選択肢について女性に尋ねている。cancellation「中止、取り消し」。
(B) malfunction「不調」。
(C) billing「請求書の作成」。
(D) luggage「手荷物、旅行かばん」。

---

39 What event is the man planning to attend?

(A) A training session
(B) A conference
(C) A grand opening
(D) A musical performance

男性はどんなイベントに出席する予定ですか。

(A) 研修会
(B) 会議
(C) 開店記念式典
(D) 音楽の公演

正解 B 翌日の飛行機の便の座席を案内する女性に対し、男性は❷で「私は会議に行く予定で、もっと早く現地に到着する必要がある」と自身の予定について述べている。(B) が正解。attend「～に出席する」。
(A) training session「研修会」。
(C) grand opening「開店記念式典、開店祝い」。
(D) musical「音楽の」、performance「演奏、公演」。

---

40 What will the woman probably do next?

(A) Schedule a repair
(B) Check a receipt
(C) Issue a refund
(D) Make an announcement

女性は次に何をすると考えられますか。

(A) 修理の日時を決める。
(B) 領収書を確認する。
(C) 返金を行う。
(D) 発表をする。

正解 C 女性が❸で「その便を直接先方で予約できるよう、全額返金することはできる」と述べているのに対して、男性は❹で「それがいい。返金を受けることにする」と応じている。よって、女性は次に男性に対して返金の手続きをすると考えられる。(C) が正解。issue「～を出す、～を発行する」。
(A) schedule「～の予定を決める」、repair「修理」。
(B) check「～を確認する」、receipt「領収書」。
(D) announcement「発表、通知」。

Questions 41 through 43 refer to the following conversation.

問題41-43は次の会話に関するものです。

M Nadia, ❶since you work for me in Customer Service, I wanted to talk to you about a position you might be interested in. We need an assistant customer service manager to help me with daily tasks.

Nadia、あなたは顧客サービス部で私のために働いてくれているので、あなたが関心を持つかもしれない役職について話をしたいと思っていました。当社は、私の日々の仕事を手伝ってくれる顧客サービス部の部長補佐を必要としています。

W Oh! I didn't know there was a position opening up. ❷That would be great for my career, but I haven't been here that long. ❸Do you think I'm really qualified for the position?

まあ！ 役職に空きがあるとは知りませんでした。それは私のキャリアにとって素晴らしい話だと思いますが、私はここにそれほど長く在籍していません。私が本当にその役職に適任だとお考えですか。

M You've done a great job handling customer inquiries, so yes, ❹I think you're ready to take on more responsibility. ❺Why don't you take a look at this job description and see what you think?

あなたは顧客の問い合わせへの対応で素晴らしい仕事をしてきたので、はい、私はあなたがより大きな責務を引き受ける準備ができていると思います。この職務内容記述書を見てみて、どう思うか考えてみてはどうですか？

語注

Customer Service　顧客サービス部　　position　役職、地位　　be interested in ～　～に関心がある
assistant　補佐　　manager　部長　　help ～ with …　～の…を手伝う　　daily　日々の　　task　仕事
open up　(役職などが) 空く　　career　キャリア、職歴　　be qualified for ～　～に適任である　　handle　～に対応する
inquiry　問い合わせ　　be ready to *do*　～する準備ができている　　take on ～　～(責任や仕事など) を引き受ける
responsibility　責務、責任　　take a look at ～　～に目を通す　　job description　職務内容記述書

41 What department does the woman work in?

(A) Marketing
(B) Customer Service
(C) Accounting
(D) Product Development

女性はどの部署で働いていますか。

(A) マーケティング部
(B) 顧客サービス部
(C) 経理部
(D) 商品開発部

正解 B 男性は女性に対し、❶で「あなたは顧客サービス部で私のために働いてくれているので、あなたが関心を持つかもしれない役職について話をしたいと思っていた」と述べた後、顧客サービス部の部長補佐の職に空きがあると伝えている。よって、(B)が正解。department「部署」。
(C) Accounting「経理部」。

42 What is the woman concerned about?

(A) Her qualifications for a position
(B) A lack of staff in her department
(C) A delayed product launch
(D) A customer complaint

女性は何について心配していますか。

(A) 役職に対する自分の適性
(B) 自分の部署内のスタッフ不足
(C) 製品発売の遅延
(D) 顧客の苦情

正解 A 男性が役職の空きについて話すと、女性は❷で「それは私のキャリアにとって素晴らしい話だと思うが、私はここにそれほど長く在籍していない」と述べ、続けて❸で「私が本当にその役職に適任だと考えるか」と男性に尋ねている。よって、女性は提示された役職に自分が適任かどうかを心配していると考えられる。be concerned about ～「～について心配する」。qualification「適性」。
(B) lack「不足」。
(C) delayed「遅れた」、launch「発売」。
(D) complaint「苦情」。

43 What does the man suggest?

(A) Revising a résumé
(B) Looking at a job description
(C) Editing a report
(D) Advertising in a professional journal

男性は何を提案していますか。

(A) 履歴書を修正すること。
(B) 職務内容記述書を見ること。
(C) 報告書を編集すること。
(D) 専門誌に広告を出すこと。

正解 B 男性は女性に、❹「私はあなたがより大きな責務を引き受ける準備ができていると思う」と伝えた後、❺「この職務内容記述書を見てみて、どう思うか考えてはどうか」と提案している。
(A) revise「～を修正する、～を見直す」、résumé「履歴書」。
(C) edit「～を編集する」、report「報告書」。
(D) advertise「広告を出す」、professional journal「専門誌」。

Final Test

Questions 44 through 46 refer to the following conversation.

問題44-46は次の会話に関するものです。

W Hi, ❶I'm calling to get some information about your shipping services. ❷My company manufactures glassware, and we have clients in Mexico. ❸Do you ship there?

こんにちは、御社の配送サービスに関する情報を得るためにお電話を差し上げています。私の会社はガラス製品を製造しており、メキシコに顧客がいます。御社はメキシコへは配送していますか。

M ❹Yes, we do. With us you can send your products by air or by ground transport.

はい、しております。弊社では、航空輸送または陸上輸送で製品をお送りいただけます。

W Which of those two options would be safer to use? ❺I'm worried because the glassware is so fragile.

その2つの選択肢のうち、どちらを使うのがより安全でしょうか。ガラス製品は非常に壊れやすいので、心配なんです。

M Either way is safe, but if you want, ❻you can visit our Web site, and it will figure out the exact arrival date for each method. You can choose the one that best suits your clients.

どちらの手段でも安全ですが、お望みならば、弊社のウェブサイトをご覧いただければ、そこでそれぞれの手段での正確な到着日を算出できます。御社のお客さまに最適な手段をお選びいただけますよ。

語注

information 情報　shipping 配送　manufacture ～を製造する　glassware ガラス製品　client 顧客
ship ～を配送する　product 製品、商品　by air 航空輸送で　by ground transport 陸上輸送で
option 選択肢　safe 安全な、確かな　fragile 壊れやすい　figure out ～ ～を割り出す、～を算出する
exact 正確な　arrival 到着　method 方法　suit ～に適する

44 Where does the man work?

(A) At a seaport
(B) At a travel agency
(C) At a shipping company
(D) At a security firm

男性はどこで働いていますか。

(A) 海港
(B) 旅行代理店
(C) 運送会社
(D) 警備会社

正解 C 女性は電話で、❶「御社の配送サービスに関する情報を得るために電話している」と用件を伝え、❸でメキシコへの配送を行っているかを男性に尋ねている。男性は❹でそれを肯定し、可能な輸送手段について、航空輸送または陸上輸送で製品を送付できると説明している。よって、男性は運送会社で働いていると考えられる。
(A) seaport「海港」。
(B) agency「代理店」。
(D) security「警備」、firm「会社」。

45 Why is the woman concerned?

(A) Her employees did not receive training.
(B) An airplane ticket is too expensive.
(C) Some directions are unclear.
(D) Her products are easily breakable.

女性はなぜ心配しているのですか。

(A) 自分の従業員が研修を受けなかったから。
(B) 航空券の価格が高過ぎるから。
(C) 指示が不明瞭だから。
(D) 自社の製品が壊れやすいから。

正解 D ❷から女性の勤める会社ではガラス製品を製造していることが分かる。❹で男性から2つの輸送手段があると説明を受けた女性は、どちらの方がより安全かを尋ね、続けて❺で「ガラス製品は非常に壊れやすいので、心配だ」と述べている。be concerned「心配している」。breakable「壊れやすい」。
(A) receive「～を受ける」、training「研修」。
(B) expensive「(価格が)高い」。
(C) directions「〈複数形で〉指示」、unclear「不明瞭な、あいまいな」。

46 What does the man say about the Web site?

(A) It lists pricing details.
(B) It calculates arrival dates.
(C) It provides translations.
(D) It includes packing tips.

男性はウェブサイトについて何と言っていますか。

(A) 価格設定の詳細を掲載している。
(B) 到着日を計算してくれる。
(C) 翻訳を提供している。
(D) 荷造りのヒントが載っている。

正解 B 男性はウェブサイトについて❻で、それぞれの手段での正確な到着日を算出することができると述べている。figure out をcalculate「～を計算する」と言い換えた(B)が正解。
(A) list「～を掲載する」、pricing「価格設定」、detail(s)「詳細」。
(C) provide「～を提供する」、translation「翻訳」。
(D) include「～を含む」、packing「梱包(こんぽう)、荷造り」、tip「ヒント、助言」。

Final Test

Questions 47 through 49 refer to the following conversation.

問題47-49は次の会話に関するものです。

W　Alex, ❶did you get an update from Fryer Airport about our contract to run our advertising campaign in Terminal C?

Alex、ターミナルCで当社の広告キャンペーンを行う契約について、Fryer空港から最新情報は入手しましたか。

M　Yes, ❷their representative said that we can start our ads by the beginning of May.

はい、先方の担当者は、5月の初めまでには当社の広告を始められると言っていました。

W　OK. ❸And what about the digital advertisements that we would run on flat-screens? They have enough screens available? We need at least four around the terminal.

分かりました。それから、薄型スクリーンで流す予定のデジタル広告についてはどうですか。先方には利用できる十分な数のスクリーンがありますか。ターミナル内のあちこちに少なくとも4つは必要です。

M　You know, they said they're in the process of installing additional screens right now. But ❹let me call him back right away just to make sure they'll be ready in time.

ええと、先方はちょうど今、追加のスクリーンを取り付けている最中だと言っていました。でも、彼らの準備が間に合うことを確認するために、今すぐ担当者に折り返し電話をしてみます。

語注

update　最新情報　　contract　契約　　run　～を行う、～(広告など)を載せる　　advertising　広告の
terminal　(空港・鉄道などの)ターミナル　　representative　担当者、代表者　　ad　広告　★advertisementの略
beginning　初め　　digital　デジタルの　　advertisement　広告、宣伝　　flat-screen　薄型スクリーン
available　利用できる　　at least　少なくとも　　in the process of *doing*　～している最中で　　install　～を取り付ける
additional　追加の　　right now　ちょうど今　　let ～ *do*　～に…させる　　call back ～　～に折り返し電話する
right away　今すぐ、即座に　　make sure (that) ～　～であることを確かめる　　in time　間に合うように

47 What are the speakers discussing?

(A) Plans for an advertising campaign
(B) A delay in a construction project
(C) Arranging a business trip
(D) Hosting a company party

話し手たちは何について話し合っていますか。

(A) 広告キャンペーンの計画
(B) 建設プロジェクトの遅延
(C) 出張の手配
(D) 会社のパーティーの主催

正解 A 女性が❶で「ターミナルCで当社の広告キャンペーンを行う契約について、Fryer空港から最新情報を入手したか」と尋ねているのに対し、男性はそれを肯定して、❷「担当者は、5月の初めまでには当社の広告を始められると言っていた」と女性に伝えている。その後も話し手たちは広告キャンペーンについての話を続けている。
(B) delay「遅延」、construction「建設」。
(C) arrange「～を手配する」。
(D) host「～を主催する」。

---

48 What does the woman ask the man to confirm?

(A) The weight of some material
(B) The availability of some equipment
(C) The cost of a service
(D) The number of attendees

女性は男性に何を確認するよう求めていますか。

(A) ある資材の重量
(B) 機器の利用の可否
(C) サービスの費用
(D) 出席者数

正解 B 女性が❸「薄型スクリーンで流す予定のデジタル広告についてはどうか。先方には利用できる十分な数のスクリーンがあるか」と男性に尋ねると、男性は追加のスクリーンの取り付けについて言及し、❹で、準備が間に合うことを担当者に確かめてみると伝えている。flat-screensをsome equipment「機器」と表した(B)が正解。availability「利用可能かどうかということ」。
(A) weight「重量」、material「資材」。
(C) cost「費用」。
(D) attendee「出席者」。

---

49 What will the man do next?

(A) Review an invoice
(B) Design an invitation
(C) Make a phone call
(D) Inspect a space

男性は次に何をしますか。

(A) 請求書を見直す。
(B) 招待状をデザインする。
(C) 電話をかける。
(D) ある場所を検査する。

正解 C 空港が追加のスクリーンを取り付けている最中であることを説明した男性は続けて、❹で「彼らの準備が間に合うことを確認するために、今すぐ担当者に折り返し電話をする」と申し出ている。従って、男性はこれから担当者に確認の電話をかけると考えられる。
(A) review「～を見直す、～を修正する」、invoice「請求書、送り状」。
(B) design「～をデザインする」、invitation「招待状」。
(D) inspect「～を検査する」、space「(特定の用途のための) 空き場所、スペース」。

Final Test

Questions 50 through 52 refer to the following conversation.

問題50-52は次の会話に関するものです。

W Hello, Mr. Hartmann? ❶I'm calling from Lewis Home Decorating Center. ❷The living room furniture you ordered has arrived. ❸Our delivery agents will be able to drop it off at your place this afternoon.

もしもし、Hartmann様ですか。Lewis住宅装飾センターからお電話を差し上げています。ご注文いただいたリビングルーム用の家具が入荷いたしました。当社の配達業者が今日の午後にご自宅へお届けできるでしょう。

M Oh, but ❹there's a small leak in my roof that I need to have repaired before any furniture can be put in the living room.

ああ、しかし、リビングルームに何か家具を設置する前に修繕してもらわなくてはならない小さな水の漏れ穴が屋根にあるんです。

W Well, our policy says we can hold orders here at the store for up to a week. When do you think the roof repair will be completed?

そうですね、当社の規定では最長１週間までご注文品を店舗に保管できることになっております。屋根の修繕が完了するのはいつになりそうですか。

M ❺I'm meeting with a contractor at three o'clock today to discuss the repairs. I won't be able to arrange the delivery until I see what he says.

今日３時に、請負業者と会って修繕について話し合うことになっています。彼が何と言うか聞いてみるまでは、配達日は決められないと思います。

語　注

decorating　装飾　furniture　〈集合的に〉家具　order　～を注文する　arrive　到着する　delivery　配達
agent　業者　be able to *do*　～することができる　drop off ～　～を届ける　place　家、場所　leak　漏れ穴
roof　屋根　repair　～を修繕する、～を修理する　policy　規定、方針　hold　～を保管する　order　注文品
up to ～　最長～まで　repair　修理　complete　～を完了する　contractor　請負業者
arrange　～を取り決める、～を手配する　until　～するまで

50 Where most likely does the woman work?

(A) At a plumbing company
(B) At a furniture store
(C) At a post office
(D) At a hardware store

女性はどこで働いていると考えられますか。

(A) 配管工事会社
(B) 家具店
(C) 郵便局
(D) 金物店

正解 B 女性は❶で「Lewis住宅装飾センターから電話している」と名乗った後、❷でリビングルーム用の家具が入荷したことを告げ、❸「当社の配達業者が今日の午後にご自宅へお届けできる」と、配達の時間帯を男性に伝えている。このことから、女性は男性が注文した家具の店で働いていると考えられる。
(A) plumbing「配管工事」。
(D) hardware「金物類、金属製品」。

---

51 What problem does the man indicate?

(A) Some workers arrived late.
(B) Some merchandise has been damaged.
(C) A home repair is needed.
(D) Business hours were shortened.

男性はどんな問題を示していますか。

(A) 何人かの作業者が遅れて到着した。
(B) 何らかの商品が破損していた。
(C) 家の修繕が必要である。
(D) 営業時間が短縮された。

正解 C 注文品の家具を今日の午後に配達できると連絡した女性に、男性は❹「リビングルームに何か家具を設置する前に修繕してもらわなくてはならない小さな水の漏れ穴が、屋根にある」と述べ、午後の配達を間接的に断っている。よって、正解は(C)。indicate「～を示す」。
(B) merchandise「〈集合的に〉商品」、damage「～を破損する」。
(D) business hours「営業時間」、shorten「～を短くする」。

---

52 What will the man do at three o'clock?

(A) Speak with a contractor
(B) Sign a document
(C) Buy some supplies
(D) Go to a bank

男性は3時に何をしますか。

(A) 請負業者と話をする。
(B) 書類に署名する。
(C) 備品を購入する。
(D) 銀行へ行く。

正解 A 女性が男性に屋根の修繕が完了する時期について尋ねると、男性は❺で「今日3時に、請負業者と会って修繕について話し合う」と述べている。よって、正解は(A)。
(B) sign「～に署名する」、document「書類」。
(C) supplies「〈複数形で〉備品」。

Questions 53 through 55 refer to the following conversation.

問題53-55は次の会話に関するものです。

M Hi Fatima. ❶Can I still make a change to the monthly sales report?

やあ、Fatima。まだ月間売上報告書に変更を加えることはできますか。

W I'm supposed to send it out this morning.

今日の午前中にそれを送信することになっています。

M ❷I got a call from the Farmingdale store saying that the data they sent me was wrong. They're e-mailing me a corrected version this afternoon.

ファーミングデールの店舗から電話があって、彼らが私に送ったデータが間違っていたと言うんです。彼らは、今日の午後に訂正版をEメールで送ってきます。

W All right, then... Could you send me those figures when you get them? ❸I'll have to update the report.

分かりました、では…その数字を受け取ったら私に送ってもらえますか。報告書を更新しなければなりません。

M No, ❹I'll take care of that for you. ❺Let me put together an e-mail explaining what the changes are, and I'll send it to everyone.

いや、代わりに私がそれを引き受けますよ。変更点を説明するEメールを私にまとめさせてください、そしてそれを私が皆さんに送ります。

語注

make a change　変更する　monthly　毎月の　sales　〈複数形で〉売上高　be supposed to *do*　～することになっている
send out ～　～を送る　e-mail ～ …　～に…をEメールで送る　corrected　訂正された　version　版
figure　数字　update　～を更新する、～を最新のものにする　take care of ～　～を引き受ける、～を処理する
put together ～　～をまとめる、～を編集する

53 What does the woman imply when she says, "I'm supposed to send it out this morning"?

(A) She has misunderstood a request.
(B) An item is out of stock.
(C) She would like some help.
(D) It is too late to make a change.

"I'm supposed to send it out this morning"という発言で、女性は何を示唆していますか。

(A) 彼女は依頼を誤解していた。
(B) ある商品が在庫切れである。
(C) 彼女は手助けが欲しいと思っている。
(D) 変更を加えるには遅過ぎる。

正解 D 男性が❶で「まだ月間売上報告書に変更を加えることはできるか」と尋ねると、女性は下線部で「今日の午前中に、それを送ることになっている」と答えている。よって女性は、報告書は間もなく送ることになっているため、変更を加えるには遅過ぎるとほのめかしていると考えられる。too ~ to *do*「~過ぎて…できない」。
(A) misunderstand「~を誤解する」。
(B) item「商品」、out of stock「在庫切れで」。

---

54 What problem does the man mention?

(A) A client is dissatisfied.
(B) A room is still occupied.
(C) Sales figures were inaccurate.
(D) A store address is incorrect.

男性はどんな問題について述べていますか。

(A) 顧客が不満を抱いている。
(B) 部屋がまだ使われている。
(C) 売り上げの数字が不正確だった。
(D) 店舗の住所が間違っている。

正解 C 月間売上報告書について、男性は❷で「ファーミングデールの店舗から電話があり、彼らが私に送ったデータが間違っていたと言っている」と述べている。よって「売り上げの数字が不正確だった」という(C)が正解。inaccurate「不正確な」。
(A) dissatisfied「不満な」。
(B) occupied「(部屋などが)使われて」。
(D) incorrect「間違った」。

---

55 What does the man offer to do?

(A) Call a client
(B) E-mail some coworkers
(C) Check on a delivery
(D) Reschedule a meeting

男性は何をすると申し出ていますか。

(A) 顧客に電話する。
(B) 同僚にEメールを送る。
(C) 配達を確認する。
(D) 会議の日時を変更する。

正解 B 女性が男性に、訂正版の数字を受け取ったら送ってほしいと依頼し、❸で「報告書を更新しなければならない」と述べると、男性は❹「代わりに私がそれを引き受ける」と述べ、❺で「変更点を説明するEメールを私にまとめさせてほしい、そしてそれを私が皆に送る」と申し出ている。よって、(B)が正解。coworker「同僚」。
(A) client「顧客」。
(C) check on ~「~を確認する」、delivery「配達」。
(D) reschedule「~の日時を変更する」。

Final Test

Questions 56 through 58 refer to the following conversation with three speakers.

問題56-58は3人の話し手による次の会話に関するものです。

M: So, James— ❶I've shown you where all the main book sections are: fiction, nonfiction, children's. Any questions so far?

さて、James——小説、ノンフィクション、児童書など、主要な本のコーナーが全てどこにあるかをあなたに案内しました。ここまでで、何か質問はありますか。

M: Yes, ❷I was wondering when the busiest times are here.

はい、この店の一番忙しい時間帯はいつなのかと思っていました。

M: Well, ❸a lot of children come in Monday mornings because we have children's story time. ❹We're usually busiest from ten to twelve.

そうですね、子どもの読み聞かせの時間があるので、月曜日の午前中には子どもがたくさん来ます。たいてい10時から12時までが一番混み合いますね。

M: OK. Um... Raj, I think this woman's looking for help.

分かりました。あの…Raj、こちらの女性が手助けをお求めです。

W: Yes, excuse me. ❺I was looking for the book *Wonders of the West*, but I couldn't find it in the nature section.

はい、すみません。『西洋の驚異』という本を探していたのですが、自然のコーナーで見つけられませんでした。

M: Sure. I can help you with that. James, let me take this opportunity to show you how to check whether books are in stock.

承知しました。私がその件をお手伝いいたしましょう。James、この機会を利用して本の在庫の有無を確認する方法をお見せします。

語 注

main　主要な　section　(店の陳列などの) コーナー、区画　fiction　小説、フィクション
nonfiction　ノンフィクション(作品)　so far　今までのところ　wonder　～を疑問に思う　busy　混雑した、多忙な
story time　読み聞かせの時間　look for ～　～を求める、～を探す　wonder　驚異、不思議　the West　西洋
nature　自然　opportunity　機会　how to *do*　～する方法　check　～を確認する　in stock　在庫があって

56 Where most likely are the speakers?

(A) At a publishing company
(B) At a bookstore
(C) At a supermarket
(D) At a bank

話し手たちはどこにいると考えられますか。

(A) 出版社
(B) 書店
(C) スーパーマーケット
(D) 銀行

正解 B　1人目の男性が❶「小説、ノンフィクション、児童書など、主要な本のコーナーが全てどこにあるかを、あなたに案内した」と述べていること、2人目の男性が、❷「この店の一番忙しい時間帯はいつなのかと思っていた」と述べていること、さらにその後、女性が❺で、男性たちに本の場所を尋ねていることから、話し手たちは書店にいると判断できる。
(A) publishing company「出版社」。

---

57 Why are Monday mornings busy?

(A) Deliveries must be processed.
(B) Cleaning must be completed.
(C) There are activities for children.
(D) There are staff meetings.

月曜日の午前中はなぜ忙しいのですか。

(A) 配達が処理される必要があるから。
(B) 清掃が完了される必要があるから。
(C) 子ども向けのアクティビティーがあるから。
(D) 従業員の会議があるから。

正解 C　2人目の男性が、❷「この店の一番忙しい時間帯はいつなのかと思っていた」と述べたのに対し、1人目の男性が❸「子どもの読み聞かせの時間があるので、月曜日の午前中には子どもがたくさん来る」と答えている。よって、子どもの読み聞かせのことをactivities for childrenと表した(C)が正解。activity「アクティビティー、活動」。
(A) delivery「配達」、process「～を処理する」。
(B) complete「～を完了する」。

---

58 What does the woman ask about?

(A) Accessing a building
(B) Finding a manager
(C) Receiving a discount
(D) Locating an item

女性は何について尋ねていますか。

(A) 建物に入ること。
(B) 店長を見つけること。
(C) 割引を受けること。
(D) ある商品を探し当てること。

正解 D　女性は❺で「『西洋の驚異』という本を探していたが、自然のコーナーで見つけられなかった」と述べ、男性たちに助けを求めている。よって、(D)が正解。選択肢ではbookをitem「商品」と表している。locate「～(の場所)を探し当てる」。
(A) access「～に入る、～に近づく」。
(C) discount「割引」。

Final Test

Questions 59 through 61 refer to the following conversation with three speakers.

問題59-61は3人の話し手による次の会話に関するものです。

W ❶Thanks for attending this project planning meeting. As you know, ❷our technology firm is interested in developing an electric car. However, since we currently produce only mobile phones and computers, ❸I think we should partner with an automobile manufacturer.

このプロジェクト企画会議に出席していただき、ありがとうございます。ご存じの通り、当テクノロジー会社は電気自動車の開発に関心を持っています。ですが、現在は携帯電話とコンピューターしか製造していないので、私は、自動車メーカーと提携するのがいいと思います。

M Since we don't have any sort of background in building cars, working with an automobile manufacturer is a good suggestion. We could combine our technical knowledge with their mechanical expertise. ❹I worry, though, that this project will cost more money than we have available.

当社は自動車の組み立てにいかなる種類の経験もないので、自動車メーカーと協業するのは良い提案ですね。当社の技術的専門知識を彼らの機械面の専門技術と組み合わせることができるでしょう。しかし私は、このプロジェクトには当社が支出できるよりも多くの費用がかかるのではと懸念しています。

M ❺I agree with Samuel's concern—it's too ambitious for our firm right now. ❻Even if we split the finances with the company we partner with, it'll take us over our budget.

私もSamuelの懸念に同意します——その案は現時点では当社にとって野心的過ぎます。たとえ提携先の企業と資金を折半したとしても、それは当社の予算を上回ってしまうでしょう。

語注

attend　～に出席する　　planning　企画、計画立案　　firm　会社　　be interested in *doing*　～することに関心がある
develop　～を開発する　　electric car　電気自動車　　currently　現在は　　produce　～を製造する
mobile phone　携帯電話　　partner with ～　～と提携する　　automobile　自動車　　manufacturer　メーカー、製造業者
sort　種類　　background　経歴、背景　　suggestion　提案　　combine ～ with …　～を…と組み合わせる
technical　専門的な　　knowledge　知識　　mechanical　機械の　　expertise　専門的な技術や経験
cost　～(費用)がかかる　　available　利用できる　　agree with ～　～と意見が一致する　　concern　懸念、心配
ambitious　野心的な　　right now　現時点では　　even if ～　たとえ～だとしても　　split　～を(半分に)分割する
finances　〈複数形で〉資金　　take　～(時間・金など)を要する　　budget　予算

59 Where do the speakers work?

(A) At a toy manufacturer
(B) At a financial institution
(C) At a car repair shop
(D) At a technology company

話し手たちはどこで働いていますか。

(A) 玩具メーカー
(B) 金融機関
(C) 自動車修理店
(D) テクノロジー会社

正解 D 女性は❶でプロジェクト企画会議への出席に感謝した後、❷「当テクノロジー会社は電気自動車の開発に関心を持っている」と述べ、その後、❸「自動車メーカーと提携するのがいいと思う」と提案している。それに対し、2人の男性が自分の意見をそれぞれ述べていることから、話し手たちは同じテクノロジー関連の会社に勤めていると判断できる。
(A) toy「玩具」。
(B) financial「金融の」、institution「機関」。
(C) repair「修理」。

---

60 What does the woman suggest doing?

(A) Collaborating with another company
(B) Investing in better machinery
(C) Arranging some job interviews
(D) Evaluating consumer interest

女性は何をすることを提案していますか。

(A) 別の会社と協業すること。
(B) より優れた設備に投資すること。
(C) 就職面接の予定を取り決めること。
(D) 消費者の関心度を評価すること。

正解 A 電気自動車の開発に関して、女性は❸で「自動車メーカーと提携するのがいいと思う」と述べ、他社と共同で行うことを提案している。よって、(A)が正解。collaborate with ～「～と共同して行う」。
(B) invest in ～「～に投資する」、machinery「機械設備、機械類」。
(C) arrange「～を取り決める、～を手配する」。
(D) evaluate「～を評価する」、consumer「消費者」、interest「関心」。

Final Test

---

61 Why do the men advise against pursuing the project?

(A) It will take too long to complete.
(B) It will cost too much money.
(C) A factory cannot meet production demands.
(D) A similar product is already available.

男性たちはなぜ、プロジェクトを進めることに反対の助言をしているのですか。

(A) 完了するのに時間が長くかかり過ぎるから。
(B) あまりにも多くの費用がかかるから。
(C) 工場が生産需要を満たせないから。
(D) 類似製品がすでに入手できるから。

正解 B 電気自動車を開発するというプロジェクトについて、1人目の男性は、❹「このプロジェクトには当社が支出できるよりも多くの費用がかかるのではと懸念している」と述べ、2人目の男性は❺で、1人目の男性に同意すると表明した後、❻「たとえ提携先の企業と資金を折半したとしても、それは当社の予算を上回ってしまうだろう」と懸念を伝えている。従って、男性たちはプロジェクトに費用がかかり過ぎるため、プロジェクトを進めることに反対意見を述べていると考えられる。advise against *doing*「～することに反対の助言をする」、pursue「～(計画など)を進める」。
(C) production「生産」、demand「需要」。
(D) similar「類似の」。

Questions 62 through 64 refer to the following conversation and schedule.

M Welcome to City Tours. Can I help you?

W ❶I was hoping to go on the tour of the Old City Theater at one o'clock.

M Oh, ❷I'm sorry—we really should update our brochure. ❸We're not doing that tour right now because the theater is closed for renovations.

W Well, ❹I do have a special interest in the interior décor of historic buildings, so I'll wait and take this later tour.

M ❺Certainly. And, ❻if you'd like to get something to eat while you wait, I can recommend the Main Course Sandwich Shop. It's just right down the street at the corner.

W ❼Thanks, that sounds like a great idea.

Time	Tour
1 P.M.	Old City Theater
2 P.M.	River Cruise
3 P.M.	Historic Homes
4 P.M.	Outdoor Art

問題62-64は次の会話と予定表に関するものです。

Cityツアーズ社へようこそ。ご用件を承ります。

1時のOld City劇場のツアーに参加したいと思っていたのですが。

ああ、申し訳ございません——本当に当社のパンフレットを更新しなければいけませんね。現在、劇場が改修で閉館中のため、そのツアーは行っていないんです。

それでは、私は実のところ歴史的建造物の室内装飾に特別な関心があるんです。ですから待って、後の時間のこのツアーに申し込みます。

かしこまりました。では、お待ちになっている間に食べ物をお求めになりたければ、Main Courseサンドイッチ店をお勧めいたします。その角の通りを真っすぐ行ったところにございます。

ありがとうございます、それはすごく良い考えですね。

時刻	ツアー
午後1時	Old City劇場
午後2時	河川クルーズ
午後3時	歴史的家屋
午後4時	野外アート

語注

tour　ツアー　hope to *do*　～することを望む　update　～を更新する、～を最新のものにする　brochure　パンフレット　renovation　改修作業　have an interest in ～　～に関心がある　special　特別な　interior　内部の　décor　装飾　historic　歴史的な、歴史上有名な　building　建造物　recommend　～を勧める　down the street　通りを進んで
予定表　cruise　クルーズ、巡航　outdoor　野外の、屋外の

62 Why does the man apologize?

(A) A piece of equipment is broken.
(B) A group has already left.
(C) Some tickets are sold out.
(D) Some information is outdated.

男性はなぜ謝罪しているのですか。

(A) 機器が1台故障しているから。
(B) 1つの団体がすでに出発したから。
(C) 一部のチケットが売り切れているから。
(D) ある情報が古いから。

正解 D 女性は❶で、1時から始まるOld City劇場のツアーに行きたいと伝えたところ、ツアーを主催するCityツアーズ社の男性は❷で謝罪し、「本当に当社のパンフレットを更新しなければいけない」と述べた後、❸で現在はそのツアーは行われていないと説明している。従って、男性は女性が見ていたパンフレットの情報が古いために謝罪していると判断できる。apologize「謝る」。outdated「古い」。
(A) a piece of ～「1つの～」、equipment「機器」。
(C) sold out「売り切れで」。

---

63 Look at the graphic. When will the woman's tour begin?

(A) At 1 P.M.
(B) At 2 P.M.
(C) At 3 P.M.
(D) At 4 P.M.

図を見てください。女性のツアーはいつ始まりますか。

(A) 午後1時
(B) 午後2時
(C) 午後3時
(D) 午後4時

正解 C 女性は1時から始まるツアーが現在行われていないことを知り、❹で「私は歴史的建造物の室内装飾に特別な関心がある。だから待って、後の時間のこのツアーに申し込む」と、別の希望を男性に伝えたのに対し、男性は❺で「かしこまりました」と応じている。予定表を見ると、午後1時より後のツアーで歴史的建造物に関連するものは、午後3時から始まるHistoric Homesだと分かる。よって、(C)が正解。

Final Test

---

64 What will the woman most likely do before the tour?

(A) Try a restaurant
(B) Recharge a camera
(C) Make a reservation
(D) Read some instructions

女性はツアーの前に何をすると考えられますか。

(A) レストランに行ってみる。
(B) カメラを再充電する。
(C) 予約をする。
(D) ある説明書を読む。

正解 A 男性は、❻「待っている間に食べ物を求めたければ、Main Course サンドイッチ店を勧める」と述べ、続けてその店への行き方を教えている。それに対し女性は❼で礼を述べ、「それはすごく良い考えだ」と言っている。よって、女性はツアーの開始を待つ間、男性が勧めるレストランへ行くと考えられる。
(B) recharge「～を再充電する」。
(C) make a reservation「予約をする」。
(D) instructions「〈複数形で〉説明書、指示書」。

Questions 65 through 67 refer to the following conversation and map.

問題65-67は次の会話と地図に関するものです。

M Hi, I'm John Bapkins from Bapkins Fitness Center, and ❶I'll be speaking at the International Health Symposium on Friday. I was told to call this event services number to ask where to park.

こんにちは、私はBapkinsフィットネスセンターのJohn Bapkinsと申しまして、金曜日の国際健康シンポジウムで講演をすることになっています。このイベントサービスの番号に電話をして駐車場所を尋ねるように言われました。

W There is parking available at the event center, but it's expensive. ❷I recommend the parking area at the corner of Fairview Boulevard and Eleventh Street. ❸It's the farthest from the center, but they're waiving their ten-dollar fee for convention participants.

イベントセンターに利用可能な駐車場はあるのですが、料金が高いんです。Fairview大通りと11番通りの角にある駐車場をお勧めいたします。そこはセンターから一番遠いのですが、大会の参加者には料金10ドルを免除してくれます。

M Great. Thanks! ❹And what should I bring to show I'm there for the symposium?

素晴らしい。ありがとうございます！ それから、私がシンポジウムのためにそこに来ていることを示すために何を持参すればいいですか。

W ❺I'll make a list of names and leave it with whoever is working at the gate. They may ask for your name, but they shouldn't need anything else.

私が名簿を作成し、それを出入り口で勤務している者全員に渡しておきます。お名前を尋ねられるかもしれませんが、他には特に何も必要ではないはずです。

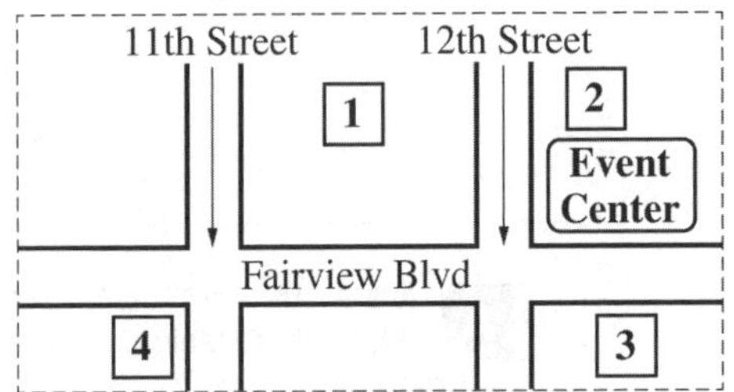

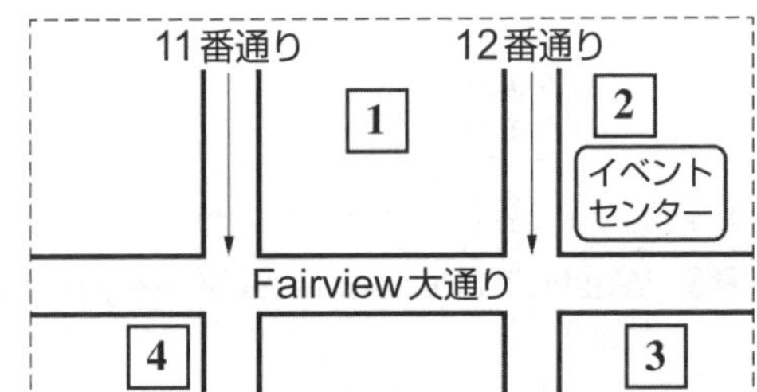

語注

fitness center　フィットネスセンター　　symposium　シンポジウム、討論会　　park　駐車する　　parking　駐車場
available　利用できる　　expensive　値段が高い　　at the corner of ～ and …　～と…が交わる角に
boulevard　大通り　★省略表記は Blvd　　farthest　〈far の最上級で〉最も遠い　　waive　～の適用を控える、～を免除する
fee　料金　　convention　大会、協議会　　participant　参加者　　leave ～ with …　～を…に渡しておく
whoever　～するのは誰でも　　ask for ～　～を求める

65 What does the man say he will be doing at an event?

(A) Working at a ticket booth
(B) Giving a presentation
(C) Filming a performance
(D) Leading a fitness class

男性はイベントで何をする予定だと言っていますか。

(A) チケット売り場で働く。
(B) 発表をする。
(C) 公演を撮影する。
(D) フィットネスの講習会を指導する。

正解 B 男性は自分の名前を名乗った後、❶「金曜日の国際健康シンポジウムで講演をすることになっている」と述べている。give a presentation「発表をする、プレゼンをする」。
(A) booth「売り場、ブース」。
(C) film「～を撮影する」。
(D) lead「～を指導する」。

---

66 Look at the graphic. Which parking area does the woman recommend using?

(A) Area 1
(B) Area 2
(C) Area 3
(D) Area 4

図を見てください。女性はどの駐車場を利用することを勧めていますか。

(A) 区域1
(B) 区域2
(C) 区域3
(D) 区域4

正解 D 男性がシンポジウム当日の駐車場所を尋ねると、女性は❷で「Fairview大通りと11番通りの角にある駐車場を勧める」と述べ、❸「センターから一番遠い」と駐車場の場所について説明している。地図を見ると、Fairview大通りと11番通りの角にあり、イベントセンターから一番遠い場所は④の場所（区域4）なので、(D)が正解。recommend *doing*「～することを勧める」。

---

67 What will the woman make a list of?

(A) Event participants
(B) Security personnel
(C) Nearby restaurants
(D) Conference topics

女性は何のリストを作成するつもりですか。

(A) イベント参加者
(B) 警備員
(C) 近くのレストラン
(D) 会議の議題

正解 A 男性が、❹「私がシンポジウムのために来ていることを示すために何を持参すればいいか」と尋ねているのに対し、女性は❺で「私が名簿を作成し、それを出入り口で勤務している者全員に渡しておく」と述べている。よって、女性はこれからシンポジウムの参加者のリストを作成し、駐車場のスタッフに渡すつもりだと考えられるので、(A)が正解。
(B) security「警備」、personnel「人員」。
(C) nearby「近くの」。
(D) topic「議題、話題」。

Final Test

Questions 68 through 70 refer to the following conversation and error message.

問題68-70は次の会話とエラーメッセージに関するものです。

W ❶Technical Support, may I help you?

テクニカルサポートです、ご用件を承ります。

M Yeah, ❷I was trying to update a spreadsheet when error code 984 popped up. I don't know what to do.

はい、表計算シートを更新しようとしたら、エラー番号984が表示されました。どうしたらいいか分かりません。

W We've had lots of calls about this lately. ❸Go ahead and send an error report—we want the software developer to be aware of the problem, too. ❹It'll also save a copy of the report on your desktop for me to look at. I'll be over to your office right away.

最近、この件でお電話を数多く頂いています。どうぞエラーレポートを送信してください——ソフトウエア開発者にもその問題に気付いてもらいたいので。また、そうすれば、レポートのコピーファイルがデスクトップ上に保存され、私も見られますから。今すぐあなたのオフィスに伺いますよ。

M Thanks. I'm in office 243. ❺The project I'm working on is really important, so I'm worried about my data being erased...

ありがとうございます。私は243番オフィスにいます。今取り組んでいるプロジェクトは非常に重要なので、データが消えているのではと心配です…

W I should be able to correct the problem and recover any lost data for you.

私が問題を修正し、紛失データがあっても復元して差し上げられるはずです。

ERROR 984 ⚠

Select:
- 1. Restart application
- 2. Send error report
- 3. Force quit application
- 4. Shut down computer

ENTER

エラー 984 

選択してください：
- 1. アプリケーションを再起動する
- 2. エラーレポートを送信する
- 3. アプリケーションを強制終了する
- 4. コンピューターをシャットダウンする

決定

語注

technical 技術的な　support サポート、支援　update ～を更新する、～を最新のものにする
spreadsheet （表計算の）スプレッドシート　error code エラー番号　pop up 表示される、現れる
call 電話の呼び出し、通話　lately 最近　go ahead and *do* 〈通例は命令文で〉どうぞ～してください
report レポート、報告書　developer 開発者　be aware of ～ ～に気付いている　save ～を保存する
copy コピー、写し　desktop （コンピューターの）デスクトップ　be over to ～ ～のところへ行く
right away 今すぐ、即座に　work on ～ ～に取り組む　erase ～を削除する　be able to *do* ～することができる
correct ～を修正する、～を訂正する　recover ～を復元する　lost 紛失した
エラーメッセージ　select ～を選ぶ　restart ～を再起動する
application アプリケーション、アプリ ★=application program　force quit ～ ～（アプリケーションなど）を強制終了する
shut down ～ ～（コンピューターなど）をシャットダウンする

68 Who most likely is the woman?

(A) A job applicant
(B) A financial analyst
(C) A software salesperson
(D) A computer technician

女性は誰だと考えられますか。

(A) 求人応募者
(B) 金融アナリスト
(C) ソフトウエアの販売員
(D) コンピューター技術者

正解 D 女性は、❶「テクニカルサポートだ」と部署名を名乗ってから用件を尋ねている。それに対して、男性は、❷「表計算シートを更新しようとしたら、エラー番号984が表示された」と伝え、どうしたらいいかを相談している。女性は❸で、エラーレポートを送るように男性に指示した後、❹「そうすれば、レポートのコピーファイルがデスクトップ上に保存され、私も見られる」と述べて、男性のオフィスにこれから行くと伝えている。以上のことから、女性はコンピューター技術者だと判断できる。technician「技術者」。
(A) applicant「応募者」。
(B) financial「金融の」、analyst「アナリスト、分析者」。
(C) salesperson「販売員」。

---

69 Look at the graphic. Which option should the man select?

(A) Option 1
(B) Option 2
(C) Option 3
(D) Option 4

図を見てください。男性はどの選択肢を選ぶべきですか。

(A) 選択肢1
(B) 選択肢2
(C) 選択肢3
(D) 選択肢4

正解 B 男性が❷でエラー番号について伝えたのに対し、女性は❸で「エラーレポートを送信してほしい」と指示し、その後に詳しい説明を続けている。エラーメッセージを見ると、2つ目のSend error reportが女性の指示する内容と一致しているので、正解は(B)と分かる。option「選択肢」。

---

70 What does the man say he is worried about?

(A) Locating a laptop
(B) Meeting sales goals
(C) Losing some data
(D) Missing a deadline

男性は何を心配していると言っていますか。

(A) ノートパソコンを探し当てること。
(B) 販売目標を達成すること。
(C) データを失うこと。
(D) 締め切りに遅れること。

正解 C 女性が男性のオフィスに行くことを伝えると、男性は❺で「今取り組んでいるプロジェクトは非常に重要なので、データが消えているのではと心配だ」と伝えている。よって、(C)が正解。lose「～を失う」。
(A) locate「～を探し当てる」。
(B) meet「～を満たす」、goal「目標」。
(D) miss「～を逃す」、deadline「締め切り」。

Final Test

Questions 71 through 73 refer to the following advertisement.

問題71-73は次の広告に関するものです。

M

Looking for a great place to eat? Come to Cooper's Restaurant! ❶*City Sights Magazine* recognized us as one of the top ten restaurants in Pearl City for using all locally grown fruits and vegetables in our dishes. ❷Cooper's is conveniently located in the heart of the entertainment district, so it's the perfect place to enjoy a meal before a play or concert. Call today for a reservation. We're open every day from eleven A.M. to midnight. ❸To see our menu and the list of daily specials, visit our Web site. We hope to see you soon!

すてきな食事場所をお探しですか？ Cooper's レストランへお越しください！『市内観光マガジン』は、料理に全て地産の果物や野菜を使用していることで、当店をPearl 市のトップ 10 レストランの 1 つに認定しました。Cooper's は繁華街中心部の便利な場所に位置していますので、お芝居や音楽会の前にお食事を楽しむのにうってつけの場所です。本日すぐにお電話でご予約ください。当店は毎日午前 11 時から深夜 12 時まで営業しています。メニューおよび日替わり特別料理のリストをご覧になるには、当店のウェブサイトにアクセスしてください。スタッフ一同、近々お目にかかれることを心待ちにしております！

語　注

advertisement　広告　look for ～　～を探す　(the) sights　〈複数形で〉名所　recognize ～ as …　～を…として認める
locally　地元で　grow　～を栽培する　dish　料理　be located in　～に位置する
conveniently　便利に、都合のいいことに　the heart of ～　～の中心部　entertainment district　繁華街　meal　食事
play　劇　concert　音楽会　reservation　予約　midnight　真夜中、夜中の 12 時
daily special　日替わりの特別料理　hope to *do*　～することを望む

71 According to the speaker, what is the restaurant known for?

(A) Using local ingredients
(B) Providing cooking lessons
(C) Featuring international dishes
(D) Offering outdoor seating

話し手によると、そのレストランは何で知られていますか。

(A) 地元の食材を使用していること。
(B) 料理講習を提供していること。
(C) 国際的な料理を呼び物にしていること。
(D) 屋外の座席を用意していること。

正解 A　話し手はレストランについて、❶「『市内観光マガジン』は、料理に全て地産の果物や野菜を使用していることで、当店をPearl市のトップ10レストランの1つに認定した」と述べている。locally grown fruits and vegetablesをlocal ingredientsと表した(A)が正解。be known for ～「～で知られている」。local「地元の」、ingredient「材料」。
(B) (C) (D) いずれについても言及はない。
(B) provide「～を提供する」。
(C) feature「～を呼び物にする、～を特色とする」、international「国際的な」。
(D) outdoor「屋外の」、seating「座席」。

72 According to the speaker, what is near the restaurant?

(A) Public transportation
(B) Several entertainment venues
(C) A popular hotel
(D) The city's waterfront

話し手によると、レストランの近くには何がありますか。

(A) 公共交通機関
(B) 幾つかの娯楽施設
(C) 人気のあるホテル
(D) 市の臨海地区

正解 B　話し手はレストランについて、❷「Cooper'sは繁華街中心部の便利な場所に位置しているので、芝居や音楽会の前に食事を楽しむのにうってつけの場所だ」と述べている。よって、レストランの近くには、娯楽施設が何カ所かあると判断できる。venue「会場」。
(A) (C) (D) いずれについても言及はない。
(A) public transportation「公共交通機関」。
(D) waterfront「臨海地区、海岸・川岸地区」。

73 Why should listeners visit a Web site?

(A) To place an order
(B) To read a review
(C) To make a reservation
(D) To see a menu

聞き手はなぜウェブサイトにアクセスすべきなのですか。

(A) 注文をするため。
(B) レビューを読むため。
(C) 予約をするため。
(D) メニューを見るため。

正解 D　話し手は、❸「メニューおよび日替わり特別料理のリストを見るには、当店のウェブサイトにアクセスしてほしい」と述べている。よって、(D)が正解。
(A) 注文については言及されていない。place an order「注文をする」。
(B) 雑誌に評価が載っていることは述べられているが、店のウェブサイトでレビューが読めるとは述べられていない。review「レビュー、批評」。
(C) 予約方法については「電話で予約してほしい」とあるが、ウェブでの予約については述べられていない。make a reservation「予約をする」。

Final Test

Questions 74 through 76 refer to the following telephone message.

問題74-76は次の電話のメッセージに関するものです。

W

Hello. ❶This is Wu Yifei from West Hill Auto Rental. ❷I received your message about some problems you're having with a car you rented from us. I apologize for the inconvenience. ❸We inspect each car before we rent it out, and none of our technicians noticed anything wrong with the car. Now, ❹you said that the car is making an unusual noise, and that the noise is getting louder? ❺I'd like to arrange for someone to come out today and take a look. ❻Please let me know when you're available.

もしもし。こちらはWest Hillレンタカー社のWu Yifeiです。お客さまが当社からレンタルされた車に問題が発生しているとのご伝言を受け取りました。ご不便をお掛けしていることをおわびいたします。当社ではレンタルに出す前に各車両の検査を行っておりますが、当社の技術者は誰もその車に不具合があるとは気付きませんでした。さて、ご伝言では車がおかしな音を立てており、その音が大きくなっているとのことでしたね？本日誰かを伺わせてお調べするよう手配させていただきたく存じます。何時がご都合が良いかお知らせください。

語注

auto　自動車　★automobileの略　　rental　レンタル会社、レンタル店　　receive　～を受け取る
rent　～を賃借する、～を賃貸する　　apologize for ～　～のことで謝罪する　　inconvenience　不便さ
inspect　～を検査する　　rent out ～　～を貸し出す　　technician　技術者　　notice　～に気付く
make a noise　音を立てる　　unusual　異常な　　loud　(音が)大きい　　arrange for ～ to *do*　～が…するよう手配する
come out　出掛ける　　take a look　調べる、見てみる　　available　都合がついて、手が空いて

74 Where does the woman work?

(A) At an insurance company
(B) At a car rental service
(C) At an auto parts store
(D) At a manufacturing plant

女性はどこで働いていますか。

(A) 保険会社
(B) レンタカー会社
(C) 自動車部品店
(D) 製造工場

正解 B 話し手の女性は電話のメッセージで、❶「こちらはWest Hillレンタカー社のWu Yifeiだ」と名乗ってから、❷「当社からレンタルした車に問題が発生しているとの伝言を受け取った」と用件を伝えている。よって女性は、レンタカーを提供する会社に勤めていると判断できる。
(A) insurance「保険」。
(C) part「部品」。
(D) manufacture「～を製造する」。

---

75 Why does the woman say, "<u>none of our technicians noticed anything wrong with the car</u>"?

(A) She is confident that a product is ready to be sold.
(B) She is not sure what is causing a problem.
(C) She thinks employees need more training.
(D) She wonders if a document is accurate.

女性はなぜ"<u>none of our technicians noticed anything wrong with the car</u>"と言っていますか。

(A) 製品がすぐに販売できる状態だと確信しているから。
(B) 何が問題を引き起こしているのかよく分からないから。
(C) 従業員にもっと研修が必要だと考えているから。
(D) 書類が正確かどうか疑問に思っているから。

正解 B 話し手の女性は、レンタルした車に問題が生じている件で聞き手に不便を掛けていることを謝罪し、❸でレンタルに出す前に車両の検査を行っていると述べ、下線部の発言をしている。また、❹で聞き手がレンタルした車の状況について述べた後、❺で誰かを調べに行かせるよう手配したいと伝えている。よって、女性は問題の原因が分からず、より詳しい調査をしたいと考えていることが推測される。cause「～を引き起こす」。
(A) confident「確信して」、be ready to *do*「～する準備ができている」。
(D) document「書類」、accurate「正確な」。

---

76 What does the woman ask the man to do?

(A) Confirm his availability
(B) Check a manual
(C) Order a replacement part
(D) Provide a receipt

女性は男性に何をするよう求めていますか。

(A) 自分の都合を確認する。
(B) マニュアルを調べる。
(C) 交換部品を注文する。
(D) 領収書を提供する。

正解 A 話し手の女性は❺で、本日中に誰かを向かわせて車の問題を調べさせるよう手配すると伝えた後、男性に❻「何時が都合が良いか知らせてほしい」と依頼している。よって、(A)が正解。confirm「～を確認する」、availability「予定の空き具合」。
(B) check「～を検査する、～を確認する」、manual「マニュアル、手引書」。
(C) replacement「交換」。
(D) receipt「領収書」。

Final Test

Questions 77 through 79 refer to the following instructions.

M

My name is Gordon, and ❶I'll be training you on how to use the company's new data-processing program. I know all of you've been using the computer program Data Scope 3 for a while, so I'll only cover the new features of Data Scope 4. ❷First, make sure you see three different documents in your personal training folders. We'll be using those folders today. Then, try launching the Data Scope 4 program. ❸If it doesn't work for you, you'll need to share a computer with the person next to you so that we can finish quickly.

問題77-79は次の指示に関するものです。

私はGordonと申しまして、当社の新しいデータ処理プログラムの操作法について皆さんを研修いたします。皆さん全員が、Data Scope 3のコンピュータープログラムをしばらく使っておられると聞いておりますので、私はData Scope 4の新機能だけを扱うことにいたします。まず、ご自分の個人用研修フォルダーの中に3つの異なる文書があることをご確認ください。今日はそのフォルダーを使用する予定です。それでは、Data Scope 4プログラムを起動してみてください。うまくいかない場合は、速やかに終えられるように、お隣の方と一緒にコンピューターを使っていただく必要があるでしょう。

語注

instructions　〈複数形で〉指示　　train　～を研修する　　how to *do*　～する方法　　data-processing　データ処理の
for a while　しばらくの間　　cover　～を扱う　　feature　機能、特徴　　make sure (that) ～　～であることを確認する
document　文書　　training　研修　　folder　フォルダー　　launch　～（プログラムなど）を起動する　　work　うまくいく
share ～ with …　～を…と共有する　　next to ～　～の隣に

77 What type of event are the listeners attending?

(A) A press conference
(B) An awards banquet
(C) A trade show
(D) A training session

聞き手たちはどのような種類のイベントに出席していますか。

(A) 記者会見
(B) 受賞祝賀会
(C) 展示会
(D) 研修会

正解 D 話し手は自分の名前を名乗った後、❶「当社の新しいデータ処理プログラムの操作法について皆さんを研修する」と今回の目的を聞き手に告げている。また、❷では、個人用研修フォルダー内の文書を確認するよう聞き手たちに指示していることから、聞き手たちはデータ処理プログラムの操作法の研修会に出席していると判断できる。attend「～に出席する」。session「会議」。
(A) press conference「記者会見」。
(B) award「表彰、賞」、banquet「宴会」。
(C) trade show「展示会」。

78 What are the listeners asked to check first?

(A) The date of a meeting
(B) The documents in a folder
(C) A telephone number
(D) A confirmation code

聞き手たちはまず何を確認するよう求められていますか。

(A) 会議の日取り
(B) フォルダー内の文書
(C) 電話番号
(D) 確認コード

正解 B 話し手は、研修会で扱うプログラムについて言及してから、❷「まず、自分の個人用研修フォルダーの中に3つの異なる文書があることを確認してほしい」と指示し、聞き手たちにフォルダー内にある文書を確認するよう促している。よって、正解は(B)。
(A) (C) (D) いずれも指示の中での言及はない。
(D) confirmation「確認」。

79 According to the speaker, what might some listeners have to do?

(A) Pay a small fee
(B) Come back the next day
(C) Work with a colleague
(D) Update some files

話し手によると、何人かの聞き手がしなければならないかもしれないことは何ですか。

(A) 少額の料金を支払う。
(B) 翌日に再び出席する。
(C) 同僚と一緒に作業する。
(D) 幾つかのファイルを更新する。

正解 C 話し手は特定のプログラムを起動するよう聞き手たちに伝えた後、❸「うまくいかない場合は、速やかに終えられるように、隣の人と一緒にコンピューターを使ってもらう必要があるだろう」と述べている。また、この場はデータ処理プログラムについての社内研修だと考えられるので、聞き手たちはcolleague「同僚」同士だと考えられる。よって、(C)が正解。
(A) fee「料金」。
(D) update「～を更新する、～を最新のものにする」。ここで更新されるのはプログラムのバージョンで、ファイルではない。

Questions 80 through 82 refer to the following telephone message.

問題80-82は次の電話のメッセージに関するものです。

W

Hi, this is Jane Smith. ❶I'm calling from Universal Construction Supplies for Rahim Ali. We reviewed your application, and we're interested in bringing you in for an interview. ❷We need someone who has experience managing a warehouse, and we see that you're doing that at your current job. Are you available to come in Monday at three P.M. for an interview? ❸Although you'd be working in the construction supply warehouse, we'd interview you at our headquarters. ❹The office is a little tricky to find, so if you're interested, call back and I can give you directions. The number is 555-0121.

こんにちは、Jane Smithです。Universal建設資材社からRahim Ali様へお電話を差し上げています。応募書類を検討した結果、あなたを面接にお呼びしたいと思っております。当社は倉庫管理の経験がある方を必要としており、あなたは現職にてそれに従事しておられると存じます。月曜日の午後3時に面接にお越しいただくことは可能でしょうか。あなたには建設資材倉庫で勤務していただく予定でおりますが、本社にて面接を行いたく存じます。本社オフィスは少し見つけにくい場所にありますので、もしご関心がおありでしたら、折り返しお電話くだされば道順をお伝えいたします。電話番号は555-0121です。

語　注

construction　建設　　supplies　〈複数形で〉備品、資材　　review　～を検討する、～を精査する　　application　応募書類
be interested in *doing*　～することに関心がある、～したいと思っている　　bring in ～　～を呼び入れる　　interview　面接
experience　経験　　manage　～を管理する　　warehouse　倉庫　　current　現時点の
be available to *do*　～する都合がつく　　interview　～を面接する　　headquarters　〈複数形で〉本社
tricky　扱いにくい、こつの要る　　call back　折り返し電話する　　directions　〈複数形で〉道順

80 Where does the speaker work?

(A) At a construction supply company
(B) At an appliance manufacturer
(C) At an engineering firm
(D) At a newspaper publisher

話し手はどこで働いていますか。

(A) 建設資材会社
(B) 電気器具メーカー
(C) エンジニアリング会社
(D) 新聞社

正解 A 話し手は❶で「Universal 建設資材社から Rahim Ali へ電話している」と会社名を名乗った後、聞き手を面接に呼びたい旨を伝えてから、❷で倉庫管理の経験を持つ人物を必要としていると説明している。また❸では、聞き手が建設資材の倉庫で勤務することになるだろうと述べている。よって、話し手は建設資材会社で働いていて、採用面接の打ち合わせの電話をかけていると考えられるので、(A) が正解。
(B) appliance「電気器具」。
(C) engineering「工事、工学技術」。
(D) publisher「出版社」。

81 What job experience does the speaker mention?

(A) Customer service
(B) Warehouse management
(C) Research and development
(D) Factory maintenance

話し手はどんな職務経験について述べていますか。

(A) 顧客サービス
(B) 倉庫管理
(C) 研究開発
(D) 工場の保守

正解 B 話し手は❷で、「当社は倉庫管理の経験がある人を必要としており、あなたはそれに従事していると見受けられる」と述べ、❸でも、採用後は聞き手が建設資材の倉庫で勤務することになると言及している。よって、(B) が正解。
management「管理」。
(A) customer「顧客」。
(C) research「研究」、development「開発」。
(D) maintenance「保守、管理」。

82 What does the speaker say about the company's headquarters?

(A) It is located in another city.
(B) It is closed on Saturdays.
(C) It is difficult to find.
(D) It is being remodeled.

話し手は会社の本社について何と言っていますか。

(A) 別の市に位置している。
(B) 土曜日は閉まっている。
(C) 見つけるのが難しい。
(D) 改築中である。

正解 C 話し手は❸で、聞き手の面接を本社で行うつもりであることを伝え、❹「本社オフィスは少し見つけにくい場所にある」と、本社の所在地について述べている。a little tricky to find を difficult to find「見つけるのが難しい」と言い換えた (C) が正解。
(A) be located in ～「～に位置する」。
(B) closed「閉まっていて、休業中の」。
(D) remodel「～を改築する」。

Final Test

Questions 83 through 85 refer to the following announcement.

問題83-85は次のお知らせに関するものです。

M

❶I want to thank everyone for their participation in this year's conference of the Association of Tax Accountants—it's been a very interesting couple of days in a wonderful city! Before we finish up for the weekend, ❷I want to tell you about a new benefit of membership that the association is offering. ❸By popular request we are now offering a subscription to our monthly magazine—*Tax Accounting for Professionals*. ❹It's an outstanding, award-winning publication, and we're now offering it free to all association members! If you haven't joined yet, ❺be sure to check your conference packet to find out more about membership fees.

今年の税理士連合会議へのご参加に対して、皆さまに感謝申し上げたいと思います——素晴らしい都市での非常に興味深い数日間でした！ 週末に向けて閉会する前に、当連合が提供している会員資格の新特典についてお話ししたいと思います。多くの方のご要望により、現在、当連合の月刊誌『専門家のための税務会計』の定期購読を提供しております。同誌は傑出した、受賞歴のある出版物で、連合の会員全員に現在無料で提供しております！ まだご入会されていなければ、必ずお手元の会議書類一式をご確認いただき、会費に関する詳細をお調べください。

語注

thank ～ for …　～に…のことで感謝する　participation　参加　conference　会議、協議会　association　連合、協会
tax accountant　税理士　a couple of ～　2、3の～　interesting　興味深い　finish up ～　～を終える
benefit　特典　membership　会員資格　by request　要望により　subscription　定期購読　monthly　毎月の
tax accounting　税務会計　professional　専門家、プロ　outstanding　傑出した　award-winning　受賞歴のある
publication　出版物　free　無料で　join　入会する、参加する　be sure to *do*　必ず～する　packet　書類一式
find out ～　～を調べる、～を確認する　fee　料金

83 Who are the listeners?

(A) Journal editors
(B) Corporate lawyers
(C) Tax accountants
(D) University professors

聞き手は誰ですか。

(A) 専門誌の編集者
(B) 企業弁護士
(C) 税理士
(D) 大学教授

正解 C 話し手は❶で、「今年の税理士連合会議への参加に対して、皆に感謝を述べたいと思う」と聞き手に謝意を表している。その後も、連合の会員特典について説明したり、会費の案内をしたりしている。よって、聞き手は税理士連合会議に参加している税理士だと考えられる。
(A) 専門誌についての言及はあるが、聞き手がその編集者であるという情報はない。journal「専門誌」、editor「編集者」。
(B) corporate「企業の」、lawyer「弁護士」。
(D) professor「教授」。

---

84 What do association members receive?

(A) Restaurant vouchers
(B) A magazine subscription
(C) A list of job opportunities
(D) A software application

連合の会員は何を受け取りますか。

(A) レストランの引換券
(B) 雑誌の定期購読
(C) 就業機会の一覧
(D) ソフトウエア・アプリケーション

正解 B 話し手は❷で連合が会員に提供している新特典について言及した後、❸で、月刊誌の定期購読を提供していると伝え、さらに❹で、会員は無料であると述べている。よって、連合の会員は、雑誌の定期購読を受け取ることが分かる。正解は(B)。
(A) voucher「引換券、クーポン」。
(C) job opportunity「就職の機会」。
(D) software「ソフトウエア」、application「アプリケーション」。

---

85 According to the speaker, what information can be found in the conference packet?

(A) Membership fees
(B) A local map
(C) E-mail addresses
(D) A calendar of events

話し手によると、会議書類一式の中に何の情報が見つかりますか。

(A) 会費
(B) 地元の地図
(C) Eメールアドレス
(D) イベントの日程表

正解 A 話し手は❺で、まだ連合に入会していない聞き手に向けて、「必ずお手元の会議書類一式を確認し、会費に関する詳細を調べてほしい」と述べている。よって、会議書類一式の中には(A) Membership fees「会費」の情報が見つかることが分かる。
(B) local「地元の」。
(D) calendar「日程表、スケジュール表」。

Questions 86 through 88 refer to the following excerpt from a meeting.

問題86-88は次の会議の抜粋に関するものです。

 W

Good afternoon. My part in today's staff meeting will be brief. ❶I'm pleased to announce that the company has had a very good year financially. ❷We've never seen our sales so high, and this, of course, is directly attributable to how hard all the staff has worked. ❸I want to thank you for your efforts and let you know that all employees will receive a bonus in December. ❹You're probably wondering how much it will be, but I haven't gotten the final figures yet. Again, many thanks, and ❺now I'll turn the meeting over to Eimi, who will talk about the recent updates to our vacation policy. Eimi?

こんにちは。本日の職員会議の私の分担は手短にします。当社が財政的に非常に好調な年を送っているとお伝えできることを喜ばしく思います。当社がこれほど高い売上高を経験したことはなく、当然のことながら、これは職員の皆さんがいかに熱心に働いたかに直接起因するものです。皆さんの努力に感謝し、全従業員が12月に賞与を受け取る予定であることをお知らせしたく思います。皆さんはおそらく、その額が幾らになるのかを知りたく思っていらっしゃるでしょうが、私はまだ最終的な数字を入手していません。あらためて、どうもありがとうございます、ではこの会議はEimiに引き継ぎますが、彼女は当社の休暇の方針に対する最近の改訂についてお話しします。Eimi?

語注

excerpt 抜粋、引用　part 分担、部分、役目　brief 手短な、簡潔な　be pleased to *do* 喜んで～する
announce ～を知らせる　financially 財政的に　sales 〈複数形で〉売上高　be attributable to ～ ～に起因する
directly 直接に　bonus 賞与　wonder ～を知りたがる　final 最終的な　figure 数字
turn ～ over to … ～を…に引き継ぐ、～を…に引き渡す　recent 最近の　update 改訂、最新情報　vacation 休暇
policy 方針

86 According to the speaker, what did the company do this year?

(A) It hired many people.
(B) It increased its sales.
(C) It opened several branch offices.
(D) It merged with another organization.

話し手によると、今年会社は何をしましたか。

(A) たくさんの人を雇った。
(B) 売上高を増やした。
(C) 幾つかの支店を開設した。
(D) 別の組織と合併した。

正解 **B** 話し手は職員会議で従業員に、❶「当社が財政的に非常に好調な年を送っているとお伝えできることを喜ばしく思う」と述べ、❷で「当社がこれほど高い売上高を経験したことはない」と言っている。よって、会社は今年の売上高を大きく増やしたのだと分かる。(B)が正解。increase「～を増やす」。
(A) hire「～を雇う」。
(C) branch office「支店」。
(D) merge with ～「～と合併する」、organization「組織」。

---

87 What does the speaker imply when she says, "I haven't gotten the final figures yet"?

(A) She is frustrated with a colleague.
(B) She is expecting a promotion.
(C) She will probably miss a project deadline.
(D) She will give staff more information later.

話し手は "I haven't gotten the final figures yet" という発言で、何を示唆していますか。

(A) 同僚に不満を抱いている。
(B) 昇進を期待している。
(C) おそらくプロジェクトの締め切りに間に合わない。
(D) 後ほど社員にさらに詳しい情報を与える。

正解 **D** 話し手は❸で、全従業員が12月に賞与を受け取る予定だと発表し、❹で「皆はおそらく、その額が幾らになるのかを知りたいと思っているだろう」と金額の話題を自ら切り出した後に、下線部の発言を続けている。よって話し手は従業員に、賞与額についての情報は入手でき次第知らせるつもりだということを示唆していると考えられる。later「後で」。
(A) be frustrated with ～「～に不満を抱いている」、colleague「同僚」。
(B) expect「～を期待する」、promotion「昇進」。
(C) miss「～に間に合わない」、deadline「締め切り」。

---

88 What will Eimi talk about?

(A) Changes to a policy
(B) A job interview
(C) A staff luncheon
(D) A performance review

Eimiは何について話をしますか。

(A) 方針に対する変更点
(B) 就職面接
(C) 社員の昼食会
(D) 勤務評価

正解 **A** 話し手は❺で、「ではこの会議はEimiに引き継ぐが、彼女は当社の休暇の方針に対する最近の改訂について話す」と述べて、Eimiを呼んでいる。よって、updatesをchangesと言い換えた(A)が正解。
(B) (C) (D) これらいずれについてもトーク中に言及はない。
(B) interview「面接」。
(C) luncheon「昼食会」。
(D) performance review「勤務評価」。

Final Test

Questions 89 through 91 refer to the following advertisement.

問題89-91は次の広告に関するものです。

M

Are you starting a new business venture but are having trouble attracting investors? ❶Advanced Ideas Incorporated can help. ❷We specialize in creating effective business plans that help you get the funding you need to achieve your goals. As of last year, we've helped over 2,000 clients worldwide create successful business plans. Yours could be next! ❸Check out our Web site to see all the positive feedback we've received from satisfied clients. ❹Call us today at 555-0107 to schedule your consultation—the first time is free. We're ready to help your business grow!

新しいベンチャー事業を始めようとしているものの、投資家を引き付けるのに苦労していらっしゃいますか? Advanced Ideas社がお力になれます。当社は、あなたが目標を達成する上で必要な資金提供を獲得するのを手助けする、効果的な事業計画書の作成を専門としています。昨年の時点で、当社は2,000社を超える世界各地の顧客に対して、好結果を得た事業計画書を作成するお手伝いをしました。あなたの事業が次の番かもしれませんよ! 当社のウェブサイトを訪れ、満足したお客さまから当社が受け取った数々の好意的なご意見をご覧になってください。本日すぐに555-0107番までお電話いただき、ご相談の日時をお決めください——初回は無料です。当社はあなたの事業の成長を今すぐお手伝いします!

語　注

advertisement　広告　business venture　投機的事業、ベンチャー　have trouble *doing*　～するのに苦労する
attract　～を引き付ける　investor　投資家　incorporated　法人の　★会社名の終わりに付ける。略称はInc.
specialize in *doing*　～することを専門とする　create　～を作り出す　effective　効果的な　funding　資金提供
achieve　～を達成する　goal　目標、目的　as of ～　～の時点で　client　顧客　worldwide　世界中の
successful　好結果の　check out ～　～を見てみる　positive　好意的な、肯定的な　feedback　意見
receive　～を受け取る　satisfied　満足した　schedule　～の日時を設定する　consultation　相談　free　無料の
be ready to *do* ～　いつでも～する　grow　成長する

89 What does Advanced Ideas Incorporated specialize in?

(A) Investing in real estate
(B) Producing television advertisements
(C) Developing business plans
(D) Organizing special events

Advanced Ideas社は何を専門としていますか。

(A) 不動産へ投資すること。
(B) テレビ広告を制作すること。
(C) 事業計画を策定すること。
(D) 特別なイベントを計画すること。

正解 C この広告は企業の宣伝だと考えられる。広告は❶で、Advanced Ideas社という社名を出し、❷「当社は、あなたが目標を達成する上で必要な資金提供を獲得するのを手助けする、効果的な事業計画書の作成を専門としている」と、会社の業務内容を述べている。creatingをdevelopingと言い換えた(C)が正解。develop「～を開発する、～を策定する」。
(A) invest in ～「～に投資する」、real estate「不動産」。
(B) produce「～を制作する」。
(D) organize「～を計画する、～を準備する」。

---

90 What does the speaker say is available on the company's Web site?

(A) Registration forms
(B) Product descriptions
(C) Industry regulations
(D) Client feedback

話し手は、会社のウェブサイトで何が入手できると言っていますか。

(A) 登録フォーム
(B) 商品の説明
(C) 業界の規制
(D) 顧客の意見

正解 D 話し手は❸で、「当社のウェブサイトを訪れ、満足したお客さまから当社が受け取った数々の好意的な意見を見てほしい」と伝えているため、(D)が正解。
(A) registration「登録」、form「書式、フォーム」。
(B) description「説明書、記述」。
(C) industry「産業、業界」、regulation「規制、規定」。

---

91 What does the company offer free of charge?

(A) An initial consultation
(B) A trial membership
(C) Airline tickets
(D) Promotional merchandise

会社は何を無料で提供していますか。

(A) 初回の相談
(B) お試しの会員資格
(C) 航空券
(D) 販売促進用の商品

正解 A 話し手は❹で、「本日すぐに555-0107番まで電話して、相談の日時を決めてほしい――初回は無料だ」と述べているため、無料なのは初回の相談だと分かる。offer「～を提供する」、free of charge「無料で」。initial「初めの」。
(B) trial「試しの」、membership「会員資格」。
(C) airline「航空会社」。
(D) promotional「販売促進用の」、merchandise「商品」。

Final Test

Questions 92 through 94 refer to the following talk.

W

❶Harper Electronics welcomes you here for a tour of our Innovation Labs, where you'll see how we develop new products. We'll start with a brief video on the history of the company. Then, you'll visit the labs to see the projects we're currently working on. ❷The labs themselves are a restricted area, which means no photographs. ❸At 11:00 A.M., we'll move to a special visitors conference room. That isn't a restricted area. ❹There, you'll meet one of Harper Electronics' lead engineers. ❺She'll answer any questions you have to finish up our morning together.

問題92-94は次の話に関するものです。

Harper電子機器社は、皆さんをここ、当社イノベーション研究所の見学ツアーに歓迎いたします、こちらでは当社の新製品の開発の様子をご覧いただきます。まず、当社の沿革に関する短い動画から始めます。その後、皆さんは研究所を訪問し、当社が現在取り組んでいるプロジェクトを見学されます。研究所自体は制限区域となっており、つまり写真は不可です。午前 11 時には、来賓用の会議室へと移動します。そこは制限区域ではありません。そこでは、Harper電子機器社の主任技師の 1 人にお会いいただきます。彼女は皆さんがお持ちの質問にお答えし、そろって午前の時間を締めくくります。

語注

welcome　～を歓迎する　tour　見学、見学ツアー　innovation　革新、イノベーション　lab　研究室　★ laboratory の略
develop　～を開発する　product　製品　start with ～　～から始める　brief　手短な、簡潔な　currently　現在
work on ～　～に取り組む　restricted　（機密上）制限された　area　区域　photograph　写真
move to ～　～へ移動する　lead　主要な　engineer　技師、エンジニア　finish up ～　～を締めくくる

92 What is the purpose of the talk?

(A) To introduce a tour
(B) To announce a new procedure
(C) To describe a new product
(D) To welcome an employee

この話の目的は何ですか。

(A) 見学ツアーを案内すること。
(B) 新しい手順を知らせること。
(C) 新製品を説明すること。
(D) 従業員を歓迎すること。

正解 A 話し手は❶で、「Harper 電子機器社は、皆をここ、当社のイノベーション研究所の見学ツアーに歓迎する、ここでは当社の新製品開発の様子を見学してもらう」と述べ、その後も見学ツアーの段取りの説明を続けている。よって、見学ツアーを案内することが目的だと考えられる。(A) が正解。purpose「目的」。introduce「～を紹介する」。
(B) announce「～を知らせる」、procedure「手順」。
(C) 新製品の開発についての言及はあるが、新製品の説明はしていない。describe「～を説明する」。
(D) employee「従業員」。

---

93 What does the speaker imply when she says, "<u>That isn't a restricted area</u>"?

(A) Listeners will not need a badge.
(B) Listeners may take pictures.
(C) Security staff are not on duty.
(D) Product samples will be provided.

話し手は "<u>That isn't a restricted area</u>" という発言で、何を示唆していますか。

(A) 聞き手は入館バッジが必要ではない。
(B) 聞き手は写真を撮ってもよい。
(C) 警備職員が勤務時間外である。
(D) 製品の見本が提供される。

正解 B 話し手は❷で、研究所が制限区域で、そこでの写真は不可だと説明した直後に、❸「午前 11 時には、来賓用の会議室へと移動する」と述べ、下線部の発言を続けている。よって話し手は、会議室は研究所と異なり写真撮影が可能だ、ということを暗に聞き手に伝えていると推測できる。
(A) badge「(入館用の) バッジ」。
(C) security「警備」、on duty「勤務中で」。
(D) sample「見本、サンプル」。

---

94 What does the speaker say will happen at the end of the morning?

(A) Refreshments will be provided.
(B) Guests will visit a company gift shop.
(C) There will be a discussion with an employee.
(D) Surveys will be distributed.

話し手は午前の終わりに何が起こる予定だと言っていますか。

(A) 軽食が提供される。
(B) 客たちが会社の土産物店を訪れる。
(C) 従業員との話し合いがある。
(D) 調査票が配布される。

正解 C 話し手は❹で、来賓用の会議室で Harper 電子機器社の主任技師の 1 人と会う予定だと告げ、続けて❺で「彼女は皆の質問に答え、そろって午前の時間を締めくくる」と説明している。よって、(C) が正解。
(A) refreshments「〈複数形で〉軽食」。
(B) guest「客」。
(D) survey「調査票」、distribute「～を配布する」。

Final Test

Questions 95 through 97 refer to the following telephone message and chart.

問題 95-97 は次の電話のメッセージと表に関するものです。

W

Hi, Ken. ❶Thanks for making a chart comparing the features of the copy machines we're considering for our office. I know we've already talked about prices, so ❷looking at this information, I think we can go with the one without all the extra features. We really don't need them for the work we do. Also…uh…❸one question: should we have it shipped by express or regular delivery? We need it by the beginning of next week. ❹Either way, you'll need to talk to Pedro. ❺He'll give you the corporate credit card to make the purchase. Thanks for taking care of this.

もしもし、Ken。われわれの事務所用に検討しているコピー機の機能を比較した表を作成してくれてありがとう。価格についてはすでに話したと思うので、この情報を見て、余計な機能が一切ないものを選ぶのがよいと思います。それらの機能は私たちの業務には実は必要ありません。それに…ええと…1つ質問があります。速達便で配送してもらうべきでしょうか、それとも普通便でしょうか。来週の初めまでにはコピー機が必要です。いずれにしても、Pedroと話してもらう必要があるでしょう。彼は購入用の法人向けクレジットカードを渡してくれます。この件を引き受けてくれてありがとう。

Model	**Scanning**	**Sorting**	**Stapling**
Omega K	✓	✓	
Clariform X1	✓	✓	✓
Sanita 46-J			
Kirian XYB-4		✓	

型名	スキャン	ソート	ホチキス留め
Omega K	✓	✓	
Clariform X1	✓	✓	✓
Sanita 46-J			
Kirian XYB-4		✓	

語注

chart 図表　compare ～を比較する　feature 機能・特徴　copy machine コピー機　consider ～を検討する
go with ～ ～を選ぶ　extra 余分の、追加の　ship ～を配送する　express 速達便　regular 通常の
delivery 配達　beginning 初め　either way どちらにしても　corporate 法人の、会社の　purchase 購入
take care of ～ ～を責任持って引き受ける
表 scanning スキャンすること、スキャナーで読み取ること　sorting ソートすること、仕分けすること
stapling ホチキス留めすること

95 Look at the graphic. Which device would the speaker like to buy?

(A) Omega K
(B) Clariform X1
(C) Sanita 46-J
(D) Kirian XYB-4

図を見てください。話し手はどの機器を買いたいと思っていますか。

(A) Omega K
(B) Clariform X1
(C) Sanita 46-J
(D) Kirian XYB-4

正解 C 話し手は❶で、購入を検討しているコピー機の機能の比較表を作成してくれたことに対し聞き手に感謝を伝えてから、❷で「この情報を見て、余計な機能が一切ないものを選ぶのがよいと思う」と、自分の意見を述べている。表を見ると、追加の機能が何も付いていないコピー機の型名はSanita 46-Jなので、(C)が正解。device「機器」。

---

96 What does the speaker ask about?

(A) The budget code for a purchase
(B) The location of a vendor
(C) The price of an item
(D) The best shipping method

話し手は何について尋ねていますか。

(A) 購入のための予算コード
(B) 販売業者の所在地
(C) 商品の価格
(D) 最良の配送手段

正解 D 話し手は❸で、1つ質問があると述べ、「速達便で配送してもらうべきだろうか、それとも普通便だろうか」と、聞き手に配送手段について尋ねている。よって、(D)が正解。method「手段、方法」。
(A) (B) いずれについてもトーク中に言及はない。
(A) budget「予算」、code「記号、コード」。
(B) location「所在地、場所」、vendor「販売業者」。
(C)「価格についてはすでに話した」と述べられている。

---

97 Why does the speaker mention Pedro?

(A) He will be moving offices.
(B) He services the computers.
(C) He schedules deliveries.
(D) He has a credit card.

話し手はなぜPedroについて言及しているのですか。

(A) 彼がオフィスの引っ越しをする予定だから。
(B) 彼がコンピューターの保守点検をするから。
(C) 彼が配達の予定を決めるから。
(D) 彼がクレジットカードを持っているから。

正解 D 話し手は❹で聞き手に対し、「Pedroと話してもらう必要があるだろう」と述べた後に、❺で「彼は購入用の法人向けクレジットカードを渡してくれる」と、聞き手にその理由を説明している。よって話し手は、コピー機の購入手続きを進めてもらうために、クレジットカードを持っているPedroの名を出したと考えられる。
(A) move「～を動かす、～を引っ越しさせる」。
(B) service「～を保守点検する、～を修理する」。
(C) schedule「～の予定を決める」。

Final Test

Questions 98 through 100 refer to the following excerpt from a meeting and graph.

問題98-100は次の会議の抜粋とグラフに関するものです。

M

Thank you all for being here at tonight's city planning meeting. ❶First on the agenda is the budget for the bike path project. We have almost all the funds we need. ❷We've applied for a grant from a private foundation that would cover the money that we still need to begin the project. If this foundation agrees to fund our project, we'll be able to start construction of the bicycle paths next April. They'll be built along the canal and run all the way into the city center. ❸Based on our research, we anticipate that our bike paths will considerably lessen the traffic congestion on our roads.

皆さま、今夜の都市計画会議にご出席いただきまして、ありがとうございます。議題の最初は、自転車道プロジェクトの予算です。必要な資金はほとんどそろっています。私たちは、プロジェクト開始のためにまだ不足している資金を出してくれそうな私立財団に助成金を申請しています。もしこの財団がプロジェクトへの資金提供に同意してくれれば、次の４月に自転車道の建設を開始することができるでしょう。道路は運河沿いに建設され、市の中心部までずっと続くものになる予定です。調査に基づき、私たちは、自転車道は道路の交通渋滞をかなり緩和してくれるものと期待しています。

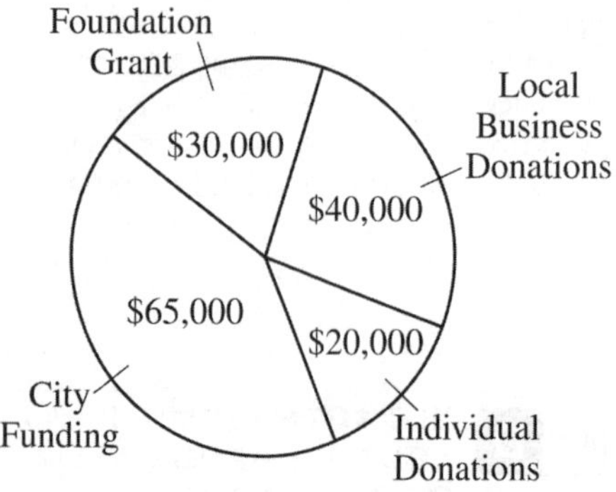

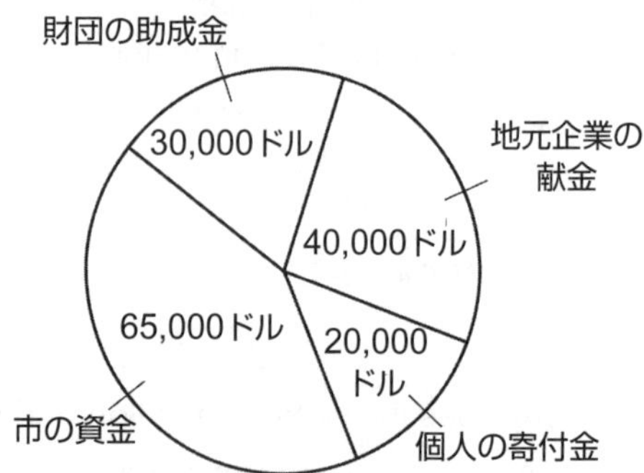

語注

city planning　都市計画　　on the agenda　議題に上がって　　budget　予算　　bike path　自転車道　　fund　資金
apply for ～　～に申請する　　grant　助成金　　private　私立の　　foundation　財団　　cover　～（料金・費用など）を賄う
agree to *do*　～することに同意する　　fund　～に資金を提供する　　be able to *do*　～することができる
construction　建設　　along　～に沿って　　canal　運河　　run　（道などが）続く　　all the way　ずっと
city center　市の中心部　　based on ～　～に基づいて　　research　調査　　anticipate　～を期待する、～を予想する
considerably　かなり、著しく　　lessen　～を減らす　　traffic　交通　　congestion　渋滞
グラフ　local　地元の　　donation　寄付金　　individual　個人の　　funding　資金提供

98 What type of project is the speaker discussing?

(A) A school expansion
(B) A new sports arena
(C) A bus service
(D) A bicycle route

話し手はどんな種類のプロジェクトについて話していますか。

(A) 学校の拡張
(B) 新しい競技場
(C) バスの運行
(D) 自転車通路

正解 D 話し手は都市計画会議の出席者に謝意を表してから、❶で「議題の最初は、自転車道（bike path）プロジェクトの予算だ」と述べ、その後もプロジェクトの資金集めや建設予定について話をしているので、path を route「道路」と言い換えた (D) が正解。discuss「～を話し合う」。
(A) expansion「拡張」。
(B) sports arena「競技場」。
(C) bus service「バスの運行、バスの便」。

---

99 Look at the graphic. How much money is still needed to begin the project?

(A) $30,000
(B) $40,000
(C) $20,000
(D) $65,000

図を見てください。プロジェクトを開始するためにまだ必要なお金は幾らですか。

(A) 30,000ドル
(B) 40,000ドル
(C) 20,000ドル
(D) 65,000ドル

正解 A 話し手は❷で、「私たちは、プロジェクト開始のためにまだ不足している資金を出してくれそうな私立財団に助成金を申請している」と述べた後、続けて、この財団が資金提供に同意すれば自転車道の建設を開始できると述べている。つまり、建設に必要な残りの資金は財団からの助成金に相当する金額だと判断できる。円グラフを見ると、Foundation Grant「財団の助成金」は30,000ドルとなっているため、(A) が正解。
(B) 図より、地元企業の献金額。
(C) 図より、個人の寄付金額。
(D) 図より、市の資金額。

---

100 According to the speaker, what major advantage will the project have?

(A) It will reduce traffic.
(B) It will bring more stores to the area.
(C) It will attract talented professionals.
(D) It will lower the cost of public transportation.

話し手によると、プロジェクトの主な利点は何ですか。

(A) 交通量を減らす。
(B) その地域により多くの店舗を呼び入れる。
(C) 有能な専門家を引き付ける。
(D) 公共交通機関の費用を低減する。

正解 A プロジェクトの利点について、話し手は❸で、「調査に基づき、私たちは、自転車道は道路の交通渋滞をかなり緩和してくれるものと期待している」と述べている。よって、「交通量を減らす」の (A) が正解。major「主な」、advantage「利点」。reduce「～を減らす」。
(B) bring「～を呼び入れる」。
(C) attract「～を引き付ける」、talented「有能な」。
(D) lower「～を下げる」、public transportation「公共交通機関」。

MP3 音声ファイル 一覧表

学習		コンテンツ
STEP 1 ユニット学習	002	Unit 1 ウォームアップ Task 3
	003	プラクティス Task 2
	004 ≫ 007	チャレンジ Q1-4
	008	Unit 2 ウォームアップ Task 3
	009	プラクティス Task 3
	010 ≫ 013	チャレンジ Q1-4
	014	Unit 3 ウォームアップ Task 1&2
	015	プラクティス Task 1&2
	016 ≫ 020	チャレンジ Q1-5
	021 ≫ 025	Listen & Repeat 1-5
	026	Unit 4 ウォームアップ Task 1&2
	027	プラクティス Task 1&2
	028 ≫ 032	チャレンジ Q1-5
	033 ≫ 037	Listen & Repeat 1-5
	038	Unit 5 ウォームアップ Task 1&2
	039	プラクティス Task 1&2
	040 ≫ 044	チャレンジ Q1-5
	045 ≫ 049	Listen & Repeat 1-5
	050	Unit 6 ウォームアップ Task 2
	051	プラクティス Task 1&2
	052 ≫ 056	チャレンジ Q1-5
	057 ≫ 061	Listen & Repeat 1-5
	062	Unit 7 ウォームアップ Task 2
	063	プラクティス Task 1&2
	064 ≫ 068	チャレンジ Q1-5
	069 ≫ 073	Listen & Repeat 1-5
	074	Unit 8 ウォームアップ Task 1&2
	075	プラクティス Task 1&2
	076 ≫ 080	チャレンジ Q1-5
	081 ≫ 085	Listen & Repeat 1-5
	086	Unit 9 ウォームアップ Task 1
	087	ウォームアップ Task 2
	088	プラクティス Task 1&2
	089 ≫ 093	チャレンジ Q1-5
	094 ≫ 098	Listen & Repeat 1-5
	099	Unit 10 ウォームアップ Task 1
	100	ウォームアップ Task 2&3
	101	プラクティス Task 1-3
	102	プラクティス Task 4-6
	103 ≫ 106	チャレンジ Q1-6 会話・問題
	107	Unit 11 ウォームアップ Task 1&2
	108	ウォームアップ Task 3&4
	109	プラクティス Task 1&2
	110	プラクティス Task 3
	111	プラクティス Task 4&5
	112	プラクティス Task 6
	113 ≫ 116	チャレンジ Q1-6 会話・問題
	117	Unit 12 ウォームアップ Task 1

学習		コンテンツ
STEP 1 ユニット学習	118	ウォームアップ Task 2-4
	119	プラクティス Task 1-4
	120	プラクティス Task 5-7
	121 ≫ 124	チャレンジ Q1-6 会話・問題
	125	Unit 13 ウォームアップ Task 1
	126	ウォームアップ Task 2-4
	127	プラクティス Task 1&2
	128	プラクティス Task 3&4
	129 ≫ 132	チャレンジ Q1-6 会話・問題
	133	Unit 14 ウォームアップ Task 1&2
	134	プラクティス Task 1&2
	135	プラクティス Task 3&4
	136 ≫ 139	チャレンジ Q1-6 会話・問題
	140	Unit 15 ウォームアップ Task 2-4
	141	プラクティス Task 1&2
	142	プラクティス Task 3&4
	143	プラクティス Task 5
	144 ≫ 147	チャレンジ Q1-6 会話・問題
	148	Unit 16 ウォームアップ Task 1-3
	149	プラクティス Task 1&2
	150	プラクティス Task 3&4
	151 ≫ 154	チャレンジ Q1-6 トーク・問題
	155	Unit 17 ウォームアップ Task 1-3
	156	プラクティス Task 1
	157	プラクティス Task 2&3
	158	プラクティス Task 4
	159	プラクティス Task 5&6
	160 ≫ 163	チャレンジ Q1-6 トーク・問題
	164	Unit 18 ウォームアップ Task 1&2
	165	ウォームアップ Task 3
	166	プラクティス Task 1&2
	167	プラクティス Task 3
	168	プラクティス Task 4&5
	169	プラクティス Task 6
	170 ≫ 173	チャレンジ Q1-6 トーク・問題
	174	Unit 19 ウォームアップ Task 1-3
	175	プラクティス Task 1&2
	176	プラクティス Task 3
	177	プラクティス Task 4
	178 ≫ 181	チャレンジ Q1-6 トーク・問題
	182	Unit 20 ウォームアップ Task 1
	183	ウォームアップ Task 2
	184	ウォームアップ Task 3
	185	プラクティス Task 1
	186	プラクティス Task 2
	187	プラクティス Task 3
	188	プラクティス Task 4&5
	189 ≫ 192	チャレンジ Q1-6 トーク・問題

学習		コンテンツ
STEP 2 ミニテスト	193	Mini Test 1
	194	Part 1 Directions
	195 ≫ 196	Part 1 Q1-2
	197	Part 2 Directions
	198 ≫ 205	Part 2 Q3-10
	206	Part 3 Directions
	207 ≫ 214	Part 3 Q11-22
	215	Part 4 Directions
	216 ≫ 221	Part 4 Q23-31
	222	Mini Test 2
	223	Part 1 Directions
	224 ≫ 225	Part 1 Q1-2
	226	Part 2 Directions
	227 ≫ 234	Part 2 Q3-10
	235	Part 3 Directions
	236 ≫ 243	Part 3 Q11-22
	244	Part 4 Directions
	245 ≫ 250	Part 4 Q23-31
	251	Mini Test 3
	252	Part 1 Directions
	253 ≫ 254	Part 1 Q1-2
	255	Part 2 Directions
	256 ≫ 263	Part 2 Q3-10
	264	Part 3 Directions
	265 ≫ 272	Part 3 Q11-22
	273	Part 4 Directions
	274 ≫ 279	Part 4 Q23-31
	280	Mini Test 4
	281	Part 1 Directions
	282 ≫ 283	Part 1 Q1-2
	284	Part 2 Directions
	285 ≫ 292	Part 2 Q3-10
	293	Part 3 Directions
	294 ≫ 301	Part 3 Q11-22
	302	Part 4 Directions
	303 ≫ 308	Part 4 Q23-31
STEP 3 ファイナルテスト	309	Final Test
	310	Listening Test Directions Part 1 Directions
	311 ≫ 316	Part 1 Q1-6
	317	Part 2 Directions
	318 ≫ 342	Part 2 Q7-31
	343	Part 3 Directions
	344 ≫ 369	Part 3 Q32-70
	370	Part 4 Directions
	371 ≫ 390	Part 4 Q71-100

※ 001 391 はタイトルおよびエンドコールです

Mini Test 1
解 答 用 紙

LISTENING SECTION

PART 1 No.	ANSWER A B C D	PART 2 No.	ANSWER A B C	PART 3 No.	ANSWER A B C D	No.	ANSWER A B C D	PART 4 No.	ANSWER A B C D
1	Ⓐ Ⓑ Ⓒ Ⓓ	3	Ⓐ Ⓑ Ⓒ	11	Ⓐ Ⓑ Ⓒ Ⓓ	21	Ⓐ Ⓑ Ⓒ Ⓓ	23	Ⓐ Ⓑ Ⓒ Ⓓ
2	Ⓐ Ⓑ Ⓒ Ⓓ	4	Ⓐ Ⓑ Ⓒ	12	Ⓐ Ⓑ Ⓒ Ⓓ	22	Ⓐ Ⓑ Ⓒ Ⓓ	24	Ⓐ Ⓑ Ⓒ Ⓓ
		5	Ⓐ Ⓑ Ⓒ	13	Ⓐ Ⓑ Ⓒ Ⓓ			25	Ⓐ Ⓑ Ⓒ Ⓓ
		6	Ⓐ Ⓑ Ⓒ	14	Ⓐ Ⓑ Ⓒ Ⓓ			26	Ⓐ Ⓑ Ⓒ Ⓓ
		7	Ⓐ Ⓑ Ⓒ	15	Ⓐ Ⓑ Ⓒ Ⓓ			27	Ⓐ Ⓑ Ⓒ Ⓓ
		8	Ⓐ Ⓑ Ⓒ	16	Ⓐ Ⓑ Ⓒ Ⓓ			28	Ⓐ Ⓑ Ⓒ Ⓓ
		9	Ⓐ Ⓑ Ⓒ	17	Ⓐ Ⓑ Ⓒ Ⓓ			29	Ⓐ Ⓑ Ⓒ Ⓓ
		10	Ⓐ Ⓑ Ⓒ	18	Ⓐ Ⓑ Ⓒ Ⓓ			30	Ⓐ Ⓑ Ⓒ Ⓓ
				19	Ⓐ Ⓑ Ⓒ Ⓓ			31	Ⓐ Ⓑ Ⓒ Ⓓ
				20	Ⓐ Ⓑ Ⓒ Ⓓ				

Mini Test 2
解 答 用 紙

LISTENING SECTION

PART 1 No.	ANSWER A B C D	PART 2 No.	ANSWER A B C	PART 3 No.	ANSWER A B C D	No.	ANSWER A B C D	PART 4 No.	ANSWER A B C D
1	Ⓐ Ⓑ Ⓒ Ⓓ	3	Ⓐ Ⓑ Ⓒ	11	Ⓐ Ⓑ Ⓒ Ⓓ	21	Ⓐ Ⓑ Ⓒ Ⓓ	23	Ⓐ Ⓑ Ⓒ Ⓓ
2	Ⓐ Ⓑ Ⓒ Ⓓ	4	Ⓐ Ⓑ Ⓒ	12	Ⓐ Ⓑ Ⓒ Ⓓ	22	Ⓐ Ⓑ Ⓒ Ⓓ	24	Ⓐ Ⓑ Ⓒ Ⓓ
		5	Ⓐ Ⓑ Ⓒ	13	Ⓐ Ⓑ Ⓒ Ⓓ			25	Ⓐ Ⓑ Ⓒ Ⓓ
		6	Ⓐ Ⓑ Ⓒ	14	Ⓐ Ⓑ Ⓒ Ⓓ			26	Ⓐ Ⓑ Ⓒ Ⓓ
		7	Ⓐ Ⓑ Ⓒ	15	Ⓐ Ⓑ Ⓒ Ⓓ			27	Ⓐ Ⓑ Ⓒ Ⓓ
		8	Ⓐ Ⓑ Ⓒ	16	Ⓐ Ⓑ Ⓒ Ⓓ			28	Ⓐ Ⓑ Ⓒ Ⓓ
		9	Ⓐ Ⓑ Ⓒ	17	Ⓐ Ⓑ Ⓒ Ⓓ			29	Ⓐ Ⓑ Ⓒ Ⓓ
		10	Ⓐ Ⓑ Ⓒ	18	Ⓐ Ⓑ Ⓒ Ⓓ			30	Ⓐ Ⓑ Ⓒ Ⓓ
				19	Ⓐ Ⓑ Ⓒ Ⓓ			31	Ⓐ Ⓑ Ⓒ Ⓓ
				20	Ⓐ Ⓑ Ⓒ Ⓓ				

※このマークシートは Mini Test（全 31 問）に対応したものです。

Mini Test 3
解答用紙

LISTENING SECTION

PART 1 No.	PART 1 ANSWER A B C D	PART 2 No.	PART 2 ANSWER A B C	PART 3 No.	PART 3 ANSWER A B C D	PART 3 No.	PART 3 ANSWER A B C D	PART 4 No.	PART 4 ANSWER A B C D
1	Ⓐ Ⓑ Ⓒ Ⓓ	3	Ⓐ Ⓑ Ⓒ	11	Ⓐ Ⓑ Ⓒ Ⓓ	21	Ⓐ Ⓑ Ⓒ Ⓓ	23	Ⓐ Ⓑ Ⓒ Ⓓ
2	Ⓐ Ⓑ Ⓒ Ⓓ	4	Ⓐ Ⓑ Ⓒ	12	Ⓐ Ⓑ Ⓒ Ⓓ	22	Ⓐ Ⓑ Ⓒ Ⓓ	24	Ⓐ Ⓑ Ⓒ Ⓓ
		5	Ⓐ Ⓑ Ⓒ	13	Ⓐ Ⓑ Ⓒ Ⓓ			25	Ⓐ Ⓑ Ⓒ Ⓓ
		6	Ⓐ Ⓑ Ⓒ	14	Ⓐ Ⓑ Ⓒ Ⓓ			26	Ⓐ Ⓑ Ⓒ Ⓓ
		7	Ⓐ Ⓑ Ⓒ	15	Ⓐ Ⓑ Ⓒ Ⓓ			27	Ⓐ Ⓑ Ⓒ Ⓓ
		8	Ⓐ Ⓑ Ⓒ	16	Ⓐ Ⓑ Ⓒ Ⓓ			28	Ⓐ Ⓑ Ⓒ Ⓓ
		9	Ⓐ Ⓑ Ⓒ	17	Ⓐ Ⓑ Ⓒ Ⓓ			29	Ⓐ Ⓑ Ⓒ Ⓓ
		10	Ⓐ Ⓑ Ⓒ	18	Ⓐ Ⓑ Ⓒ Ⓓ			30	Ⓐ Ⓑ Ⓒ Ⓓ
				19	Ⓐ Ⓑ Ⓒ Ⓓ			31	Ⓐ Ⓑ Ⓒ Ⓓ
				20	Ⓐ Ⓑ Ⓒ Ⓓ				

Mini Test 4
解答用紙

LISTENING SECTION

PART 1 No.	PART 1 ANSWER A B C D	PART 2 No.	PART 2 ANSWER A B C	PART 3 No.	PART 3 ANSWER A B C D	PART 3 No.	PART 3 ANSWER A B C D	PART 4 No.	PART 4 ANSWER A B C D
1	Ⓐ Ⓑ Ⓒ Ⓓ	3	Ⓐ Ⓑ Ⓒ	11	Ⓐ Ⓑ Ⓒ Ⓓ	21	Ⓐ Ⓑ Ⓒ Ⓓ	23	Ⓐ Ⓑ Ⓒ Ⓓ
2	Ⓐ Ⓑ Ⓒ Ⓓ	4	Ⓐ Ⓑ Ⓒ	12	Ⓐ Ⓑ Ⓒ Ⓓ	22	Ⓐ Ⓑ Ⓒ Ⓓ	24	Ⓐ Ⓑ Ⓒ Ⓓ
		5	Ⓐ Ⓑ Ⓒ	13	Ⓐ Ⓑ Ⓒ Ⓓ			25	Ⓐ Ⓑ Ⓒ Ⓓ
		6	Ⓐ Ⓑ Ⓒ	14	Ⓐ Ⓑ Ⓒ Ⓓ			26	Ⓐ Ⓑ Ⓒ Ⓓ
		7	Ⓐ Ⓑ Ⓒ	15	Ⓐ Ⓑ Ⓒ Ⓓ			27	Ⓐ Ⓑ Ⓒ Ⓓ
		8	Ⓐ Ⓑ Ⓒ	16	Ⓐ Ⓑ Ⓒ Ⓓ			28	Ⓐ Ⓑ Ⓒ Ⓓ
		9	Ⓐ Ⓑ Ⓒ	17	Ⓐ Ⓑ Ⓒ Ⓓ			29	Ⓐ Ⓑ Ⓒ Ⓓ
		10	Ⓐ Ⓑ Ⓒ	18	Ⓐ Ⓑ Ⓒ Ⓓ			30	Ⓐ Ⓑ Ⓒ Ⓓ
				19	Ⓐ Ⓑ Ⓒ Ⓓ			31	Ⓐ Ⓑ Ⓒ Ⓓ
				20	Ⓐ Ⓑ Ⓒ Ⓓ				

※このマークシートは Mini Test（全 31 問）に対応したものです。

Final Test
解 答 用 紙
(1回目)

REGISTRATION No. 受 験 番 号							

フリガナ	
NAME 氏名	

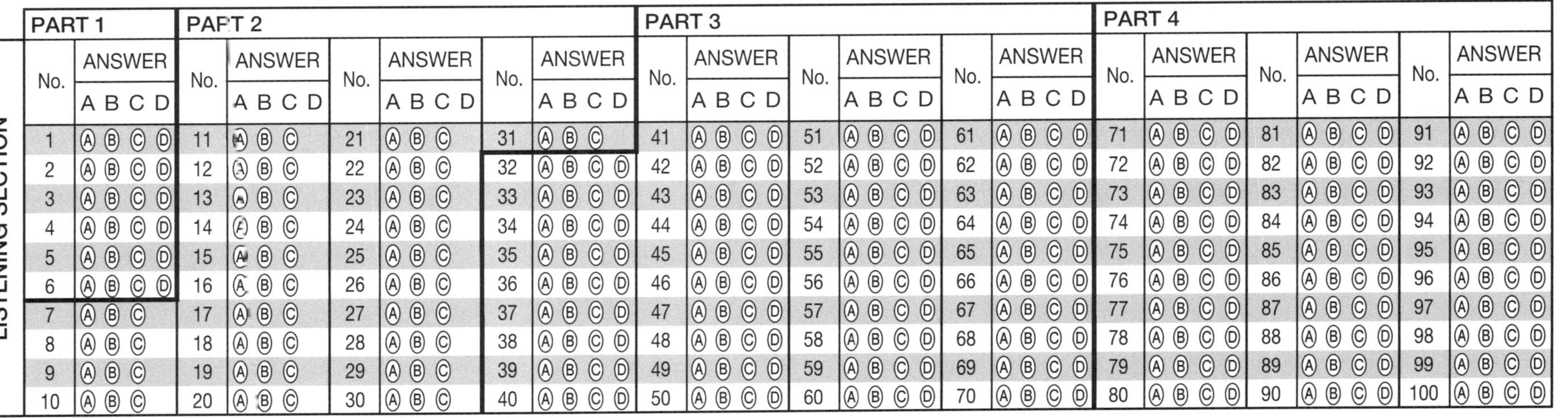

LISTENING SECTION

PART 1		PART 2						PART 3						PART 4					
No.	ANSWER	No.	ANSWER	No.	ANSWER	No.	ANSWER	No.	ANSWER	No.	ANSWER	No.	ANSWER	No.	ANSWER	No.	ANSWER	No.	ANSWER
	A B C D		A B C D		A B C D		A B C D		A B C D		A B C D		A B C D		A B C D		A B C D		A B C D
1	Ⓐ Ⓑ Ⓒ Ⓓ	11	Ⓐ Ⓑ Ⓒ	21	Ⓐ Ⓑ Ⓒ	31	Ⓐ Ⓑ Ⓒ	41	Ⓐ Ⓑ Ⓒ Ⓓ	51	Ⓐ Ⓑ Ⓒ Ⓓ	61	Ⓐ Ⓑ Ⓒ Ⓓ	71	Ⓐ Ⓑ Ⓒ Ⓓ	81	Ⓐ Ⓑ Ⓒ Ⓓ	91	Ⓐ Ⓑ Ⓒ Ⓓ
2	Ⓐ Ⓑ Ⓒ Ⓓ	12	Ⓐ Ⓑ Ⓒ	22	Ⓐ Ⓑ Ⓒ	32	Ⓐ Ⓑ Ⓒ Ⓓ	42	Ⓐ Ⓑ Ⓒ Ⓓ	52	Ⓐ Ⓑ Ⓒ Ⓓ	62	Ⓐ Ⓑ Ⓒ Ⓓ	72	Ⓐ Ⓑ Ⓒ Ⓓ	82	Ⓐ Ⓑ Ⓒ Ⓓ	92	Ⓐ Ⓑ Ⓒ Ⓓ
3	Ⓐ Ⓑ Ⓒ Ⓓ	13	Ⓐ Ⓑ Ⓒ	23	Ⓐ Ⓑ Ⓒ	33	Ⓐ Ⓑ Ⓒ Ⓓ	43	Ⓐ Ⓑ Ⓒ Ⓓ	53	Ⓐ Ⓑ Ⓒ Ⓓ	63	Ⓐ Ⓑ Ⓒ Ⓓ	73	Ⓐ Ⓑ Ⓒ Ⓓ	83	Ⓐ Ⓑ Ⓒ Ⓓ	93	Ⓐ Ⓑ Ⓒ Ⓓ
4	Ⓐ Ⓑ Ⓒ Ⓓ	14	Ⓐ Ⓑ Ⓒ	24	Ⓐ Ⓑ Ⓒ	34	Ⓐ Ⓑ Ⓒ Ⓓ	44	Ⓐ Ⓑ Ⓒ Ⓓ	54	Ⓐ Ⓑ Ⓒ Ⓓ	64	Ⓐ Ⓑ Ⓒ Ⓓ	74	Ⓐ Ⓑ Ⓒ Ⓓ	84	Ⓐ Ⓑ Ⓒ Ⓓ	94	Ⓐ Ⓑ Ⓒ Ⓓ
5	Ⓐ Ⓑ Ⓒ Ⓓ	15	Ⓐ Ⓑ Ⓒ	25	Ⓐ Ⓑ Ⓒ	35	Ⓐ Ⓑ Ⓒ Ⓓ	45	Ⓐ Ⓑ Ⓒ Ⓓ	55	Ⓐ Ⓑ Ⓒ Ⓓ	65	Ⓐ Ⓑ Ⓒ Ⓓ	75	Ⓐ Ⓑ Ⓒ Ⓓ	85	Ⓐ Ⓑ Ⓒ Ⓓ	95	Ⓐ Ⓑ Ⓒ Ⓓ
6	Ⓐ Ⓑ Ⓒ Ⓓ	16	Ⓐ Ⓑ Ⓒ	26	Ⓐ Ⓑ Ⓒ	36	Ⓐ Ⓑ Ⓒ Ⓓ	46	Ⓐ Ⓑ Ⓒ Ⓓ	56	Ⓐ Ⓑ Ⓒ Ⓓ	66	Ⓐ Ⓑ Ⓒ Ⓓ	76	Ⓐ Ⓑ Ⓒ Ⓓ	86	Ⓐ Ⓑ Ⓒ Ⓓ	96	Ⓐ Ⓑ Ⓒ Ⓓ
7	Ⓐ Ⓑ Ⓒ	17	Ⓐ Ⓑ Ⓒ	27	Ⓐ Ⓑ Ⓒ	37	Ⓐ Ⓑ Ⓒ Ⓓ	47	Ⓐ Ⓑ Ⓒ Ⓓ	57	Ⓐ Ⓑ Ⓒ Ⓓ	67	Ⓐ Ⓑ Ⓒ Ⓓ	77	Ⓐ Ⓑ Ⓒ Ⓓ	87	Ⓐ Ⓑ Ⓒ Ⓓ	97	Ⓐ Ⓑ Ⓒ Ⓓ
8	Ⓐ Ⓑ Ⓒ	18	Ⓐ Ⓑ Ⓒ	28	Ⓐ Ⓑ Ⓒ	38	Ⓐ Ⓑ Ⓒ Ⓓ	48	Ⓐ Ⓑ Ⓒ Ⓓ	58	Ⓐ Ⓑ Ⓒ Ⓓ	68	Ⓐ Ⓑ Ⓒ Ⓓ	78	Ⓐ Ⓑ Ⓒ Ⓓ	88	Ⓐ Ⓑ Ⓒ Ⓓ	98	Ⓐ Ⓑ Ⓒ Ⓓ
9	Ⓐ Ⓑ Ⓒ	19	Ⓐ Ⓑ Ⓒ	29	Ⓐ Ⓑ Ⓒ	39	Ⓐ Ⓑ Ⓒ Ⓓ	49	Ⓐ Ⓑ Ⓒ Ⓓ	59	Ⓐ Ⓑ Ⓒ Ⓓ	69	Ⓐ Ⓑ Ⓒ Ⓓ	79	Ⓐ Ⓑ Ⓒ Ⓓ	89	Ⓐ Ⓑ Ⓒ Ⓓ	99	Ⓐ Ⓑ Ⓒ Ⓓ
10	Ⓐ Ⓑ Ⓒ	20	Ⓐ Ⓑ Ⓒ	30	Ⓐ Ⓑ Ⓒ	40	Ⓐ Ⓑ Ⓒ Ⓓ	50	Ⓐ Ⓑ Ⓒ Ⓓ	60	Ⓐ Ⓑ Ⓒ Ⓓ	70	Ⓐ Ⓑ Ⓒ Ⓓ	80	Ⓐ Ⓑ Ⓒ Ⓓ	90	Ⓐ Ⓑ Ⓒ Ⓓ	100	Ⓐ Ⓑ Ⓒ Ⓓ

Final Test
解 答 用 紙
(2回目)

REGISTRATION No. 受 験 番 号							

フリガナ	
NAME 氏 名	

LISTENING SECTION

PART 1		PART 2						PART 3						PART 4					
No.	ANSWER A B C D	No.	ANSWER A B C D	No.	ANSWER A B C D	No.	ANSWER A B C D	No.	ANSWER A B C D	No.	ANSWER A B C D	No.	ANSWER A B C D	No.	ANSWER A B C D	No.	ANSWER A B C D	No.	ANSWER A B C D
1	Ⓐ Ⓑ Ⓒ Ⓓ	11	Ⓐ Ⓑ Ⓒ	21	Ⓐ Ⓑ Ⓒ	31	Ⓐ Ⓑ Ⓒ	41	Ⓐ Ⓑ Ⓒ Ⓓ	51	Ⓐ Ⓑ Ⓒ Ⓓ	61	Ⓐ Ⓑ Ⓒ Ⓓ	71	Ⓐ Ⓑ Ⓒ Ⓓ	81	Ⓐ Ⓑ Ⓒ Ⓓ	91	Ⓐ Ⓑ Ⓒ Ⓓ
2	Ⓐ Ⓑ Ⓒ Ⓓ	12	Ⓐ Ⓑ Ⓒ	22	Ⓐ Ⓑ Ⓒ	32	Ⓐ Ⓑ Ⓒ Ⓓ	42	Ⓐ Ⓑ Ⓒ Ⓓ	52	Ⓐ Ⓑ Ⓒ Ⓓ	62	Ⓐ Ⓑ Ⓒ Ⓓ	72	Ⓐ Ⓑ Ⓒ Ⓓ	82	Ⓐ Ⓑ Ⓒ Ⓓ	92	Ⓐ Ⓑ Ⓒ Ⓓ
3	Ⓐ Ⓑ Ⓒ Ⓓ	13	Ⓐ Ⓑ Ⓒ	23	Ⓐ Ⓑ Ⓒ	33	Ⓐ Ⓑ Ⓒ Ⓓ	43	Ⓐ Ⓑ Ⓒ Ⓓ	53	Ⓐ Ⓑ Ⓒ Ⓓ	63	Ⓐ Ⓑ Ⓒ Ⓓ	73	Ⓐ Ⓑ Ⓒ Ⓓ	83	Ⓐ Ⓑ Ⓒ Ⓓ	93	Ⓐ Ⓑ Ⓒ Ⓓ
4	Ⓐ Ⓑ Ⓒ Ⓓ	14	Ⓐ Ⓑ Ⓒ	24	Ⓐ Ⓑ Ⓒ	34	Ⓐ Ⓑ Ⓒ Ⓓ	44	Ⓐ Ⓑ Ⓒ Ⓓ	54	Ⓐ Ⓑ Ⓒ Ⓓ	64	Ⓐ Ⓑ Ⓒ Ⓓ	74	Ⓐ Ⓑ Ⓒ Ⓓ	84	Ⓐ Ⓑ Ⓒ Ⓓ	94	Ⓐ Ⓑ Ⓒ Ⓓ
5	Ⓐ Ⓑ Ⓒ Ⓓ	15	Ⓐ Ⓑ Ⓒ	25	Ⓐ Ⓑ Ⓒ	35	Ⓐ Ⓑ Ⓒ Ⓓ	45	Ⓐ Ⓑ Ⓒ Ⓓ	55	Ⓐ Ⓑ Ⓒ Ⓓ	65	Ⓐ Ⓑ Ⓒ Ⓓ	75	Ⓐ Ⓑ Ⓒ Ⓓ	85	Ⓐ Ⓑ Ⓒ Ⓓ	95	Ⓐ Ⓑ Ⓒ Ⓓ
6	Ⓐ Ⓑ Ⓒ Ⓓ	16	Ⓐ Ⓑ Ⓒ	26	Ⓐ Ⓑ Ⓒ	36	Ⓐ Ⓑ Ⓒ Ⓓ	46	Ⓐ Ⓑ Ⓒ Ⓓ	56	Ⓐ Ⓑ Ⓒ Ⓓ	66	Ⓐ Ⓑ Ⓒ Ⓓ	76	Ⓐ Ⓑ Ⓒ Ⓓ	86	Ⓐ Ⓑ Ⓒ Ⓓ	96	Ⓐ Ⓑ Ⓒ Ⓓ
7	Ⓐ Ⓑ Ⓒ	17	Ⓐ Ⓑ Ⓒ	27	Ⓐ Ⓑ Ⓒ	37	Ⓐ Ⓑ Ⓒ Ⓓ	47	Ⓐ Ⓑ Ⓒ Ⓓ	57	Ⓐ Ⓑ Ⓒ Ⓓ	67	Ⓐ Ⓑ Ⓒ Ⓓ	77	Ⓐ Ⓑ Ⓒ Ⓓ	87	Ⓐ Ⓑ Ⓒ Ⓓ	97	Ⓐ Ⓑ Ⓒ Ⓓ
8	Ⓐ Ⓑ Ⓒ	18	Ⓐ Ⓑ Ⓒ	28	Ⓐ Ⓑ Ⓒ	38	Ⓐ Ⓑ Ⓒ Ⓓ	48	Ⓐ Ⓑ Ⓒ Ⓓ	58	Ⓐ Ⓑ Ⓒ Ⓓ	68	Ⓐ Ⓑ Ⓒ Ⓓ	78	Ⓐ Ⓑ Ⓒ Ⓓ	88	Ⓐ Ⓑ Ⓒ Ⓓ	98	Ⓐ Ⓑ Ⓒ Ⓓ
9	Ⓐ Ⓑ Ⓒ	19	Ⓐ Ⓑ Ⓒ	29	Ⓐ Ⓑ Ⓒ	39	Ⓐ Ⓑ Ⓒ Ⓓ	49	Ⓐ Ⓑ Ⓒ Ⓓ	59	Ⓐ Ⓑ Ⓒ Ⓓ	69	Ⓐ Ⓑ Ⓒ Ⓓ	79	Ⓐ Ⓑ Ⓒ Ⓓ	89	Ⓐ Ⓑ Ⓒ Ⓓ	99	Ⓐ Ⓑ Ⓒ Ⓓ
10	Ⓐ Ⓑ Ⓒ	20	Ⓐ Ⓑ Ⓒ	30	Ⓐ Ⓑ Ⓒ	40	Ⓐ Ⓑ Ⓒ Ⓓ	50	Ⓐ Ⓑ Ⓒ Ⓓ	60	Ⓐ Ⓑ Ⓒ Ⓓ	70	Ⓐ Ⓑ Ⓒ Ⓓ	80	Ⓐ Ⓑ Ⓒ Ⓓ	90	Ⓐ Ⓑ Ⓒ Ⓓ	100	Ⓐ Ⓑ Ⓒ Ⓓ

公式 TOEIC® Listening & Reading
プラクティス リスニング編

2020 年 8 月 25 日　第 1 版第 1 刷発行
2023 年 6 月 30 日　第 1 版第 3 刷発行

著者　　ETS

編集協力　株式会社エディット
株式会社オレンジバード
株式会社ウィットハウス

発行元　一般財団法人 国際ビジネスコミュニケーション協会
〒 100-0014
東京都千代田区永田町 2-14-2
山王グランドビル
電話　(03) 5521-5935
FAX　(03) 3581-9801

印刷　　図書印刷株式会社

Printed in Japan
ISBN 978-4-906033-59-1